"十二五"职业教育国家规划教材
经全国职业教育教材审定委员会审定

汽车底盘构造与维修

第2版

主　编　曹乃悦　多晓莉
副主编　王甲聚　孙忠民
参　编　张德友　李效春　王振权　刘剑峰
　　　　刘红娟　徐效堂　解振宇

机械工业出版社

本书是“十二五”职业教育国家规划教材，经全国职业教育教材审定委员会审定。

本书是根据教育部对高职高专汽车类专业人才培养目标的要求，针对高职学生的学习特点，总结多年教学经验编写的。本书系统地阐述了现代汽车底盘的构造和工作原理，各系统总成的拆装、检测、调整和维修方法，常见故障原因分析及诊断和排除方法。主要内容包括汽车维修工作安全、现代汽车底盘基础、汽车传动系统构造与维修、汽车行驶系统构造与维修、汽车转向系统构造与维修和汽车制动系统构造与维修。本书突出了理论与实践相结合、教学与生产相结合的特点，内容丰富，知识面广，实用性强。

本书可作为高等职业院校汽车类专业教材，汽车类专业教师、汽车维修技术人员的参考用书，也可作为相关行业岗位培训用书。

本书配有电子课件、动画资源、视频二维码资源、实训指导、教案、作业单等配套内容，凡使用本书作为教材的教师可登录机械工业出版社教育服务网 www.cmpedu.com 注册后免费下载。咨询电话：010-88379375。

图书在版编目(CIP)数据

汽车底盘构造与维修／曹乃悦，多晓莉主编．—2 版．—北京：机械工业出版社，2016.9(2023.8 重印)
“十二五”职业教育国家规划教材
ISBN 978-7-111-57715-7

Ⅰ．①汽…　Ⅱ．①曹…②多…　Ⅲ．①汽车—底盘—结构—高等职业教育—教材②汽车—底盘—车辆修理—高等职业教育—教材　Ⅳ．①U463.1②U472.41

中国版本图书馆 CIP 数据核字(2017)第 196499 号

机械工业出版社(北京市百万庄大街 22 号　邮政编码 100037)
策划编辑：葛晓慧　　责任编辑：葛晓慧
责任校对：张　薇　　封面设计：陈　沛
责任印制：刘　媛
涿州市般润文化传播有限公司印刷
2023 年 8 月第 2 版第 9 次印刷
184mm×260mm · 17.5 印张 · 420 千字
标准书号：ISBN 978-7-111-57715-7
定价：49.80 元

电话服务　　网络服务
客服电话：010-88361066　　机　工　官　网：www.cmpbook.com
010-88379833　　机　工　官　博：weibo.com/cmp1952
010-68326294　　金　书　网：www.golden-book.com
封底无防伪标均为盗版　　机工教育服务网：www.cmpedu.com

前　言

随着汽车的普及和技术的发展，对于汽车后市场而言，急需大量的技能型汽车维修人员，为适应技能型紧缺人才培养的需要，编者对多年来的教学、培训和实践经验进行了科学的总结，编写了本书。

本书坚持“以能力为本位、以就业为导向”的原则，强调在学中做、做中学，以体现本书的新意和亮点，体现内容的先进性、实用性和针对性，以使学生尽快地掌握汽车后市场所需的能力。本书系统地阐述了现代汽车底盘的构造和工作原理，各系统总成的拆装、检测、调整和维修方法，常见故障原因分析及诊断和排除方法。主要内容包括汽车维修工作安全、现代汽车底盘基础、汽车传动系统构造与维修、汽车行驶系统构造与维修、汽车转向系统构造与维修和汽车制动系统构造与维修。

本书的编写体现以下特点：

1. 突出以完成实际检修岗位典型工作任务为目标，将知识和技能融入项目中，优化学习性工作任务，强化专业理论与技能等职业素质的提升。

2. 引入有代表性的车辆类型，吸收行业发展的新知识、新技术、新工艺和新方法。

3. 结合现代汽车行业发展的特点及各高等职业院校的具体情况，优化各章节的体现形式，有利于课堂教学和自学及知识的连贯性。

4. 充分利用行业资源和企业人才优势，增加汽车专业基本维护的专项技能项目，引入拓展知识和维修案例，促进学生对专业知识的理解。

5. 增加了学习目标和关键知识点的总结与同步测试，有利于学生对相关项目的知识学习，有效地促进教学目标达成。

6. 本书为方便教师教学和学生学习适应“互联网+”新的教学形式，配套了二维码视频资源，可扫码观看，还配套了试卷及答案、教案、实训指导、作业单等立体化配套资源。

本书的编写情况：其中廊坊职业技术学院孙忠民编写项目四中的单元四，海伦中等职业学校王振权编写项目一，黑龙江农业工程职业学院的曹乃悦编写项目二、项目三中的单元一至单元四，刘红娟编写项目三中的单元五、六，李效春编写项目四中的单元一至单元三，刘剑峰编写项目五中的单元一、二，徐效堂编写项目五中的单元三，王甲聚编写项目六中的单元一、二，张德友编写项目六中的单元三、四，解振宇编写项目六中的单元五至单元七。全书由曹乃悦、多晓莉担任主编，并负责统稿。

在本书编写过程中，得到了东北林业大学储江伟教授审阅了本书并提出许多宝贵的意见。本书的编写得到了许多专家和同行的支持，同时参阅了大量文献资料，在此一并表示感谢。

由于编者水平有限，书中难免会有不妥和错漏之处，恳请读者批评指正。

编　者

二维码索引

目　录

项目一　汽车维修工作安全

学习目标

知识目标

- 掌握汽车维修车间各项安全规定和操作技术要求。
- 熟悉汽车维修车间各项规章制度。
- 熟悉避免人身伤害和财产损失所采取的必要措施。
- 掌握基本的人身安全防护措施，能正确使用护目镜和穿戴工作服、手套等。

能力目标

- 熟悉汽车维修车间所有的安全通道及正确操作安全设施。
- 能够安全使用电、油、水、高压气体等。
- 能够正确操作车辆举升设备等。

单元一　汽车维修车间安全知识

汽车维修车间的安全和事故防范是保证安全生产的前提，如工具使用不当、设备维护不善和忽视操作安全都有可能引发重大伤害事故。每个汽车维修技术人员都必须严肃对待。

资讯一　汽车维修车间安全基础

1. 工作区的布置

汽车维修车间的工作区分为汽车发动机工作区、汽车底盘工作区和钣金工作区。

汽车维修车间的工作区又根据生产需要划分为几个工位。工位之间既相互联系，也相对独立。

2. 气路和电路的布置

汽车维修车间一般都有一个或多个空气压缩机，布置在车间相应的位置。

汽车维修车间的用电量很大，一般设置一个专用的配电箱供电。

3. 维修车间驾驶车辆安全

1）小心驾驶，严禁无驾驶证的人驾驶车辆，车辆在车间移动时，要在车间内规定的固定路线行驶。

2）注意观察，在车间移动车辆时，应查看各个方向，在确保没有人或物品挡住行车道路时，才可行驶车辆。

3）车辆安全停靠，点火开关置于关闭位置并拉紧驻车制动器。

4. 消防安全

1）消防设施　在车间一般要配备消火栓、防火沙和灭火器等消防设施。

2）车间防火注意事项　汽车维修车间禁止吸烟，更不能将火种带入车间。一旦发生火灾，要冷静处理，采取必要的措施进行扑救，同时及时拨打火警电话报警，同时要注意及时撤离火灾现场。

5. 电气安全

汽车在维修作业过程中，会经常使用电动工具，为保证用电安全，一定要遵守安全用电规则。

资讯二　人员安全防护

汽车维修人员工作的核心目标和原则是给客户提供最佳的售后服务。最佳的售后服务是高效、可靠、专业的服务，必须坚持安全生产原则；安全问题，不仅包括个人的安全，还包括他人的安全、设备的安全和车辆的安全等。资讯中着重介绍人身安全防护知识。

车辆维修人员在进行维修操作时要遵守以下准则：

1. 掌握信息

在使用各种设备前要认真学习产品标签上或说明书上的使用方法和注意事项，切忌盲目操作和违反操作规程进行作业。

2. 佩戴个人防护用具

按防护要求佩戴安全防护用具，并保证防护用具性能可靠。

3. 合理使用维修设备

用前一定要熟悉设备的性能、使用方法和安全操作规程，最好在老师的指导下进行操作。

4. 搬运物品

在搬运物品时，尽量借助一些设备进行搬运、提升和移动，尽量减少意外扭伤或砸伤。

5. 场地安全

在工作场地不允许进行追逐、打闹。工作区的许多设备、工具，还有气和电的管路、电路，都存在潜在的危险，可能对人员、物品产生损害。

常用个人安全防护设备如图1-1所示。

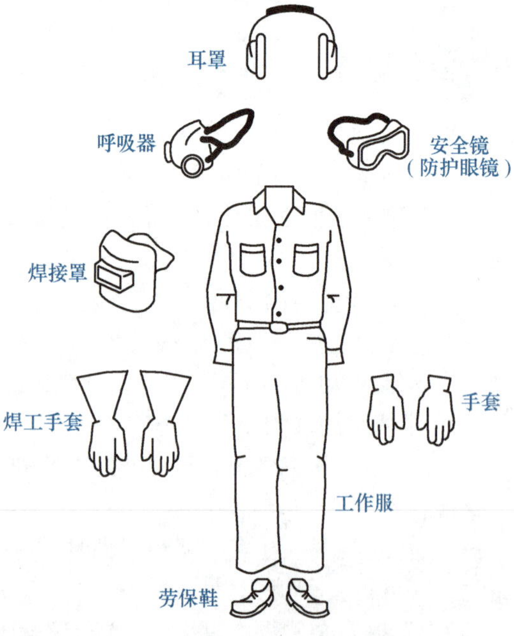

图1-1　常用个人安全防护设备

1. 头部防护

车身维修人员在作业过程中，由于经常在车下或者车厢内进行作业，不小心容易造成头部损伤，还会因为粉尘、油污等造成头发污染或不清洁，因此要注意头部的防护。

2. 耳的防护

汽车修理车间是一个噪声很大的场所，各种设备如冲击扳手、空气压缩机、砂轮机和发动机等都使噪声很大。短时的高噪声会造成暂时性听力丧失等伤害。

常见的听力保护装备有耳罩和耳塞，噪声

极高时可同时佩戴。一般在钣金车间必须佩戴耳罩或耳塞。

3．眼睛的防护

在汽车维修企业中，眼睛经常会受到各种伤害，如飞来的物体、腐蚀性的化学飞溅、有毒的气体或烟雾等，这些伤害几乎都是可以防护的。

常见的保护眼睛的装备如图 1-2 和图 1-3 所示。护目镜可以防护各种对眼睛的伤害，如飞来物体或飞溅的液体。在下列情况下，应考虑佩戴护目镜：进行金属切削加工、用錾子或冲子铲剔、使用压缩空气、使用清洗剂等。安全面具不仅能够保护眼睛，还能保护整个面部。如果进行电弧焊或气焊，要使用带有色镜片的护目镜或深色镜片的特殊面罩，以防止有害光线或过强的光线伤害眼睛。

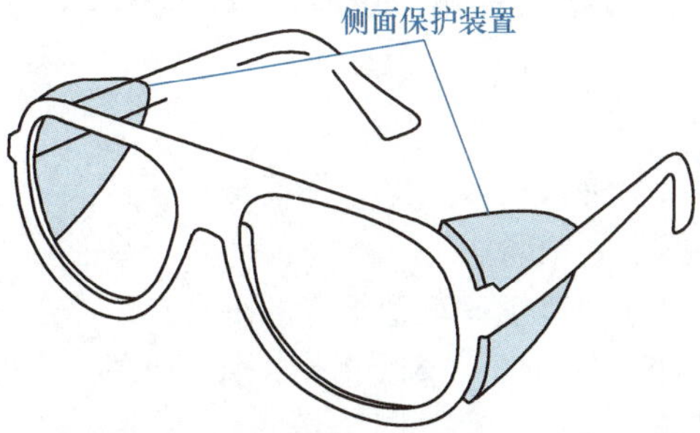

图 1-2　护目镜

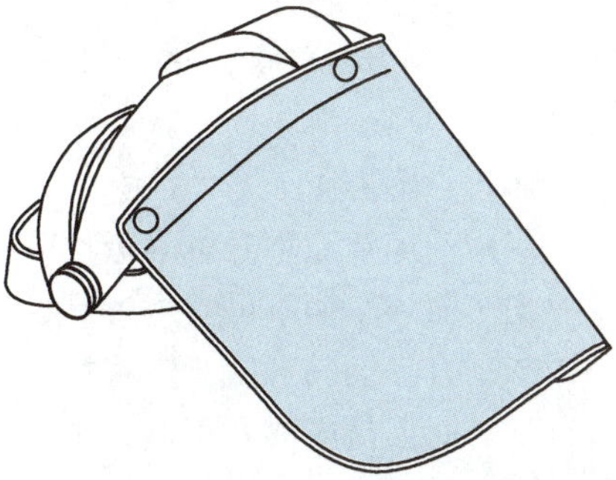
图 1-3　安全面具

4．身体的防护

在汽车维修车间应穿着合格的连体工作服，不能穿宽松的衣服，没系袖口扣子的衬衫，不能佩戴饰物。衣物应远离运动和运转的部件；做好手、腿、脚的防护，必要时戴上防护手套等，以免造成人体伤害。

单元二　汽车维修设备及工具的安全使用

资讯一　汽车维修设备的安全使用

一、举升机的正确使用

汽车举升机是指汽车维修行业用于举升汽车的设备。举升机在汽车维修养护中发挥着至关重要的作用，无论整车大修，还是小修维护，都离不开它，其产品性质和质量好坏直接影响维修人员的人身安全。

1．举升机的分类

（1）柱式举升机　柱式举升机分为单柱式、双柱式和四柱式三种。单柱举升机的举升力都在 5t 以上，主要用于大型客车、大型货车的底盘检修。四柱举升机、双柱举升机主要用于底盘检修，是使用量最大的一种举升机，如图 1-4 和图 1-5 所示。

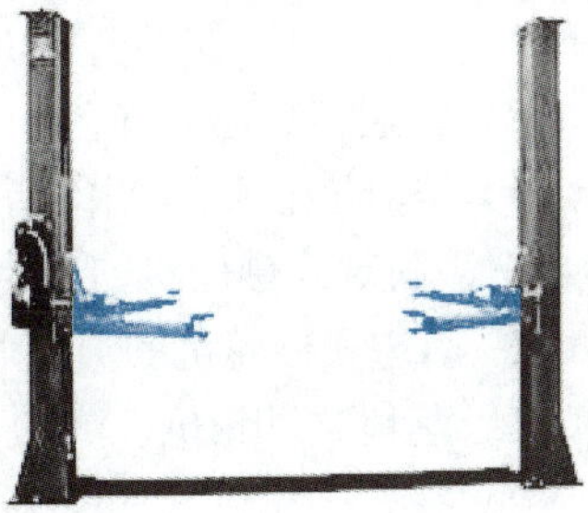
图 1-4　双柱举升机

图 1-5 四柱举升机

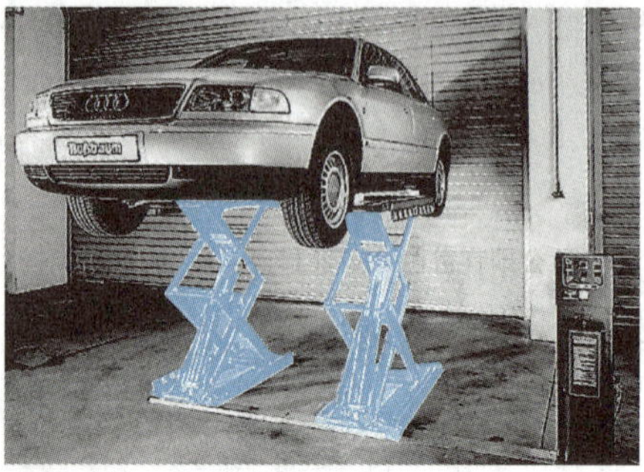

图 1-6 剪式举升机

（2）剪式举升机　剪式举升机主要用于底盘检修、更换轮胎、更换机油和 4S 店预检等工位，如图 1-6 所示。

2. 操作注意事项

1）使用前应清除举升机附近妨碍作业的器具及杂物，并检查操作系统是否正常。

2）支车时，车辆不可支得过高，支起后四个托架要锁紧。

3）待举升车辆驶入后，应将举升机支撑块调整移动对正该车型规定的举升点。

4）举升时人员应离开车辆，举升到需要高度时，必须插入保险锁销，并确保安全可靠才可开始车底作业。

二、空气压缩机的使用

空气压缩机如图 1-7 所示。

操作注意事项：

1）机器工作场所干燥、洁净、通风良好。环境温度为 5~40℃。

2）机器不可淋水，不可用于易燃、潮湿及多粉尘环境。

3）机器应垂直放置于水平、坚硬地面。

4）电源电压不得低于或高于额定电压的 10%。

5）运转中切忌触摸高温部件，如气缸盖、排气管和单向阀等，以防烫伤。

6）电源线截面积应不小于 1.5mm^2，且电缆线不宜过长。

图 1-7 空气压缩机

7）机器不使用时和无人员看护时必须拔掉电源，以免发生火灾。

8）接通工作电源前，务必保证机器处于关闭状态。

10）谨防碰撞。应采取措施，防止机器在运转状态下受到外力而移动。

三、固定式砂轮机的安全使用

1. 固定式砂轮机的类型

1）落地式砂轮机，如图 1-8 所示。

2）柱式砂轮机，如图 1-9 所示。

3）台式砂轮机，如图 1-10 所示。

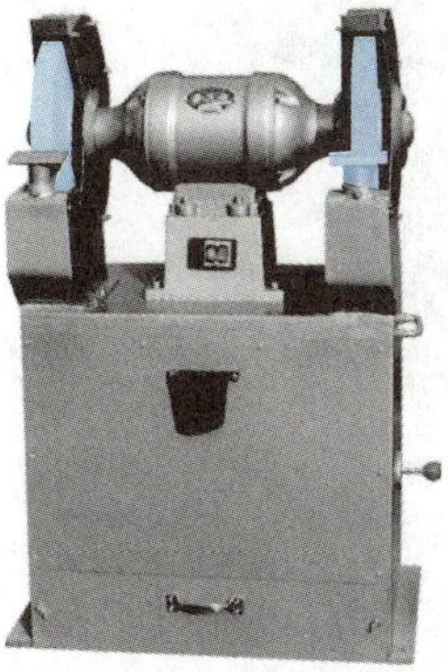

图 1-8 落地式砂轮机

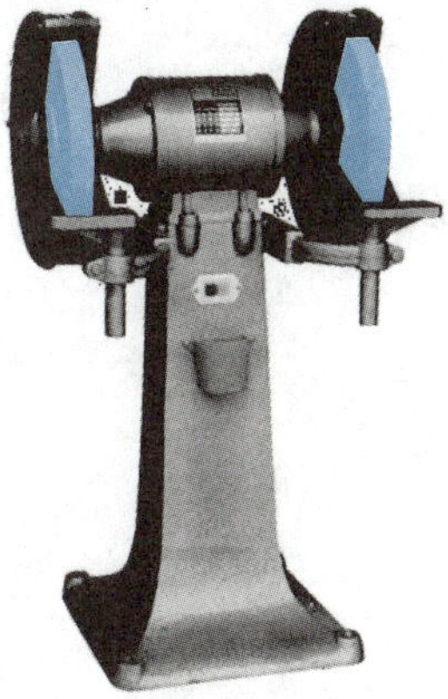

图 1-9 柱式砂轮机

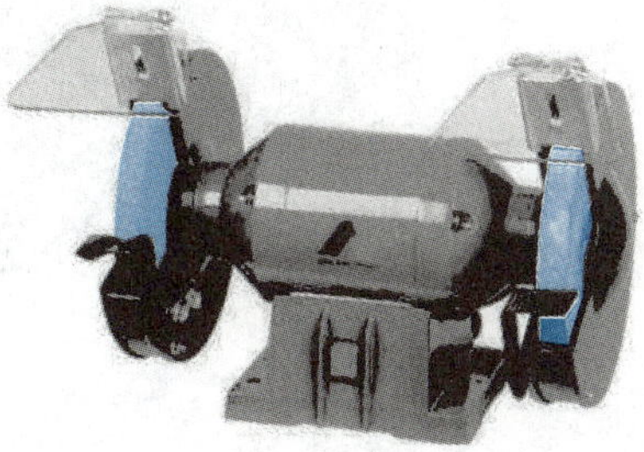

图 1-10 台式砂轮机

2. 砂轮机的安全使用

1）操作者必须戴上防护眼镜，才能进行工作。

2）砂轮机起动前，要认真察看砂轮机与防护罩之间有无杂物。确认无问题后再起动砂轮机。

3）砂轮机起动后，要空转 2~3min，待砂轮机运转正常时，才能使用。

4）磨工件或刀具时，不能用力过猛，不准撞击砂轮。

5）在同一块砂轮上，禁止两人同时使用，更不准在砂轮的侧面磨削工件。磨削工件时，操作者应站在砂轮机的侧面，不能站在砂轮机的正面，以防砂轮崩裂，发生意外事故。

6）砂轮机用完后，应立即关闭电源，不要让砂轮机空转。

四、手动砂轮机的正确使用

手动砂轮机如图 1-11 所示，安全操作规范如下：

1）打磨过程中不可对砂轮机施加过大的压力，而且要用力均匀，以免损坏机械或导致砂轮片破碎伤人。

2）打磨时，不能将砂轮机的全表面施加在要打磨的材料上，砂轮片与被打磨材料应保持 15~30°的角度。

3）作业时，操作人员必须佩戴护目镜或其他面部防护用品。

4）更换砂轮片时要切断电源。

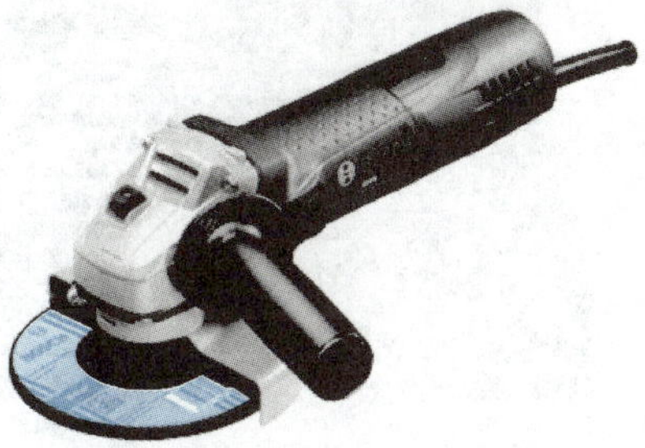

图 1-11 手动砂轮机

五、台虎钳的安全使用

台虎钳如图 1-12 和图 1-13 所示。

1）用台虎钳夹持工件时，用手轻轻转动台虎钳手柄固定机件。用锤敲击手柄是非常危险的。

2）夹持圆滑杆或已损坏的工件时，使用木筷、铜、铝和黄铜或类似物质的衬垫，使固定更容易，同时避免对工件的损坏。

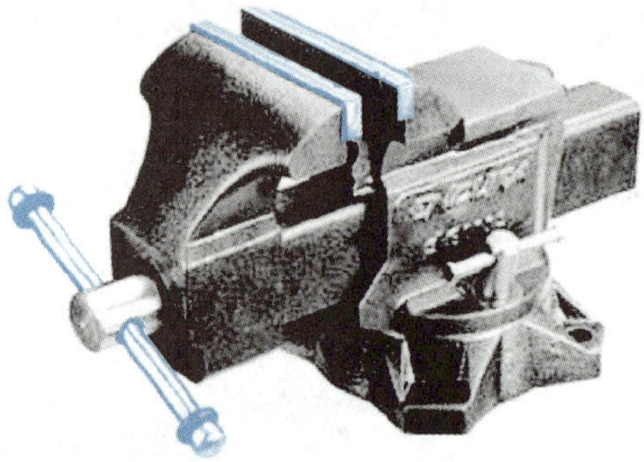

图 1-12　固定式台虎钳

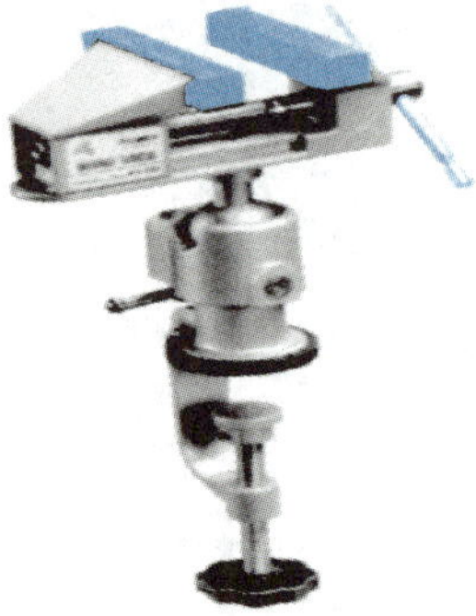

图 1-13　万向式台虎钳

资讯二　汽车维修工具的安全使用

俗话说“人巧不如家什妙”，正确地选用维修工具对汽车维修来说是何等重要。但很多维修技术人员忽视扳手、钳子等通用工具的正确使用，导致工具的非正常损坏和不能顺利完成维修工作。

本资讯重点介绍在汽车维修生产实践中常见工、量具的正确使用及注意事项。

一、通用工具的选择及正确使用

汽车维修工具中的通用工具是汽车维修工作中必不可少的，如图 1-14 所示。

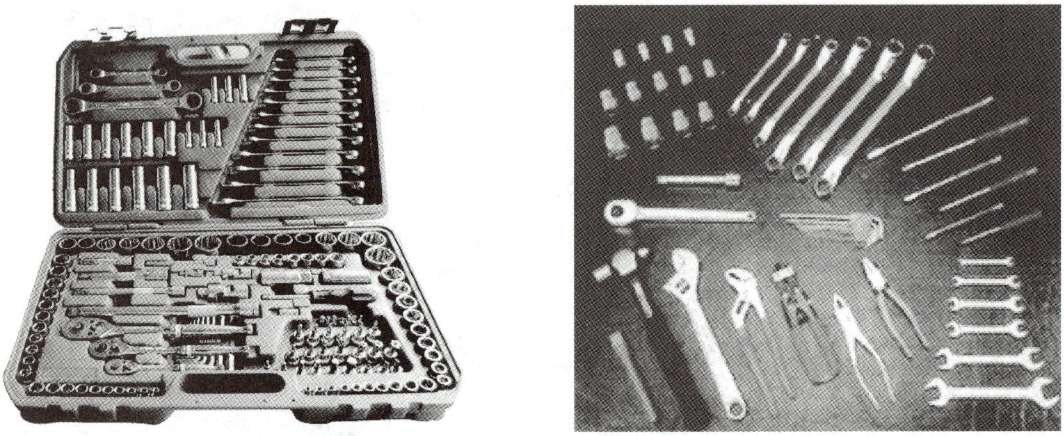

a)　b)

图 1-14　通用工具

1. 锤子

锤子由锤头和手柄组成，手柄用硬杂木制成，如图 1-15 所示。

锤子又称为圆顶锤，其锤头一端平面略有弧形，是基本工作面；另一端是球面，用来敲击凹凸形状的工件。

选用锤子的注意事项(见图 1-16)：

1）使用锤子前，切记要仔细检查锤头和锤把是否楔塞牢固。

2）握锤应握住锤把后部，以免手部与工件碰撞。

图 1-15 锤子

图 1-16 锤子的正确选用

3）挥锤的方法有手腕挥、小臂挥和大臂挥三种：手腕挥锤只有手腕动，锤击力小，但准、快、省力；大臂挥是大臂和小臂一起运动，锤击力最大。

2. 螺钉旋具

螺钉旋具是用来拧紧或旋松带槽螺钉的工具。螺钉旋具分为木柄螺钉旋具、穿心螺钉旋具、夹柄螺钉旋具、十字螺钉旋具和偏心螺钉旋具。常见的螺钉旋具分为一字和十字两种。

一字螺钉旋具又称为一字形螺钉旋具，如图 1-17 所示，用于旋紧或松开头部开一字槽的螺钉。一字螺钉旋具由柄、刀体和刃口组成，一般工作部分用碳素工具钢制成，并经淬火处理，其规格以刀体部分的长度来表示。

十字螺钉旋具又称为十字槽螺钉旋具，如图 1-18 所示，用于旋紧或松开头部带十字沟槽的螺钉，材料规格与一字螺钉旋具相同。

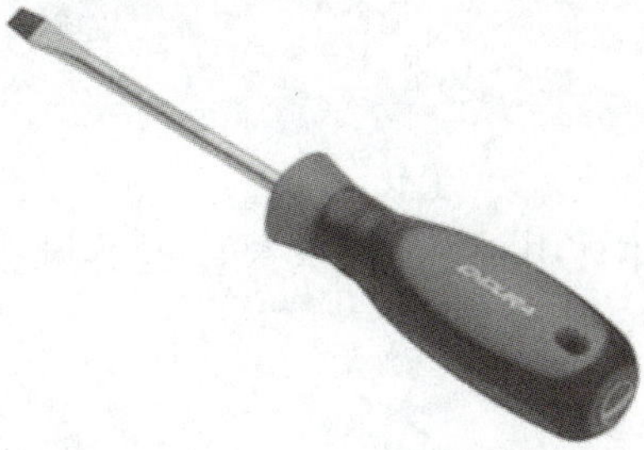

图 1-17 一字螺钉旋具

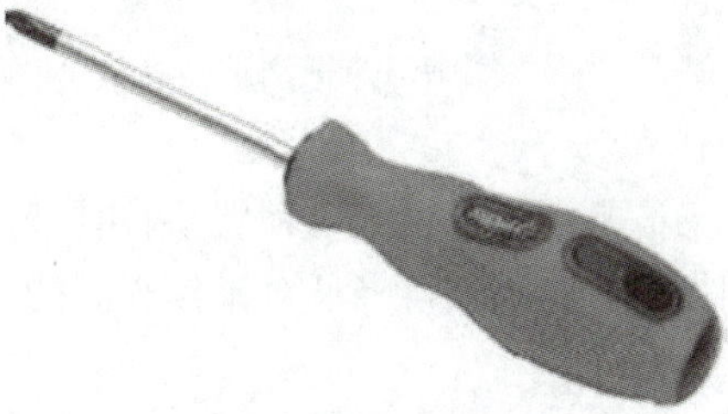

图 1-18 十字螺钉旋具

选用螺钉旋具的注意事项：

1）使用旋具时，旋具头部一定要确实嵌入螺母的槽中，扭动旋具时，旋具中心线一定要与螺栓的中心线在一条轴线上。

2）使用时，除施加扭力外，还应施加适当的轴向力，以防滑脱损坏零件。

3）不可带电操作。

3. 手钳

手钳种类很多，如图 1-19 所示，手钳固定夹紧材料有力，切断材料容易。在使用时，应尽量选择稍大一点的手钳。

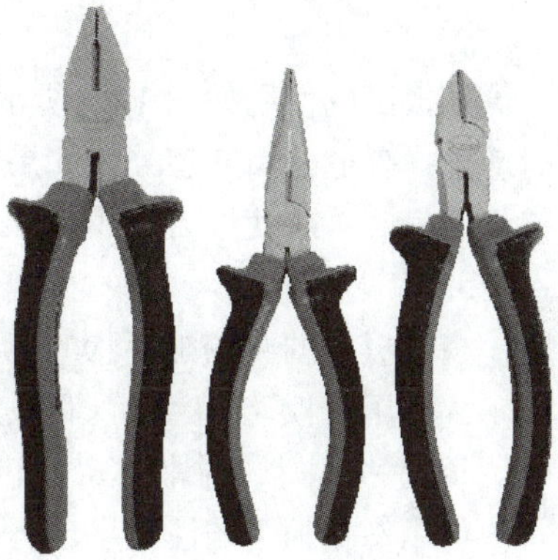

图 1-19 手钳

使用手钳的注意事项：

1）切忌用手钳代替扳手使用，以免损坏螺母或螺栓。

2）不能剪切过硬或过粗的金属，以免弄坏手钳。

3）禁止用手钳拆装精度较高的管件，以免改变工件表面的粗糙度。

手钳分为鲤鱼钳、钢丝钳和尖嘴钳。

（1）鲤鱼钳　鲤鱼钳如图 1-20 所示。钳头的前部是平口细齿，适用于夹捏小零件；中部凹口粗长，用于夹持圆柱形零件，也可以代替扳手旋小螺栓、小螺母；钳头后部的刃口可剪切金属丝。

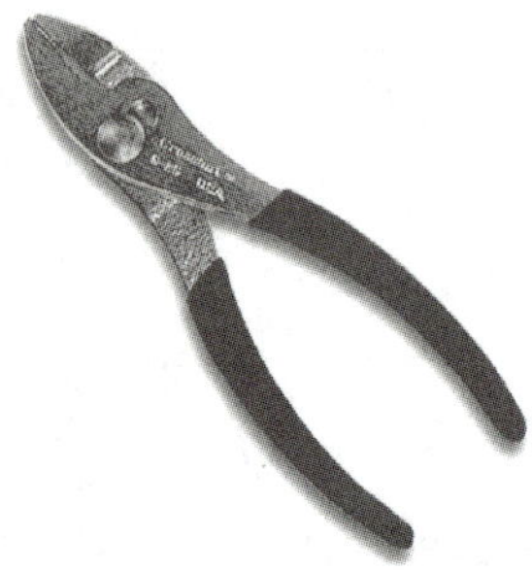

图 1-20　鲤鱼钳

（2）钢丝钳　钢丝钳如图 1-21 所示。钢丝钳的用途和鲤鱼钳相似，但其支销相对于两片钳体是固定的，故使用时不如鲤鱼钳灵活，但剪断金属丝的效果比鲤鱼钳要好，规格以钳长表示。

（3）尖嘴钳　尖嘴钳如图 1-22 所示。因其头部细长，可以在较小的空间工作，带刃口的能剪切细小零件，使用时不能用力太大，否则钳头会变形或断裂，规格以钳长来表示。

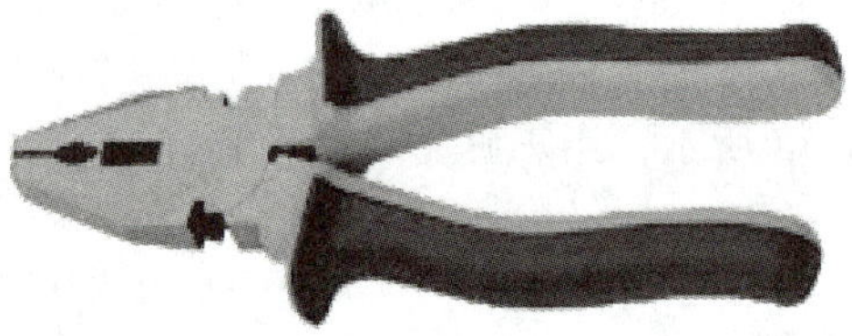

图 1-21　钢丝钳

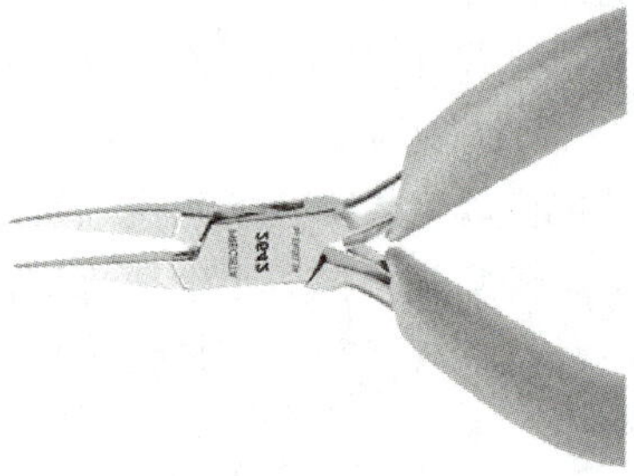

图 1-22　尖嘴钳

4. 呆扳手

呆扳手是最常见的一种扳手，其开口中心平面和本体中心平面成 15°角，这样既适应人手的操作方向，又可降低对操作空间的要求，如图 1-23 所示。

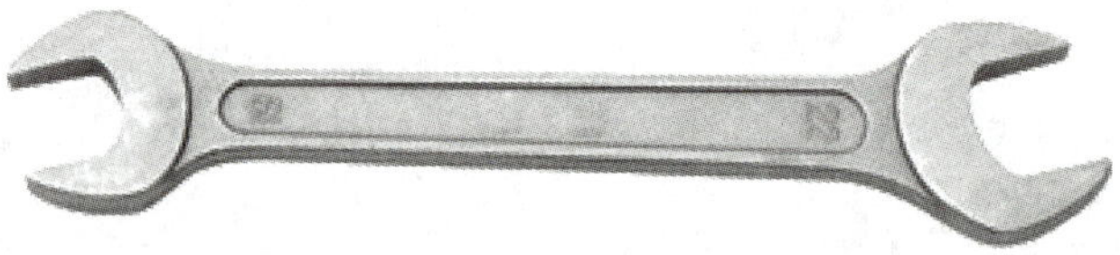

图 1-23　呆扳手

呆扳手的使用如图 1-24 所示。其开口是和螺钉头、螺母尺寸相适应的，在使用呆扳手时应选择合适的尺寸型号，如果选择不当，则容易使螺栓或螺母的棱角损坏。为了防止扳手损坏和滑脱，应使拉力作用在开口较厚的一边。

5. 梅花扳手

梅花扳手的两端是环状的，环的内孔由两个正六边形互相同心错转 30°而成，如图 1-25 所示。使用时扳动 30°后，即可换位再套，因而适用于狭窄场合下操作。通常成套装备有 8 件、10 件一套等，通常用 45 钢或 40Cr 锻造，并经热处理。

使用梅花扳手的注意事项：

1）使用梅花扳手时，大拇指抵住扳头，另四指握紧扳手柄部往身边拉扳，切不可向外

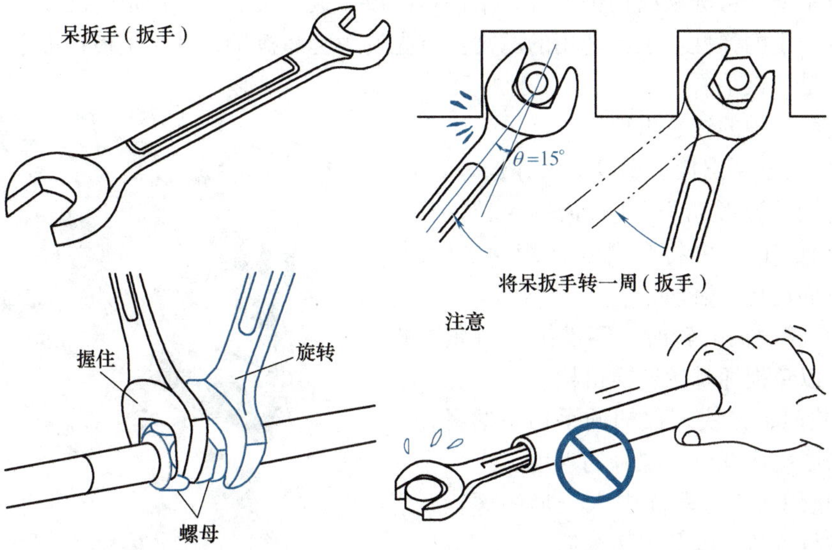

图 1-24 呆扳手的使用

推扳，扳手的平面一定要和螺母平行且用力适度。

2）在使用扳手遇到有过紧的螺栓或螺母时，不可用力过猛。

3）注意运动的方向有没有尖锐的物体，以防螺栓突然松脱，手撞到尖锐物体上而受伤。

4）使用时不准在扳手上任意加套管或锤击，不能将扳手当撬棍使用。

6. 两用扳手

两用扳手是汽车维修工作中的必需工具，由一端呆扳手和一端梅花扳手组成，如图 1-26 所示。

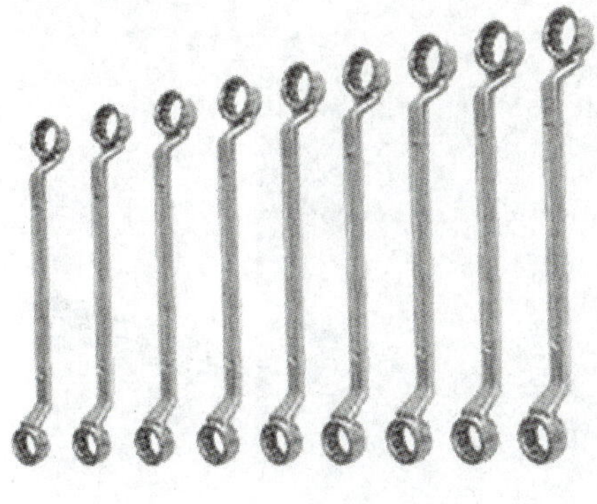

图 1-25 梅花扳手

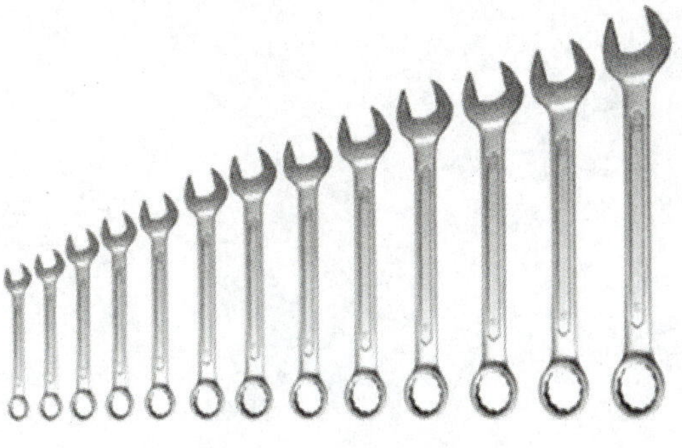

图 1-26 两用扳手

7. 套筒扳手

套筒扳手一般称为套筒，如图 1-27 所示。套筒扳手由多个带六角孔或十二角孔的套筒并配有手柄、接杆等多种附件组成，特别适用于拆装区域十分狭小或凹陷很深处的螺栓或螺母。套筒有公制和英制之分，套筒虽然内凹形状一样，但外径、长短等是针对对应设备的形状和尺寸设计的，国家没有统一规定。套筒扳手一般都附有一套各种规格的套筒头以及手柄、接杆、万向接头、旋具接头等，用来套入六角螺母。套筒扳手的套筒头是一个凹六角形的圆筒；扳手通常由碳素结构钢或合金结构钢制成，扳手头部具有规定的硬度，中间及手柄部分则具有一定的弹性。工具选用的原则：首先选用套筒扳手，其次是梅花扳手，再次是呆扳手，最后是活扳手。

使用套筒扳手的注意事项：

1）使用时根据螺栓、螺母的尺寸选好套筒，套在快速摇柄的方形端头上（视需要与长接杆或短接杆配合使用），再将套筒套住螺栓、螺母，转动快速摇柄进行拆装。

2）用棘轮手柄扳转时，不准拆装过紧的螺栓、螺母，以免损坏棘轮转换机构。

3）拆装时，握快速摇柄的手切忌摇晃，以免套筒滑出或损坏螺栓、螺母的六角。

4）禁止用锤子将套筒击入变形的螺栓、螺母的六角进行拆装，以免损坏套筒。

5）禁止使用内孔磨损严重的套筒。

6）工具用毕，应清洗油污，妥善放置。

图 1-27　套筒扳手

8. 扭力扳手

扭力扳手在紧固螺钉、螺栓和螺母等螺纹紧固件时需要控制施加的力矩大小，以保证螺纹紧固且不至于因力矩过大而破坏螺纹、因力矩过小而无法锁紧，所以用扭力扳手来操作。

扭力扳手有一根长的弹性杆，其一端装着手柄，另一端装有方头或六角头，在方头或六角头上套装一个可换的套筒用钢珠卡住。

扭力扳手可分为示值式和预置式，如图 1-28 和图 1-29 所示。示值式又可分为指针式和数字式，预置式分为机械式和电子式。

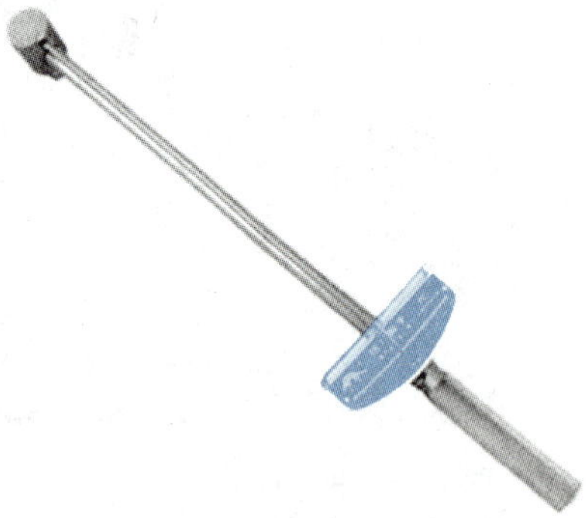

图 1-28　指针式扭力扳手（示值式）

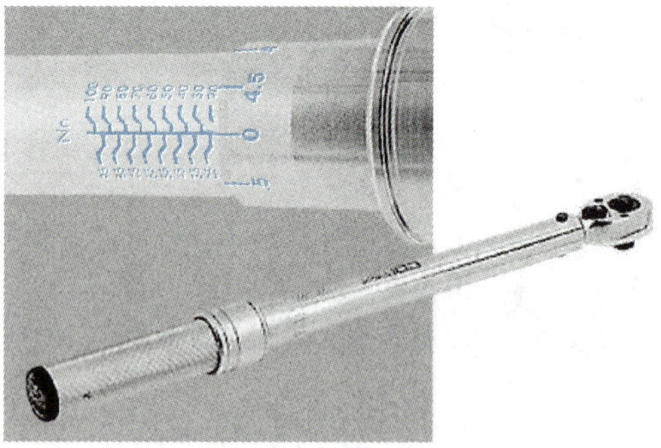

图 1-29　预置式扭力扳手

使用扭力扳手的注意事项：

1）安装时，用一只手按住套筒，另一只手握紧扭力扳手手柄往身边扳转。禁止往外推，以免滑脱而损伤身体。

2）对要求拧紧力矩较大，且工件较大、螺栓数较多的螺栓、螺母时，应分次按一定顺序拧紧。

3）拧紧螺栓、螺母时，应按规定力矩完成操作，不能用力过大，以免损坏螺纹。

4）禁止使用无刻度盘或刻度线不清的扭力扳手。

5）拆装时，禁止在扭力扳手的手柄上再加套管或用锤子锤击。

6）扭力扳手使用后应擦净油污，妥善放置。

7）预置式扭力扳手使用前应做好调校工作，用后应将预紧力矩调到零位。

9. 内六角扳手

内六角扳手是呈 L 形的六角棒状扳手，如图 1-30 所示，专用于拧转内六角圆柱头螺钉。

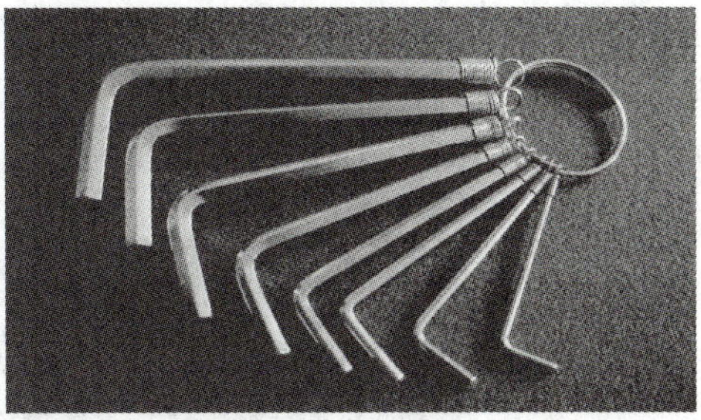

图 1-30　内六角扳手

二、量具的正确选择及使用

汽车维修常用量具有游标卡尺、外径千分尺、百分表和塞尺等。

1. 游标卡尺

游标卡尺是维修中使用广泛的测量仪器，如图 1-31 所示，是一种测量长度、内/外径和深度的常用量具。其种类按量程有 0 ~ 150mm、0 ~ 200mm、0 ~ 300mm、0 ~ 500mm 和 0 ~ 1000mm 五种规格，按其测量精度有 0. 10mm、0. 05mm 和 0. 02mm 三种。游标卡尺的结构如图 1-32 所示。

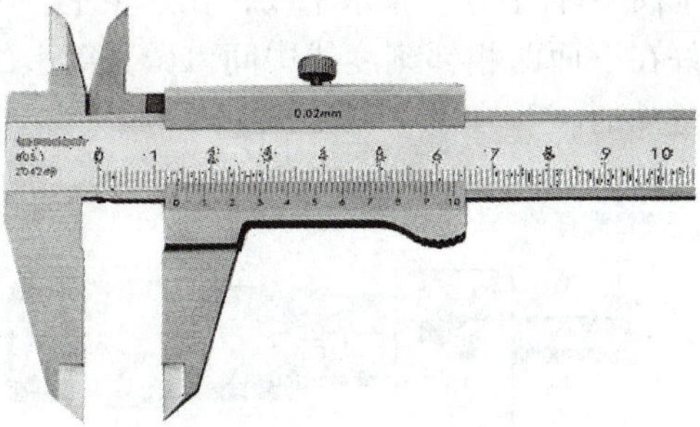

图 1-31　游标卡尺

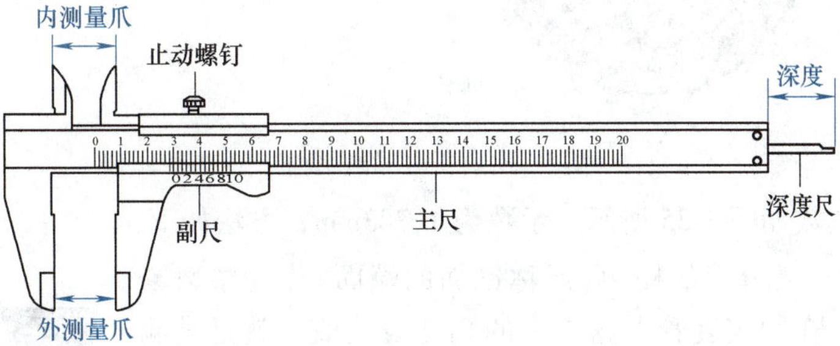

图 1-32　游标卡尺的结构

使用游标卡尺的注意事项：

1）测量前要首先看清游标卡尺的精度。

2）测量时应使测量爪轻轻夹住被测物，不要夹得过紧，然后用紧固螺母将游标卡尺固定，最后读数。

3）测量物上被测距离的连线必须平行于主尺。

2. 外径千分尺

外径千分尺是利用螺旋副原理，对尺架上两测量面间隔的距离进行读数的外尺寸测量器具，如图 1-33 所示，可以测量工件的各种外形尺寸，如长度、厚度和外径等。测量精度一般为 0.01mm。其规格按测量范围分为 0～25mm、25～50mm、50～75mm、75～100mm、100～125mm、125～150mm 等，最大可到 3000mm（使用时需借助支架）。

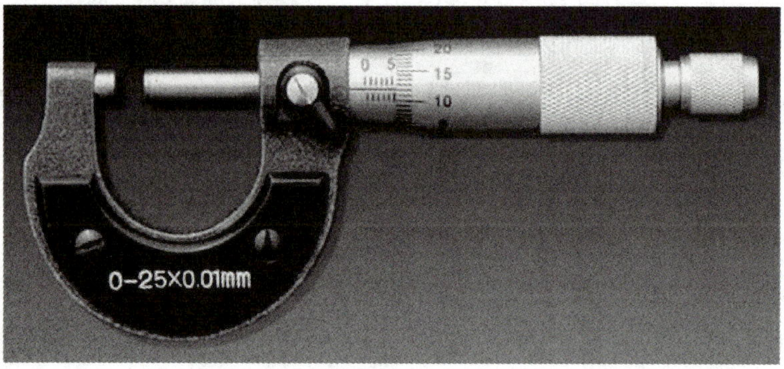

图 1-33 外径千分尺

外径千分尺由固定的尺架、测砧、测微螺杆、固定套管、微分筒、测力装置和锁紧装置等组成，如图 1-34 所示，固定套管上有一条水平线，在这条上、下各有一列间距为 1mm 的刻度线，上面的刻度线恰好在下面两相邻刻度线中间。微分筒上的刻度线是将圆周分为 50 等分的水平线，它是旋转运动的。

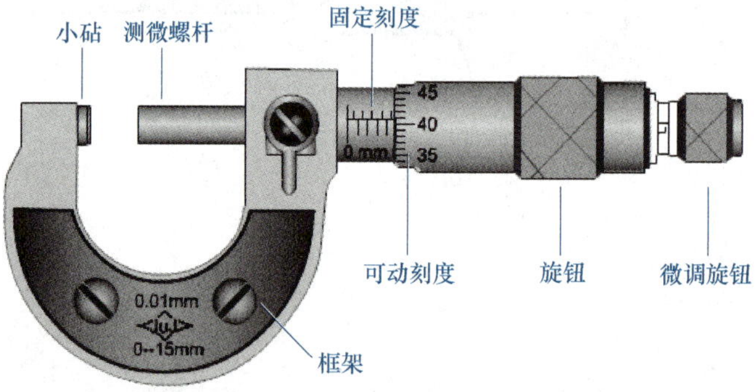

图 1-34 千分尺的结构

外径千分尺读数如图 1-35 所示，示数为 1.783mm，方法如下：

1）先读整数 微分筒的棱边（或称锥面的端面）作为整数毫米的读数指示线，在固定套管上露出来的刻度线数值，就是被测尺寸的毫米整数和半毫米数。

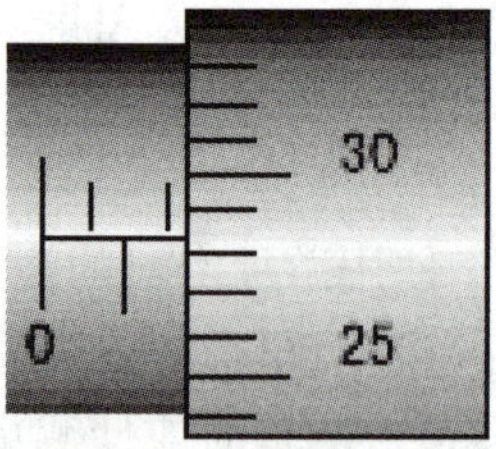

图 1-35 外径千分尺读数

2）再读小数 固定套管上的刻度线作为不足半毫米小数部分的读数指示线，在微分筒上读出小数。读小数时，看固定套管的纵刻线与微分筒上哪一条刻线对齐，就能读出被测尺寸的小数部分。

3）得出被测尺寸　把上面两次读数的整数部分和小数部分相加，就是被测尺寸。

使用外径千分尺的注意事项：

1）使用千分尺时，要手握住隔热装置。

2）用等温方法使千分尺与被测件保持相同的温度进行测量。

3）测量时，当两个测量面将要接触被测表面时，就不要旋转微分筒，只旋转测力装置的转帽，等棘轮发出“咔咔”响声后，再进行读数。

4）调节距离较大时，应旋转微分筒，而不应旋转测力装置的转帽；只有当测量面快接触被测表面时，才用测力装置。这样，既能节约调节时间，又能防止棘轮过早磨损。

5）不允许猛力转动测力装置，否则测量面靠惯性冲向被测件，测力要急剧增大，测量结果不会准确，而且测微螺杆也容易咬住。

6）退尺时，应旋转微分筒，不要旋转测力装置，以防拧松测力装置而影响零位。

3. 百分表

百分表是主要用于测量零件的形状误差和位置误差的量具，如平行度和圆跳动等。百分表如图 1-36 所示，主要由测杆 7、表体 5、表圈 1、表盘 2、指针 3 和 4、传力部件等组成。

百分表的分度值为 0. 01mm，常用百分表的测量范围为 0~3mm、0~5mm、0~10mm。

使用百分表的注意事项：

1）百分表使用前，要检查其量杆移动是否灵活、指针是否跳动或有不回位的现象。如果有异常，则必须进行检修或更换。

2）为保证测量准确，在测量时应使量杆垂直于被测表面。在测圆柱形零件时，应使量杆与零件的直径方向一致。

3）使用百分表时，要轻拿轻放，不要过多推拉量杆，以免损坏表内的传动机构。

4）磁性表架使用后，应将中间的磁力开关推向解除一端，使其解除磁性，以延长其使用寿命。

4. 塞尺

塞尺是用来检验两个接合面之间间隙大小的片状量规，如图 1-37 所示。

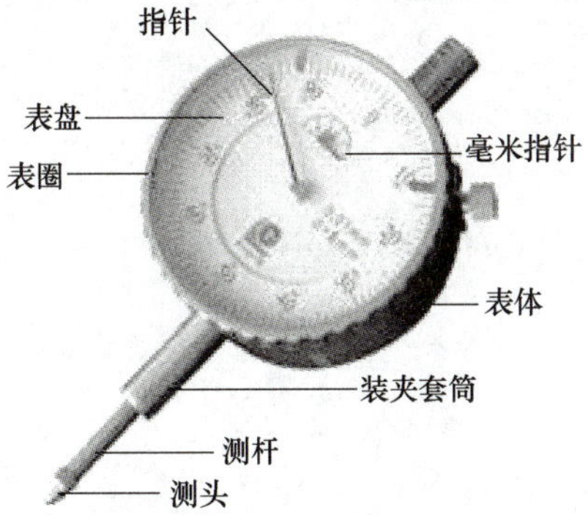

图 1-36　百分表

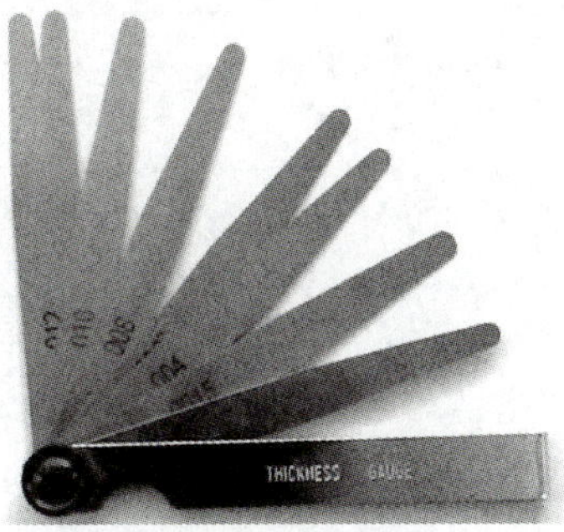

图 1-37　塞尺

使用塞尺的注意事项：

1）插入被测零件的间隙中时，不要硬塞进去，应选择合适的测量片进行。

2）若拉动塞尺感到略有摩擦力，此即为被测间隙的尺寸。

3）使用中应保持塞尺清洁，而且不能随意弯曲或摔打。

项目知识要点

1. 认真学习实训安全规则，树立安全第一的理念，避免发生人身和设备事故。
2. 正确选用拆装工、量具和安全使用设备。

同步测试

一、判断题（对的在括号内打“√”，错的在括号打“×”）

（ ）1. 维修人员在作业时，按防护要求应佩戴安全防护用具，并保证防护用具性能可靠。

（ ）2. 在搬运物品时，一定要尽量借助一些设备进行搬运、提升和移动，尽量减少意外扭伤或砸伤。

（ ）3. 剪式举升机主要用于发动机检修、更换轮胎、更换机油和4S店预检工位。

（ ）4. 汽车维修工具使用的原则：首先选用活扳手、呆扳手、梅花扳手、套筒扳手。

（ ）5. 扭力扳手除用来控制螺纹件的旋紧力矩外，还可以用来测量旋转件的起动转矩，以检查配合、装配情况。

二、选择题（将正确选项填在括号内）

1. 以下哪项不属于汽车维修作业设备（ ）。

A. 举升设备或地沟　B. 机油加注器　C. 轮胎拆装机　D. 电气试验台

2. 以下哪项不属于通用设备（ ）。

A. 四轮定位仪　B. 电焊设备　C. 空气压缩机　D. 钻床

3. 技师A说，在维修车间应该穿工作服，穿鞋底不滑的鞋子；技师B说，应该穿脚尖处镶有钢片的鞋子，可以更好地保护你的脚。请问谁的说法正确？（ ）

A. 只有A说的对　B. 只有B说的对

C. A和B说的都对　D. A和B说的都不对

项目二　现代汽车底盘基础

学习目标

知识目标

- 了解汽车的发展历史、各总成结构和基本工作原理。

能力目标

- 能描述汽车底盘的基本结构、功用、类型及工作原理。
- 能描述车辆的行驶原理。
- 了解现代汽车底盘的先进技术。

单元一　汽车底盘概述

底盘组成

按照 GB/T 3730. 1—2001《汽车和挂车类型的术语和定义》，对汽车的定义为：由动力驱动，具有四个或四个以上车轮的非轨道承载的车辆，主要用于载运人员和(或)货物、牵引载运人员和(或)货物及其他特殊用途。

汽车一般由发动机、底盘、车身和电气设备组成，下面对汽车底盘进行整体性的介绍。

资讯一　汽车底盘的组成

汽车底盘由传动系统、行驶系统、转向系统和制动系统四大系统组成，其功用是接受发动机的动力，使汽车运动并保证汽车能够按照驾驶人的操纵而正常行驶。图 2-1 和图 2-2 所示为常见货车和轿车的底盘结构。

1. 传动系统

汽车传动系统是指从发动机到驱动车轮之间所有动力传递装置的总称。其功用是将发动机的动力传给驱动车轮。不同的汽车，传动系统的组成稍有不同：如货车及部分轿车，其传动系统一般由离合器、手动变速器、万向传动装置(万向节和传动轴)、驱动桥(主减速器、差速器、半轴和桥壳)等组成，如图 2-3 所示；而现在轿车中采用自动变速器的越来越多，其传动系统包括自动变速器、万向传动装置和驱动桥等，即用自动变速器取代了离合器和手动变速器；如果是越野汽车(包括 SUV，即运动型多功能车)，还应包括分动器。

传动系统各组成的功用如下：

1）离合器的功用：保证换档平顺，必要时中断动力传动。

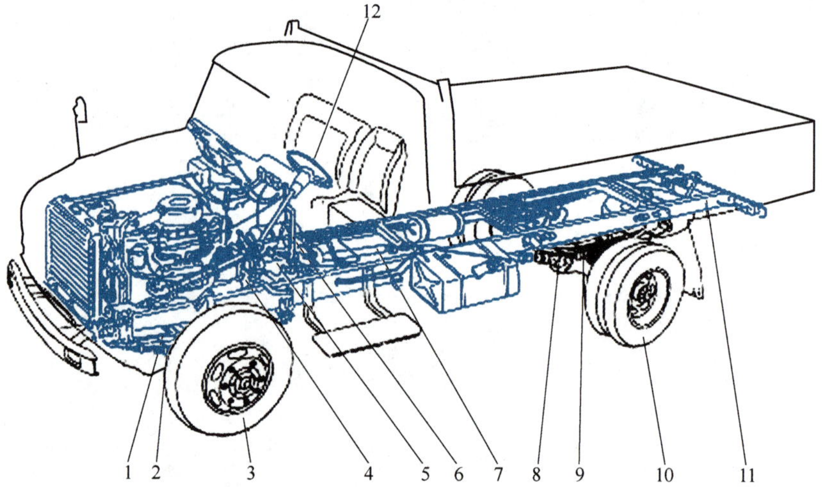

图 2-1 常见货车的底盘结构

1—前轴 2—前悬架 3—前轮 4—离合器 5—变速器 6—驻车制动器
7—传动轴 8—驱动桥 9—后悬架 10—后轮 11—车架 12—转向盘

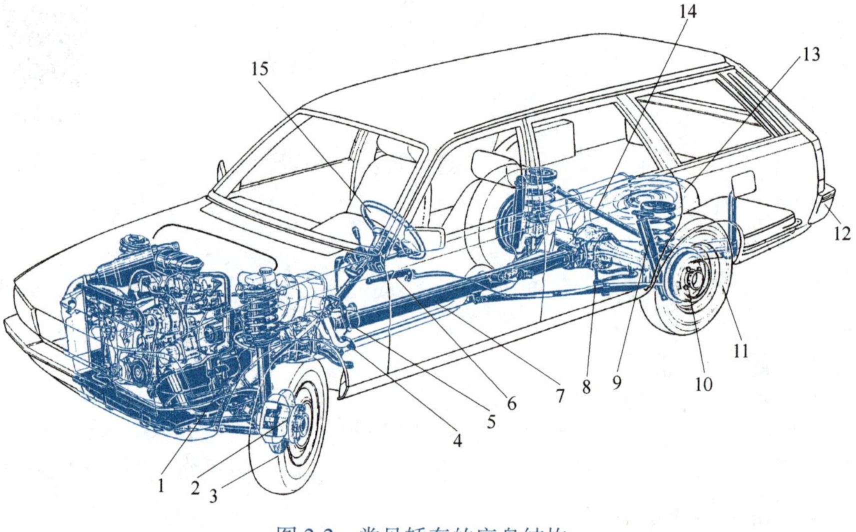

图 2-2 常见轿车的底盘结构

1—前悬架 2—前轮制动器 3—前轮 4—离合器踏板
5—变速器操纵机构 6—驻车制动杆 7—传动轴 8—后桥 9—后悬架
10—后轮制动器 11—后轮 12—后保险杠 13—备胎 14—横向稳定器 15—转向盘

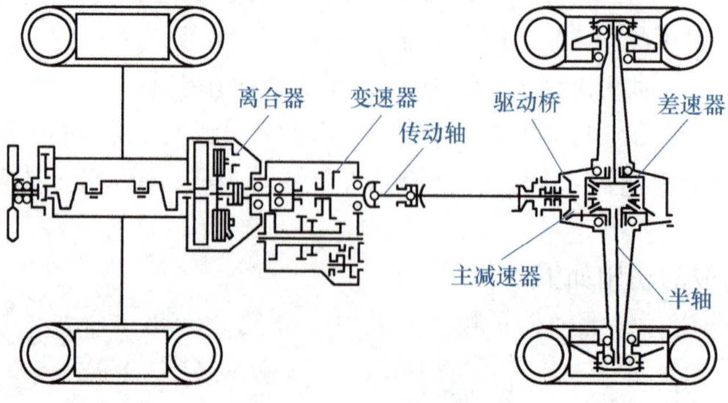

图 2-3 汽车传动系统的组成

2）变速器的功用：变速、变矩、变向、中断动力传动。

3）万向传动装置的功用：实现有夹角和相对位置经常发生变化的两轴之间的动力传动。

4）主减速器的功用：将动力传给差速器，并实现降速增矩、改变传动方向。

5）差速器的功用：将动力传给半轴，并允许左、右半轴以不同的转速旋转。

6）半轴的功用：将差速器的动力传给驱动车轮。

2. 行驶系统

汽车行驶系统一般由车架、悬架、车桥和车轮等组成，如图2-4所示。车轮通过轴承安装在车桥两边，车桥通过悬架与车架（或车身）连接，车架（或车身）是整车的装配基体。

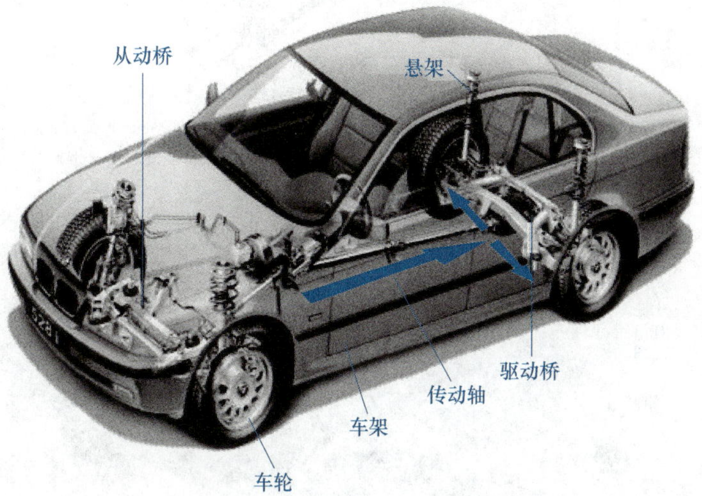

图2-4 汽车行驶系统的组成

汽车行驶系统的功用：

1）支承汽车的重量并承受、传递路面作用在车轮上各种力的作用。

2）接受传动系统传来的转矩并转变为汽车行驶的牵引力。

3）减少振动和冲击，保证汽车平顺行驶。

3. 转向系统

转向系统的功用是保证汽车能够按照驾驶人选定的方向行驶。转向系统主要由转向操纵机构、转向器和转向传动机构组成，现在的汽车普遍采用动力转向装置，如图2-5所示。

4. 制动系统

制动系统的功用是使汽车减速、停车并能保证可靠地驻停。汽车制动系统一般包括行车制动系统和驻车制动系统两套相互独立的制动系统，每套制动系统都包括制动器和制动传动机构。现在汽车的行车制动系统一般都装配有防抱死制动系统（ABS），如图2-6所示。

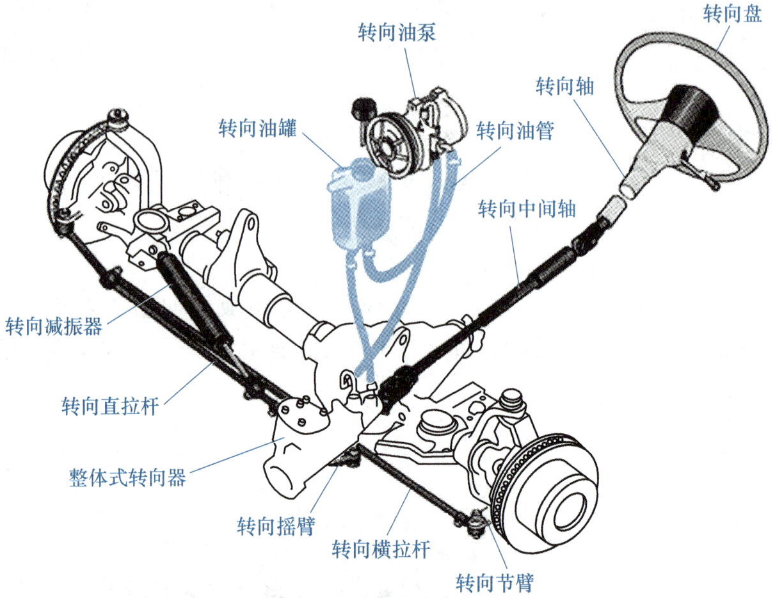

图 2-5 汽车转向系统的组成

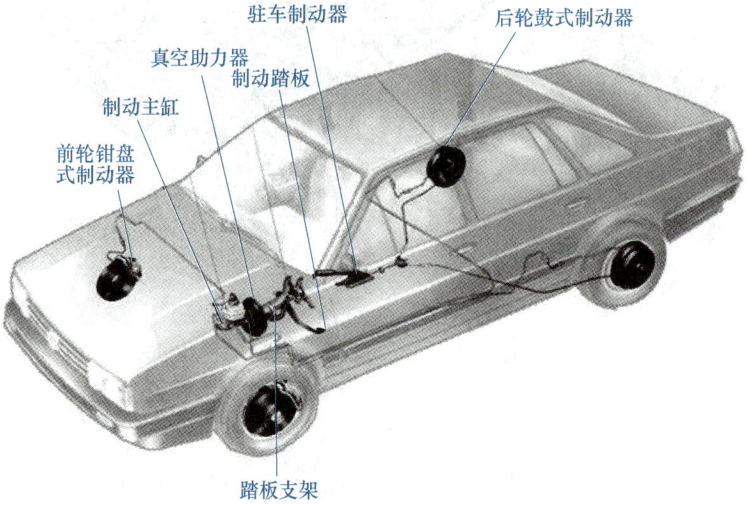

图 2-6 汽车制动系统的组成

资讯二 汽车底盘新技术介绍

越来越多的新电子控制设备被应用于汽车上。其中许多新的底盘控制技术设备在汽车的安全性、动力性和操作稳定性等方面起着重要的作用。它包括全电路制动系统（BBW，Brake-by-Wire）、汽车转向控制系统（RWS、ESP Ⅱ等）、汽车悬架控制系统（ADC、ARC 等）以及现在发展起来的汽车底盘线控技术（线控换档系统、制动系统、悬架系统、增压系统、节气门系统和转向系统等）。再加上汽车 CAN 总线的应用、42V 电压技术的研究、电动汽车的研究，都会带动汽车底盘控制技术向更高层次发展。如今汽车底盘控制技术正向电子化、信息化、网络化和集成化方向发展。

一、 汽车底盘的电子化技术

1. 全电路制动系统(BBW)

BBW 是一种全新的制动模式，其结构示意图如图 2-7 所示。BBW 是一种新型的智能化制动系统，它采用嵌入式总线技术，可以与防抱死制动系统(ABS)、牵引力控制系统(TCS)、电子稳定性控制程序(ESP)、主动防撞系统(ACC)等汽车主动安全系统更加方便地协同工作，通过优化微处理器中的控制算法，可以精确地调整制动系统的工作过程，提高车辆的制动效果，加强汽车的制动安全性能。BBW 以电能作为能量来源，通过电动机或电磁铁驱动制动器。因此，BBW 的结构简洁，更趋向于模块化，安装和维修更简单方便。

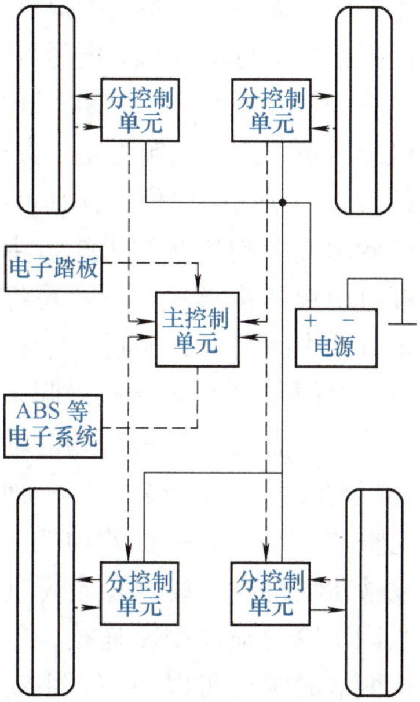

图 2-7 BBW 的结构示意图

2. 汽车转向控制系统

(1) 后轮转向系统(RWS) RWS 能主动让汽车两后轮的横拉杆相对于车身做侧向运动，使两后轮产生一转向角。RWS 由电子控制单元、传感器和执行机构等组成。其执行机构有整体式和分离式两种：整体式是指汽车两后轮的横拉杆由同一个执行机构调节，而分离式则指汽车两后轮的横拉杆由两个不同的执行机构来调节。对于整体式 RWS 执行机构，用一个横拉杆位移传感器就能确定两后轮的转向角。但分离式 RWS 执行机构需要至少两个位移传感器。由于分离式 RWS 执行机构的元件多，两后轮的控制和协调比较复杂，现在研发更多的是整体式 RWS 执行机构。整体式 RWS 执行机构又分为液压式和机电式两种。图 2-8 所示为机电式 RWS 执行机构，由电动机、螺母螺杆驱动机构和安全锁止机构等组成。为了提高系统的可靠性，执行机构里安装了一个电动机转角传感器和一个螺杆位移传感器。当 RWS 出现故障时，电动机自动锁止，两后轮的转向角不再发生变化，直到故障排除为止。

(2) ESP Ⅱ(或者 ESP plus) 由于 ESP 在对轿车的行驶状态进行干涉时，只是通过对单个车轮施加制动来调节轿车的行驶稳定性。这时，由脉冲制动力引起的轿车振动，乘员能够感觉到。ESP Ⅱ能够识别转向轮与地面之间的附着系数。当汽车在路面两侧附着系数不同的对开路面上制动时，它有朝着路面附着系数较大的一侧转动的趋势，即出现所谓的“制动器拉动”现象，在这种情况下，ESP Ⅱ能够通过转向轮朝路面附着系数较小的一侧做些适当的转向转动，以平衡“制动器拉动”的趋势。

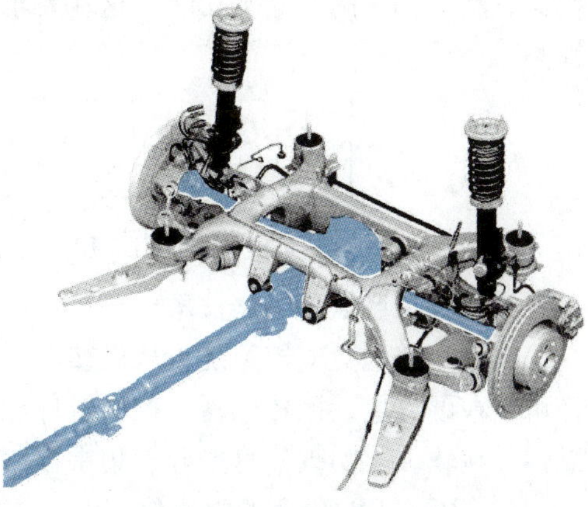
图 2-8 机电式 RWS 执行机构

3. 汽车悬架控制系统

(1) 主动悬架阻尼器控制系统(ADC) ADC(有时也称为连续性阻尼控制系统,CDC)由电子控制单元、CAN、4 个车轮垂直加速度传感器、4 个车身垂直加速度传感器和 4 个阻尼器比例阀组成。根据汽车的运动状况及传感器信号，电子控制单元计算出每个车轮悬架阻尼器的最优阻尼系数，然后对阻尼器比例阀进行相应的调节，自动调整车高，抑制车辆的变化等，使汽车的悬架系统能提供更好的汽车舒适性、安全性和稳定性。为此，让汽车车轮的动载振幅和车身垂直加速度尽可能地小。

（2）主动横向稳定器（ARC） 当汽车进行弯道行驶时，离心力会对汽车车身产生一个侧倾力矩。这个侧倾力矩一方面引起车身侧倾，另一方面使车轮的载质量发生由内轮向外轮的转移。主动横向稳定杆则可以根据具体情况对每个横向稳定杆施加一个可连续变化的初始侧倾角或者初始侧倾力矩。主动侧倾稳定杆有两种结构形式：一种是将被动侧倾稳定杆从中间分开，通过一个旋转电动机把稳定杆的左右两部分连接起来。旋转电动机能让左右两部分进行相对转动，旋转电动机的转矩可以调节；另一种是在被动稳定杆的一端安装一个差动液压缸机构，差动液压缸机构一端与稳定杆连接，另一端与同车轮的横向摆臂连接，差动液压缸机构两端的距离可以调节。主动横向稳定器示意图如图2-9所示。

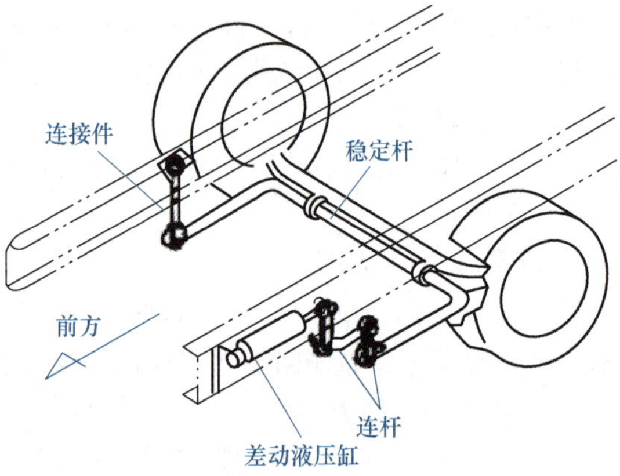

图2-9 主动横向稳定器示意图

二、汽车底盘的线控技术

所谓线控，就是用电子信号的传送取代过去由机械、液压或气动系统连接的部分，如换档连杆、节气门拉索、转向传动机构和制动油路等。它不仅是取代连接，而且包括操纵机构和操纵方式的变化，以及执行机构的电气化。这将改变汽车的传统结构。线控过程的基本组成示意图如图2-10所示。全面线控的实现将意味着汽车由机械到电子系统的转变。线控技术要求网络的实时性好、可靠性高，而且一些线控部分要求功能实现的冗余，以保证在一定的故障时仍可实现这个装置的基本功能。就像现在的ABS和动力转向一样，在电路故障时仍具有制动和转向的基本功能。这就要求用线控的网络数据传输速度高、时间特性好和可靠性高。

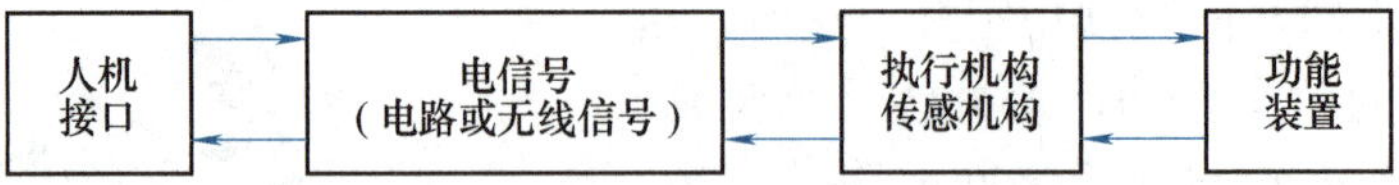

图2-10 线控过程的基本组成示意图

三、汽车底盘集成化技术

现代汽车底盘电控系统正从最初单一控制发展到如今的多变量多目标综合协调控制，这样可以在硬件上共用传感器、控制器件和电路，使零件数量减少，从而减少连接点，提高可靠性，在软件上实现信息融合、集中控制，提高和扩展各自的单独控制功能。

1. ABS/ASR/ESP的集成化

ABS/ASR装置成功地解决了汽车在制动和驱动时的方向稳定性问题，但不能解决汽车转向行驶时的方向稳定性问题。汽车转向行驶时，只有当地面能够提供充分的转向力时，驾驶人才能控制住车辆，使其按照预定的方向行驶。如果地面侧向附着能力比较低，提供不了足够的转向力，汽车就会侧向滑出，影响了汽车按预定方向行驶的能力。ABS/ASR/ESP 集成系统的应用，在制动、加速和转向方面满足了驾驶人的较高要求，对汽车的主动行驶安全具有较大的贡献。

2. ABS/ASR/ACC 的集成化

在 ABS/ASR 电控装置硬件的基础上，增加接收车距传感器信号的电子电路、ACC 常闭式和常开式进油电磁阀电子驱动电路。在原 ABS 控制模块和 ASR 控制模块的软件基础上，增加一个 ACC 控制模块，并与 ABS/ASR 电控模块进行相应的有机融合，用来实时处理、计算和确定汽车的行驶状态和车轮的转动状态。汽车 ABS/ASR/ACC 集成化系统具有优先支持驾驶人操作功能和 ABS 优先工作功能。

3. 汽车底盘全方位控制系统

汽车传动控制系统、电子悬架系统、电子转向系统和制动系统等集成融合在一起成为综合的汽车底盘电控系统。各控制功能集中在一个 ECU 中，通过 CAN 总线实现信息共享、资源综合利用。

四、汽车底盘的网络化技术

目前汽车上每个总成几乎都是机械、电子和信息一体化装置。在系统中，电子和信息部分所起的作用也越来越重要，汽车电子装置的增加使连接的电子电路迅速膨胀，线束越来越复杂，在汽车设计、装配和维护中的负担甚至到了无法承受的程度，而且线路插头的增加引起安全隐患。另外，线的重量和占用空间也是值得考虑的问题，重量的增加意味着降低效率。电路体积(直径)太大，在相对运动的部分之间过线就非常困难，所以在电子装置不断增加的情况下，减少线束成为一个必须解决的问题，而使用传统的点到点平行连接方式显然无法摆脱这种困境，因而基于串行通信传输的网络结构成为一种必然的选择。基于汽车底盘的电子化技术、线控技术的应用和汽车底盘的网络化技术成为必然。如何建立局域网将汽车底盘的各种电子设备的传感器、执行机构、ECU 的数据和信息通过一个总的 ECU 进行集中控制成为急需解决的问题。目前汽车底盘的网络化中应用比较成熟的有 CAN 总线，它是由博世提出的 CAN 标准(CAN/B 为 B 级 CAN,CAN/C 为 C 级 CAN)，最早在欧洲汽车上被广泛采用，后来包括美国、日本汽车行业也使用它作为 B 级或 C 级汽车网络。TTP/C 和 Flex Ray 是以线控系统为主要应用目标的 C 级网络协议，它们的相关支撑元器件和应用系统开发测试工具等处于研究阶段。目前无线局域网络在汽车底盘控制上的应用正在进一步探索。蓝牙技术作为一种新的短距离无线通信技术标准，在汽车底盘控制系统的应用中有着巨大的市场潜力，其相对低廉的成本和简便的使用力得到汽车业界的一致认同。

单元二　汽车行驶的基本原理

资讯一　汽车行驶的驱动力

欲使汽车行驶，必须对汽车施加一个驱动力以克服各种阻力，汽车行驶的原理如图 2-11 所示。

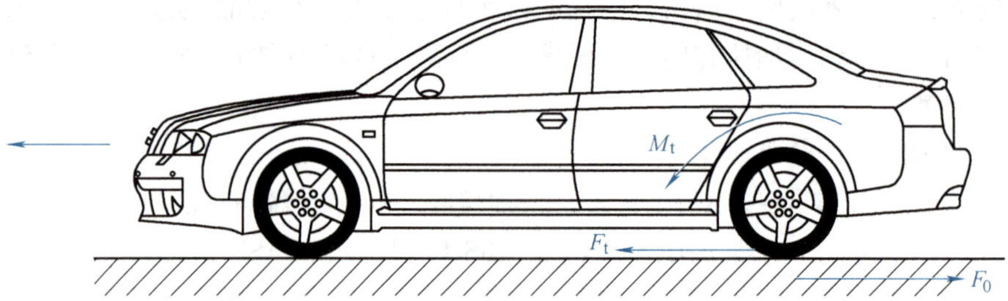

图 2-11 汽车行驶的原理

发动机经由传动系统在驱动车轮上施加了一个驱动力矩 M_t，力图使驱动车轮旋转。在 M_t 的作用下，驱动车轮将对地面施加一个与汽车行驶方向相反的圆周力 F_0。地面也将对驱动车轮施加一个与 F_0 大小相等、方向相反的反作用力 F_t。F_t 就是使汽车行驶的驱动力，或称为牵引力，如图 2-12 所示。如果发动机发出的有效转矩为 M_e，变速器传动比为 i_g，主减速器传动比为 i_0，传动系统的机械效率为 η_t，则驱动力 F_t 为

$$F_t=\frac{M_e i_g i_0 \eta_t}{r}$$

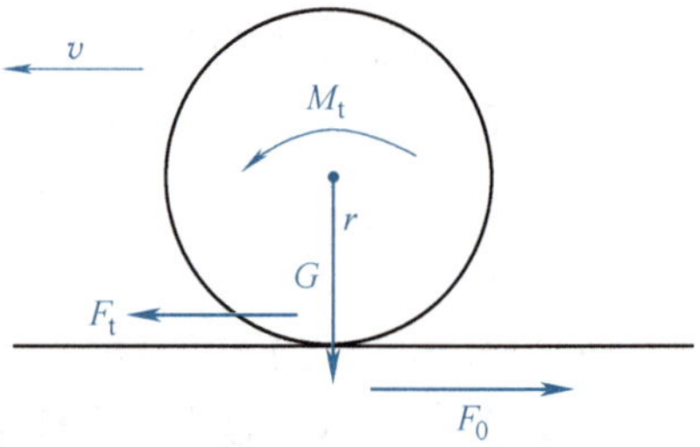

图 2-12 驱动力计算

资讯二 汽车行驶阻力

汽车在行驶中会遇到各种阻力，主要有滚动阻力、空气阻力、爬坡阻力和加速阻力。

1. 汽车行驶阻力

（1）滚动阻力　滚动阻力是指由于车轮滚动时轮胎与路面变形而产生的能量损失，以 F_f 表示。

（2）空气阻力　空气阻力是指汽车行驶时，空气作用力在汽车行驶方向的分力，以 F_w 表示。

（3）爬坡阻力　爬坡阻力是指汽车爬坡时，其总重力沿路面方向的分力，以 F_i 表示。

（4）加速阻力　加速阻力是指汽车在加速行驶时，其质量加速运动时的惯性力，以 F_j 表示。

结论：总阻力等于上述各项阻力之和，即 $\sum F=F_f+F_w+F_i+F_j$。

2. 汽车行驶的驱动力与行驶阻力的平衡关系

（1）汽车匀速行驶状态　当总阻力 $\sum F$ 等于驱动力 F_t 时，汽车匀速行驶状态：$\sum F=(F_F+F_w+F_i)=F_t$。

（2）汽车加速行驶状态　当总阻力 $\sum F$ 小于驱动力 F_t 时，汽车加速行驶状态：$\sum F=(F_F+F_w+F_i)<F_t$。

（3）汽车减速以致停车　当总阻力 $\sum F$ 大于驱动力 F_t 时，汽车减速以致停车：$\sum F=(F_F+F_w+F_i)>F_t$。

3. 汽车滑转

（1）附着作用　在汽车行驶中，把车轮与路面的相互摩擦以及轮胎花纹与路面凸起部的相互作用综合在一起，称为附着作用。

（2）附着力 由附着作用所决定的阻碍车轮打滑的路面反力的最大值，以 F_{Φ} 表示。汽车不发生滑转的条件：驱动力小于附着力，即 $F_t<F_{\Phi}$。

结论：汽车行驶的驱动和附着条件是 $(F_f+F_w+F_i)\leqslant F_t\leqslant F_{\Phi}$。

项目知识要点

1. 汽车底盘系统由传动系统、行驶系统、转向系统和制动系统组成。
2. 汽车的驱动力、行驶阻力、附着力，汽车的驱动和附着条件。

同步测试

一、判断题（对的在括号内打“√”，错的在括号打“×”）

（ ）1. 汽车的总重是汽车自重和承载量的总和。

（ ）2. 汽车驱动力等于汽车行驶中的总阻力时，汽车就停止运动。

（ ）3. 汽车正常行驶时所能获得的最大驱动力总是小于或等于车辆的附着力。

（ ）4. 汽车驱动力的大小取决于发动机输出功率的大小。

二、选择题（将正确选项填在括号内）

1. 技师 A 说，汽车在水平路面上匀速行驶时，汽车所受到的阻力主要有空气阻力和滚动阻力。技师 B 说，汽车在水平路面上超车行驶时，汽车所受到的阻力主要有空气阻力、滚动阻力和加速阻力。请问谁的说法正确？（ ）

A. 只有 A 说的对 B. 只有 B 说的对 C. A 和 B 说的都对 D. A 和 B 说的都不对

2. 技师 A 说，汽车一般由发动机、底盘、电气设备和车身四部分组成。技师 B 说，底盘是接受发动机的动力，使汽车运动并按驾驶人的操控而正常行驶的部件，它包括传动系统、行驶系统、转向系统、制动系统和电控设备五个部分组成。（ ）

A. 只有 A 说的对 B. 只有 B 说的对 C. A 和 B 说的都对 D. A 和 B 说的都不对

3. 技师 A 说，乘用车是指车辆座位少于 9 座（含驾驶人座），以载客为主要目的的车辆。技师 B 说，乘用车是指车辆座位在 9 座以上 16 座以内（含驾驶人座），以载客为主要目的的车辆。（ ）

A. 只有 A 说的对 B. 只有 B 说的对 C. A 和 B 说的都对 D. A 和 B 说的都不对

4. 技师 A 说，汽车行驶的条件是必须有足够的驱动力。技师 B 说，汽车行驶的条件是必须有足够的附着力。（ ）

A. 只有 A 说的对 B. 只有 B 说的对 C. A 和 B 说的都对 D. A 和 B 说的都不对

项目三　汽车传动系统构造与维修

学习目标

知识目标

- 掌握汽车传动系统的功用和组成。
- 掌握汽车传动系统部件的结构与工作原理。
- 熟悉汽车传动系统故障诊断基本思路与维修的基本流程。

能力目标

- 提高学生自主学习和探究问题的能力。
- 提高学生的实践动手能力与团队协作能力。
- 提升安全、环保意识。

单元一　汽车传动系统概述

资讯一　传动系统的功用及组成

传动系统的功用是将发动机发出的动力按需要传给汽车的驱动轮，使路面对驱动车轮产生一个推力，推动汽车行驶。

图 3-1 所示为普通双轴货车机械式传动系统的布置形式。传动系统主要由离合器 1、变速器 2、由万向节 3 和传动轴 8 组成的万向传动装置、主减速器 7、差速器 5 和半轴 6 等组成。发动机纵向安装在汽车前部，发动机发出的动力依次经过离合器、变速器、万向传动装置、驱动桥、半轴传给后轮(驱动轮)，从而驱动汽车行驶。

资讯二　传动系统的布置形式

传动系统的布置形式由发动机的安装位置以及汽车的驱动形式决定。一般用“车轮总数×驱动车轮数”来表示汽车的驱动形式。例如：普通汽车装有 4 个车轮，其中两个是驱动轮，其驱动形式为 4×2；越野汽车的全部车轮都可作为驱动轮，根据车轮总数的不同，常见的有 4×4、6×6 等驱动形式。此外，也有用“汽车车桥总数×驱动车桥数”来表示汽车的驱动形式的。传动系统的布置形式有发动机前置后轮驱动、发动机前置前轮驱动、发动机后置后轮驱动和发动机前置全轮驱动等。

1. 发动机前置后轮驱动(FR 型)

部分轿车、客车采用此形式，如图 3-1 所示。它一般将发动机、离合器和变速器连成一

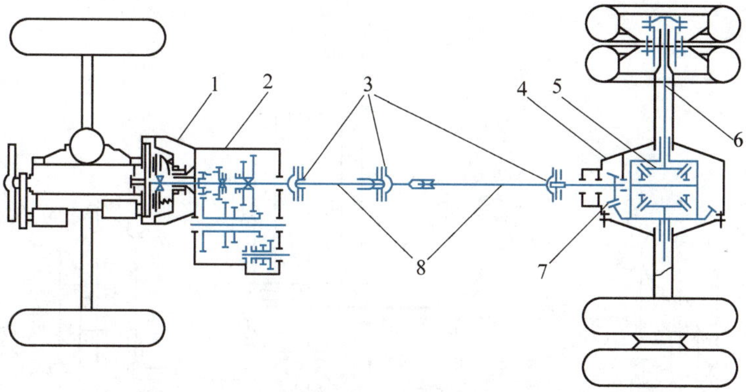

图 3-1　普通双轴货车机械式传动系统的布置形式

1—离合器　2—变速器　3—万向节　4—驱动桥壳　5—差速器
6—半轴　7—主减速器　8—传动轴

个整体安装在汽车前部，而主减速器、差速器和半轴则安装在汽车后部的后桥壳（驱动桥）中，两者之间通过万向传动装置相连。这种布置形式的特点：发动机散热好，发动机、离合器和变速器的操纵机构简单，维修方便；后驱动轮的附着力大，易获得足够的驱动力。其变形有中桥驱动的 6×2 汽车和中后桥驱动的 6×4 汽车。

2. 发动机前置前轮驱动（FF 型）

大多数轿车都采用图 3-2 所示的形式。其变速器、主减速器和差速器制成一体，同发动机和离合器一起集中安装在汽车前部，发动机有纵向布置（见图 3-2a）和横向布置（见图 3-2b）之分。这种形式的特点：发动机散热好，操纵方便；省去了很长的传动轴，传动系统结构紧凑；整车重心降低，汽车高速行驶稳定性好等。但上坡时前轮附着力减小，易打滑；下坡制动时，前轮载荷过重，高速行驶时易发生翻车现象。故这种布置形式主要用于重心较低的微型车和普通型轿车上。

3. 发动机后置后轮驱动（RR 型）

如图 3-3 所示，这种布置形式的发动机、离合器和变速器制成一体，布置在驱动桥之后。这种形式的特点：大大缩短传动轴的长度，传动系统结构紧凑，重心有所降低；前轴不易过载，后轮附着力大；室内噪声小，空间利用率高。但由于发动机后置，其散热条件差；发动机、离合器和变速器的远距离操纵使操纵机构较为复杂，维修调整不便，多用于大型客车上，某些微型车或轻型轿车也采用该布置形式。其发动机有横向布置（见图 3-3a）和纵向布置（见图 3-3b）之分。

4. 发动机前置全轮驱动

越野汽车一般采用全轮驱动，其目的是充分利用所有车轮与地面之间的附着条件，以获得尽可能大的驱动力，提高通过能力。如图 3-4 所示，为了将发动机传给变速器的动力分配给前后两驱动桥，进一步降速增矩，以适应越野条件下阻力变化范围大的需要，在变速器后增设了分动器，并相应地增设了从变速器通向分动器，从分动器通向前后两驱动桥之间的万向传动装置。由于前驱动桥同时又是转向桥，不能用整体式半轴，所以左、右两根半轴均分为两段，中间用万向节相连。

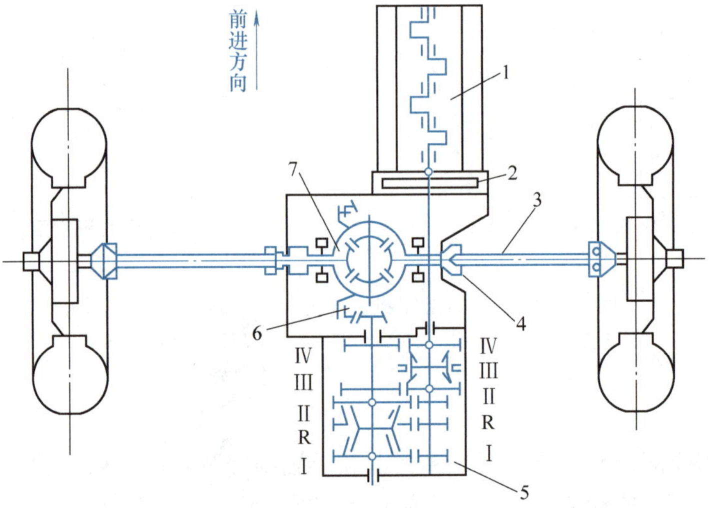

a)

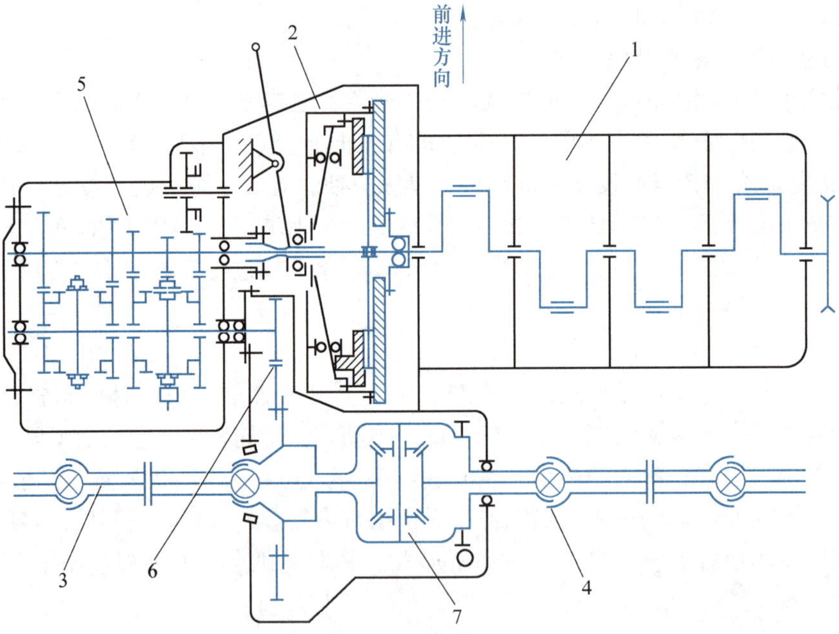

b)

图 3-2 发动机前置、前轮驱动传动系统示意图

a）发动机纵向布置 b）发动机横向布置

1—发动机 2—离合器 3—半轴 4—万向节 5—变速器 6—主减速器 7—差速器

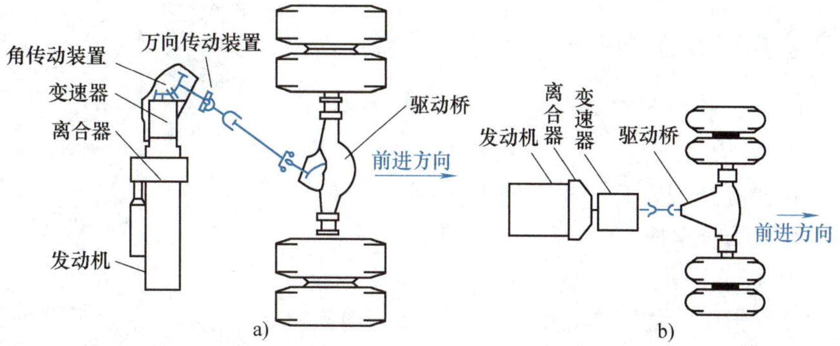

图 3-3　发动机后置后轮驱动的大型客车传动系统示意图

a）发动机横向布置　b）发动机纵向布置

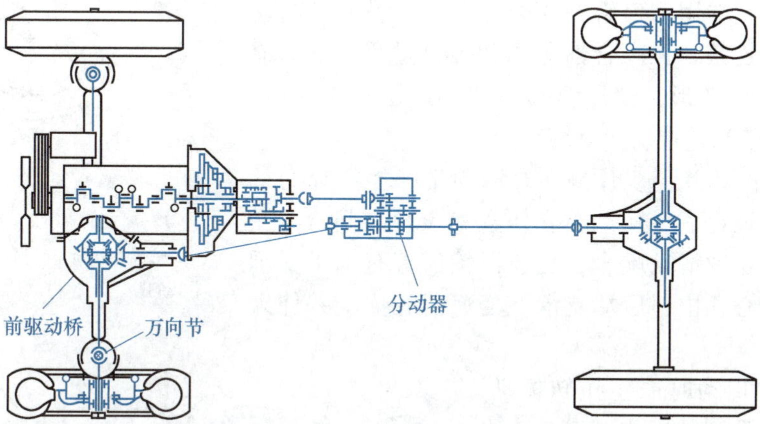

图 3-4　发动机前置全轮驱动 4×4 越野汽车传动系统示意图

单元二　离　合　器

离合器是传动系统中直接与发动机联系的总成，其主动部分与发动机飞轮连接，从动部分与变速器相连。在汽车从起步到正常行驶直至停车的整个过程中，驾驶人可根据需要操纵离合器，使发动机与传动系统暂时分离或接合，以切断或传递发动机向传动系统输出的动力。

摩擦片式离合器因其结构简单、性能可靠、维修方便，大部分汽车仍在采用，如图 3-5 所示。其功用：传递转矩，使发动机与传动系统平顺地接合，保证汽车起步平稳；在转矩传递过程中，离合器还有减振缓冲的功能，保证换档时工作平顺。此外，当传动系统在减速传动时，会产生很大的反作用转矩，这个力足以毁坏发动机或变速器的机件，可利用离合器自身的滑转功能，将传输力矩限制在某个预定值内，以防止发生意外的机件损坏事故。

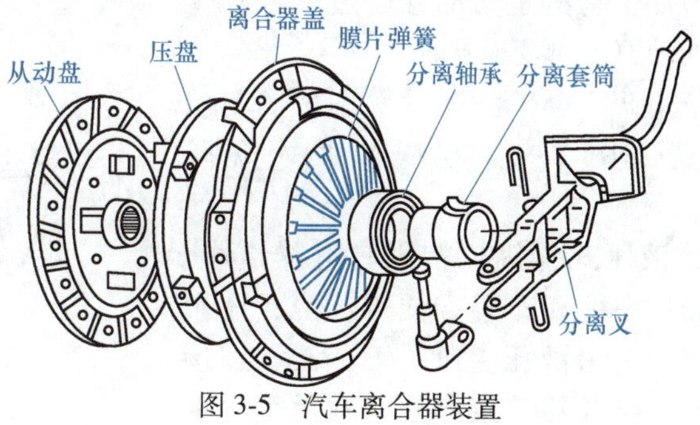

图 3-5　汽车离合器装置

资讯一 摩擦片式离合器的构成及工作原理

离合器
工作原理

汽车离合器按工作特性的不同可分为干式与湿式两种，湿式离合器用于自动变速器；按结构特点的不同，可分为膜片式和螺旋弹簧式等。离合器主要由主动部分、从动部分和操纵机构等组成。

主动部分由飞轮、压盘5、离合器盖1、膜片弹簧3或压紧螺旋弹簧等组成，如图3-6所示。离合器盖用螺栓固定在飞轮后端面上，离合器压盘和离合器盖之间是通过周向均布的四组传动片来传递转矩的。传动片6用弹簧钢片制成，其一端用铆钉铆在离合器盖上，另一端则用螺钉与压盘相连接。在离合器分离和接合过程中，依靠弹簧钢片的弯曲变形，使压盘前后移动。正常工作时，离合器盖通过传动片拉动压盘旋转。

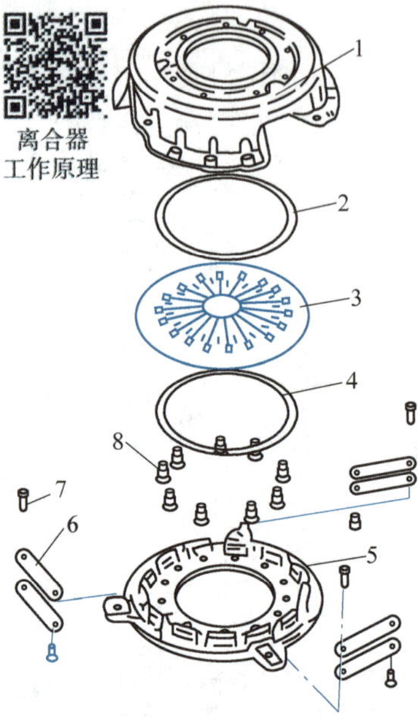

图3-6 离合器主动部分的组成

1—离合器盖 2、4—支承环 3—膜片弹簧 5—压盘 6—传动片 7—铆钉 8—支承铆钉

从动部分由单片、双片或多片两面带摩擦衬片的从动盘和离合器轴组成。从动盘在压盘和飞轮之间，与变速器轴通过内花键滑动配合；变速器轴前端有轴承支承在曲轴后端中心孔中，后端支承在变速器壳体上并伸入变速器中。

为了避免传动时产生扭转振动，缓和传动系统受到的冲击载荷，大多数离合器从动盘上都附装有扭转减振装置，如图3-7所示。从动盘和从动盘毂6通过减振弹簧8弹性地连接在一起，构成减振器的缓冲机构，从动盘毂6夹在从动盘钢片3和减振盘9之间，特种铆钉5将从动盘钢片3和减振盘9铆接在一起，使铆钉中部和从动盘毂6上的缺口存在一定的距离。从动盘毂6可相对钢片和盘做一定量的转动，它将主动部分通过摩擦片传来的动力传给变速器轴。

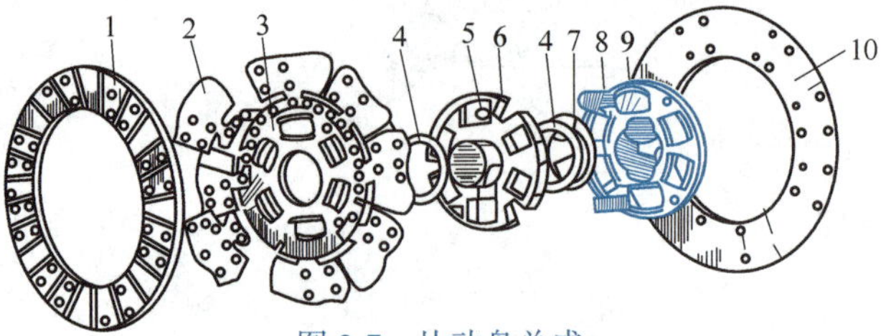

图3-7 从动盘总成

1、10—摩擦衬片 2—波浪形弹簧钢片 3—从动盘钢片 4—摩擦片 5—特种铆钉 6—从动盘毂 7—调整垫片 8—减振弹簧 9—减振盘

操纵机构有液压式（见图3-8）、拉索式（见图3-9）和拉杆直动式（见图3-10）几种类型。

液压式操纵机构因具有噪声小、省力、平稳和布置方便等优点，应用较多。它由液压主缸、工作缸、连接软管、离合器踏板和分离轴承等部件

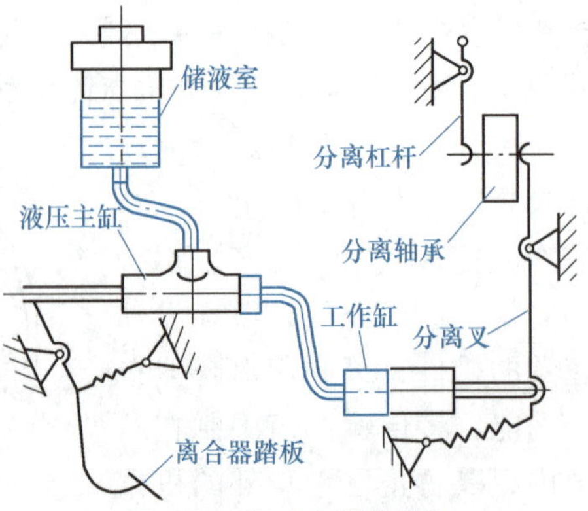

图3-8 液压式操纵机构

组成。当驾驶人踩下离合器踏板时，推杆推动主缸活塞使油压升高，通过软管进入工作缸，迫使工作缸活塞通过分离叉推动分离轴承前移。当驾驶人松开离合器踏板时，液压被解除，分离叉在复位弹簧的作用下逐渐退回原位，离合器恢复接合状态。

拉索式操纵机构或拉杆直动式操纵机构则是通过拉索或拉杆直接控制分离叉的动作，以实现离合器的接合与分离。

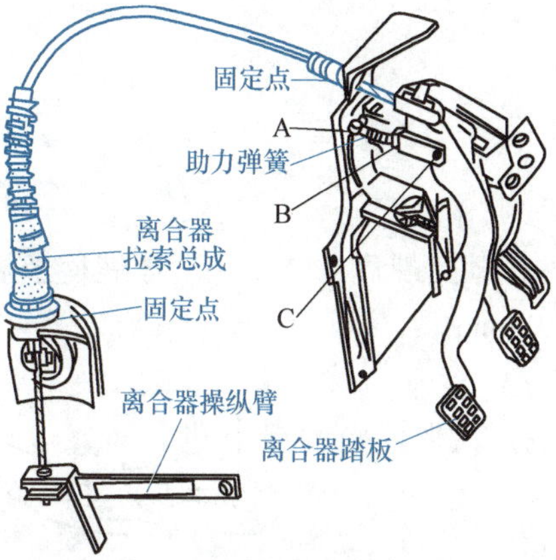

图 3-9 拉索式操纵机构

A—助力弹簧导向杆与离合器踏板支架连接销轴 B—导向杆与离合器踏板连接销轴 C—离合器踏板轴

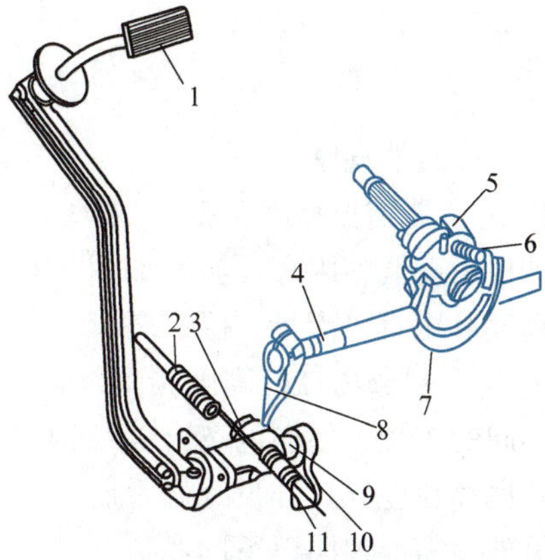

图 3-10 拉杆直动式操纵机构

1—踏板 2—回位弹簧 3—调整螺母 4—分离叉轴 5—分离轴承 6—分离套筒 7—分离叉 8—分离叉臂 9—踏板轴 10—拉臂 11—离合器拉杆

离合器接合时(见图 3-11)，从动盘 3 在离合器弹簧和压盘 4 的作用下，被压紧在发动机飞轮上，发动机输出的转矩经飞轮 2 和压盘 4 同时传给从动盘两侧的摩擦片，带动从动盘和扭转减振装置一起转动；从动盘和扭转减振装置又通过横置的螺旋减振弹簧，把转矩传给从动盘毂和离合器轴；减振弹簧使从动盘毂相对于从动盘本体扭转，靠减振弹簧和阻尼摩擦减缓和消耗由发动机曲轴传来的扭转振动产生的冲击(不平路面所引起的传动系统角速度变化)，发动机输出动力得以平稳地传输给离合器轴(变速器输入轴)。

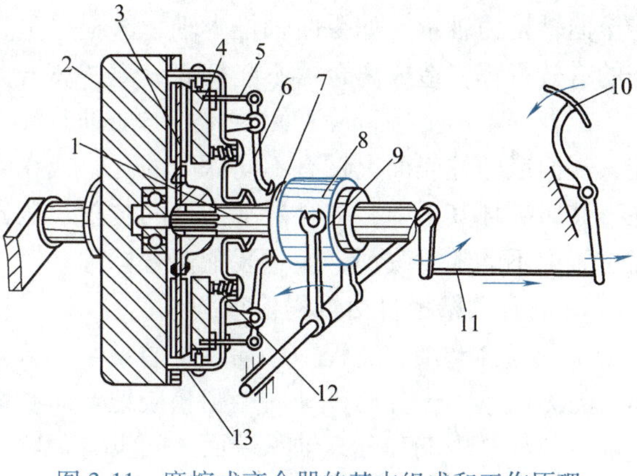

图 3-11 摩擦式离合器的基本组成和工作原理

1—离合器轴 2—飞轮 3—从动盘 4—压盘 5—分离拉杆 6—分离杠杆 7—分离轴承 8—分离套筒 9—分离拨叉 10—离合器踏板 11—拉杆 12—压紧弹簧 13—离合器盖

若踩下离合器踏板，分离叉推动分离轴承前移，压迫分离杠杆 6 内端，使分离杠杆外端通过分离拉杆 5 带动压盘后移，则同时压紧弹簧 12 被压缩，从动盘压力被解除(膜片弹簧本身既有弹性，又具备杠杆作用,其外端以支撑环为支点转动,并通过分离钩拉动压盘后移,从而解除飞轮、主动压盘与摩擦片之间的压紧力)。此时，发动机只能带动离合器主动部分旋转，而无法将转矩传递给离合器轴。

缓慢抬起离合器踏板，操纵机构就会将分离轴承重新拉回原位，分离杠杆或膜片弹簧因内端压力解除而恢复原位，压盘便在螺旋弹簧(膜片弹簧)作用下逐渐压紧从动盘，并使所传递的转矩逐渐增大。压盘与从动盘刚接触时，其摩擦力矩比较小，离合器主、从动部分处于打滑状态，随压紧力的逐渐加大，离合器主、从动部分的转速渐趋相等，发动机便将转矩传递至变速器输入轴。

资讯二　离合器的调整与检修

一、离合器调整

1. 离合器踏板高度调整

踏板高度调整因车而异，如图3-12所示，拧松锁紧螺母，转动止动器螺栓至规定高度。踏板高度可用直尺测量，国产轿车一般是180~190mm。

2. 离合器分离杠杆高度调整(膜片弹簧不必调整)

不同的车型，不同的离合器结构形式，分离杠杆高度调整也存在差异，详见维修手册。

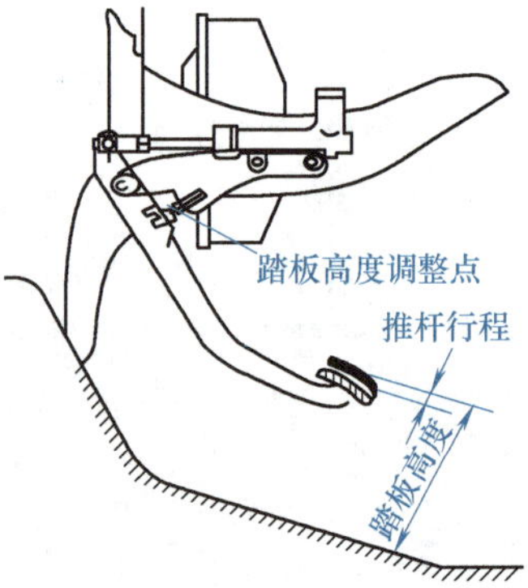

图3-12　离合器踏板高度调整

另外，需要说明以下问题：

由离合器工作原理可知，离合器在接合状态下，压紧弹簧应有足够的压紧力，以保证传递发动机最大转矩。压紧弹簧第一次压缩是在离合器总成装配时，第二次压缩是在离合器总成安装时，第三次压缩则是离合器处于分离状态。离合器处于接合状态时，压紧弹簧不能压死，否则将造成分离不彻底。

离合器分离时曲轴将向前窜动，这一轴向力经曲轴传至曲轴推力轴承。如果曲轴推力轴承磨损严重，曲轴轴向窜动量过大，会严重影响分离杠杆的有效行程，造成离合器不能彻底分离，离合器踏板会出现忽高忽低的不正常现象。

离合器不但要进行静平衡，还要与曲轴装配一体后进行动平衡。为此，有的压盘和飞轮在其端面或圆柱表面上钻有不同深度的孔，或在离合器盖的螺栓上加装有平衡片。为了避免在拆装时破坏其平衡，离合器平衡片的位置、压盘与离合器盖之间及离合器与飞轮之间的相互位置都不能随意改动，注意装配位置标记。

3. 离合器踏板自由行程检查调整

由于离合器接合过程中存在着滑磨现象，从动盘、压盘和飞轮长期使用磨损后，压盘要向飞轮方向移动，分离杠杆内端则相应地要向后移动，才能保证离合器完全接合。如果未磨损前分离杠杆内端和分离轴承端面之间没有预留一定的间隙，则在摩擦片磨损后，分离杠杆内端因抵住分离轴承而不能后移，使分离杠杆外端牵制压盘不能前移，从而不能将从动盘压紧，则离合器难以完全接合，传动时会出现打滑现象。这不仅使离合器所能传递的最大转矩减小，而且会使摩擦片和分离轴承加速磨损。因此，离合器在接合状态下，分离杠杆内端与分离轴承间留有一个自由间隙，这个间隙反映到离合器踏板上，使踏板产生一个空行程，称为踏板自由行程。为了保证自由行程值，踏板自由行程是可以调整的，调整方法因操纵机构不同而异。

由于从动盘有一定的弹性，飞轮、压盘和从动盘的接触面积也会有一定的翘曲变形。要使离合器彻底分离，就必须使压盘向后移动有充分的距离(1~3mm)。这一距离通过一系统列杠杆放大，反映到踏板上就是踏板的有效行程。有效行程与自由行程之和就是踏板的总行程。

检查方法是先测出踏板在完全放松时的高度，再测出用手掌按下踏板感觉有阻力时的高度，两次数值之差就是自由行程值，解放 CA1091 汽车为 20~30mm，上海桑塔纳、神龙富康轿车为 15~25mm。机械杆件式操纵的离合器自由行程调整，一般都是调整踏板拉杆上的调整螺母，以改变分离轴承与分离杠杆间的间隙。

二、离合器检修

1. 从动盘检修

从动盘是离合器中最易损坏的部件。其常见损伤：摩擦衬片的磨损及烧蚀、表面硬化、龟裂以及铆钉松动等，钢片翘曲破裂，减振弹簧变软或折断，从动盘毂铆钉松动及花键齿磨损等。

检修时，用深度卡尺测量摩擦衬片的厚度 h，应符合规定要求，如图 3-13 所示。铆钉头应低于摩擦衬片工作表面 0.5mm 以上，若小于规定值或衬片出现龟裂、铆钉松动及磨损不均等现象，则均应更换摩擦衬片或更换从动盘总成。从动盘钢片翘曲量应不大于 0.4~0.8mm（适用于直径在 200~320mm 之间的从动盘），如图 3-14 所示。用敲击法检验从动盘毂与从动盘的铆合情况，如果铆钉松动，则应铆紧，注意铆钉头一律在钢片一边。从动盘花键齿磨损的检查方法：把变速器轴的花键端插入从动盘毂的花键中，固定变速器轴，扳动从动盘感觉无间隙且轴向移动顺畅为合适，如图 3-15 所示。

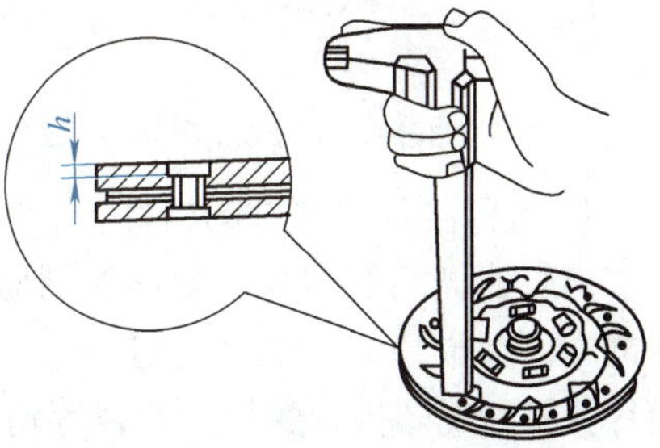

图 3-13 从动盘摩擦片磨损的检查

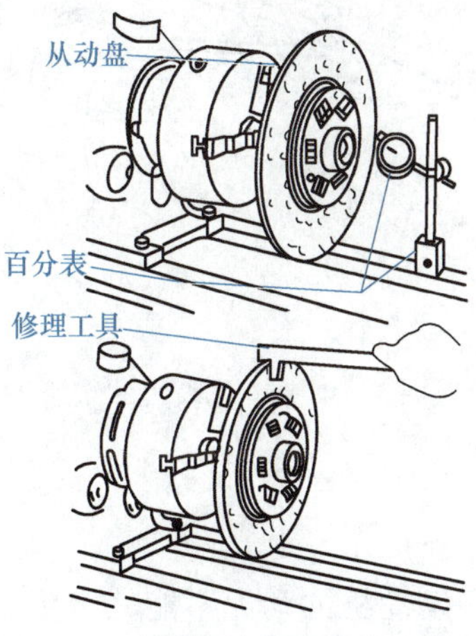

图 3-14 从动盘轴向圆跳动的检查

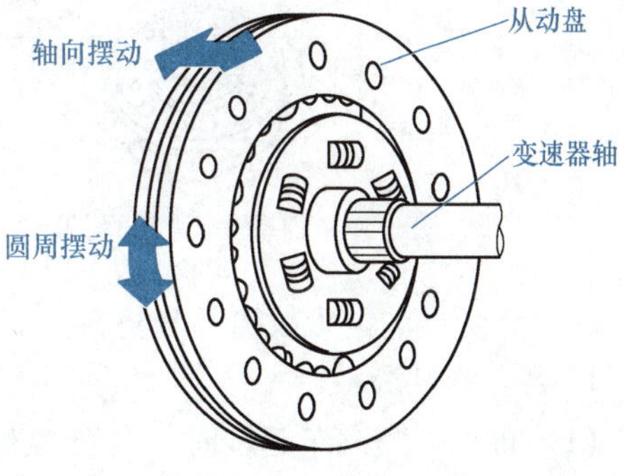

图 3-15 从动盘与变速器轴花键配合的检查

2. 离合器压盘的检修

离合器压盘或中间压盘有裂纹、缺陷或修磨后的厚度小于极限尺寸时，均应更换。当表面有烧蚀、龟裂或磨损沟槽深度超过 0.5mm 时，或者平面度公差超过使用极限时，可通过光磨修平后使用。压盘厚度减小极限为 1~2mm，如图 3-16 所示。

3. 离合器弹簧的检修

离合器弹簧有裂纹、锈蚀及明显弯曲变形和自由高度超过使用极限等缺陷时，应更换。膜片弹簧高度 h 的检查如图 3-17 所示，其标准值相差不应大于 0.5mm。

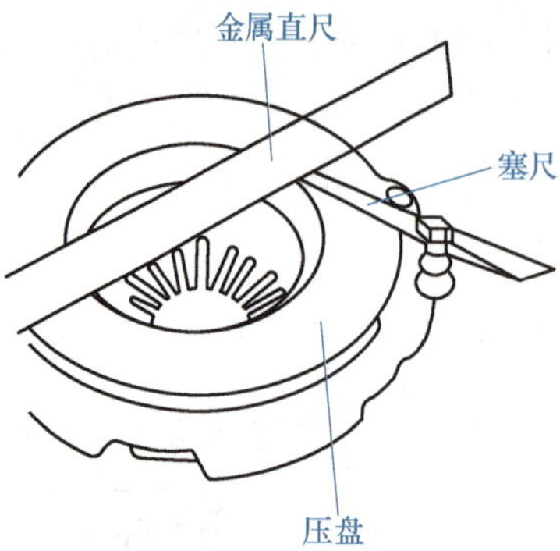

图 3-16 压盘平面度的检查

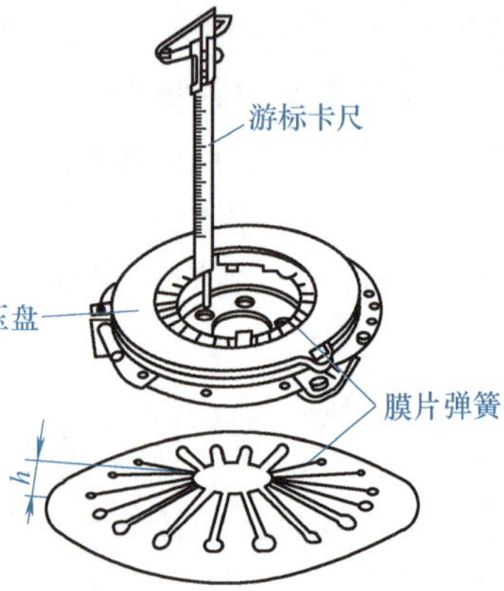

图 3-17 膜片弹簧高度的检查

4. 离合器其他部件的检修

离合器盖若有裂纹、变形，则应进行焊修和校正；分离杠杆不得有裂纹和变形，分离杠杆内端面磨损值 b 一般不超过 1mm，否则应更换；离合器壳产生裂纹、变形，应进行更换；膜片弹簧出现磨损、变形、开裂等情况而影响离合器的正常工作时，应更换新件，如图 3-18 所示，膜片弹簧内端磨损深度 h 应不大于 0.3mm，否则应更换膜片弹簧。离合器拉索的内线若有断股、开焊，应更换。用拉索注油器套住拉索内线，用油壶向拉索注油器注油，再旋动拉索注油器螺栓，将润滑油压入拉索内，应保证内线能在外皮内滑动自如，如图 3-19 所示。

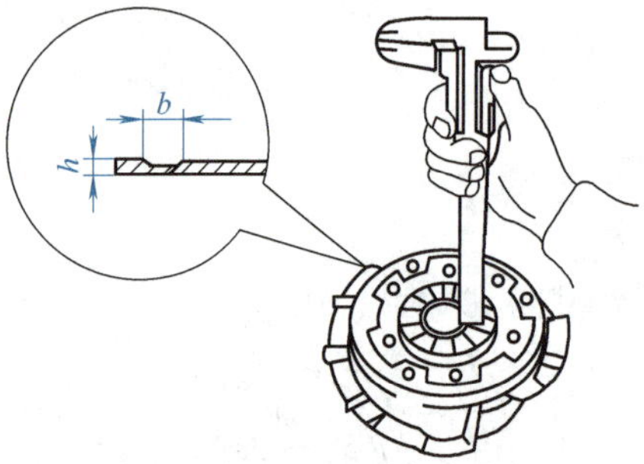

图 3-18 膜片弹簧内端面磨损的测量

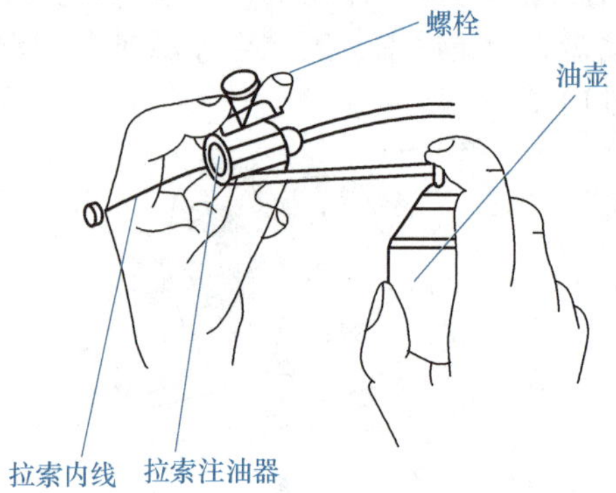

图 3-19 离合器拉索的注油

三、离合器的常见故障及分析

1. 离合器打滑

（1）现象 当汽车起步时，离合器踏板完全抬起，发动机的动力不能完全传至变速器主动轴，使汽车动力下降，油耗增加，起步困难；汽车加速时，车速不能随发动机转速提高而加快，汽车行驶无力；汽车重载、上坡行驶或在泥泞道路条件下，打滑更明显，严重时会从离合器内散发出焦臭味。

（2）原因 离合器踏板自由行程太小或没有自由行程，使分离轴承压在离合器分离杠杆上，压盘与从动盘处于半分离状态而导致离合器打滑；离合器弹簧过软、磨损、变形或折断，造成摩擦片间压力不足；摩擦片磨损变薄、硬化，铆钉外露或表面沾有油污，使其与飞轮、压盘之间的摩擦力变小；离合器和飞轮连接螺钉松动；压盘太薄或压盘、飞轮变形；分离杠杆调整过高。

（3）诊断与排除

1）拉紧驻车制动器，挂上低速档，缓慢放松离合器踏板，同时右脚踩加速踏板徐徐加速。若汽车不动，发动机仍继续运转而不熄火，说明离合器打滑；挂上档位，拉紧驻车制动器，可轻易用手摇柄摇转发动机，也说明离合器打滑。

2）检查离合器踏板自由行程，如果不符合规定，则应予以调整；若自由行程合适，则应拆下离合器检视孔盖检查离合器与飞轮螺钉是否松动。如果松动，则应拧紧；如果不松动，则应检查离合器盖与飞轮之间有无调整垫片，并视情况减少或拆除垫片，再予以拧紧。

3）经上述检查排除故障后仍然打滑时，应拆下离合器摩擦片检查。若有油污，则应用汽油清洗并烘干，然后找出油污来源，并设法排除；若摩擦片磨损过薄或铆钉头外露，则更换摩擦片。

4）如果摩擦片完好，则应将离合器分解，检查压盘弹簧弹力。若弹力稍有减少，可在弹簧下面加垫圈继续使用；若弹簧过弱或折断，应予以更换。

2. 离合器分离不彻底

（1）现象　当汽车起步时，离合器踏板虽已踩到底，仍感到挂档困难，虽强行挂上档，但在离合器踏板尚未完全放松或不抬踏板时，汽车就开始向前行驶或造成发动机熄火；将离合器踏板踩到底，变速器换档困难或挂不上前进档，同时变速器端有齿轮撞击声发出。

（2）原因

1）离合器踏板自由行程过大。

2）分离杠杆内端不在同一平面上或内端过低，个别分离杠杆弯曲或调整螺钉折断。

3）离合器从动盘翘曲，铆钉松脱或摩擦片破碎，新换的摩擦片过厚。

4）双片式离合器中间主动盘限位螺钉调整不当，或个别分离弹簧过软、折断或高低不均。

5）从动盘毂键槽与变速器第一轴键齿间隙过小或锈蚀，使从动盘移动困难。

（3）诊断与排除

1）拆下离合器检视孔盖，将变速杆置于空档位置，踩下离合器踏板，用旋具推动离合器从动盘。若能轻轻推动又无划碰，则说明离合器能分离开；若推动费力，则表明离合器不能彻底分离。

2）检查调整离合器踏板自由行程；检查分离杠杆高低是否一致，以及分离杠杆支架螺栓是否松动，必要时进行调整或拧紧。双片式离合器还应检查调整限位螺钉与中间主动盘的间隙是否符合要求，若不符合要求，则应进行调整。如果因新换摩擦片过厚，可在离合器盖与飞轮间增加适当厚度的垫片予以调整（各垫片厚度应一致）。

3）如果经上述检查调整仍无效，则应将离合器拆下分解，检查各机件的技术状况，必要时予以修理或换件。

3. 离合器发抖

（1）现象　汽车起步及加速时，离合器经常不能平稳接合，使车身发生抖动。

（2）原因　分离杠杆内端端面不在同一平面内；压盘或从动盘翘曲，或从动盘铆钉松动；压紧弹簧弹力不均，个别折断或高低不一致；变速器与飞轮壳或发动机之间的固定螺钉松动；踏板回位弹簧折断或脱落；膜片弹簧弹力不均。

（3）诊断与排除

1）使发动机怠速运转，挂上低速档，缓慢松开离合器踏板并加大节气门开度起步，如果车身有明显抖动，则为离合器发抖。

2）检查变速器与飞轮壳、离合器盖与飞轮的固定螺钉是否松动；拆开离合器检视孔盖，检查分离杠杆、膜片弹簧的高度及各分离杠杆的高度是否一致。如果不一致，则应调整。

3）如果上述检查良好，拆下离合器，分别检查压盘、从动盘是否变形，从动盘铆钉是否松动，各压紧弹簧的弹力和膜片弹簧的弹力是否在允许范围之内。

4. 离合器异响

（1）现象　在使用离合器时，有不正常的响声。

（2）原因　分离轴承润滑不良、脏污，磨损严重或烧毁卡滞；轴承复位弹簧过软、折断或脱落；分离杠杆或其支撑销及孔磨损松旷；从动钢片铆钉松动，钢片碎裂或减振弹簧折断；踏板复位弹簧过软、脱落或折断；分离套筒回位弹簧过软、折断或脱落；从动盘花键毂与变速器第一轴花键磨损严重；离合器踏板没有自由行程。

（3）诊断与排除

1）稍微踩下离合器踏板，使分离杠杆与分离轴承接触，听到有“沙沙”的响声，为分离轴承响。如果加大节气门开度后仍响，则为轴承磨损松旷或损坏，应换用新的轴承。

2）踩下或放松离合器踏板时，如果出现间断的碰击声，则为分离轴承前后窜动响，应检查分离轴承复位弹簧，如果失效，则应更换。将踏板踩到底时发响，放松踏板时响声消失，则为离合器传动销与销孔磨损松旷，如果因传动销磨损过大，则应更换。连续踩踏板，在离合器刚接触或分开时响，应检查分离杠杆或支架销与孔磨损是否松旷、铆钉是否松动和摩擦片铆钉是否外露，如果有上述情况，则应予以更换。

3）发动机一起动就有响声，踏板提起后响声消失，为踏板复位弹簧失效；若响声仍然存在，则应更换压紧弹簧(注意:所有弹簧应同时更换)。

单元训练　离合器的拆装与调整

一、训练内容

1）离合器的拆装与调整。

2）离合器踏板自由行程的检查与调整。

二、训练目标

1）掌握离合器总成的拆装方法。

2）掌握离合器零件检修的操作技能。

3）掌握离合器总成的装配工艺和调整方法。

三、工具与设备

1）BJ2020 型汽车 1 辆，桑塔纳轿车 1 辆。

2）专用工机具：离合器拆装台、压力机。

3）常用工具、量具各 1 套。

四、训练流程

注意事项：正确使用工具和量具；遵守操作规程，注意操作安全；拆装离合器必须在拆装台上进行；注意零件的清洗方法，不得损坏摩擦片及其他零部件。

1. BJ2020 离合器的拆装与调整

（1）离合器的拆卸与分解

1）离合器的拆卸步骤。

① 拆下传动轴与变速器的连接螺钉，放下传动轴，拆下离合器分离叉及其回位弹簧，拆下倒车灯导线，拆下里程表传动软轴的连接螺钉，取下软轴。

② 拆下驾驶室内变速器盖板和离合器分离轴承注油管。

③ 拆下变速器与飞轮壳的连接螺栓，取下变速器。

④ 检查离合器盖与飞轮上的标记(无标记应补做)，然后在分离杠杆与离合器盖之间塞入木块，这样当固定螺钉拆下后，压盘弹簧仍将保持压缩，便于取下离合器。

⑤ 均匀旋下离合器盖固定螺钉，取下离合器盖和从动盘。

2）离合器总成的分解步骤。离合器总成的分解如图3-20所示。

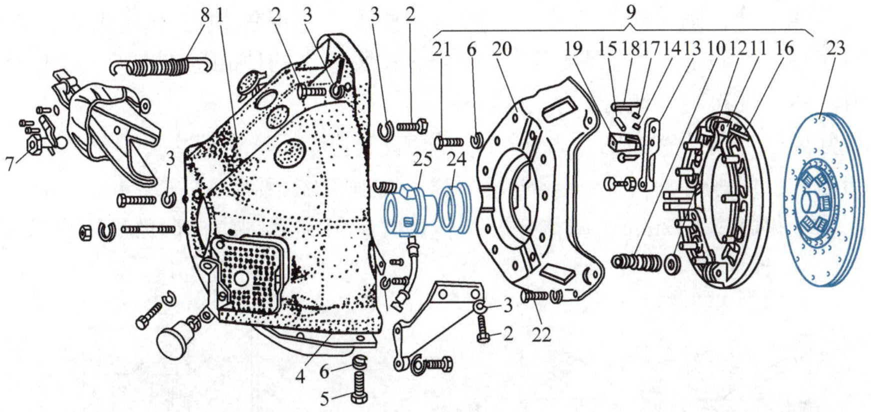

图3-20　离合器总成的分解

1—离合器壳体　2、5、21、22—螺栓　3、6—垫圈　4—底盘总成　7—分离叉总成　8、26—回位弹簧　9—离合器压盘及壳体总成　10—压盘弹簧　11—压盘　12—隔热垫圈　13—分离杠杆　14—滚柱　15—支架销　16—滚针轴承销　17—滚针　18—开口销　19—分离杠杆支架　20—离合器毂　23—摩擦片　24—分离轴承　25—分离轴承套筒

① 在离合器盖和压盘上做标记，用压盘或压具将压盘弹簧压紧，然后拆下分离杠杆支架螺钉。

② 取下离合器盖、压盘弹簧及隔热垫圈。

③ 拆下开口销，冲出分离杠杆与压盘的连接销，取出滚针轴承(注意滚针不要丢失)。

④ 冲出半圆销，取下分离杠杆支架及滚柱。

⑤ 清洗各零件，将各零件存放在一起，不要随意乱放，以免丢失；对零件进行检修。

（2）离合器总成的装配与调整

1）装配技术要求(见图3-21)。

① 从动盘毂与变速器第一轴配合间隙为0.013~0.101mm，使用极限值不大于0.6mm。

② 滚针圆柱销与分离杠杆的配合间隙为0.005~0.11mm，极限值为0.15mm。

③ 摩擦片的厚度为3.5mm。

2）离合器总成的装配步骤。

① 用润滑脂将滚针轴承贴于分离杠杆销孔内，装入压盘凸耳中，再装入横销，并锁牢开口销。

② 将滚柱加润滑脂放入分离杠杆孔内，然后使分离杠杆与支架接合，装入半圆销，锁

紧开口销。

③ 将隔热垫圈、压紧弹簧放在压盘的弹簧套上，如果弹簧稍有高低不一致，应间隔放置，并加垫圈调整高度，使其尽量一致。

④ 将离合器盖与压盘之间的标记对正，用压具压紧弹簧，旋紧支架螺钉使离合器盖与压盘接合。

（3）离合器车上安装与调整

① 装入从动盘，使从动盘的短毂朝前。如果装错了，则会造成从动盘毂与飞轮螺栓产生干涉，影响离合器的正常使用。

② 检查并润滑变速器第一轴前端轴承，应灵活、不松旷；按标记将离合器装在飞轮上。如果是新铆的摩擦片，则应先测量一下从动盘的厚度。当厚度超过9mm时，应在飞轮与离合器盖之间加垫片（所加垫片的厚度与标准值9mm所超出的值相等即可），将变速器轴插入从动盘毂内，然后逐次均匀地拧紧固定螺钉。

离合器分离杠杆的调整如图3-22所示。分离杠杆的调整是通过旋转分离杠杆内端调整螺钉进行调整的，使螺钉的上平面至压盘工作面之间的距离为42.75~44.25mm，3个分离杠杆的高度差不得超过0.2mm。调整好后，将调整螺钉锁紧，防止调整螺钉松动。

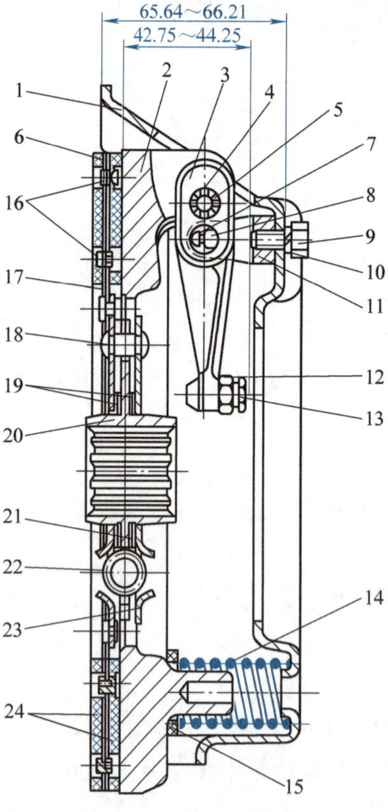

图3-21 离合器总成的装配

1—离合器盖 2—压盘 3—分离杆 4—滚针 5—销子
6—从动盘 7—半圆销 8—滚柱 9—固定螺钉 10—垫圈
11—支梁 12—锁紧 螺母 13—调整螺钉 14—压盘弹簧
15—隔热垫圈 16—铆钉 17—钢片 18—特殊铆钉
19—摩擦片垫圈 20—从动盘毂 21—调整垫片
22—减振弹簧 23—减振盘 24—摩擦片

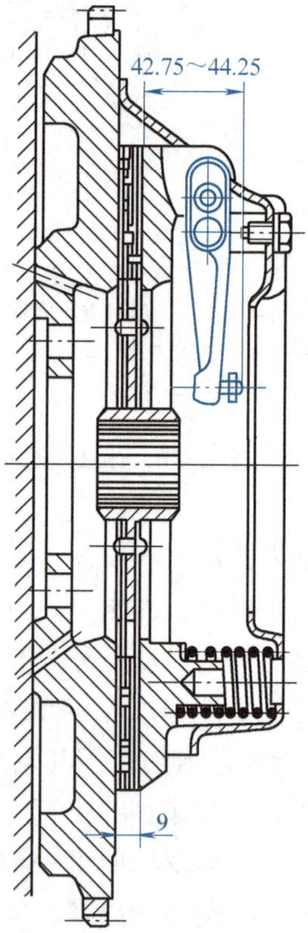

图3-22 离合器分离杠杆的调整

③ 将变速器抬起并插入从动盘毂与曲轴后端孔内。安装分离叉及离合器轮缸总成，挂上离合器回位弹簧，安装离合器主缸及油管接口，将主缸内加满油液，如图 3-23 所示。

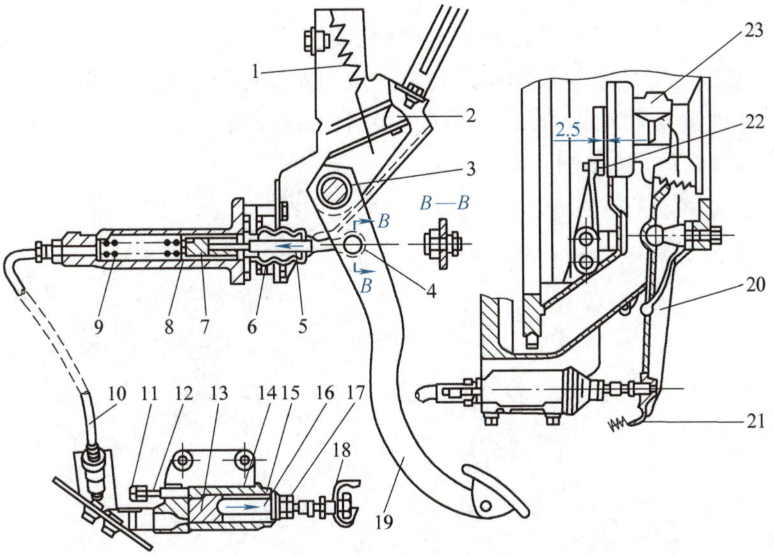

图 3-23　装复液压传动操纵机构

1—踏板回位弹簧　2—缓冲块　3—踏板轴　4—偏心螺栓　5—推杆　6—防尘罩　7、13—活塞　8—皮碗　9—主缸　10—油管　11—橡胶盖　12—放气阀　14—轮缸　15—防尘套　16、18—挺杆　17—锁紧螺母　19—踏板　20—分离叉　21—回位弹簧　22—螺钉　23—分离轴承

④ 装复其他液压传动操纵机构。离合器液压操纵系统的排气方法与制动系统的排气方法相同。

（4）离合器踏板自由行程的检查与调整

① 检查方法。如图 3-24 所示，离合器踏板自由行程为 32~40mm。它是分离轴承与分离杠杆之间的间隙和主缸推杆与活塞之间的间隙之和。

② 调整方法。主缸推杆与活塞之间的间隙为 0.5~1.0mm，不合适时，应通过转动图 3-23中的偏心螺栓 4 进行调整，调整好后拧紧固定螺母。离合器分离轴承与分离杠杆之间的间隙为 2.5mm，在踏板上反映为 29~34mm。不合适时，应拧动调整螺母，对轮缸推杆的长度进行调整，调整好后紧固锁紧螺母，如图 3-25 所示。

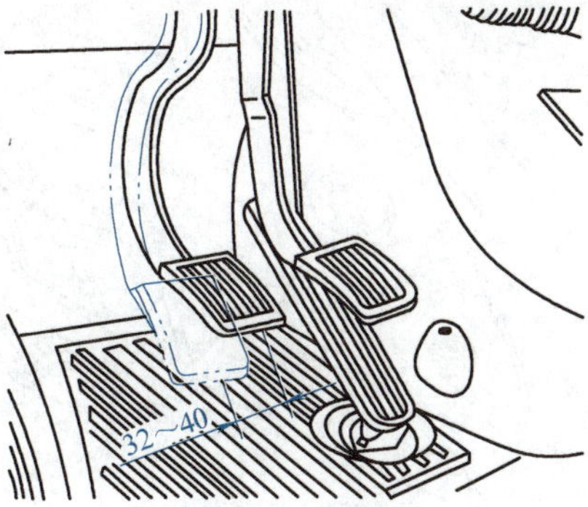

图 3-24　离合器踏板自由行程的检查

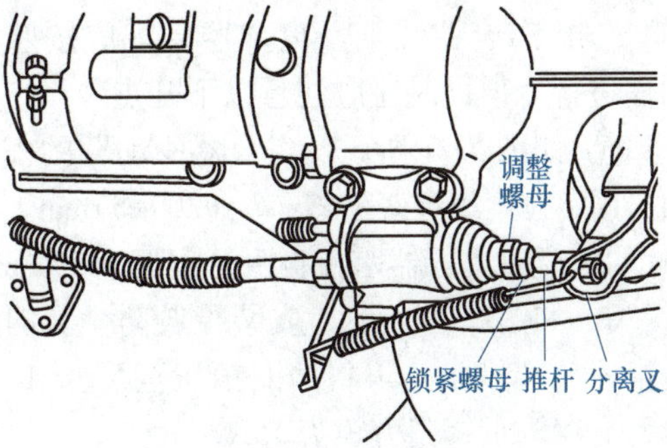

图 3-25　离合器间隙的检查与调整

2. 桑塔纳离合器的拆装与调整

（1）离合器总成的拆卸与分解

① 在离合器盖与飞轮之间做上装配标记。

② 对角拧松并拆下压盘与飞轮的固定螺栓，取下压盘总成、从动盘。

③ 在离合器盖与压盘之间及膜片弹簧之间做上安装标记后进行分解。

④ 拆下膜片弹簧装配螺栓，将压盘及膜片与离合器盖分解。

（2）分离叉轴的拆卸(见图3-26)

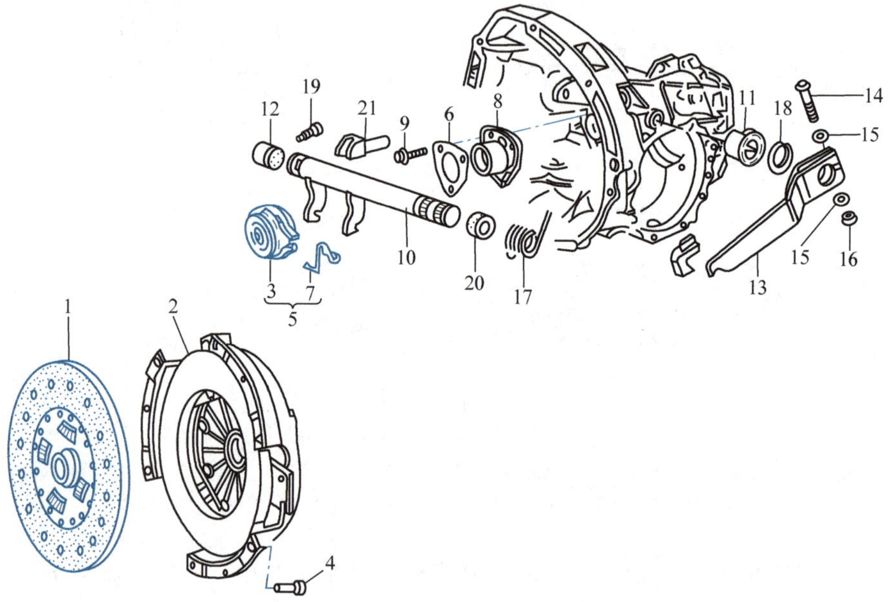

图3-26 分离叉轴的拆卸

1—离合器从动盘总成 2—离合器压盘总成 3—分离轴承 4、9、14—螺栓 5—分离器 6、15—垫圈 7—弹簧 8—分离轴承导向套管 10—分离叉轴 11—衬套座 12—分离叉轴衬套 13—离合器驱动臂 16—螺母 17—回位弹簧 18—卡簧 19—固定螺钉 20—橡胶防尘套 21—拉索

① 松开螺栓，拆下驱动臂、分离轴承。

② 松开螺栓，取下分离轴承导向套和橡胶防尘套、回位弹簧。

③ 用尖嘴钳取出卡簧和分离轴承后，分离叉轴即可取出。

④ 检修各零部件。

（3）离合器装配 离合器装配应按照拆卸的逆顺序进行，但同时还应注意以下几点：

① 如图3-27所示，离合器驱动臂的安装位置必须与固定拉索螺母架距离：$a=(200\pm5)$mm。

② 应将离合器踏板自由行程调到15mm。

③ 如图3-28所示，安装橡胶防尘套时，先将压簧推入分离轴承，再将挡圈预压至尺寸$A=18$mm锁定，分离轴承锁紧力矩为15N·m。

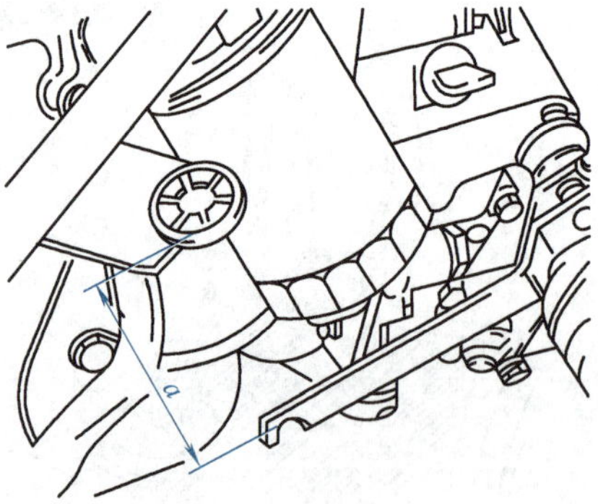

图3-27 离合器的装配(一)

（4）离合器检查与调整

① 踏板总行程。离合器踏板的总行程为(150±5)mm，如果不符合要求，则可能是驱动臂变形或分离叉轴安装位置不当，可松开螺栓重新安装。

② 踏板自由行程。离合器踏板自由行程为15~25mm，如果不符合要求，则可通过图3-29所示的调整螺母来调整。

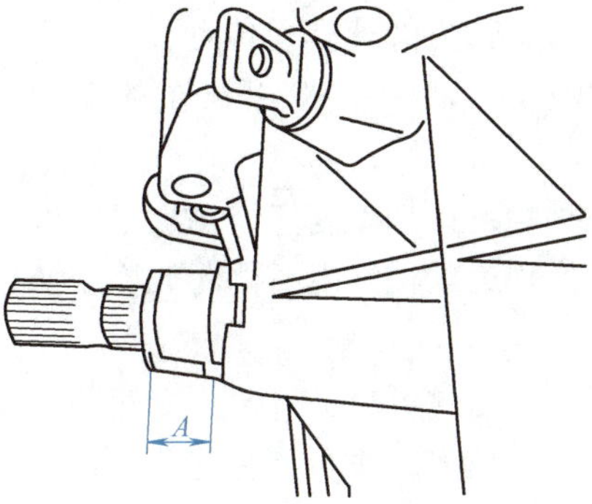

图 3-28　离合器的装配(二)

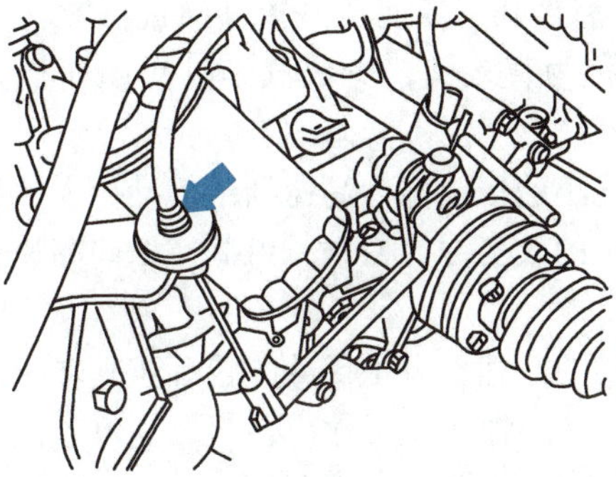

图 3-29　离合器踏板自由行程的调整

手动变速器结构

单元三　普通齿轮变速器及分动器

变速器的功用：改变汽车行驶速度和驱动转矩大小，即变速变矩；改变汽车行驶方向，实现前进和后退；在发动机工作、离合器接合的情况下，能实现停车(即空档)。

有级变速通常采用普通齿轮变速器，它一般有3~6个前进档和1~2个倒档。

资讯一　普通齿轮变速器的构造与工作原理

目前广泛使用的齿轮有级式变速器，由箱体与箱盖、齿轮传动机构、操纵机构和操纵锁定装置组成。齿轮传动机构包括若干轴和轴上的齿轮副及轴端的轴承等；操纵机构有直接操纵和远距离操纵方式；操纵锁定装置包括自锁机构、互锁机构、倒档锁及同步器等。

由齿轮传动的原理可知，一对齿数不同的齿轮副啮合传动时可以变速，而且两齿轮的转速与其齿数成反比。设主动齿轮转速为 n_1、齿数为 z_1，从动齿轮转速为 n_2、齿数为 z_2，则主动齿轮(即输入轴)转速与从动齿轮(即输出轴)转速之比值 i_{12} 称为传动比，即

$$i_{12}=\frac{n_1}{n_2}=\frac{z_2}{z_1}\text{或}\ n_2=n_1\frac{z_1}{z_2}$$

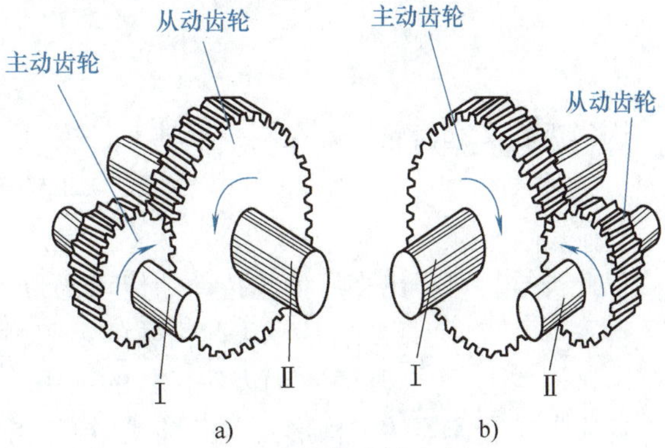

图 3-30　齿轮传动的基本原理

如图 3-30a 所示，当以小齿轮为主动齿轮(即 $z_1<z_2$)时，其转速经大齿轮传出后就降低了，即 $n_1>n_2$，称为减速传动，此时传动比 $i>1$；如图 3-30b 所示，当以大齿轮为主动齿轮(即 $z_1>z_2$)时，其转速经小齿轮传出后就升高了，即 $n_2>n_1$，称为增速传动，此时传动比 $i<1$。这就是齿轮传动的变速原理。一对齿轮传

动只能得到一个固定的传动比，从而得到一种输出转速，并构成一个档位。为了扩大变速器输出转速的变化范围，普通齿轮变速器通常都采用多组大小不同的齿轮副分别啮合传动，这样就构成了多个传动比的档位，从而可得到多种输出转速。

一般轿车和轻、中型客货车的变速器通常有3~6个前进档和一个倒档，每个前进档对应一个传动比 i。所谓几速变速器是指其前进档数，前进档一般为降速档，传动比 $i>1$；传动比 $i=1$ 的档位称为直接档；少数汽车具有超速档，即 $i<1$，如CA1090型汽车的5速变速器。

变速器传动比小的档位称为高速档；传动比大的档位称为低速档。变速器每次只能以一个档位工作。档位的改变称为换档，由低速档向高速档变换称为增档，由高档向低档变换称为减档。

根据齿轮传动的原理，齿轮传动的转矩与其转速成反比。由此可见，齿轮式变速器在改变转速的同时，也相应地改变了输出转矩，档位越低、传动比越大，输出转速越低、相应的输出转矩越大；反之，则相反。汽车变速器就是通过变换各档的传动比来改变输出转矩，以适应汽车行驶阻力变化的需要。

上述为单级齿轮传动，其传动比较小，为了增大传动比以增大汽车的驱动力，可采用多级齿轮传动。图3-31所示为两级齿轮传动示意图。第一级齿轮传动中，小齿轮1为主动齿轮，其转速为 n_1、齿数为 z_1，大齿轮2为从动齿轮，转速为 n_2、齿数为 z_2，其传动比为

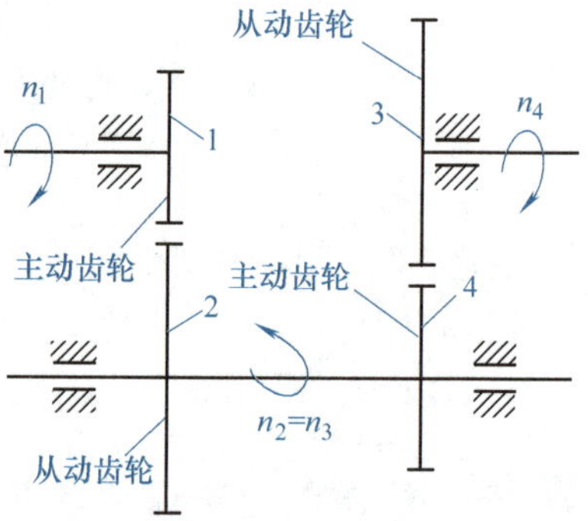

图3-31 两级齿轮传动示意图

$$i_{12}=\frac{n_1}{n_2}=\frac{z_2}{z_1} \text{或} n_1=n_2\frac{z_2}{z_1}$$

第二级齿轮传动中，齿轮3为主动齿轮，转速为 n_3、齿数为 z_3，齿轮4为从动齿轮，转速为 n_4、齿数为 z_4，其传动比为

$$i_{34}=\frac{n_3}{n_4}=\frac{z_4}{z_3} \text{或} n_4=\frac{z_3}{z_4}n_3$$

经过两对齿轮传动后，总传动比为 i_k，即

$$i_k=i_{14}=\frac{n_1}{n_4}=\frac{\frac{z_2 n_2}{z_1}}{\frac{z_3 n_3}{z_4}}$$

因为齿轮2和齿轮3是在同一根轴上，故 $n_3=n_2$，上式成为

$$i_k=\frac{z_2 z_4}{z_1 z_3}=i_{12}i_{34}$$

以此类推，可得出多级齿轮传动的传动比为

$$i=\frac{\text{所有从动齿轮齿数的乘积}}{\text{所有主动齿轮齿数的乘积}}=\text{各级齿轮传动比的乘积}$$

普通齿轮变速器的结构形式有两轴式（单级齿轮传动）（见图3-32）和三轴式（见图3-33）（两级齿轮传动）两种。

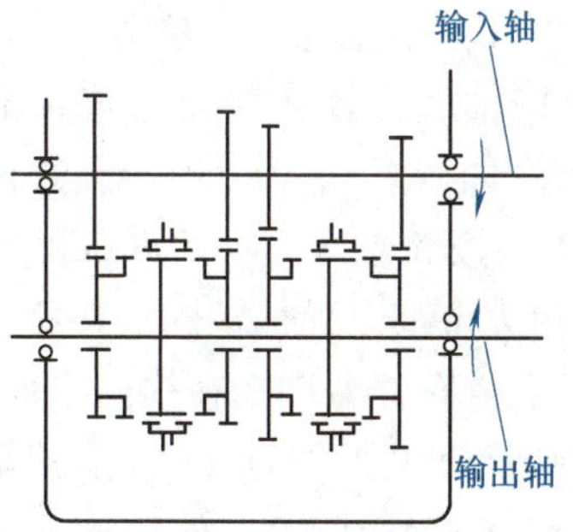

图 3-32 单级齿轮传动式变速器

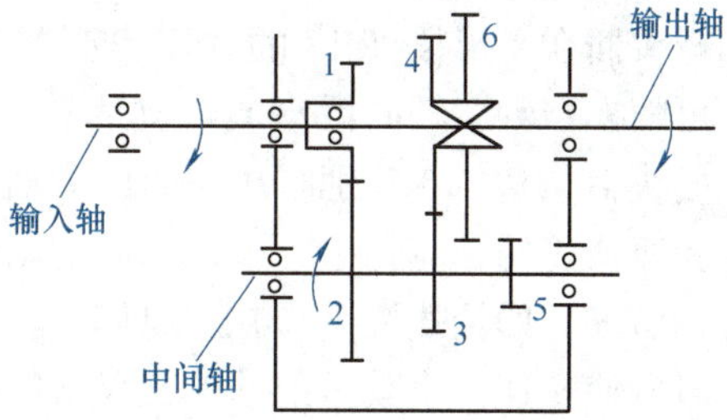

图 3-33 两级齿轮传动式变速器

1—第一轴主动齿轮 2—中间轴从动齿轮 3、5—中间轴主动齿轮 4、6—第二轴从动齿轮

资讯二 变速器操纵机构、操纵锁定装置

对于机械式变速器，换档操作都是由驾驶人拨动变速杆再通过一套操纵机构来完成的。

一、操纵机构

大多数汽车采用直接操纵式变速器，且布置在驾驶人座位附近，变速杆由驾驶室底板伸出，驾驶人可直接操纵变速杆来拨动变速器盖内的换档操纵装置。它一般由变速杆、拨块、拨叉、拨叉轴以及锁定装置等组成，多集中装在上盖或侧盖内，结构简单，操纵方便。

图 3-34 所示为解放 CA1092 型汽车 6 速变速器操纵机构，图 3-35 所示为远距离操纵式变速器操纵机构。

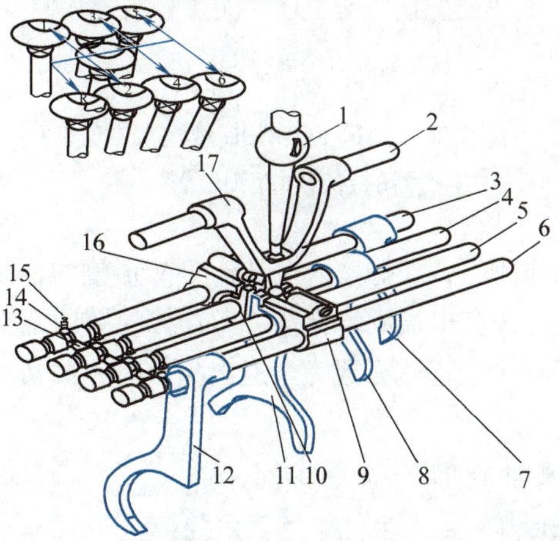

图 3-34 解放 CA1092 型汽车 6 速变速器操纵机构

1—变速杆 2—换档轴 3—倒档拨叉轴 4—一、二档拨叉轴 5—三、四档拨叉轴 6—五、六档拨叉轴 7—倒档拨叉 8—一、二档拨叉 9—五、六档拨块 10—一、二档拨块 11—三、四档拨叉 12—五、六档拨叉 13—互锁柱销 14—自锁钢球 15—自锁弹簧 16—倒档拨块 17—叉形拨杆

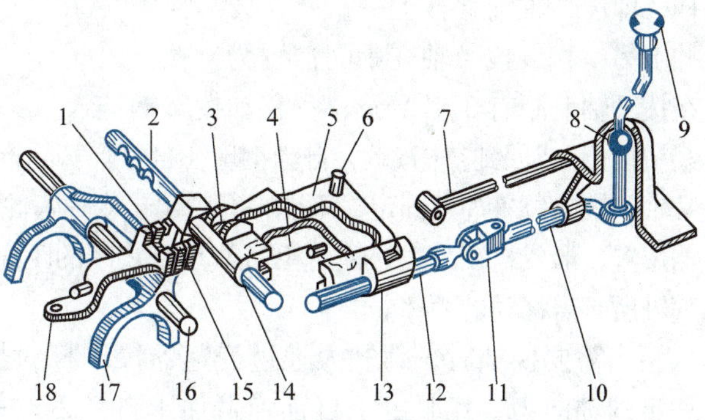

图 3-35 远距离操纵式变速器操纵机构

1—挂档拨指 2—选档挂档杆 3—导槽 4—选档曲柄 5—挂档曲柄 6—销轴 7—力平衡杆 8—球铰 9—变速杆 10—远程操纵杆 11—万向节 12—换档操纵杆 13—导套 14—选档挂档杆导套 15—档门 16—拨叉轴 17—拨叉 18—倒档拨叉臂

如图 3-34 所示，变速杆 1 的上部是驾驶人直接操纵部分，伸到驾驶室内；其中间通过

球节支撑在变速器盖顶部的球座内，变速器杆能够以球节为支点前后、左右摆动；变速杆的下端球头插在叉形拨杆 17 的球座内：叉形拨杆 17 由换档轴 2 支撑在变速器盖顶部支撑座内，可随换档轴 2 轴向滑动或绕轴线转动，其下端的球头伸入拨块 10、9、16 的顶部凹槽中。拨块 10、9、16 分别与相应的拨叉轴固定在一起，4 根拨叉轴 3、4、5 和 6 的两端均支撑在变速器盖的相应孔中，可以轴向滑动。所有的拨叉和拨块都以弹性销固定在相应的拨叉轴上，但三、四档拨叉 11 的上端具有拨块。变速器处于空档时，各凹槽在横向平面内对齐，选档时可使变速杆绕其中部球形支点横向摆动，则其下端推动叉形拨杆 17 绕换档轴 2 的轴线摆动，从而使叉形拨杆 17 下端球头对准与所选档位对应的拨块凹槽，然后使变速杆纵向摆动，带动拨叉轴及拨叉向前或向后移动，即可实现挂档。例如：横向摆动变速杆使叉形拨杆 17 下端球头深入一、二档拨块 10 顶部凹槽中，一、二档拨块 10 连同一、二档拨叉轴 4 和一、二档拨叉 8 即沿纵向向前移动一定距离，便可挂入二档；若向后移动一段距离，则挂入一档。当使叉形拨杆 17 下端球头深入倒档拨块 16 的凹槽中，并使其向前移动一段距离时，便挂入倒档。

二、操纵锁定装置

1. 自锁装置

它是用来防止自动脱档或自动挂档，并保证工作齿轮以全齿宽啮合的装置。

图 3-36 所示为东风 EQ1090E 型汽车变速器的自锁和互锁装置。在变速器盖(前端)有 3 个钻有深孔的凸起，孔的中心线通过拨叉轴心，每个孔内都装有自锁钢球和自锁弹簧，自锁钢球在自锁弹簧的作用下压靠在拨叉轴上的 V 形槽中。由于一根拨叉轴可以完成两个档位的挂档，即拨叉轴前移挂上一个档，拨叉轴后移又挂上另一档，拨叉轴在中间位置为空档，因此在拨叉轴上制有 3 个 V 形槽。移动拨叉轴挂入某一档位(或回到空档)后，自锁钢球在自锁弹簧的推力作用下，正好落入拨叉轴的 V 形槽内，拨叉轴的轴向位置即被固定，不能自行脱出，变速齿轮或接合套也被固定在某一工作档位置或至空档位置，形成自锁。拨叉轴上相邻 V 形槽之间的距离是保证全齿啮合或完全退出啮合时，拨叉及其轴所必需移动的距离。

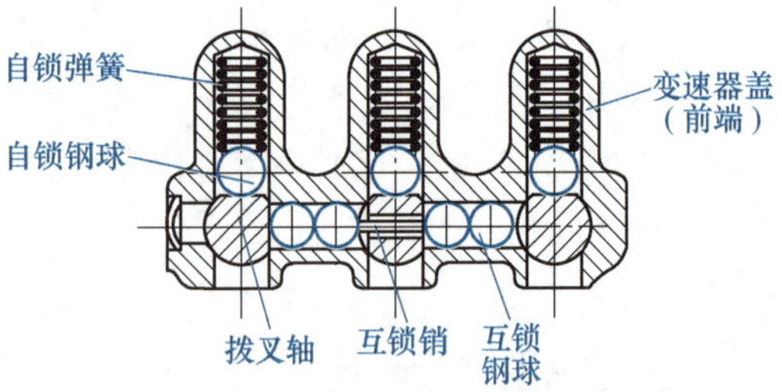

图 3-36 东风 EQ1090E 型汽车变速器的自锁和互锁装置

当需要换档时，驾驶人通过变速器操纵杆对拨叉轴施加一定的轴向力，克服由于自锁弹簧加于自锁钢球的压力，才能将钢球经 V 形槽边缘挤回孔内，使之轴向移动，直至钢球又落入相邻的另一 V 形槽内挂上另一档位，或退回空档。

图 3-37 所示为桑塔纳轿车变速器自锁和互锁装置。

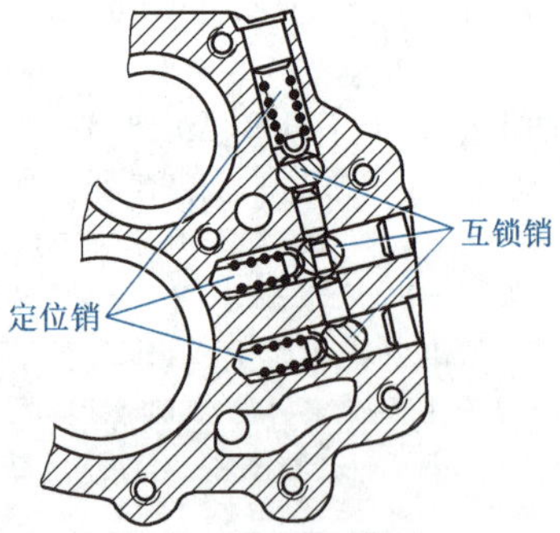

图 3-37 桑塔纳轿车变速器自锁和互锁装置

2. 互锁装置

互锁装置的作用是防止变速杆同时拨动两根拨叉轴而挂上两个档，使变速器产生机械干涉而损坏变速器零件。

互锁装置的结构形式较多，但在汽车上用得最广泛的是钢球(或柱销)式互锁装置(见图 3-36)，它由互锁钢球 4 和互锁销 5 组成，与自锁机构装在一起，结构紧凑，工作可靠。

如图 3-38 所示，每根拨叉轴朝向互锁钢球的侧表面上均制出一个深度相等的半球形凹槽，任意一拨叉轴处于空档位置时，其侧面凹槽都正好对准互锁钢球 4。两个互锁钢球的直径之和正好等于相邻两轴表面之间的距离加上一个凹槽的深度。中间拨叉轴上两个侧面凹槽之间有孔相通，孔中有一根可以滑移的互锁销 5，销的长度等于拨叉轴的直径减去一个凹槽的深度。

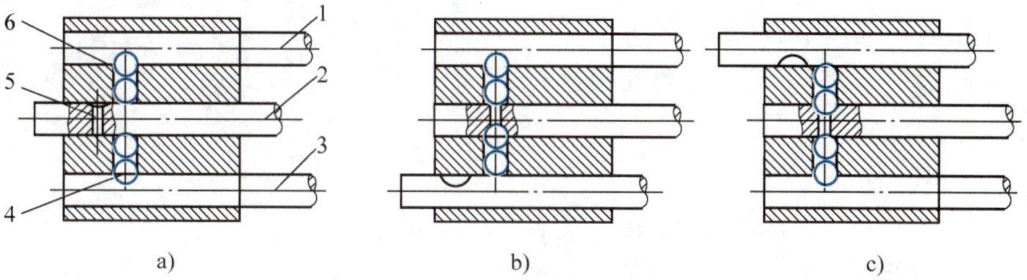

图 3-38　互锁装置工作示意图

1、2、3—拨叉轴　4、6—互锁钢球　5—互锁销

当变速器处于空档时，所有拨叉轴的侧面凹槽与钢球、互锁销都在一条直线上。当移动中间拨叉轴 2 时(见图 3-38a)，拨叉轴 2 两侧内的钢球被从凹槽中挤出，互锁钢球 6、4 则分别挤入拨叉轴 1、3 的侧面凹槽中，因而将它们刚性地锁定在其空档位置。若欲移动拨叉轴 3，则应先将拨叉轴 2 退回到空档位置(见图 3-38b)，才能使之移动，而在移动拨叉轴 3 时，互锁钢球 4 便从拨叉轴 3 的凹槽中被挤出，同时通过互锁销 5 和其他钢球将拨叉轴 2、1 均锁止在空档位置。同理，当移动拨叉轴 1 时，则拨叉轴 2、3 被锁止在空档位置(见图 3-38c)。由此可知，互锁装置的作用是保证只有在空档时，才能拨动某一拨叉轴，而在任意一档位时，将自动锁住其余拨叉轴。因此，在拆装锁定装置时一定要使其处在空档位置，否则会损坏锁定装置。

3. 倒档锁装置

它防止汽车前进时，误挂倒档而损坏传动系统有关零件；也防止汽车起步时，误挂倒档而造成安全事故。倒档锁的结构形式有多种，如弹簧锁销式、锁片式、扭簧式和锁簧式等，应用最多的是弹簧锁销式倒档锁。

图 3-39 所示为解放 CA1091 型汽车变速器的弹簧锁销式倒档锁。它是由倒档拨块 13 中的倒档锁销 15 及倒档锁销弹簧 14 组成。当驾驶人要挂一档或倒档时，必须用较大的力使变速杆 1 下端压缩倒档锁销弹簧 14，将倒档锁销 15 推入锁销孔内，才能使变速杆下端进入倒档拨块 13 的凹槽内，拨动一、倒档拨叉轴而挂入一档或倒档。另外，解放 CA1091 型汽车变速器五、六档拨块上还设置了一个选档锁装置，它的作用是便于选择三、四档和五、六档，其结构与倒档锁装置完全相同。

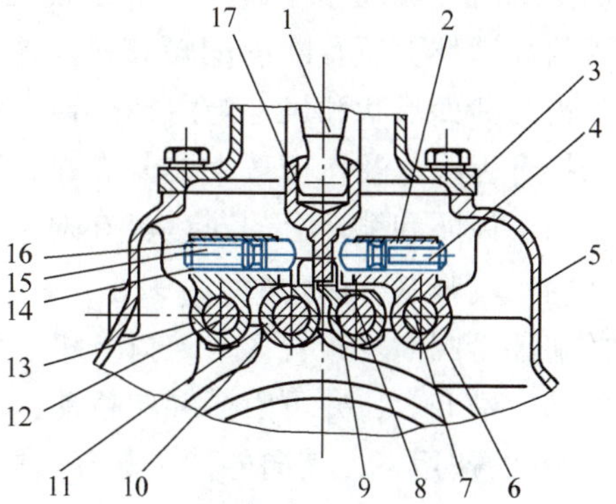

图 3-39　解放 CA1091 型汽车变速器倒档锁及选档锁装置

1—变速杆　2—选档锁弹簧　3—变速器顶盖　4—选档锁销　5—变速器上盖　6—五、六档拨块　7—五、六档拨叉轴　8—三、四档拨叉轴　9—三、四档拨块　10—一、二档拨叉轴　11—一、二档拨块　12—倒档拨叉轴　13—倒档拨块　14—倒档锁销弹簧　15—倒档锁销　16—锁片　17—叉形拨杆

三、同步器

同步器的作用是在换档时使接合套与待啮合的齿圈先迅速达到同步，再进入啮合，实现无冲击、无噪声换档。目前所采用的摩擦式惯性同步器有锁环式和锁销式两种。

（一）锁环式惯性同步器

各种汽车变速器所采用的锁环式惯性同步器的具体结构形式略有差异，但基本结构和工作原理相同。现以解放CA1092型汽车6速变速器中的五、六档同步器为例说明其构造和工作原理。

1. 基本构造

如图3-40a所示，它由花键毂15、接合套7、锁环(也称为同步环)4和8以及3个滑块5及其定位销6和弹簧16等组成。同步器在第二轴上的装配关系如图3-40b所示。

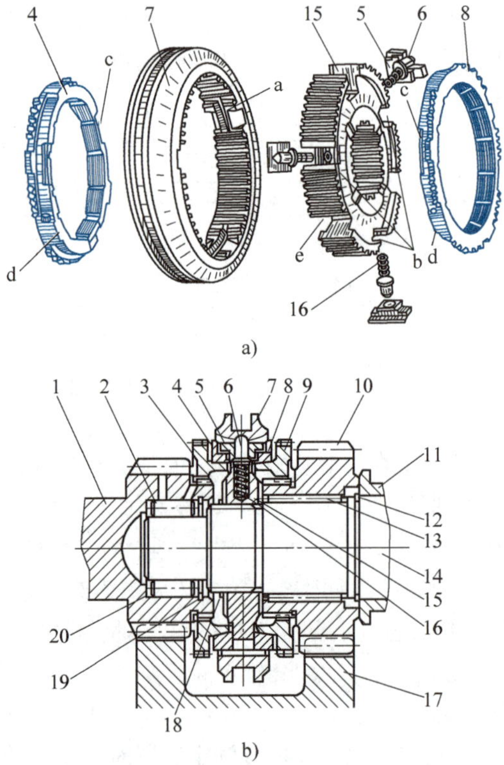

图3-40 锁环式惯性同步器

1—第一轴 2、13—滚针轴承 3—六档接合齿圈 4、8—锁环 5—滑块 6—定位销 7—接合套 9—五档接合齿圈 10—第二轴五档齿轮 11—衬套 12、18、19—卡环 14—第二轴 15—花键毂 16—弹簧 17—中间轴五档齿轮 20—挡圈

花键毂15以其内花键套装在第二轴14的外花键上，并用卡环18轴向固定。锁环4和8分别装在花键毂15两端与六档接合齿圈3和五档接合齿圈9之间。锁环具有内锥面，六档接合齿圈3和五档接合齿圈9的端部具有相同的外锥面，两者之间通过锥面相接触。为了增加其接触锥面之间的摩擦力，在锁环内锥面上制有细密的螺纹槽，以使两锥面接触后能够破坏锥面间的油膜，提高摩擦因数。锁环上还有断续的短花键齿圈，其花键齿的断面形状和尺寸与六档接合齿圈3、五档接合齿圈9及花键毂上的外花键齿均相同，两个齿圈和锁环上的花键齿在对着接合套7的一端都制有倒角(称为锁止角)，它与接合套7内花键齿齿端的倒角相同。两个锁环的端部沿圆周均布着3个缺口c和3个凸起d。3个滑块5分别安装在花键毂的3个均布的轴向槽b内，并可沿槽轴向移动；3个定位销6分别插入3个滑块中部的通孔中，在弹簧16的作用下，其向外伸出的球形端部正好嵌在接合套中部的凹槽a中，作用是保证接合套在空档时处于正中位置。3个滑块5的两端伸入到两个锁环上的缺口c中，滑块的宽度小于缺口c的宽度；而两个锁环上的3个凸起d则分别伸入到花键毂的3个通槽e中，凸起d沿圆周方向的宽度小于通槽e的宽度，而且只有当凸起d位于通槽e的中央位置时，接合套的齿才能与锁环的齿进入啮合。

2. 工作过程

(1) 空档位置时　如图3-41a所示，接合套3刚从五档退到空档，它与滑块5都处于中间位置，并由定位销4定位。锁环2的轴向是自由的，因为其内锥面与六档接合齿圈1

的外锥面之间不接触；但在圆周方向上，锁环 2 凸起 d 的一侧与花键毂 7 通槽 e 的一侧靠合，因此锁环 2 在花键毂的推动下同步旋转。这时，接合套 3 和花键毂 7 连同锁环 2(与第二轴相联系)以及待啮合的六档接合齿圈 1(与第一轴相联系)，都在其自身及与其相联系的一系列运动件的惯性作用下，继续沿原方向(图中箭头所示方向)旋转。设六档接合齿圈 1、锁环 2、接合套 3 的转速分别为 n_1、n_2、n_3，显然此时 $n_2=n_3$，$n_1>n_3$，故 $n_1>n_2$。

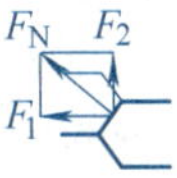

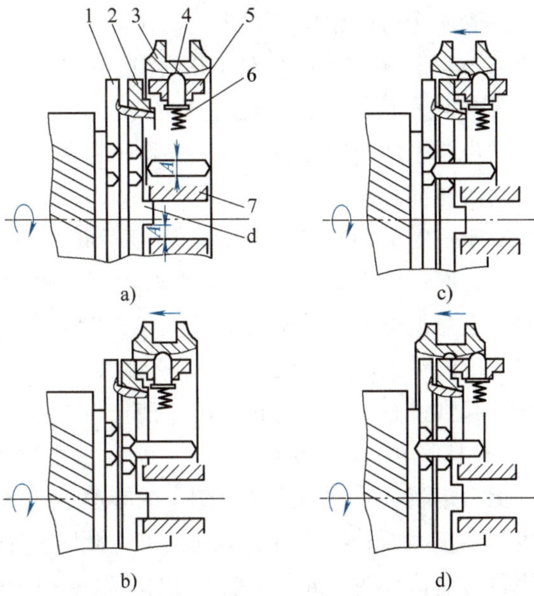

图 3-41 锁环式惯性同步器的工作过程

1—六档接合齿圈 2—锁环(同步环) 3—接合套 4—定位销 5—滑块 6—弹簧 7—花键毂

(2) 摩擦力矩的形成与锁止过程 如图 3-41b 所示，要挂入六档时，通过变速器操纵机构推动接合套 3 向左，并通过定位销 4 带动滑块 5 一起向左移动。当滑块 5 左端面与锁环 2 的缺口 c 的端面接触后，将锁环推向六档接合齿圈 1，使两者锥面接触。由于六档接合齿圈 1 与锁环 2 转速不相等(即 $n_1>n_2$)，所以两者一旦接触便在其锥面之间产生摩擦力矩 M_1。六档接合齿圈 1 在摩擦力矩 M_1 的作用下带动锁环 2 相对于接合套 3 及花键毂 7 超前转过一个角度，直到锁环的凸起 d 与花键毂 7 的通槽 e 的另一侧面相接触后，锁环便又与花键毂及接合套同步旋转。

由于锁环凸起 d 和花键毂通槽的宽度以及接合套与锁环的花键齿的厚度等尺寸的设计精确，使此时接合套的齿与锁环的齿相互错开约半个齿厚，即使得接合套的齿端倒角与锁环齿端的倒角恰好互相抵住，因而接合套不能再向左移动进入啮合。

此时，如果要使接合套齿圈与锁环齿圈进入啮合，则必须使锁环相对于接合套向后回转一个角度，使它的凸起 d 处于花键毂 7 通槽 e 的中央位置。由于在接合套与锁环齿端倒角相抵触时，驾驶人始终对接合套施加一个轴向推力 F_1，此轴向力通过接合套作用于锁环齿端倒角面上，形成倒角斜面上的法向正压力 N，并产生切向分力 F_2。切向力 F_2 便形成一个要拨动锁环相对于接合套向后倒转的力矩 M_2，称为拨环力矩。但是，轴向力 F_1 则进一步压紧锁环 2 与六档接合齿圈 1 的锥面，产生摩擦力矩 M_1，迫使待啮合的六档接合齿圈 1 相对于锁环 2 迅速减速以尽早与锁环同步。由于六档接合齿圈 1 及与其相联系的第一轴等零件的减速旋转，根据惯性原理，便产生一个与其旋转方向相同的惯性力矩，此惯性力矩通过摩擦锥面以摩擦力矩的形式作用到锁环上，阻止锁环相对于接合套向后倒转。在六档接合齿圈 1 与锁环 2 未达到同步之前，摩擦锥面的摩擦力矩在数值上就等于此惯性力矩。

也就是说，在待啮合的六档接合齿圈 1 与锁环 2 及接合套 3 之间未达到同步前，在锁环上作用着两个方向相反的力矩：一个是拨环力矩 M_2；另一个是惯性力矩(即摩擦力矩)M_1。如果 $M_2>M_1$，锁环即可相对于接合套向后倒转一个角度，以使接合套进入啮合；如果 $M_1>M_2$，则锁环不能倒转，而通过其齿端锁止角阻止接合套进入啮合，这就是锁环的锁止作用。由于同步器锁环的锁止作用是依靠待啮合的齿圈及与其相联系零件的惯性力矩而形成的，因此称为惯性同步器。

对于一定的轴向推力 F_1，拨环力矩 M_2 的大小取决于锁环及接合套齿端倒角(即锁止角)的大小，而惯性力矩 M_1 的大小则取决于摩擦锥面的圆锥角大小。实际上在设计同步器时，都经过适当地选择齿端倒角和摩擦锥面圆锥角，保证在达到同步之前始终保持 $M_1>M_2$，而且，不论驾驶人施加的轴向力 F_1 有多大，锁环都能够有效地阻止接合套进入啮合，从而使同步器起到锁止作用，防止在同步前挂上档。

（3）同步啮合 如图 3-41c 所示，由于驾驶人继续对接合套施加推力，摩擦锥面之间的摩擦力矩就会使六档接合齿圈 1 的转速迅速降低，直至六档接合齿圈 1 与锁环 2 的相对角速度为零，因而其惯性力矩也就消失。此时，轴向推力 F_1 仅使两个摩擦锥面之间靠静摩擦作用紧密地接合在一起(两者之间的相对摩擦力矩等于零)，于是在拨环力矩 M_2 的作用下，锁环 2 连同六档接合齿圈 1 及与其相联系的第一轴等零件都一起相对于接合套向后倒转一个角度，使锁环的凸起 d 转到花键毂 7 通槽 e 的中央位置，接合套 3 与锁环的花键齿不再相抵触，锁环不再起锁止作用，接合套便在驾驶人所施加的轴向推力作用下压下定位销 4 继续向左移动，而与锁环的花键齿圈进入啮合。

接合套 3 与锁环 2 进入啮合后，轴向力不再作用于锁环上，因此锁环与齿圈锥面不再被压紧，它们之间的静摩擦力矩也就消失。此时，驾驶人还要继续向前拨动接合套，使接合套最终与待啮合的六档接合齿圈 1 进入啮合。但是，如果此时接合套的花键齿恰好与六档接合齿圈 1 的花键齿发生抵触(见图 3-41c)，则作用于接合套上的轴向力在六档接合齿圈 1 的倒角面上也将产生一个切向分力，靠此切向分力便可拨动六档接合齿圈 1 及其相联系的零件相对于接合套转过一个角度，从而使接合套 3 与六档接合齿圈 1 进入啮合，如图 3-41d 所示，即最终完成换入六档的过程。

六档换入五档(即由高速档换入低速档)时，接合套、滑块和锁环向右移动，工作过程与前述基本相同，如图 3-40 所示。但由于五档接合齿圈 9 及与之联系的第二轴等零件加速到与锁环 8 同步之后，才能使锁环顺转一个角度，使其凸起 d 处于花键毂 15 通槽 e 的中央位置，接合套、锁环键齿与齿圈也才能进入啮合。锁环式惯性同步器多用于轿车和轻型货车，近年来也用于中型货车变速器的中、高速档位中。

（二）锁销式惯性同步器

1. 基本构造

图 3-42 所示的锁销式惯性同步器为东风 EQ1090E 型汽车变速器的四、五档同步器。花键毂 9 通过内花键与第二轴 7 安装在一起，它的两侧分别为四档接合齿圈 6 和五档(直接档)接合齿圈 1。接合套 5 的圆周上均布着 3 个锁销 8 和 3 个定位销 4，锁销及定位销的两端安装着两个带外锥面的摩擦锥环 3(摩擦锥环 3 作为摩擦元件,在其锥面上也制有细螺纹槽,以破坏油膜来增加摩擦力矩)。与摩擦锥环 3 相配合的两个带内锥面的摩擦锥盘 2，则以其内花键齿分别固装在五档接合齿圈 1 和四档接合齿圈 6 上，可随齿圈一起转动。3 个

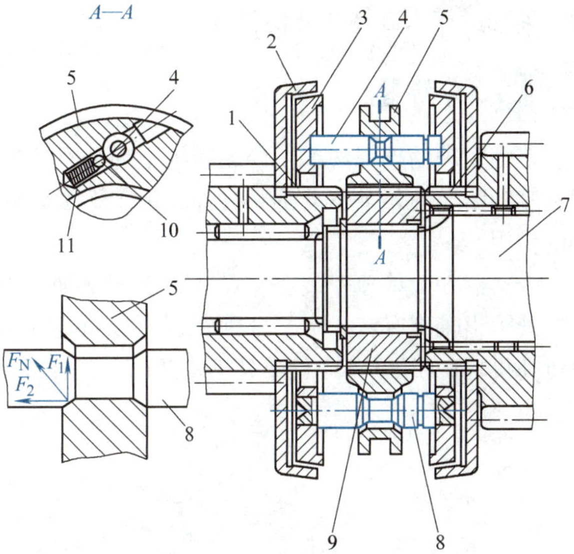

图 3-42　锁销式惯性同步器
1—五档(直接档)接合齿圈　2—摩擦锥盘　3—摩擦锥环　4—定位销　5—接合套　6—四档接合齿圈　7—第二轴　8—锁销　9—花键毂　10—定位钢球　11—弹簧

锁销 8 的两端插入到摩擦锥环 3 相应的孔中，并与它铆接成一体。锁销的中部制有一段环槽，环槽的两侧和接合套 5 上相应的销孔的两端都切有相同的倒角，即锁止角，3 个锁销 8 即通过此锁止角对接合套产生锁止作用。锁销两端工作表面的直径与接合套上的销孔直径相同，接合套可以沿其轴向滑动。3 个定位销 4 的作用是对接合套进行空档定位，并可将作用于接合套的轴向推力传给摩擦锥环(所以也称为传力销)。它的中间制有定位环槽，在接合套上的相应部位钻有斜孔，孔内装有定位钢球 10 及弹簧 11。

当变速器处于空档位置时(如图示位置)，接合套 5 正好处于定位销的中间位置，此时定位钢球 10 便在弹簧 11 的作用下向外伸入到定位销中部的定位球槽内，以保证接合套准确地处于空档位置。定位销与接合套相应的销孔之间为间隙配合，接合套可以沿定位销轴向移动；它的两端伸入到摩擦锥环 3 内侧面相应的弧形浅坑中，但销与锥环不相连，而与浅坑有一定的间隙，因此两锥环及锁销可以在一定范围内相对于接合套做周向转动。这样，两个摩擦锥环 3(摩擦元件)、3 个锁销 8(锁止元件)、3 个定位销 4 和接合套 5(接合元件)构成一个部件，然后通过接合套的内花键齿套在花键毂的外花键齿圈上。目前，大中型货车较普遍地采用锁销式惯性同步器。

2. 工作过程

如图 3-42 所示，接合套 5 刚由四档退入空档时，便被定位销 4 和定位钢球 10 限定在中间位置。当要挂入五档时，驾驶人通过变速操纵机构向左拨动接合套，对它施加一轴向推力 F_2，接合套 5 便通过定位钢球 10 和定位销 4 推动左侧摩擦锥环 3 向左移动，使之与左侧摩擦锥盘 2 接触。由于此时摩擦锥环 3 与摩擦锥盘 2 转速不相等，所以两者一经接触，便在其摩擦锥面之间的摩擦力矩作用下使摩擦锥环 3 连同锁销 8 一起相对于接合套 5 转过一个角度，使锁销与接合套相应销孔的中心线相对偏移，于是锁销中部环槽偏向接合套上销孔的一侧，锁销中部环槽倒角便与接合套销孔端倒角的锥面互相抵触，从而使锁销产生锁止作用，阻止接合套向左移动(见锁销放大图)。与锁环式同步器一样，在锁止倒角上的切向分力 F_1 也形成一个拨环力矩而要使锁销及锥环倒转，但在锥盘与锥环未达到同步前，由摩擦锥盘 2 及与其相联系的旋转零件的惯性力矩所形成的摩擦力矩总是大于拨环力矩，因而可以阻止接合套 5 与五档接合齿圈 1 在同步之前进入啮合。而只有当达到同步后，惯性力矩消失，拨环力矩便可拨动锁销及摩擦锥环、锥盘和五档接合齿圈 1 等一起相对于接合套转过一个角度，使锁销重新与接合套的销孔对中，接合套便在轴向推力的作用下压下定位钢球 10，而沿定位销和锁销向左移动，与五档接合齿圈 1 进入啮合，即完成挂入五档的换档过程。

资讯三 分动器

多轴驱动的越野汽车在传动系统中均装有分动器，其主要功用是将变速器输出的动力分配到多轴驱动的各个驱动桥。另外，由于大多数分动器都有两个档位，所以它还兼起副变速器的作用。

分动器一般单独安装在车架上，其输入轴直接或通过万向传动装置与变速器第二轴相连，其输出轴则有若干个，分别经万向传动装置与各驱动桥连接。它与变速器一样，也由齿轮传动机构（见图3-43）和操纵机构两部分组成。

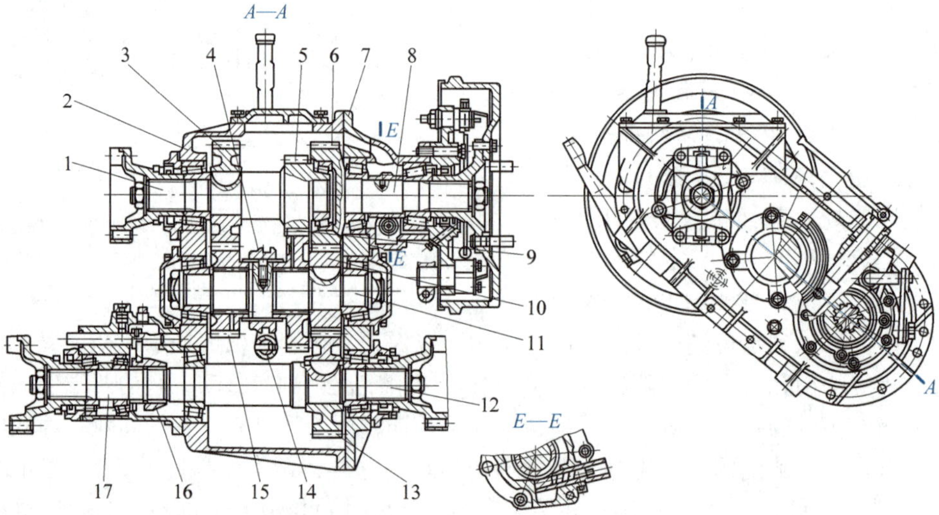

图3-43 东风EQ2080型三轴越野汽车分动器

1—输入轴 2—分动器壳 3、5、6、9、10、13、15—齿轮 4—换档接合套 7—分动器盖 8—通往后驱动桥的输出轴 11—中间轴 12—通往中驱动桥的输出轴 14—换档拨叉轴 16—前桥接合套 17—通往前驱动桥的输出轴

分动器的操纵机构由操纵杆、传动杆件、拨叉、拨叉轴以及自锁和互锁装置等组成，分别如图3-44和图3-45所示。其操纵杆包括高、低速档换档操纵杆和前桥连接或分离操纵杆，自锁装置的结构和工作原理与变速器的自锁装置相同。

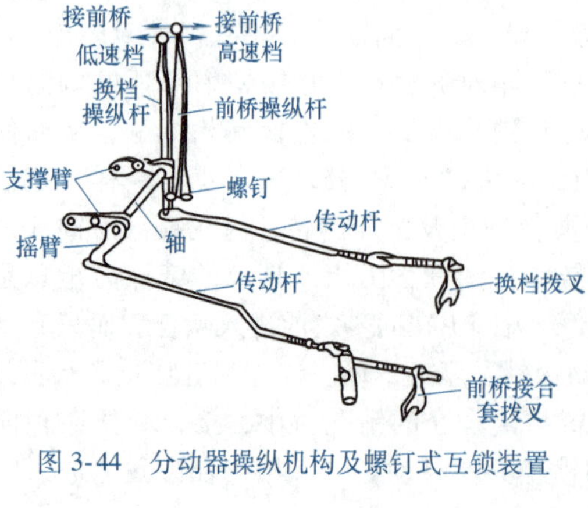

图3-44 分动器操纵机构及螺钉式互锁装置

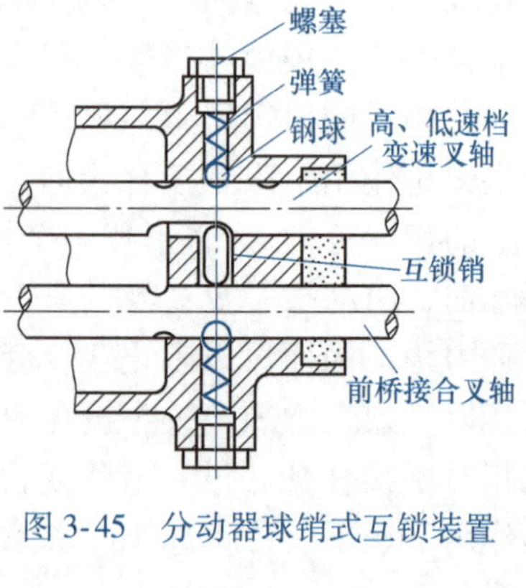

图3-45 分动器球销式互锁装置

资讯四 变速器的故障分析及维修

随着汽车使用时间的增长，零件的磨损和变形也随之增加，这样变速器发生故障的可能性将增大，出现如异响、挂档困难、跳档、乱档、发热和漏油等故障。

一、变速器主要零件的检查与维修

1. 齿轮与花键的检修

1）齿轮的齿面上出现明显的疲劳斑点、划痕或阶梯形磨损时，应更换；斑点小时，可用油石修磨后继续使用。

2）齿轮齿面的磨损长度不允许超过齿长的15%，齿厚磨损不超过0.2mm，斑点不超过齿面的15%以上；否则，应予以更换。

3）齿轮的啮合面应在齿高的中部，接触面积不得小于齿轮工作面的60%。

4）齿轮与齿轮、齿轮与轴及花键的啮合间隙要符合原厂的规定。

2. 轴的检修

1）轴的弯曲变形用百分表来测量，超过标准时应校正或更换。

2）轴齿和花键齿损伤达到前述损伤的程度时，应更换。

3）用千分尺检查轴颈的磨损程度，轴的径向圆跳动不超过0.05mm，其磨损达到规定值时，可堆焊后修磨、镀铬修复或更换。

4）检查轴上定位凹槽的磨损。CA1091、EQ1090最大磨损量为0.5mm，超过该值时应更换。

5）各轴出现任何形式的裂纹和破损时，均应更换。

3. 同步器的检修

（1）锁环式同步器的检修　锁环式同步器的损伤表现在锁环、滑块、接合套、花键毂和花键齿的损伤。锁环内锥面和滑块凸台的磨损都会破坏换档过程的同步作用；锁环、接合套锁止角的磨损会使同步器失去锁止作用，这都会出现换档困难，发出机械撞击噪声。

锁环的检验方法是将同步器锁环压在换档齿轮的端面上，检查摩擦效能，并用塞尺测量锁环和换档齿轮端面之间的间隙。解放CA1091型汽车同步器的标准间隙是1.20~1.80mm，磨损极限是0.30mm；奥迪、桑塔纳汽车同步器的标准间隙是1.10~1.90mm，磨损极限是0.50mm。超过此极限值时，应更换。

同步器滑块顶部凸台磨损出现沟槽时，必须更换，否则也会使同步作用减弱。锁环上滑块槽的磨损、滑块支撑弹簧断裂或弹力不足以及接合套和花键毂的磨损都会使换档困难。

（2）锁销式同步器的检修　锁销式同步器零件的主要损伤有锥盘的变形，锥环锥面、锁销、传动销磨损等。锥盘的变形是由于换档操作不当、冲击过猛，使锥盘外张，摩擦角变大造成同步效能降低。

锥环锥面上螺纹槽的磨损严重，会使摩擦因数过低，甚至两者端面接触，使同步作用失效。EQ1090型汽车变速器同步器锥环锥面上螺纹槽的深度是0.40mm。当锥环因磨损而与锥盘的端面接触时，可用车削锥环端面修复，但车削总量不能大于1mm。如果锥环锥面上螺纹槽的深度小于0.10mm，则应更换同步器总成。换用新总成时，可保留原来的锥盘，但两者的端面间隙不得小于30mm。

同步器的锁销、传动销松动或散架，锁止角异常磨损，都会使同步器失效，应换用新同步器。

4. 轴承的检修

轴承应转动灵活，滚动体与内、外圈不得有麻点、麻面、斑疤和烧灼等，保持架完好，否则应予以更换。

5. 变速器盖的检修

变速器盖应无裂纹，其与变速器壳体接合面的平面度公差超限时，可采用铲、刨、锉、磨、铣等方法修复；拨叉轴与承孔的间隙超限时，应予以更换。

6. 变速器壳体的检修

1）变速器壳体不能有裂纹。对受力不大的裂纹，可用环氧树脂粘接或焊接修复。如果轴承座孔、定位销孔、螺纹孔等重要部位出现裂纹，则必须更换壳体。

2）变速器壳体的变形将破坏齿轮的正常啮合，引起变速器的故障。检查时，对于三轴式变速器要用专用量具检查上、下两孔轴线间的距离，上、下两孔轴线的平行度，上孔轴线与上平面间的距离，前、后两端面的平面度。两轴式变速器壳体由前、后两部分组成，其变形主要是检查输入轴与输出轴的平行度，以及前、后壳体接合面的平整度；超过规定时，要进行修复或更换。当变速器轴承孔磨损超限、变形时，可采用镶套、刷镀的方法修复或更换；当壳体平面度误差超限时，可采用铲、刨、锉、铣等方法修复，或更换。

3）壳体上所有连接螺栓孔的螺纹损伤不得超过2牙。螺纹孔的损伤可用换加粗螺栓或焊补后重新钻孔的方法修复。

7. 操纵机构的检修

1）检查变速器操纵机构各零件的连接情况。如果有松动，应及时紧固。

2）检查变速器换档拨叉的弯曲和扭曲。如果产生变形，可用敲击或冷压方法进行校正。

3）检查变速杆、拨叉轴和拨叉等变形情况。如果有变形，应校正。拨叉轴弯曲变形可用百分表或平板进行检查。

4）检查拨叉与接合套、拨叉与拨叉轴、选档轴等处的磨损。如果有磨损，应予以更换。

5）检查复位弹簧和锁止弹簧的弹性。如果失效，应予以更换。

二、变速器常见故障及分析

1. 变速器的异响

由于轴承磨损松旷导致齿轮不正常的啮合而引起的噪声称为变速器的异响。变速器的异响一般表现在空档发响和挂档后发响。

（1）空档发响

1）故障现象。发动机怠速运转，变速器处于空档位置有异响，踩下离合器踏板响声消失。

2）产生原因。

① 变速器与发动机安装时曲轴与变速器第一轴不同轴，或变速器壳变形。

② 第二轴前轴承磨损、污垢或间隙过大而松旷。

③ 变速器常啮合齿轮磨损，齿侧间隙过大，或个别齿轮轮齿破裂。

④ 常啮合齿轮未成对更换，啮合不良。

⑤ 轴承松旷、损坏，齿轮轴向间隙过大。

⑥ 拨叉与接合套间隙过大。

（2）挂档后发响

1）故障现象。变速器挂入档位后，当汽车以 40km/h 以上的车速行驶时，发出一种不正常声响，且车速越高，声响越大；而当汽车滑行或低速行驶时，响声减小或消失。

2）产生原因。轴弯曲变形，轴的花键与滑动齿轮花键毂配合松旷；齿轮啮合不当或轴承松旷；操纵机构各连接处松动，拨叉变形；主、从动锥齿轮配合间隙过大。

3）故障分析诊断。变速器产生响声是由齿轮或轴的振动及其他声源开始，然后扩散到变速器壳壁产生共振而形成的，诊断步骤为：

① 发动机怠速运转，变速器空档有异响，踩下离合器踏板后声响消失，多为常啮合齿轮啮合不良。

② 变速器各档均有声响，多为基础件、轴、齿轮和花键磨损使形位误差超限。

③ 挂入某档、声响严重，则说明该档齿轮磨损严重。

④ 起动后尚未挂档就发响，且在汽车运行中车速变化时声响严重，说明输出轴前、后轴承磨损松旷或损坏。

2. 变速器掉档

1）故障现象。汽车行驶中，在中、高速负荷突然变化时或剧烈振动时，变速杆自动跳入空档位置。

2）产生原因。由于齿轮磨损不均形成锥形，啮合时产生轴向力，加上工作过程振动颤抖、转速变化，迫使啮合齿轮沿变速器轴向脱开。

3）故障分析诊断。

① 发现某档跳档时，仍将变速杆挂入该档，然后拆下变速器盖察看齿轮啮合情况。如果啮合良好，应检查换档机构。

② 用手推动变速杆，如果无阻力或阻力很小，则说明自锁装置失效，应检查自锁钢球和拨叉轴上的凹槽是否磨损严重，自锁钢球弹簧是否过软、折断。若有以上问题，应更换。

③ 如果齿轮未完全啮合，则应检查拨叉是否磨损或变形。如果弯曲，则应校正。

④ 如果换档机构良好，则应检查齿轮轮齿是否磨成锥形、轴承是否松旷，必要时应拆下修理或更换。

3. 挂档困难

1）故障现象。挂档时不能顺利挂入档位，常发出齿轮撞击声。

2）产生原因。拨叉轴弯曲变形，自锁或互锁钢球破裂、卡滞，变速连接杆调整不当或损坏，同步器耗损或有缺陷，变速器轴弯曲变形或花键损坏。

除了变速器故障外，离合器分离不彻底、齿轮油规格不符也会造成挂档困难。

3）故障分析诊断。检查拨叉是否弯曲变形，自锁和互锁钢球是否损坏，弹簧是否弹力过大，操纵机构是否有变形或卡滞。如果上述检查正常，则应检查同步器是否损坏、锥环内锥面螺纹是否磨损、滑块是否磨损、弹簧弹力是否过软。如果同步器正常，则应检查变速器第一轴是否弯曲、其花键键齿是否磨损。

4. 变速器乱档

1）故障现象。汽车起步挂档或行驶中换档时，所挂档与想要挂的档位不符，或虽然挂入所需档位但不能退回空档，或一次挂入两个档位。

2）产生原因。换档滑杆与衬套、变速杆端部及拨叉凹槽磨损过大，互锁装置定位弹簧弹力达不到规定的要求；换档滑杆上定位凹槽与互锁销磨损过大，互锁失效。

3）故障分析诊断。变速杆如果能任意摆动，不能固定到某一档位，则为夹箍销钉折断或失落所致；挂档时，变速杆稍偏离一点位置，就会挂上不需要的档位，这是变速杆拨动端工作面磨损过大所致；如果同时能挂上两个档位，这是互锁机构失效所致。

5. 变速器发热

1）故障现象。汽车行驶一段路程后，用手触摸变速器时有烫手的感觉。

2）产生原因。轴承装配间隙过小，齿轮啮合间隙过小，缺少齿轮油或齿轮油黏度太小。

3）故障分析诊断。应接合发热部位，逐项检查予以排除。

6. 变速器漏油

1）故障现象。变速器内的齿轮油从轴承盖或接合部位渗漏出来。

2）产生原因。变速器各部分密封衬垫密封不良、油封损坏，或紧固螺栓松动；变速器壳体破裂；齿轮油过多；变速器放油螺塞或通气孔堵塞。

3）故障分析诊断。可根据油迹部位来诊断漏油原因。

单元训练　普通齿轮变速器的拆装与调整

一、训练内容

1）变速器传动机构的拆装与调整。

2）变速器操纵机构的拆装与调整。

二、训练目标

通过实际操作，掌握三轴式变速器分解与装合的方法，掌握操纵机构的拆装与调整。

三、工具与设备

常用工具1套、铜棒1根、变速器拆装车1辆、CA1091型汽车1辆、配套挂图1套。

四、训练流程

三轴式变速器的拆装与调整(解放CA1091型汽车变速器)如下：

1. 自车上拆下变速器总成

1）首先拆下与传动轴相连的万向节(注意:拆卸前,应在传动轴凸缘叉和变速器二轴凸缘上做装配标记)。

2）拆下倒车警报开关导线、里程表传动软轴。

3）拆下离合器分离拉杆锁紧件，拆下驻车制动器软轴接头等操纵机构连接件，拆下驾驶室内的变速器盖板。

4）用变速器拆装车托住变速器总成，拆下飞轮壳体与离合器之间的固定螺栓。

5）拆下变速器总成(注意:应先将变速器第一轴沿轴向平稳退出后,才可放下变速器总成)。

2. 变速器的分解(见图3-46)

1）拆下放油螺塞，放净齿轮油。

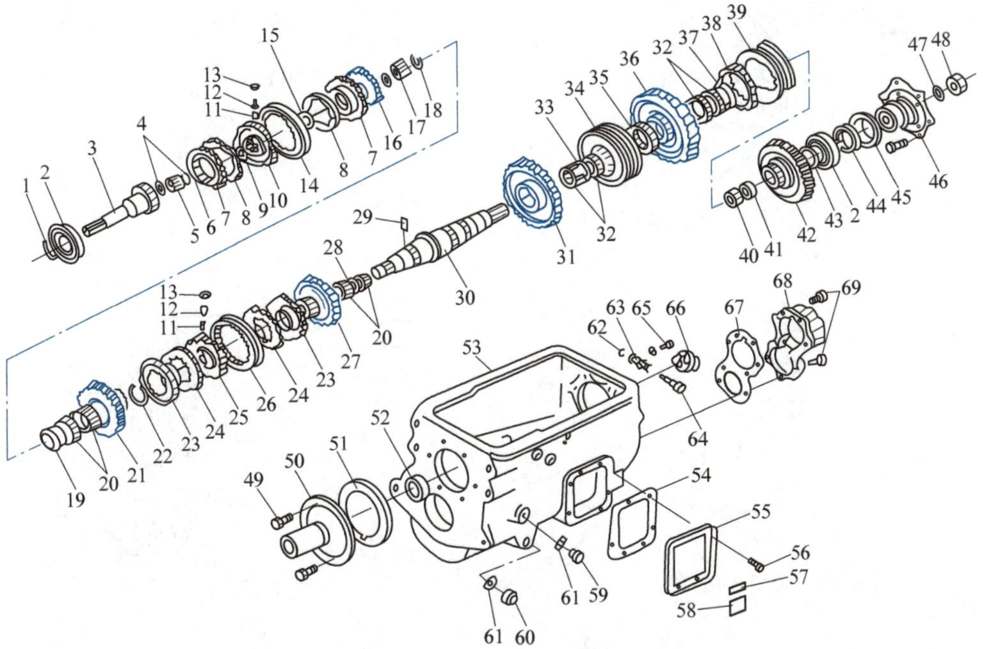

图 3-46　变速器分解图

1—第一轴后轴承内圈卡环　2—滚柱轴承及卡环　3—第一轴　4—隔环　5、20、32、40—滚针轴承　6—滚针轴承卡环　7—第一轴齿轮接合齿圈　8—五、六档同步器锁环　9、15、18、22—卡环　10—花键毂　11—同步器弹簧　12—定位块　13—推块　14—五、六档接合套　16—第二轴五档齿轮　17—五档齿轮滚针轴承　19—四档齿轮衬套　21—第二轴四档齿轮　23—三、四档齿轮接合齿圈　24—三、四档同步器锁环　25—花键毂　26—三、四档接合套　27—第二轴三档齿轮　28、33—隔套　29—防转销　30—第二轴　31—第二轴二档齿轮　34—第二同步器总成　35—一档接合齿圈　36—第二轴一档齿轮　37—一档齿轮衬套　38—倒档齿轮接合齿圈　39—倒档齿轮接合套　41—倒档齿轮衬套　42—第二轴倒档齿轮　43—倒档齿轮止推垫圈　44—后盖油封总成　45—挡尘罩总成　46—第二轴凸缘　47、62—O 形圈　48—锁紧螺母　49—第一轴轴承盖螺栓　50—第一轴轴承盖　51—密封垫圈　52—第一轴油封总成　53—外壳　54、67—衬垫　55—取力孔盖板　56—取力孔盖板螺栓　57—速度表齿轮标牌　58—变速器标牌　59—加油螺塞　60—放油螺塞　61—垫圈　63—偏心套　64—速度表从动齿轮　65—偏心固定螺栓　66—蜗杆　68—后盖　69—后盖螺栓

2）拆卸驻车制动器总成，如图 3-47 ~ 图 3-49 所示。

3）拆卸变速器后盖，如图 3-50 ~ 图 3-52 所示。

4）拆卸第一轴轴承盖及第一轴，如图 3-53、图 3-54 所示。

5）拆卸第二轴总成，如图 3-55 ~ 图 3-57 所示。

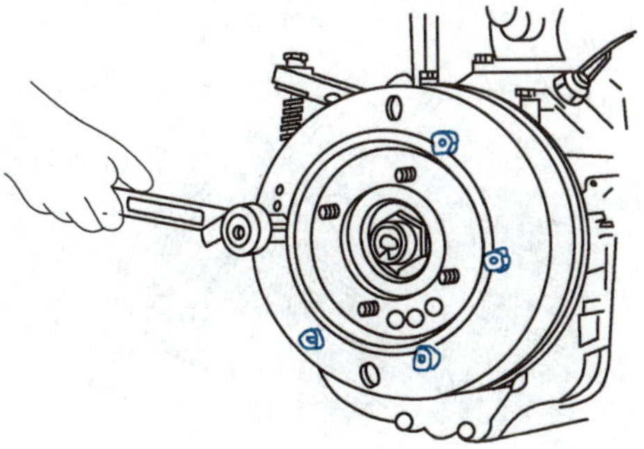

图 3-47　拆驻车制动鼓

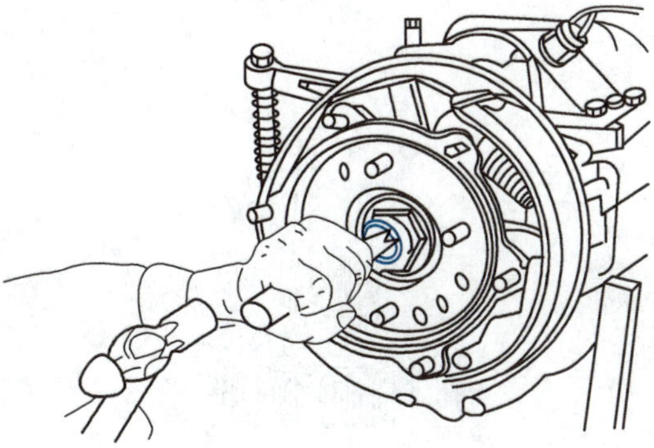

图 3-48　松开锁紧螺母的锁紧装置

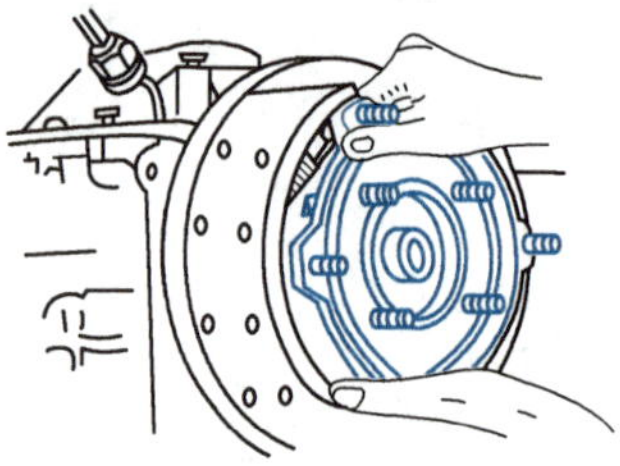
图 3-49 拔下第二轴凸缘

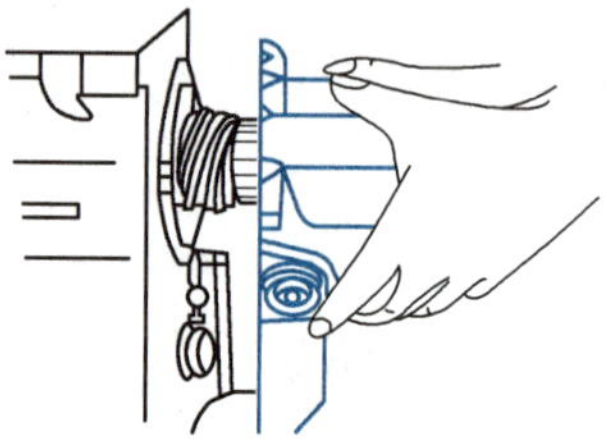
图 3-50 拆变速器后盖

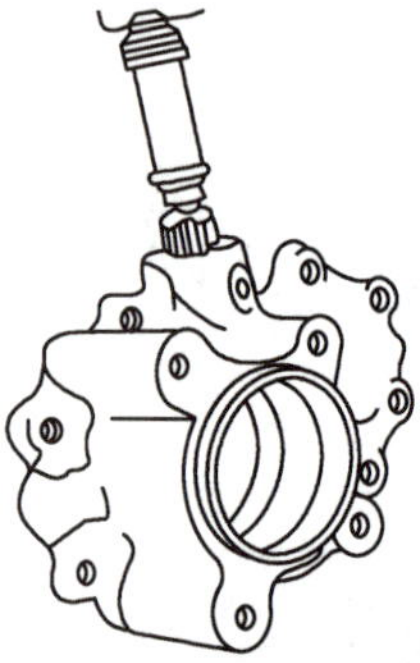
图 3-51 拆下偏心套

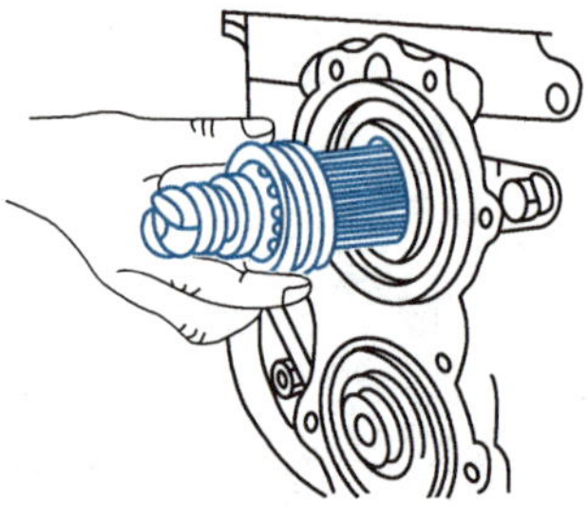
图 3-52 拆下蜗杆

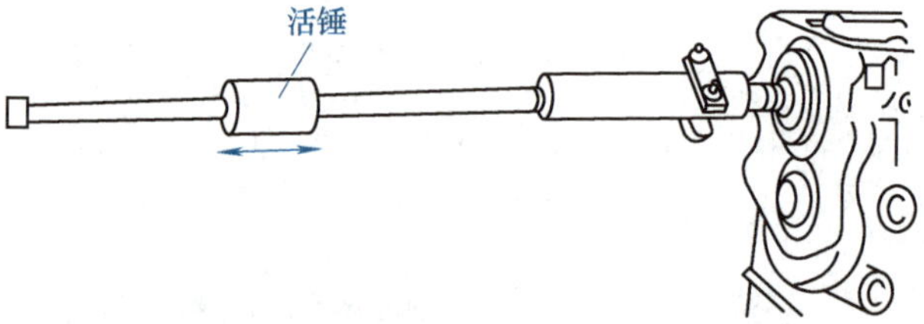

图 3-53 用拉出器拆下第一轴总成

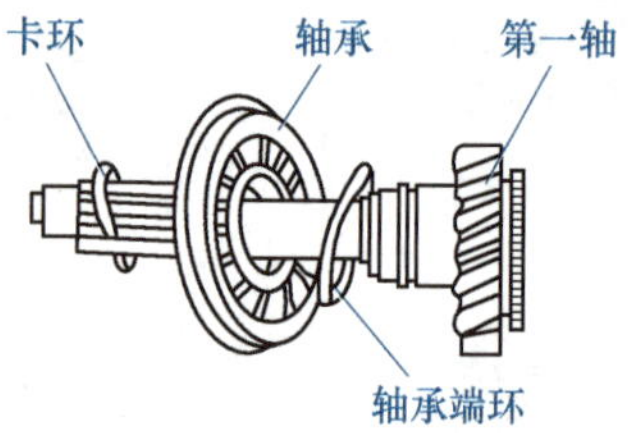

图 3-54 拆散的第一轴

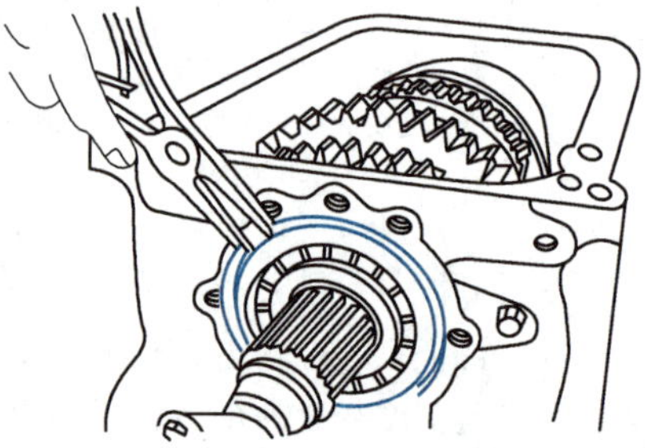
图 3-55 拆第二轴后轴承卡环

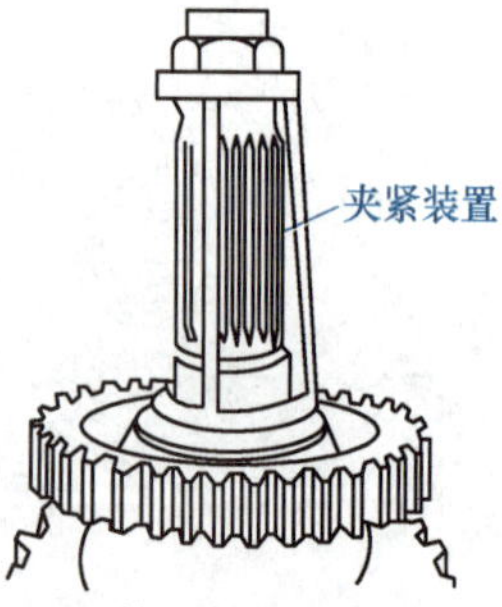

图 3-56 第二轴总成的夹紧装置

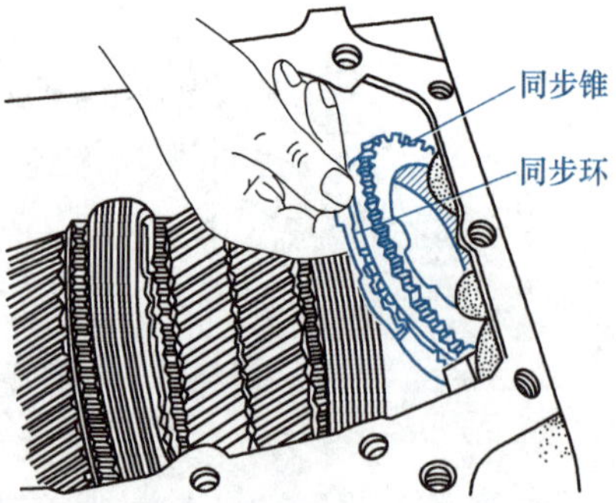

图 3-57 从壳体中取出接合齿圈和同步器锁环

① 首先拆下后端轴承卡环，用铜棒敲击第二轴前端，使其向后窜动一定距离。

② 将拉出器薄钩插入轴承卡环中，拉出后轴承。

③ 托住第二轴后端，由壳体内取出前端的同步器总成，再取出第二轴总成，即可按顺序分解轴上各部件。

6）拆卸中间轴总成和倒档惰轮轴，如图 3-58 所示。

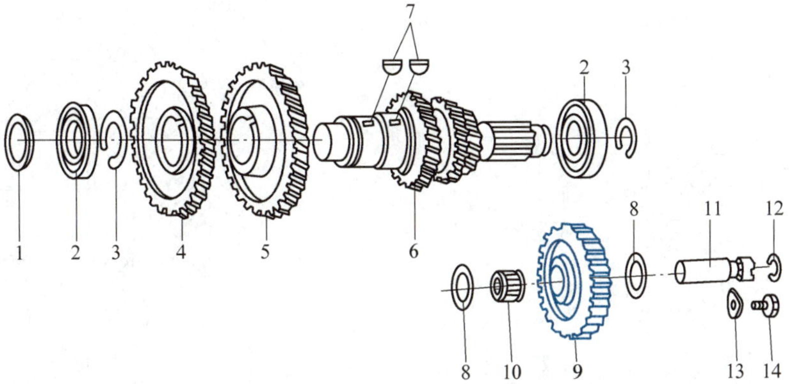

图 3-58　中间轴及惰轮轴分解图

1—中间轴前密封盖　2—轴承　3—卡环　4—减速齿轮　5—五档齿轮　6—中间轴　7—半圆键　8—止动垫圈　9—惰轮　10—惰轮轴承　11—惰轮轴　12—O 形圈　13—锁片　14—螺栓

7）分解同步器总成，如图 3-59 所示。

对于同步锥环，应做出装配标记，不可互换。

3. 变速器的装合与调整

（1）同步器总成的装配　依次装好弹簧、滑块和定位块，按照装配标记装合同步锥环，如图 3-60 所示，用百分表检查锥面径向圆跳动量（其跳动量不得大于 0.1mm）并做出必要的调整，再装上卡环。

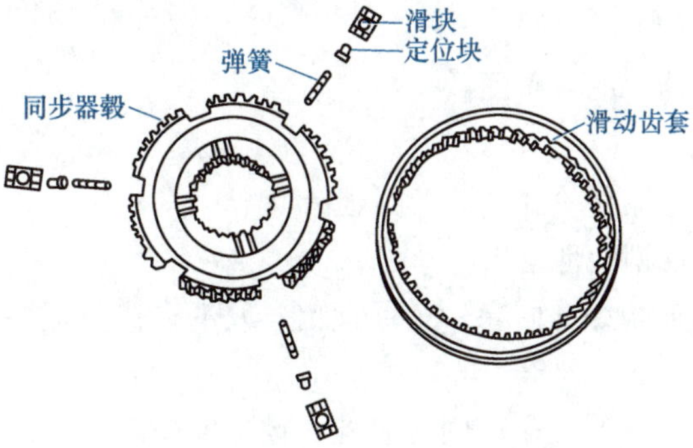

图 3-59　同步器的各零件

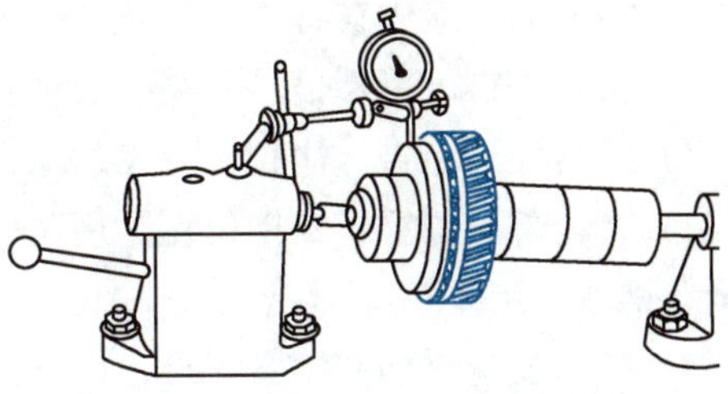

图 3-60　检查接合齿圈的径向圆跳动量

（2）倒档轴与惰轮轴的装合　按照拆卸步骤的逆顺序进行装合，并锁止牢固可靠。惰轮轴轴向间隙应符合规定（标准值为 0.15～0.60mm，使用极限值为 0.60mm）。若不符合要求，可用止动垫圈进行调整。其止动垫圈方向如图 3-61 所示。

（3）中间轴总成的装合　按照拆卸的逆顺序装复各件（注意不可用锤子乱敲，以防止变形）。装完后，正、反转动中间轴，应转动灵活、无异响。并检查倒档齿轮与惰轮的啮合间隙(其标准值为0.08~0.16mm,使用极限值为0.40mm)。

(4) 第二轴总成的装合　按顺序装合轴上各件(不可对轴承外环加压或施加冲击载荷)。

(5) 第一轴总成的装合

1) 将第一轴总成缓慢压入壳体上并套好同步器，再压入轴承直至外卡环贴靠前端面，如图3-62所示。

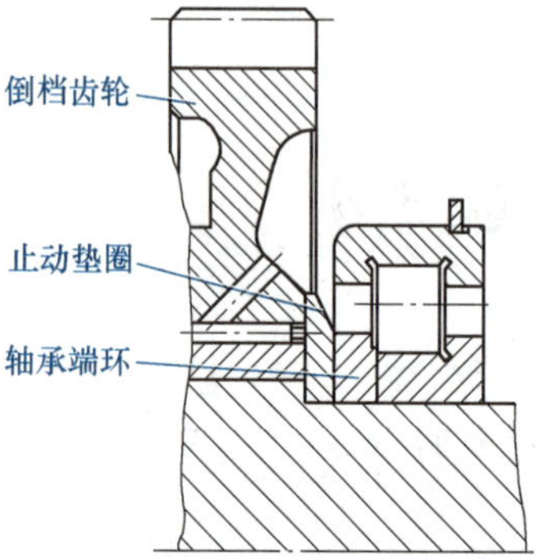

图3-61　倒档齿轮止动垫圈的方向

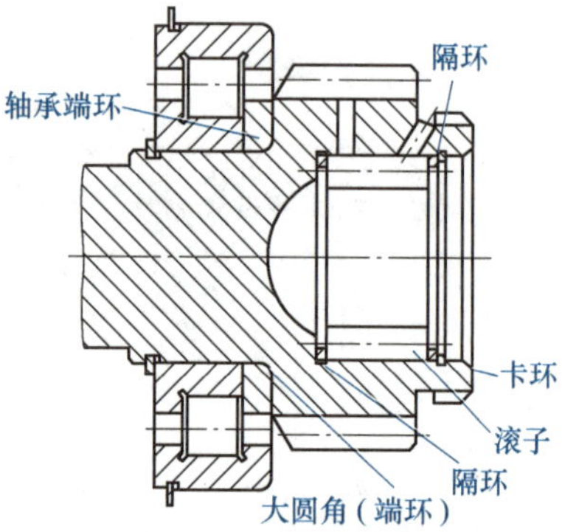

图3-62　轴承的装配方向

2) 将油封唇部涂以润滑油，再将轴承盖一边旋转一边推入(用塑料布包住花键部位,以免损伤油封刃口)，按规定转矩进行紧固(紧固力矩为38~50N·m)。

3) 将里程表主动齿轮、变速器后盖依次装合，密封垫圈和固定螺栓端头应涂以密封胶，再按规定转矩进行紧固(紧固力矩为28~50N·m)。

4) 装合后，检查各齿轮副的啮合间隙，二、三档为0.08~0.16mm，四、五档及减速齿轮为0.04~0.12mm；检查各齿轮径向间隙：一、倒档为0.10~0.23mm，二档为0.012~0.061mm，三档为0.010~0.060mm，四档为0.020~0.119mm，五档为0.010~0.055mm，允许极限为0.50mm。

(6) 驻车制动器的装合

(7) 变速器盖的分解　图3-63所示为变速器盖的分解图。

1) 拆卸时，应先在各零件上做上装配标记。

2) 按顺序拆下倒档信号开关、通气塞、变速器导块和变速叉固定销。

3) 翻转变速器盖，用相应直径的圆销将弹性销全部退出。

4) 将全部叉轴置于空档位置，用铜棒敲打轴端并连同塞片一同顶出，取下自锁及互锁弹簧、钢球、锁块。

5) 拧下变速手柄和锁紧螺母，取下防尘套，拆下变速杆固定螺栓，拔出变速杆，退出球形帽、弹簧座和弹簧等件。

6) 卸下O形圈和球座。

7) 剪断叉形杆固定螺栓锁丝(注意锁丝穿绕方向)，拆下螺栓及两端盖、两个换档轴。

(8) 变速器盖的装合　按拆卸的逆顺序装合(注意:各档变速叉轴装复至空档位置)。

4. 变速器的总装

1) 装合变速器盖与壳体。

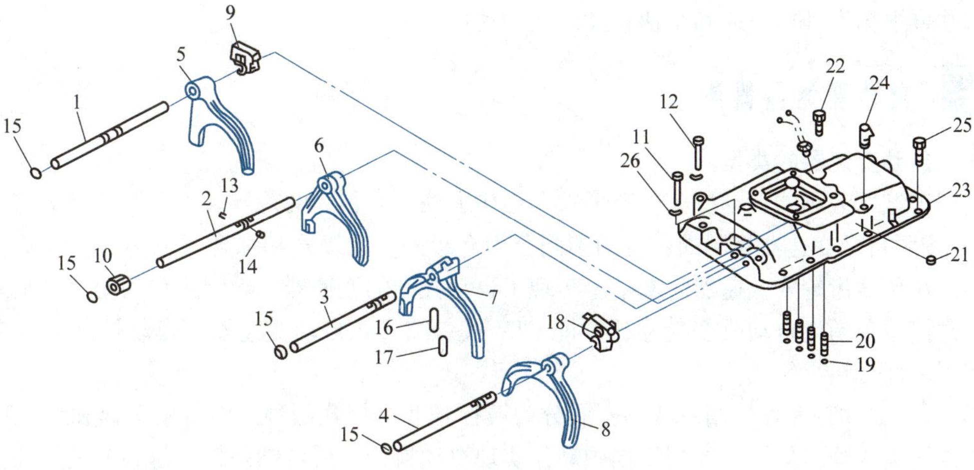

图 3-63　变速器盖的分解图

1—倒档变速叉轴　2—一、二档变速叉轴　3—三、四档变速叉轴　4—五、六档变速叉轴
5—倒档变速叉　6—一、二档变速叉　7—三、四档变速拨叉　8—五、六档变速拨叉
9—倒档变速导块总成　10—一、二档变速导块　11、12、22、25—上盖固定螺栓
13—互锁块　14—互锁销　15、21—塞片　16—波口弹性销　17—弹性销
18—五、六档变速导块总成　19—自锁钢球　20—自锁弹簧
23—上盖　24—通气塞　26—弹簧垫圈

① 擦净上盖与壳体接合面，检查其平面度，装好定位件。

② 如图 3-64 所示，在壳体上表面涂以密封胶(胶迹呈 ϕ4~ϕ6mm 首尾相连的条形，绕过螺孔不得中断，不得掉入壳体内)。

③ 将各齿轮及叉轴置于空档位置，再将变速叉对准相应各档位滑动齿套的槽口，轻轻放下变速器盖(不可大幅度错动，以免破坏密封效果)。

④ 均匀对称地拧紧周围的紧固螺栓(紧固力矩为 38~50N·m)。

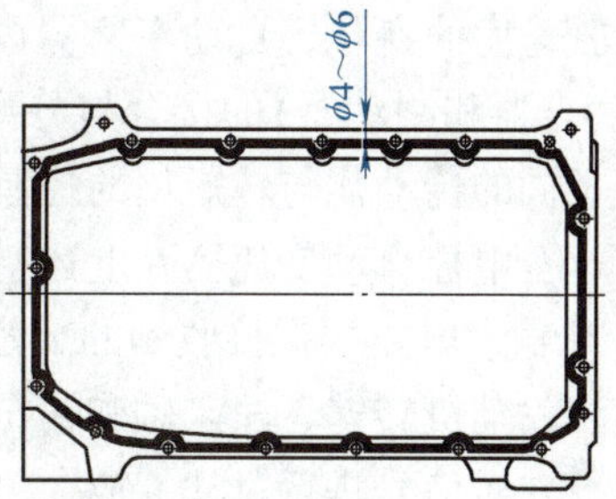

图 3-64　涂密封胶的方法

2）装合驻车制动杆及各零件。

3）装合离合器外壳、分离轴承、拉臂和拉杆等件，将离合器外壳用螺栓固定在变速器壳体上(紧固力矩为 240~300N·m)，装上通风孔盖板。装上分离叉轴及轴承，装上分离轴承及回位弹簧，再装上分离叉轴拉臂及分离拉杆总成。

5. 变速器总成装车

在变速器第一轴花键及第一轴前端轴承处涂以耐热润滑脂，使托架逐渐升高至第一轴与离合器从动盘内花键对准，向前推动将第一轴插入键孔，使离合器外壳止口与飞轮壳止口吻合，拧紧周围固定螺栓(38~50N·m)。装复其余各件，旋紧放油螺塞，加注齿轮油。

单元四　自动变速器的维修

在汽车行驶中，自动变速器可使离合器的操作和变速器档位的变换能部分或全部实现自动化，并可根据发动机负荷和车速自动改变传动比。

资讯一 自动变速器概述

一、自动变速器的类型

不同车型所装用的自动变速器在形式和结构上往往有很大的差异。

1）按照自动变速器控制的档位的不同分为有级式、无级式和综合式三种。有级式自动变速器是在普通齿轮式变速器的基础上实现了自动控制的变速器；无级式自动变速器是能在全部前进档位范围内自动改变传动比，即 CTV 式；综合式自动变速器是自动控制的液力机械变速器，即行星齿轮式。

2）按照自动变速器控制方式的不同分为液控式和电控式两种。前者由车速和节气门开度等因素转变为液压信号，控制换档阀动作实现自动换档；后者则是将车速和节气门开度等因素转变为电压信号，通过电子计算机控制电磁阀使液压换档阀动作进行自动换档。根据使用功能的不同，电控式自动变速器还可细分为简单电液控制型、综合电子控制型和手动/自动一体化智能控制型等。

二、液力机械式自动变速器的基本结构与工作原理

手动变速器是由驾驶人人工操作进行加档或减档控制的。自动变速器是在汽车行驶过程中，依据选定的工作档位和换档模式，只要驾驶人踩下加速踏板控制节气门开度，随着汽车行驶速度的变化，自动变速器内的液压控制装置就会自动利用液力去控制各换档执行元件（离合器和制动器）的接合与分离；再由换档执行元件控制变速机构的传动组合状态，以实现不同的传动比与转矩比的控制，进而实现自动换档控制过程。

全电控自动变速器在上述基础上增加了独立电子控制单元(ECU)。在进行换档控制时，ECU 输入电路根据接收到的节气门位置、车速、冷却液温度、ATF(自动变速器油)工作温度、发动机转速、输入轴和输出轴转速、档位开关、制动信号等传感器和其他装置的输入信号，在对信号进行过滤、放大、计算和比较处理后，筛选出最适合的换档控制程序，再转换成驱动电信号，精确控制相应电磁阀的工作状态，使换档点、输出转矩和锁止时间都在最准确状态，可令汽车运行更加平稳，更利于节省燃油和控制尾气排放。

自动变速器主要由液力变矩器、齿轮变速器、油泵和控制系统(液力式或电液式)等几部分组成，如图 3-65 所示。

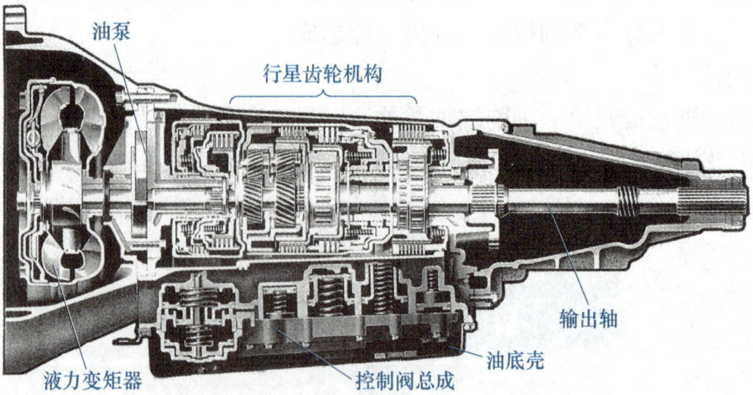

图 3-65 自动变速器的总体结构

1. 液力控制型自动变速器

纯液力控制型自动变速器通过机械操纵方式，如图3-66所示，将汽车行驶速度(通过速控液压调节器)与节气门开度(通过节气门开度控制拉索和节气门液压调节阀)两个控制参数转变为液压控制信号，阀板中的各个控制阀根据液压控制信号的大小，按照设定的换档规律，通过控制换档执行机构的动作，实现自动换档。

液压控制装置中节气门调节阀依据节气门开度(加速踏板位置)变化，可产生一个受节气门开度变化控制、与加速踏板踏动行程成正比的液压 p_Z，该液压将作为节气门开度信号作用于液控换档阀的一端；自动变速器输出轴上的速控液压阀处可产生一个受汽车行驶速度控制、与车速成正比的液压 p_V，作为车速信号被施加到液控换档阀另一端。

液控换档阀是一个液压弹簧式油路流向控制阀门，由阀体、柱塞式阀芯、定位弹簧、油腔及进、出油口等组成(见图3-67)，中间则是通往换档执行元件的主油压输出油路。

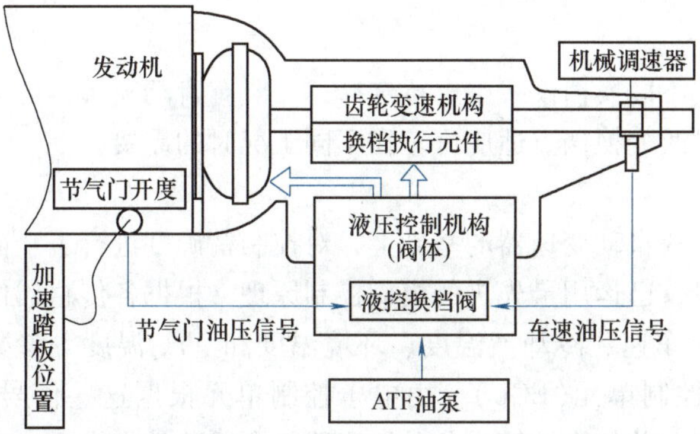

图3-66 纯液力控制型自动变速器的工作原理

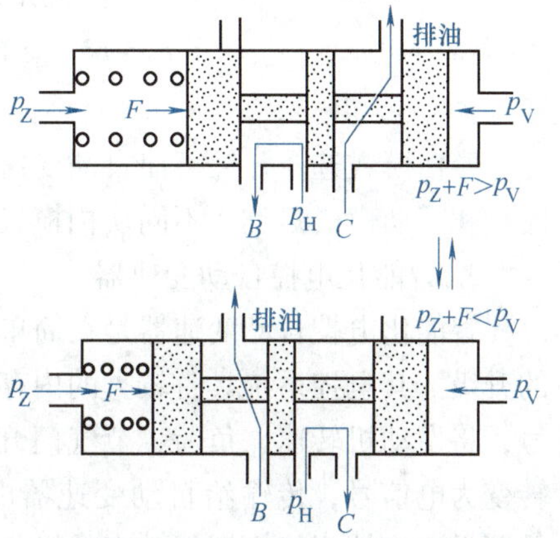

图3-67 换档控制阀的结构与工作原理

p_Z—节气门阀油压 p_V—速控阀油压 F—弹簧力
p_H—主油路油压 B—至低速档换档执行元件
C—至高速档换档执行元件

汽车行驶时，换档阀两端的节气门与车速两个液压信号相互作用，当油压大于节气门油压和定位弹簧弹力的合力时，换档阀的阀芯就会被推动，这时高档位油路被打开，低档位油路被关闭，控制相应的换档执行元件工作，自动变速器实现自动升档，汽车提速。反之，当油压小于节气门油压和定位弹簧弹力的合力时，高档位油路被关闭，低档位油路则打开，自动变速器实现降档，汽车减速。这类纯液力控制的自动变速器目前已被淘汰。

2. 简单电液控制型自动变速器

简单电液控制型自动变速器是在纯液控型自动变速器的基础上，增设了电子控制单元(ECU)、换档模式选择开关以及换档控制、离合器锁止控制和强制降档电磁阀，实现了有限电液控制功能，如图3-68所示。这类自动变速器在目前实际维修中还能接触到。

该变速器的控制单元含有自诊断和应急运行功能。如果变速器电控系统中存在故障或问题，则电子控制单元将启用安全备用模式(锁档)，允许汽车在安全模式下继续运行，但此时换档系统必须由手动完成。同时，该自诊断系统将存储一个对应的诊断故障码，并通过仪表板上的故障指示灯发出警示信号，通知驾驶人有故障存在；使用检测仪器或采用相应的激活方式，故障码可被调取，可以确定自动变速器的故障区域。

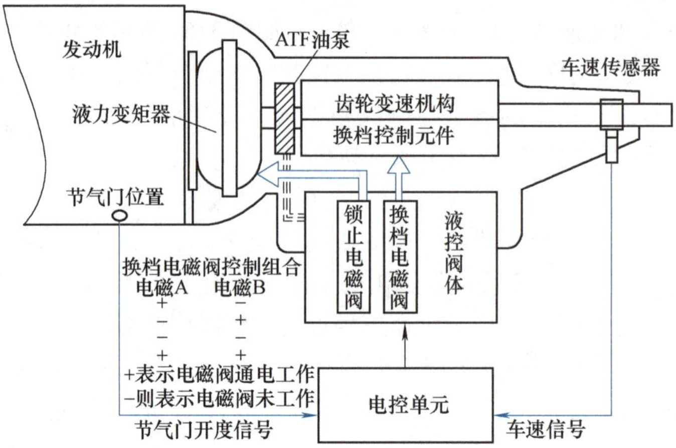

图 3-68 简单电液控制型自动变速器的工作原理

换档模式选择开关可使自动变速器在不同换档模式中进行选择，一般有自动模式、运动模式和手动模式三类。不同换档模式通过改变换档点适应汽车在不同工况时的需要。

3. 智能化电控自动变速器

智能化电控自动变速器是在简单电控式自动变速器的基础上，对控制精确度进行了全面的升级。其电控系统具备较大的内存容量，已运用最先进的模糊控制原理，根据各传感器信号，将发动机转速、负荷、节气门开度、车速、冷却液温度、环境温度和 ATF 温度等参数转变为电信号，传输给自动变速器电子控制单元(ECU)，由电子控制单元根据这些信号，按照设定换档规律模拟驾驶人的操作习惯，并依次计算出各种坡度路面和载荷的大小后，自动选择换档规律控制换档时机。

这类自动变速器是目前汽车上的主流装备，它不仅具备独立自诊断和智能化控制功能，还参与汽车动力传输的模块化控制，并日趋向集中模块化控制方向发展；同时，也具备手动换档功能，还具有油温、油压、变矩器锁止监控、仪表显示和安全保护等功能。工作时，ECU 根据各传感器的信号，控制换档电磁阀、油压调节电磁阀、液力变矩器锁止(TCC)电磁阀等执行元件工作状态；再由这些执行元件将电信号转变为液压控制信号(见图 3-69)，液力系统中相关动作阀即根据这些控制信号，用适当的液压来控制换档执行元件动作，从而实现自动变速器自动换档过程。

4. 手动/自动一体化控制模式

手动/自动一体化控制模式是在智能化电控型自动变速器的基础上，糅合了人性化设计理念，增添了 Tiptronic 识别传感器、增减档键传感器等构成的。

手动/自动一体化自动变速器的工作原理如图 3-70 所示。手动/自动一体化自动变速器选档操纵手柄有两条选档槽，可在自动控制模式与手动控制模式之间自由选择，使自动变速器使用功能更加全面，在汽车驾驶时更具有运动感，更容易为人们所接受。

自动变速器具有动力连接平稳、操作容易、驾驶舒适、能减少驾驶人疲劳等诸多优点，已日趋成为当前汽车变速器的主流配置；但也存在对速度变化反应慢，没有手动变速器灵敏及结构复杂、维修困难、成本高等缺点。

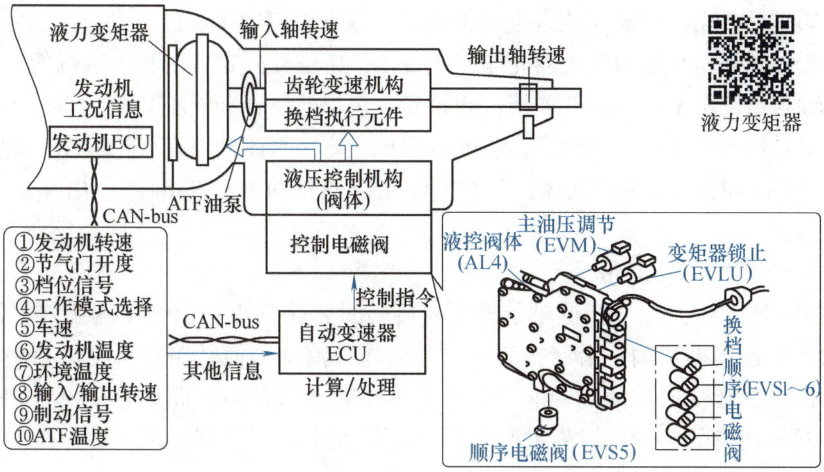

液力变矩器

图 3-69 智能化电液控制型自动变速器的工作原理

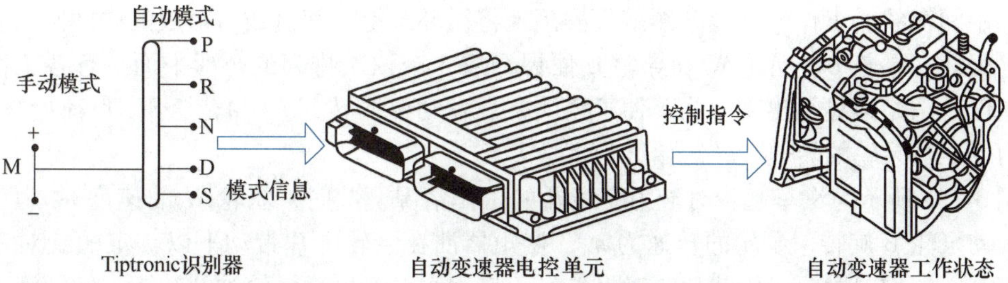

图 3-70 手动/自动一体化自动变速器的工作原理

资讯二 液力变矩器的结构与工作原理

液力变矩器安装在发动机飞轮上，它可将发动机输出的动力用液力传动方式传递给自动变速器输入轴。

液力变矩器既具有传统飞轮的惯性作用，又具有自动离合器功能。

1. 液力变矩器的结构

如图 3-71 所示，液力变矩器由可旋转的泵轮、涡轮和导轮三个元件以及壳体组成。

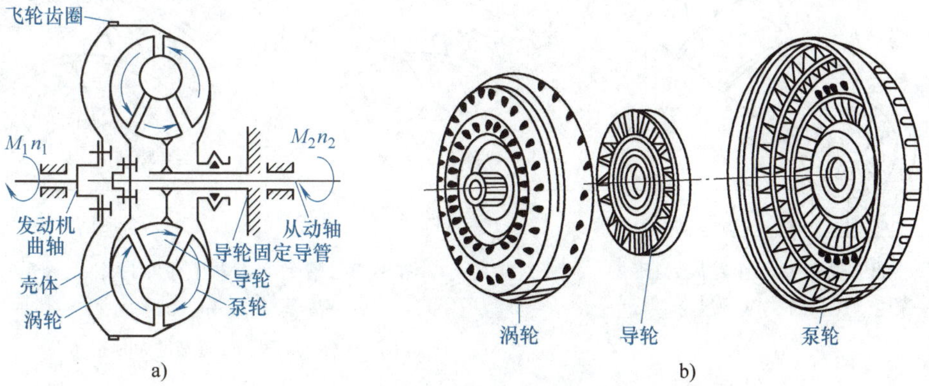

图 3-71 液力变矩器示意图

a）工作原理 b）结构

液力变矩器的3个工作轮用铝合金精密铸造，或用钢板冲压铆焊而成，各工作轮的叶片均弯成一定的弧形，泵轮与液力变矩器壳体连成一体，用螺栓固定在发动机后端的凸缘上，涡轮通过从动轮轴与传动系统其他部件连接；导轮安装在单向离合器外座圈上，通过单向离合器固定在导轮固定导管上；壳体做成两半，装配后焊成一体，壳体外面有飞轮齿圈。所有工作轮在装配后形成断面为循环圆的环状体，3个工作轮之间都有一定的间隙，相互之间没有机械联系。

2. 液力变矩器的工作原理

如图3-71a所示，当发动机曲轴带动泵轮旋转时，储存于环形腔中的工作液除绕其轴线做圆周运动外，还在循环圆中沿箭头所示的方向循环流动，使转矩从泵轮传到涡轮上，因而将发动机的机械能转变成油液的动能，使得它不仅能传递转矩，而且能在泵轮转矩不变的情况下，随着涡轮转速的不同而改变涡轮输出转矩的大小，即能够实现变矩作用。下面用液力变矩器工作轮的展开图来说明变矩器的工作原理。

如图3-72所示，假设变矩器循环圆中的油液都集中在叶片的中心线上运动，形成箭头所示的中间流线。工作轮的展开图就是假想地将循环圆上中间流线所形成的中间圆面展开成平面。因此，泵轮B、涡轮W和导轮D便展开成3个依次排列的环形平面，且各工作轮的叶片角度也清楚地显示出来。为了便于说明，设发动机的转速 n_b 和转矩 M_b 负荷始终不变，即液力变矩器泵轮的转速和转矩始终为常数。

图3-73a所示为汽车起步时液力变矩器的工作情况。此时，涡轮W的速度 n_w 为零，发动机带动泵轮B旋转，泵轮的转速为 n_b，变矩器油在泵轮叶片带动下以一定的绝对速度沿图中箭头1的方向冲向涡轮叶片，对涡轮有一作用力，产生绕涡轮轴的转矩，此即液力变矩器的输出转矩。此时涡轮静止不动，则液流沿着叶片流出涡轮并冲向导轮，其方向如图中箭头2所示，该液流也对导轮产生作用力矩，然后从固定不动的导轮叶片沿着箭头3的方向流回到泵轮中。当液流流过叶片时，对叶片作用有冲击力矩，根据作用力与反作用力定律，液流此时也受到叶片的反作用力矩，其大小与作用力矩相等，方向相反。作用力矩或反作用力矩的方向及大小与液流进出工作轮的方向有关。

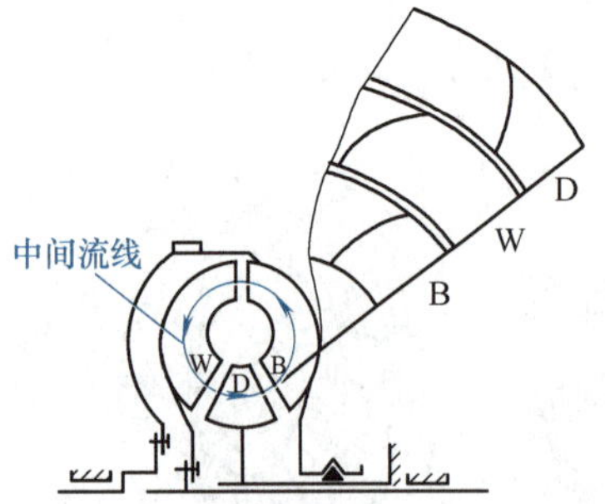

图3-72 液力变矩器工作轮展开图

B—泵轮 D—导轮 W—涡轮

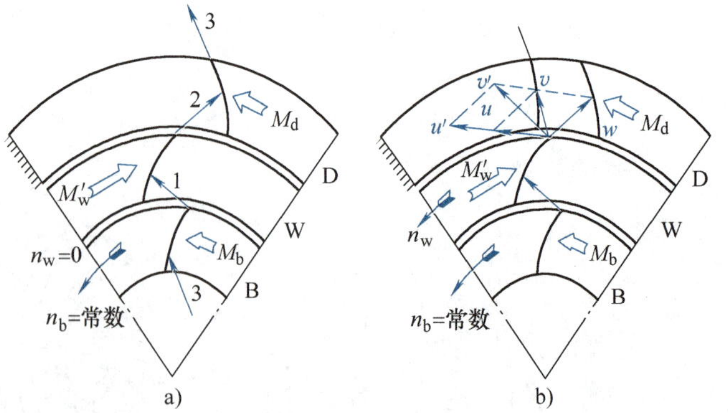

图3-73 液力变矩器工作原理图

a）当 n_b=常数、$n_w=0$ 时

b）当 n_b=常数、n_w 逐渐增大时

设泵轮、涡轮和导轮对液流的作用力矩分别为 M_b、M'_w 和 M_d，方向如图中箭头所示。

根据液流受力平衡条件，三者在数值上满足关系式 $M'_w = M_b + M_d$，即涡轮转矩等于泵轮转矩与导轮转矩之和。显然，此时涡轮转矩 M'_w 大于泵轮转矩 M_b，即液力变矩器起到增大转矩的作用。也可以这样来理解其增矩作用，当液流冲击进入涡轮时，对涡轮有一作用力矩，此为泵轮给液流的力矩；当液流从涡轮流出冲击导轮时，对导轮也有一作用力矩，因导轮被固定在变速器壳体上，从而导轮给液流的反作用力矩通过液流再次作用在涡轮上，使得涡轮的转矩等于泵轮转矩与导轮转矩之和。这就是液力变矩器及导轮增矩作用，该增矩作用可以使液力变矩器的最大输出转矩增大到发动机实际输出转矩的 2.5 倍左右。

变矩器将发动机的转矩增大后，经传动系统传递到驱动轮，使汽车克服阻力而行驶，如图 3-73b 所示。当泵轮和涡轮间转速差大时，因涡轮转速较低，涡轮回流油液将从正面、大角度冲击导轮叶片，对导轮施加一个逆时针方向的力矩，因单向离合器在逆时针方向具有锁止作用，可使液流与导轮叶片间一直保持较大的夹角，导轮反作用转矩就大。

当涡轮转速增大到某一数值时，液流冲击方向与导轮叶片间的夹角趋向于零，液流几乎直接从导轮叶片间隙中穿过，这时导轮就会丧失增矩作用，涡轮输出转矩几乎等于泵轮输入转矩，此时液力变矩器处于耦合工作状态。

当涡轮转速瞬间大于泵轮转速时，液流将从导轮叶片背面反方向冲击导轮，就会对导轮产生一个顺时针方向的推动力，同时涡轮输出转矩会降低；因单向离合器在顺时针方向可以自由旋转(与发动机同向)，导轮在油液的冲击作用下即顺时针滑转，使夹角重新变回近似于零的状态。导轮开始滑转时的工作点，被称为液力变矩器耦合点。

由此可知，液力变矩器增大的转矩相当于固定不动的导轮对循环液流的作用力矩，其数值不但取决于由涡轮冲向导轮的液流速度，也取决于液流方向与导轮叶片之间夹角的大小。当液流速度不变时，叶片与液流夹角越大，反作用力矩越大，液力变矩器增矩作用也越大，从而提高了汽车起步性能、克服上坡或遇到较大阻力的能力。所以，液力变矩器本身就是一种能随汽车行驶阻力的不同而自动改变输出转矩的无级变速器，同时它有具备使汽车平稳起步、衰减传动系统的扭转振动和防止传动系统超载等作用。

3. 单向离合器和综合锁止型液力变矩器

(1) 单向离合器　为了实现“自动变矩”和“自动耦合”的相互转换(在低速区为变矩器,在高速区为耦合器)，在导轮上装有单向离合器，使导轮在低速区时锁止，在高速区时能转动，以减小导轮背面通过的液流对涡轮的反作用力，提高传动效率。

单向离合器主要有滚柱式和楔块式两种形式。单向离合器装在导轮固定的内圈和转动的外圈之间。

1) 滚柱式单向离合器。如图 3-74 所示，它由内圈、外圈、滚柱和碟片弹簧组成。导轮与外圈通过铆钉铆接为一体。内圈通过花键与导轮固定导管相连接，因而内圈始终固定不动。外圈的内表面有若干个偏心圆弧面，使外圈和内圈套合后形成若干个楔形槽，滚柱和碟片弹簧就装在楔形槽内。滚柱通常被弹簧推向楔形槽较窄的一端，从而将内、外圆楔紧。当涡轮转速较低时，由于涡轮流出的液流冲击导轮叶片的凹面，力图使导轮连同单向离合器外圈一起顺时针方向转动，

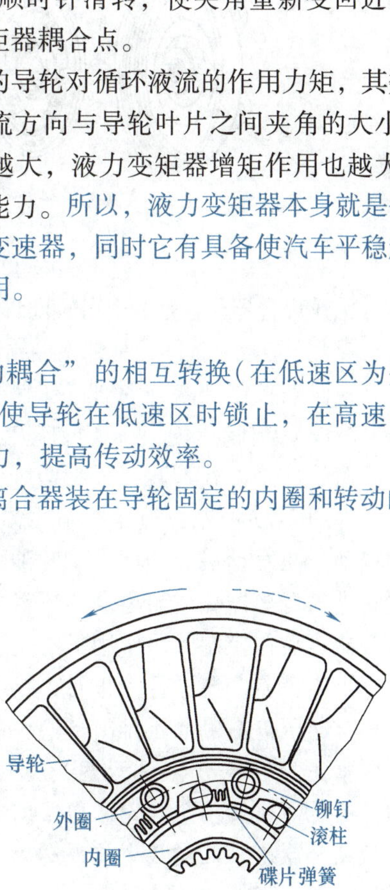

图 3-74　滚柱式单向离合器

但由于滚柱卡紧在楔形槽的窄端，将外圈与内圈楔紧，使导轮不能转动，并且越卡越紧，因而导轮对液流产生反作用转矩，使涡轮转矩增大，变矩器按变矩状态工作。当涡轮转速升高到一定程度时，由涡轮流出的液流将冲击导轮叶片的背面，导轮将逆时针方向旋转，滚柱将滚向楔形槽宽端，将外圈与内圈松脱，使导轮连同外圈一起绕内圈自由转动，变矩器便转入耦合状态工作。

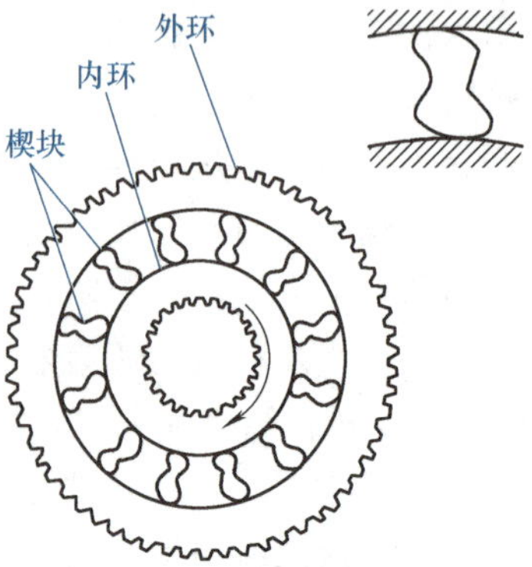

图 3-75 楔块式单向离合器

2）楔块式单向离合器。如图 3-75 所示，它由楔块、内环和外环等组成。其工作原理与滚柱式单向离合器相同。单向离合器不仅应用于变矩器中，在行星齿轮机构中也普遍采用。

（2）综合锁止型液力变矩器 液力变矩器在传动过程中，由于液压油的内部摩擦会造成一定的能量损失，同时其传动效率会降低（只有 85%~90%），为提高汽车传动效率和燃油经济性，在液力变矩器内采用了液压操纵的锁止离合器机构。如图 3-76 所示，综合式液力变矩器主要由壳体、泵轮、导轮、涡轮、减振弹簧和锁止离合器等组成。

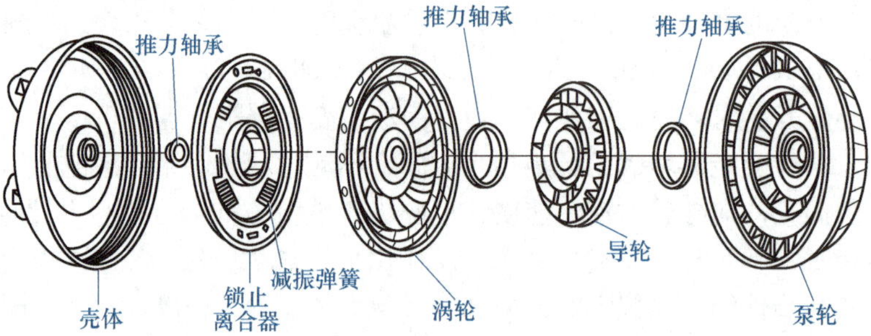

图 3-76 综合锁止型液力变矩器的构成

锁止离合器压盘是一个可轴向移动或扭曲的压盘，通过花键套与涡轮耦合在一起。作用在压盘与液力变矩器壳体间的是锁止控制油压，作用在压盘与涡轮间的是液力变矩器内部工作油压。

这两条控制油路分别通过变速器输入轴中的油道，与阀体总成上的液压锁止控制阀（第二调节阀）控制油路连通；由自动变速器电子控制单元通过锁止电磁阀来进行控制。按照锁止油压的控制方式不同，分为增压控制和泄压控制两类。

如图 3-77 所示，泄压控制式锁止离合器通常采用是闭合形式，其压盘由涡轮侧向壳体侧移动。在发动机起动后，ATF 油泵开始工作，主油压即建立起来。锁止控制油压经锁止控制阀进入变矩器壳体与离合器压盘之间，当控制油压大于液力变矩器内部工作油压时，锁止离合器压盘在控制油压作用下与变矩器壳体分离，这时锁止离合器处于分离状态。

当离合器需要进行锁止时，自动变速器电子控制单元将控制锁止控制电磁阀工作，将锁止离合器压盘右侧油压排出，使控制油压小于液力变矩器内部工作油压，压盘在压力差作用下压紧在变矩器壳体（主动盘）上，这时输入变矩器的动力，通过锁止离合器的机械连接机构，由压盘直接传至涡轮输出，即由液力传动变成机械传动。此时，液力变矩器等同于一个机械离合器，其传动效率几乎达到 100%；还能减少变矩器中液压油间液体摩擦而产生的热量，有利于降低液压油温度。

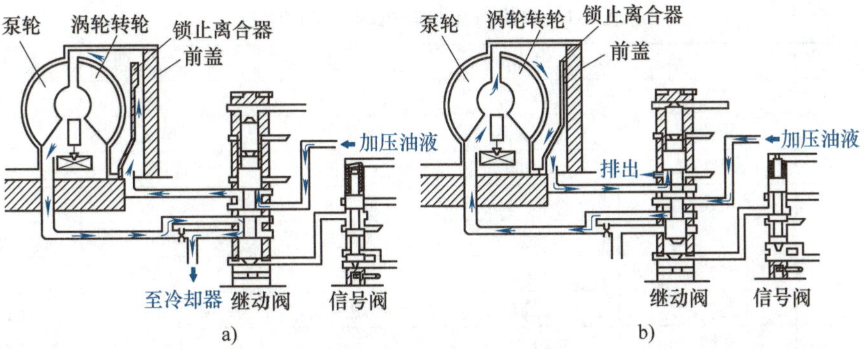

图 3-77　泄压控制式锁止离合器的工作原理

a）锁止离合器分离时　b）锁止离合器接合时

在实际控制过程中，自动变速器电子控制单元将依据发动机转速、档位状态、节气门开度(负荷)、变速器 ATF 温度、控制模式选择(动力/经济/自动)、操纵手柄位置(手动/自动一体化)等因素，在设定的锁止控制程序中筛选出最佳锁止点、锁止时机和锁止压力值；然后向锁止控制电磁阀发出控制指令，通过锁止控制阀改变锁止离合器压盘两侧的油压平衡，进而控制锁止离合器工作状态。

增压控制式锁止离合器一般是常开启形式，其压盘由壳体侧向涡轮侧移动，锁止油压控制过程与泄压控制锁止离合器相反。

由于锁止控制方式的区别，在分析和处理因液力变矩器锁止控制引发的入档冲击、锁止颤抖、耸车等故障现象时，要根据实际车型提供的技术资料加以分析判断，从而找出故障原因。

资讯三　行星齿轮变速器的结构与工作原理

液力变矩器虽能在一定的范围内自动地、无级地改变转矩比(涡轮输出转矩与泵轮输入转矩之比)和传动比(涡轮转速与泵轮转速之比)，但存在着变矩能力和传动效率之间的矛盾，且目前应用的变矩器的变矩系数都不够大，难以满足汽车的需要。为此，常在变矩器之后再串联齿轮式机械变速器，组成液力机械变速器。与液力变矩器配合使用的齿轮式机械变速器多数采用行星齿轮变速器，也有采用定轴式齿轮变速器。

一、行星齿轮式变速器的组成

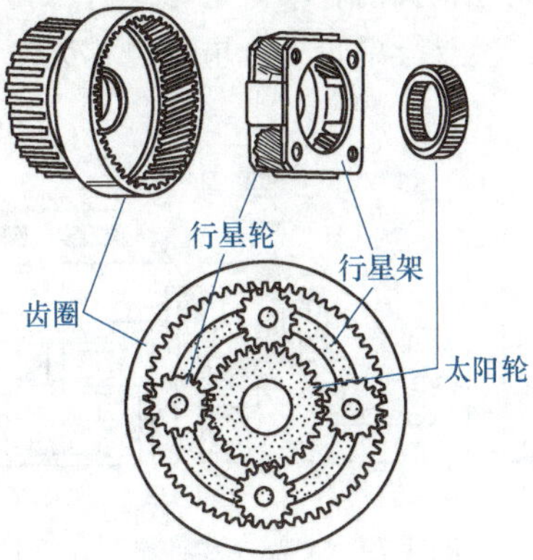

图 3-78　行星齿轮机构

一般行星齿轮式变速器由 2~3 排行星齿轮机构组成，每排都包括太阳轮、齿圈、行星轮与行星架 4 个元件，如图 3-78 所示。3 或 4 个行星轮装在行星架上可自转，并分别与齿圈和太阳轮相互啮合，同时也绕太阳轮公转。行星排中的太阳轮、齿圈和行星架中，若某一个元件固定，另一个元件作为驱动，则剩下的一个元件就可以变速转动，输出动力。固定的方法是采用制动器或离合器。单排行星齿轮机构的工作情况见表 3-1。

表 3-1 单排行星齿轮机构的工作情况

状 态	档 位	固 定 部 件	主 动 部 件	从 动 部 件	旋 转 方 向
1	降速档	太阳轮	齿圈	行星架	相同
2	降速档	齿圈	太阳轮	行星架	相同
3	超速档	太阳轮	行星架	齿圈	相同
4	超速档	齿圈	行星架	太阳轮	相同
5	倒档位	行星架	太阳轮	齿圈	相反
6	倒档位	行星架	齿圈	太阳轮	相反
7	直接档	没有	任意两个	第三元件	同向同速
8	空档位	没有	不定	不定	不转动

实际用于汽车自动变速器的行星齿轮机构通常是由 2~3 个单排行星齿轮机构组成的，通常可以有 3~4 个不同传动比的前进档和 1 个倒档。

二、行星齿轮式变速器的结构

目前车辆中使用的行星齿轮变速器最常见的有辛普森式（Simpson）和拉维娜式（Ravigneaux）。

1. 辛普森式（Simpson）行星齿轮变速器

如图 3-79 所示，辛普森式行星齿轮变速器采用双行星排。其结构特点是：由前后两个具有相同齿轮参数的行星排组成。行星排的太阳轮连为一个整体，称为太阳轮组件；前排的行星架和后排的齿圈连成一体，称为前行星架和后齿圈组件 8；输出轴通常与该组件相连。这样，该机构只具有 4 个独立元件：前齿圈 4、前后太阳轮组件 6、后行星架 7、前行星架和后齿圈组件 8。

2. 拉维娜式（Ravigneaux）行星齿轮变速器

如图 3-80 所示，它是由 1 个单行星轮式行星排与 1 个双行星轮式行星排组合而成的复合式行星机构。单行星轮式行星排也称为单行星排，由后太阳轮和长行星轮、行星架、齿圈组成；双行星轮式行星排也称为双行星排，由前太阳轮、短行星轮、行星架和齿圈组成。

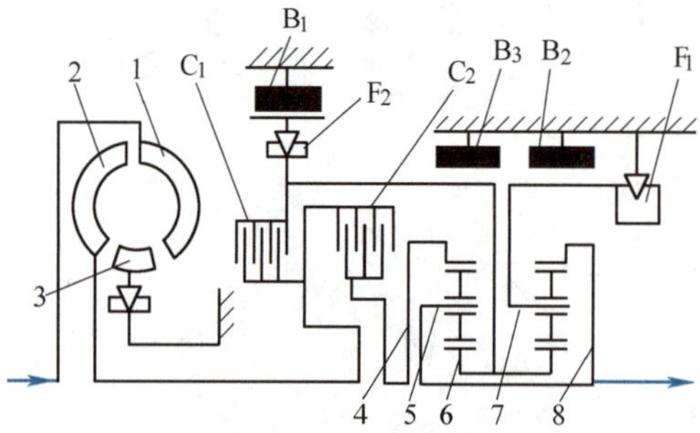

图 3-79 辛普森式行星齿轮变速器

1—泵轮 2—涡轮 3—导轮 4—前齿圈 5、8—前行星架、后齿圈组件 6—前后太阳轮组件 7—后行星架 C_1—倒档及高速档离合器 C_2—前进离合器 B_1—二档制动器 B_2—低速档及倒档制动器 B_3—二档强制制动器 F_1—低速档单向离合器 F_2—二档单向离合器

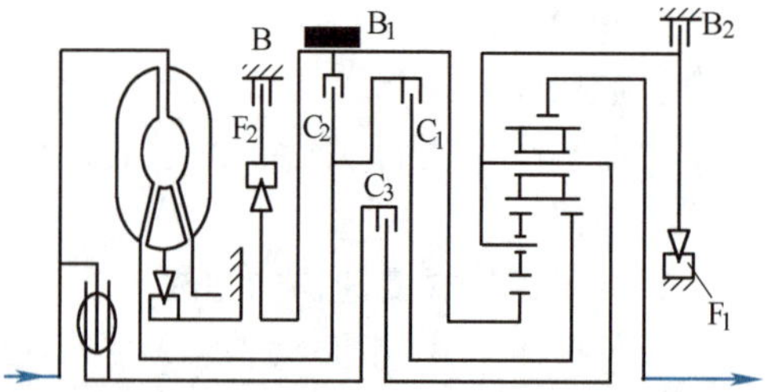

图 3-80 拉维娜式行星齿轮变速器

C_1—倒档离合器 C_2—前进档离合器 C_3—高速档离合器 B_1—二、四档制动器 B_2—低速档及倒档制动器 F_1—低速档单向离合器 F_2—高速档单向离合器

这种行星齿轮机构的特点是：2个行星排共用1个齿圈和1个行星架，只有4个独立元件，即太阳轮、后太阳轮、行星架和齿圈。因此，拉维娜式行星齿轮机构结构简单、构成元件少、转速低、结构紧凑、轴向尺寸短、总体尺寸小、适合FF方式布置、传动比变化范围大、灵活多变，可以组成具有3个前进档或4个前进档的行星齿轮变速器。

拉维娜式4速行星齿轮变速器中有6个换档执行元件：3个离合器、2个制动器和1个单向离合器，构成具有4个前进档和1个倒档的行星齿轮变速器。各执行元件的作用：前进离合器C_2用于连接输入轴和后太阳轮，倒档离合器C_1用于连接输入轴和前太阳轮，高速档离合器C_3用于连接输入轴和行星架二、四档制动器则用于固定前太阳轮，倒档、低速档制动器B_2起固定行星架的作用，单向离合器F_1对行星架逆时针方向的转动有锁止作用。

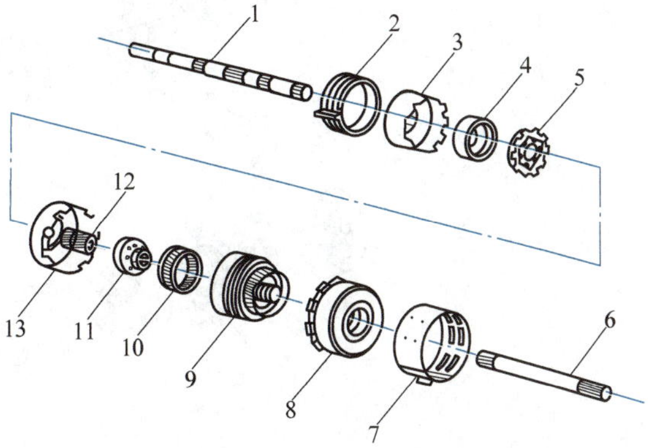

图3-81　辛普森式齿轮组部件分解图

1—输出轴　2—低速档/倒档制动带　3—低速档/倒档离合器毂与单向离合器　4—输出轴齿圈　5—倒档行星齿轮总成　6—输入轴　7—中间制动带　8—倒档/高速档离合器与离合器鼓　9—前进档离合器　10—前进离合器毂与齿圈　11—前行星齿轮架总成　12—太阳轮　13—输入壳

三、辛普森式行星齿轮自动变速器的工作过程

图3-81所示为辛普森式齿轮组部件分解图。

辛普森式齿轮组可产生下列档位：空档、减速档(一档和二档)、直接档和倒档。

1. 空档

如图3-82所示，在空档位置，变矩器涡轮驱动输入轴，输入轴再驱动离合器壳。因为离合器没有接合，所以发动机动力没有被进一步传递。

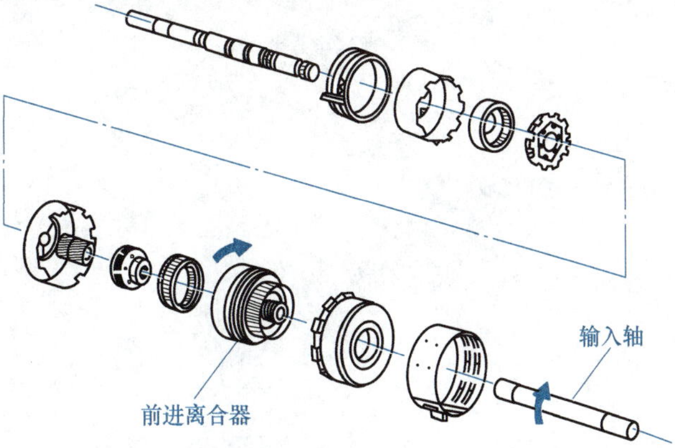

图3-82　简单齿轮组动力流(空档)

2. 低速档(一档)

如图3-83所示，一档的动力流如下：变矩器涡轮顺时针方向驱动输入轴5，输入轴顺时针方向驱动前进离合器壳体6，前进离合器接合，将输入轴与前行星齿轮组齿圈锁止。输入轴顺时针方向驱动前齿圈7，前齿圈7顺时针方向驱动前行星齿轮8。前行星齿轮逆时

针方向驱动太阳轮，太阳轮9顺时针方向驱动倒档行星齿轮4。单向离合器将倒档行星齿轮架固定不动，倒档行星齿轮顺时针方向驱动输出轴齿圈3，输出轴齿圈顺时针方向驱动输出轴1。

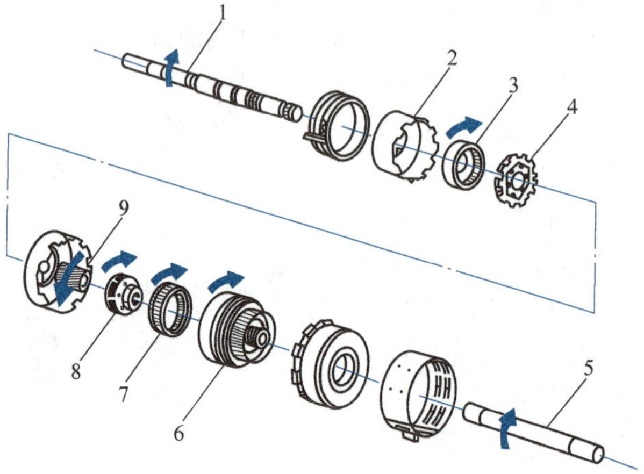

图3-83 简单齿轮组动力流(低速档)

1—输出轴 2—低速档/倒档离合器毂和单向离合器 3—输出轴齿圈 4—倒档行星齿轮架总成 5—输入轴 6—前进离合器壳体 7—前进离合器毂和齿圈 8—前行星架总成 9—太阳轮

3. 中间档(二档)

如图3-84所示，二档的动力流如下：变矩器涡轮顺时针方向驱动输入轴，输入轴2顺时针方向驱动前进离合器壳体5，前进离合器接合，顺时针方向驱动前齿圈6。中间制动带将倒档/高速档离合器毂固定。该离合器毂与太阳轮8和输入壳9连接，所以太阳轮和输入壳也被固定。前齿圈6顺时针方向驱动前行星架7。行星轮围绕静止不动的太阳轮公转，前行星轮迫使前行星架顺时针方向转动，前行星架顺时针方向驱动输出轴1。

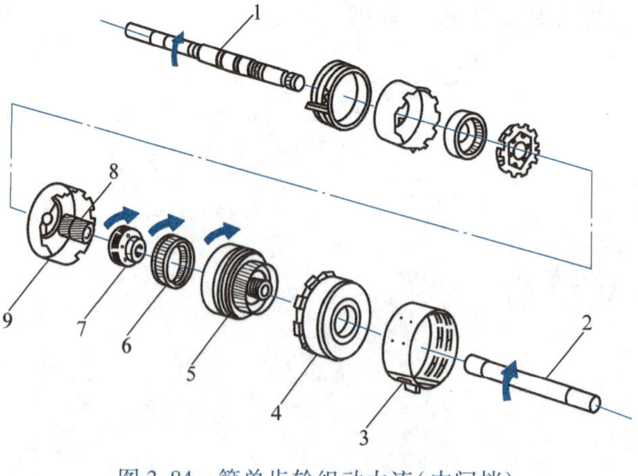

图3-84 简单齿轮组动力流(中间档)

1—输出轴 2—输入轴 3—中间制动带 4—倒档/高速档离合器与离合器毂 5—前进离合器壳体 6—前进离合器毂和前齿圈 7—前行星齿轮架总成 8—太阳轮 9—输入壳

4. 直接档(三档)

如图3-85所示，三档(高速档)的动力流如下：变矩器涡轮顺时针方向驱动输入轴2，输入轴顺时针方向驱动前进离合器壳体 4。前进离合器壳体还同时是倒档/高速档离合器毂。前进和倒档/高速档离合器均被接合，前进离合器顺时针方向驱动接合的倒档/高速档离合器 3，倒档/高速档离合器顺时针方向驱动输入壳 8 和太阳轮 7，前进离合器顺时针方向驱动前齿圈 5，前齿圈顺时针方向驱动前行星轮。由于前行星轮此时由太阳轮 7 和前齿圈 5 两者共同驱动，所以便发生了一种“锁定”现象。前行星轮驱动前行星架，前行星架通过花键与输出轴 1 连接，并驱动其顺时针方向转动。

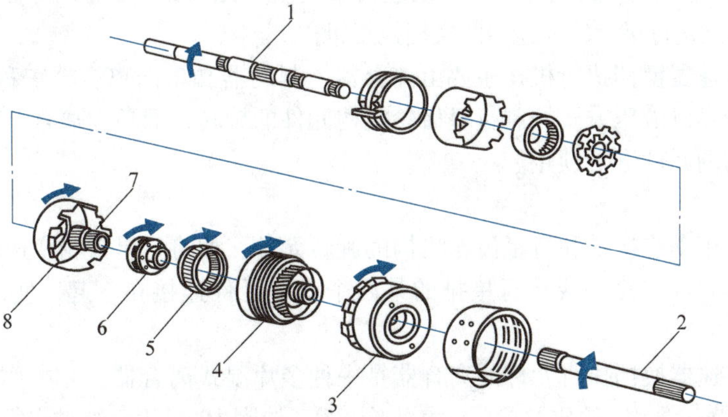

图 3-85 简单齿轮组动力流（直接档）

1—输出轴 2—输入轴 3—倒档/高速档离合器与离合器毂 4—前进离合器壳体
5—前齿圈 6—前行星架总成 7—太阳轮 8—输入壳

5. 倒档

如图 3-86 所示，倒档的动力流如下：变矩器涡轮顺时针方向驱动输入轴 6，输入轴顺时针方向驱动前进离合器壳体 8。前进离合器壳体还同时是倒档/高速档离合器毂。倒档/高速档离合器 7 接合，前进离合器壳体 8 顺时针方向驱动接合的倒档/高速档离合器，倒档/高速档离合器顺时针方向驱动输入壳 10 和太阳轮 9，低速档/倒档制动带 2 将低速档/倒档离

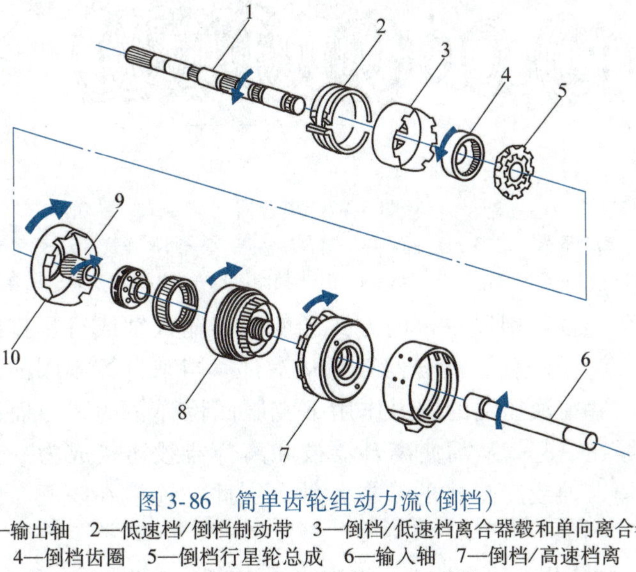

图 3-86 简单齿轮组动力流（倒档）

1—输出轴 2—低速档/倒档制动带 3—倒档/低速档离合器毂和单向离合器
4—倒档齿圈 5—倒档行星轮总成 6—输入轴 7—倒档/高速档离合器和离合器毂 8—前进离合器壳体 9—太阳轮 10—输入壳

合器毂3和倒档行星架4固定不动，太阳轮9驱动齿圈4逆时针转动，倒档齿圈4逆时针方向驱动输出轴。

资讯四 换档执行机构的结构与工作原理

行星齿轮变速器中的所有齿轮都是处于常啮合状态，其档位变换必须通过以不同方式对行星齿轮机构的基本元件进行约束（即固定或连接某些基本元件）来实现。能对这些基本元件实施约束的机构，就是行星齿轮变速器的换档执行机构。

行星齿轮变速器换档执行机构主要由离合器、制动器和单向离合器三种执行元件组成。离合器和制动器是以液压方式控制行星齿轮机构元件的旋转，而单向离合器则是以机械方式对行星齿轮机构的元件进行锁止。

1. 离合器

离合器的作用是连接轴和行星齿轮机构的旋转元件，如将行星齿轮变速器的输入轴和行星排的某个基本元件连接，或将行星排的某两个基本元件连接在一起，使之成为一个整体转动。

作为自动变速器换档执行元件的离合器是一种多片湿式离合器。它由离合器鼓1、离合器活塞4、回位弹簧5、一组钢片8、一组摩擦片9、挡圈10和几个密封圈组成（见图3-87）。离合器活塞安装在离合器鼓内，它是一种环状活塞，由活塞内、外圆密封圈保证其密封，从而和离合器鼓一起形成一个封闭的环状液压缸，并通过离合器内圆轴颈上的进油孔和控制油道相通。钢片和摩擦片交错排列，两者统称为离合器片。钢片的外花键齿安装在离合器鼓的内花键齿圈上，可沿齿圈键槽做轴向移动；摩擦片由其内花键齿与离合器毂的外花键齿连接，也可沿键槽做轴向移动。摩擦片两面均为摩擦因数较大的铜基粉末冶金层或合成纤维层。在摩擦片表面上都有油槽，其作用一是破坏油膜的形成，提高摩擦因数；二是保证油流通过，以冷却摩擦表面。

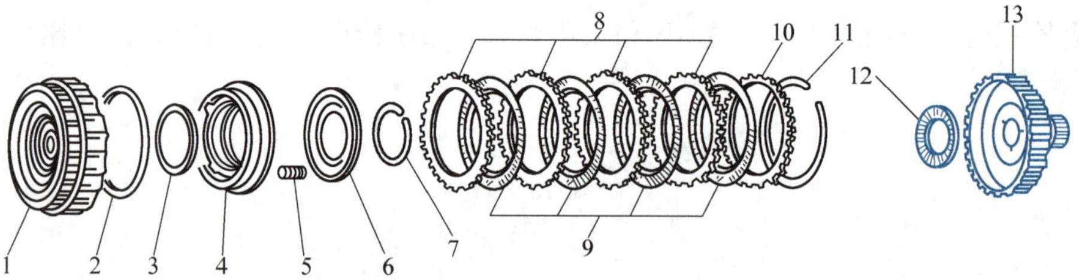

图3-87 离合器

1—离合器鼓 2、3—密封圈 4—离合器活塞 5—回位弹簧 6—弹簧座
7、11—卡环 8—钢片 9—摩擦片 10—挡圈 12—推力轴承 13—离合器毂

离合器鼓和离合器毂分别以一定的方式和变速器输入轴或行星排的某个基本元件相连接，一般离合器鼓为主动件，离合器毂为从动件。当来自控制阀的液压油进入离合器液压缸时，离合器活塞在液压油的压力作用下克服回位弹簧的弹力而移动，将所有的钢片和摩擦片相互压紧在一起，从而使离合器鼓和离合器毂连接成为一个整体，离合器鼓和离合器毂连接的输入轴或行星排的基本元件也因此被连接在一起，此时离合器处于接合状态。

当液压控制系统将作用在离合器液压缸内液压油的压力解除后，离合器活塞在回位弹簧的作用下压回液压缸底部，此时钢片与摩擦片相互分离，离合器鼓与离合器毂可以朝不同的方向或以不同的转速旋转，离合器处于分离状态。离合器钢片和摩擦片之间存在间隙，这一间隙称为离合器自由间隙，其大小可以用挡圈的厚度来调整。一般离合器自由间隙的标准为0.5~2.0mm。离合器自由间隙标准的大小取决于离合器片的片数和工作条件。一般离合器片数越多，该离合器的交替工作越频繁，其自由间隙就越大。

有些离合器在活塞和钢片之间有一个碟形环，它具有一定的弹性，可以减缓离合器接合时的冲击力。

在离合器鼓的液压缸壁面上或离合器活塞上设有一个由钢球组成的单向阀。当液压油进入时，单向阀关闭；当油压解除后，单向阀在高速旋转的离合器离心力作用下离开阀座而处于开启状态，目的是使残留在液压缸内的液压油在离心力作用下从单向阀的阀孔中流出，使离合器分离彻底。

2. 制动器

制动器的作用是固定某个基本元件，使行星齿轮变速器的三个基本元件之一受约束而不能旋转。制动器最常见的形式有两种：带式制动器和片式制动器。

（1）片式制动器的结构与工作原理

片式制动器的结构和离合器的结构基本相同，不同之处是制动器鼓(壳体)是固定的，而离合器鼓(壳体)是可以转动的。制动器钢片外齿与壳体啮合，摩擦片内齿与被固定件啮合。一般制动器鼓是固定在变速器壳体上的，如图3-88所示。

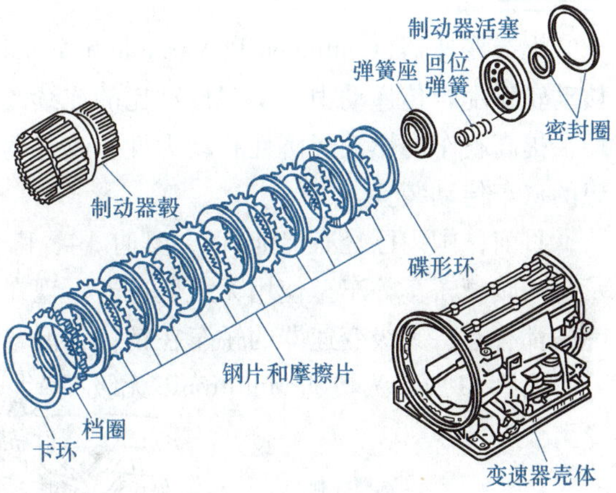

图3-88 片式制动器

片式制动器的工作平顺性较好，被广泛使用。

（2）带式制动器的结构与工作原理

带式制动器如图3-89所示，主要由制动鼓、制动带、液压缸及活塞等组成。制动鼓与行星排某一基本元件连接，并随之一同旋转。制动带一端支撑在调整螺钉上，另一端与活塞推杆连接。制动带内表面为一层摩擦因数较高的摩擦衬片。液压腔分为施压腔和释放腔两部分，分别与各自的控制油道与控制阀相通。当液压油进入施压腔时，活塞在液压的作用下克

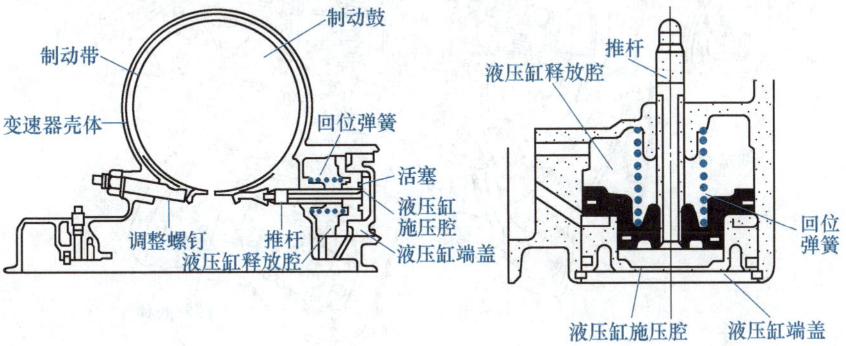

图3-89 带式制动器

服回位弹簧的弹力而前移，通过推杆使制动带抱紧在制动鼓上，起到制动作用。当需要解除制动时，液压油从液压缸释放腔进入，泄压从液压缸施压腔开始，活塞在油压和回位弹簧的作用下迅速回位，制动带释放。这种控制方式可以使控制系统得到简化。当制动带释放时，制动带与制动鼓应有适当的间隙。间隙太大或太小都会影响制动器的正常工作，这一间隙的大小可用制动带调整螺钉来调整。在装配时，一般将螺钉向内拧紧至一定力矩，然后返回规定的圈数(一般为2~3圈)。

带式制动器结构简单、轴向尺寸小、维修方便，但它的工作平顺性较差，故在早期的自动变速器中应用较多。

3. 单向超越离合器

单向超越离合器又称为单向啮合器或自由轮离合器，简称单向离合器。它广泛应用在行星齿轮变速器和综合式液力变矩器中。它在行星齿轮变速器中的作用和离合器、制动器相同，也是用于固定或连接一些基本元件(结构见变矩器)。

资讯五 无级变速器

无级变速器(Continuously Variable Transmission, CVT)采用传动带和工作直径可变的主、从动轮相配合传递动力，实现传动比的连续改变，从而实现传动系统与发动机工况的最佳匹配，提高整车的燃油经济性和动力性，改善驾驶人的操纵方便性和乘员乘坐的舒适性，是理想的汽车传动装置。

目前，国内已经有奥迪A6、奥迪A4、南京菲亚特、派力奥和西耶那、广州本田飞度以及奇瑞旗云轿车等车型使用无级变速器。现在丰田、本田、尼桑、福特、奥迪等著名汽车品牌中都有配备无级变速器的轿车在销售，混合动力汽车应用尤为广泛。

图3-90所示为奥迪Multitronic无级/手动一体变速器，其代号为01J。

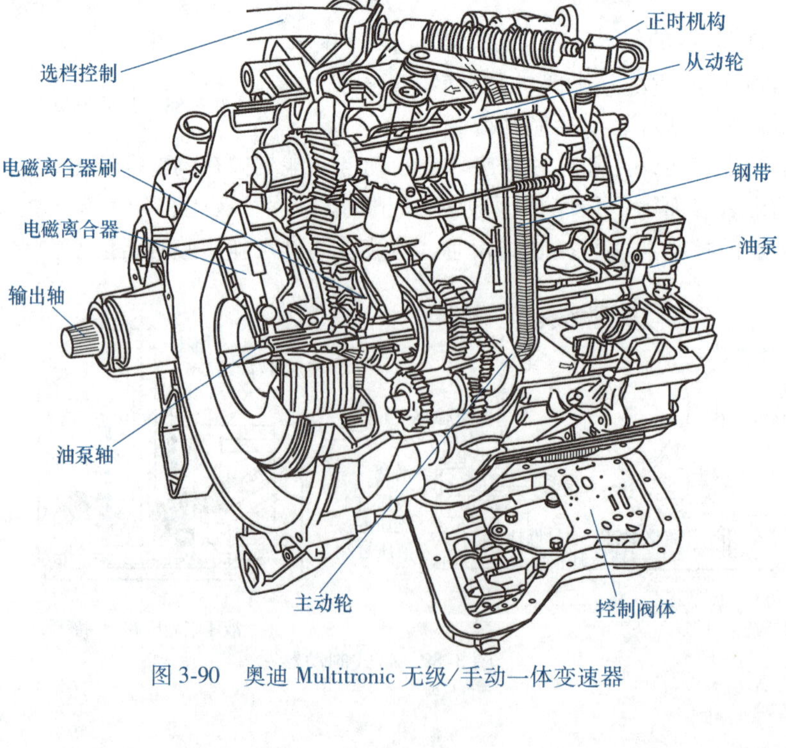

图3-90 奥迪 Multitronic 无级/手动一体变速器

CVT的主要结构与工作原理如图3-91所示。该系统主要包括主动轮组、从动轮组、金属传动带和液压缸等基本部件。主动轮组和从动轮组都由可动盘和固定盘组成，与油缸靠近的一侧带轮可以在轴上滑动，另一侧则固定。可动盘与固定盘都是锥面结构，它们的锥面形成V形槽与V形金属传动带啮合。发动机输出轴输出的动力首先传递到CVT的主动轮，然后通过V带传递到从动轮，最后经减速器、差速器传递给车轮驱动汽车。工作时，通过主动轮与从动轮的可动盘做轴向移动来改变主动轮、从动轮锥面与V带啮合的工作半径，从而改变传动比。可动盘的轴向移动量是由ECU根据需要通过控制系统调节主动轮、从动轮液压缸油压来实现的。由于主动轮和从动轮的工作半径可以实现连续调节，从而实现了无级变速。

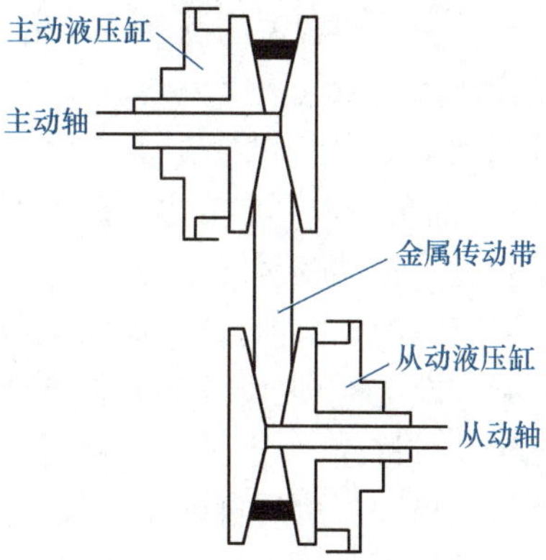

图3-91　CVT的主要结构与工作原理

资讯六　自动变速器故障分析及维修流程

能否高质量地维修自动变速器，关键是能否准确地判断自动变速器故障的原因，而现代汽车的维修主要是更换部件和总成(事实上有些总成也只能够更换,不允许修理)，所以对自动变速器的故障分析就显得非常重要。

对自动变速器的检查就是根据自动变速器的故障现象进行一般的检查和测试，然后依据检测结果分析和判断造成故障的原因和故障部位。下面对自动变速器的一些常见故障和可能的原因进行分析，并对修理工艺流程做一下介绍。

一、自动变速器故障分析

1. 汽车不能行驶

(1) 故障现象　发动机起动后，不论操纵手柄置入何档位，汽车都无法起步，或者汽车能行驶一小段路程，但稍一热车就不能行驶。

(2) 故障原因及排除

1）自动变速器油底壳油面过低。若经检查自动变速器机油尺上没有液压油或油面过低，则应检查油底壳、液压油散热器和油管等处有无破损漏油。如果有，则应修复后再重新加油。

2）操纵手柄和手动阀摇臂的连接调整不当或松脱，使得手动阀不能进入各工作档位。此时，应对操纵手柄和手动阀重新进行调整，再连接好。

3）停车锁止机构有故障，使车辆被锁止难以驱动。此时，应检查自动变速器锁止机构是否失效，如果失效，则应更换或予以调整，或找出原因予以修复。

4）自动变速器液压控制系统主油路油压过低。此时，应检查油泵进油滤网是否堵塞、油泵是否损坏、阀板垫片是否损坏造成主油路泄漏、有关的阀体有无卡滞等。

5）自动变速器的变矩器、输入轴、行星排或输出轴损坏。此时，应拆检自动变速器。

2. 自动变速器打滑

(1) 故障现象　发动机转速很高但车速缓慢，或平路行驶正常但爬坡却无力，并且发动机转速很高。

(2) 故障原因及排除

1）自动变速器液压油面太低或太高，或者液压油使用时间过长没有更换。油面过低时，自动变速器相关的制动器、离合器接合无力而打滑；油面过高时，油液易被行星排剧烈搅动而产生大量气泡，也会造成自动变速器的打滑。若油液呈棕色或有烧焦味，则说明离合器或制动器的摩擦片或制动带烧焦，应拆检自动变速器。

2）油泵磨损严重或主油路泄漏，造成油路油压过低。此时，应检测主油路油压，再确定是否拆检自动变速器。

3）单向离合器打滑。此时，应更换单向离合器。

4）离合器、制动器和减振器活塞密封圈损坏，导致漏油。此时，应拆检自动变速器才能确定及维修。

对于出现打滑的自动变速器，要判断是哪一个档位打滑以及哪一个换档执行元件造成的，路试检查是最有效的办法。

① 若自动变速器在所有的前进档都打滑，则是前进离合器打滑。

② 若在一档打滑，而在闭锁L位或1位不打滑，则为一档单向离合器打滑。反之，也可以判断闭锁档是否打滑。

③ 若在二档打滑，而闭锁2位或S位却不打滑，则为二档单向离合器或制动器打滑。反之，也可以判断闭锁2位是否打滑。

④ 若只在三档打滑，则为倒档或高速档离合器打滑。

⑤ 若只在四档打滑，则为超速档制动器打滑。

⑥ 若在R位或高速档时都有打滑现象，则为倒档及高速档离合器打滑。

⑦ 若在R位或一档时都有打滑现象，则为低速档和倒档制动器打滑。

3. 无超速档

（1）故障现象　车速已升至超速工作范围，即使超速档开关置于ON位置，自动变速都不能进入超速档。

（2）故障原因及排除

1）超速档开关有故障。检查超速档开关，开关置于ON位置时，超速档开关的触点应断开，超速指示灯不亮；开关置于OFF位置时，超速指示灯亮起。

2）超速电磁阀有故障。检查超速电磁阀，当超速开关置于ON位置（点火开关打开）时，超速电磁阀应有动作声音。否则，应检查控制线路或更换超速电磁阀。

3）超速制动器打滑，使超速行星排不能进入超速档。如果汽车在驱动轮空转的情况下可以进入超速档，在有负荷的情况下不能进入超速档，则说明控制系统工作正常，而超速制动器打滑。如果能升入超速档，但升档后车速不高，发动机转速下降，则说明超速行星排中的直接离合器或单向离合器卡死，使超速行星排出现档位干涉，加大了发动机的运转阻力。如果在无负荷状态下仍不能升入超速档，则说明控制系统有故障，应拆检阀板，检查三、四档换档阀是否卡死，相关油路有无泄漏、堵塞等。

4）档位开关有故障。档位开关的信号应与操纵手柄的位置相符，如果有异常，则应予以调整。若调整无效，则应更换。

5）液压油温度传感器、发动机冷却液温度传感器、制动开关和模式开关等有故障，都可以使自动变速器不能进入超速档，应当一一检查。如果有异常，则应进行更换。

4. 无倒档

（1）故障现象　汽车在行驶中有前进档，但无倒档。

（2）故障原因及排除

1）操纵手柄的位置异常。当在 R 位时，手动阀不能准确打开倒档油路，此时，应按规定程序重新调整。

2）倒档油路泄漏，造成倒档制动器油压过低而不能工作。若检测为倒档油路油压过低，则应拆检自动变换器予以修复。

3）倒档及高速档离合器或低速档制动器打滑。当自动变速器既无高速档又无倒档时，可判断为倒档及高速档离合器有故障，应拆检自动变速器。当自动变速器在闭锁 1 位不能行驶，在倒档也不能行驶时，可判断为低速档及倒档制动器有故障，也应拆检自动变速器。

5. 无发动机制动

（1）故障现象　当操纵手柄在闭锁档（S、L 或 2、1）位置时，即使发动机转速回到怠速，车速也没有明显的减小，甚至下坡松节气门时，车速反而增大。

（2）故障原因及排除

1）操纵手柄或档位开关的位置不正确，使得自动变速器不能处于闭锁位置行驶。此时，应对操纵手柄或档位开关重新进行调整。

2）低速档及倒档制动器打滑造成汽车没有发动机制动的作用。此时，应拆修自动变速器。

3）自动变速器阀板相关的控制阀被卡滞，使得自动变速不能按闭锁档行驶。此时，应拆检阀板，清洗、抛光控制阀。如果抛光后仍有卡滞，则应更换阀板。

6. 不能强制降档

（1）故障现象　汽车以高速档行驶，当节气门开度突然大于 80%时，自动变速器不能实现强制降档，致使汽车加速无力。

（2）故障原因及排除

1）节气门拉索或节气门位置传感器调整不当。当节气门开度与加速踏板的位置不一致时，或者节气门位置传感器不能正确检测节气门位置时，都会造成自动变速器不能实现强制降档。此时，应检查节气门拉索或节气门位置传感器的安装情况。如果有异常，则应重新进行调整。

2）强制降档柱塞不起作用，不能产生强制降档油压，各换档阀不能强制移动而不能实现强制降档。此时，应拆检阀板，检查强制降档柱塞是否有卡滞，从而进行清洗、抛光。若无法修复，则需要更换阀板总成。

3）检查强制降档开关、强制降档电磁阀及相关线路是否损坏。如果有不当，则应进行维护调整或更换。

7. 液压油易变质

（1）故障现象　液压油使用不久即变质，如油的颜色变深黑、油底壳沉积油泥过多和加油口经常冒油烟等。

（2）故障原因与排除

1）让汽车行驶至发动机冷却液温度正常时，观察自动变速器液压油散热器。如果散热器的温度过低，则说明油管堵塞或者通往液压油散热器的调节阀被卡住，导致液压油得不到及时冷却，造成油温过高而变质。此时，应检查相关的油管和阀板，必要时进行更换。相反，如果液压油散热器温度过高（正常温度是 60℃左右），则说明自动变速器离合器或制动器自由间隙太小，应拆卸自动变速器予以检修。

2）如果液压油散热器油温正常，则很大程度是因为油泵磨损严重、主油路漏油造成离合器或制动器打滑，因而造成液压油变质。所以，一方面应检查油泵的磨损情况，另一方面应检测主油路油压是否正常，以确定是否拆检阀板。

3）查询该车是否有经常超负荷行驶的情况，以及所加用的变速器液压油的牌号是否符合规定要求。

二、汽车自动变速器维修流程

汽车自动变速器维修流程是一个总的规范要求，它包括故障基本检查、故障诊断、检修作业、质量检验和技术规范要求等内容。这些基本作业和规则适用于所有类型自动变速器的维修，见表 3-2。

表 3-2 汽车自动变速器维修工艺流程

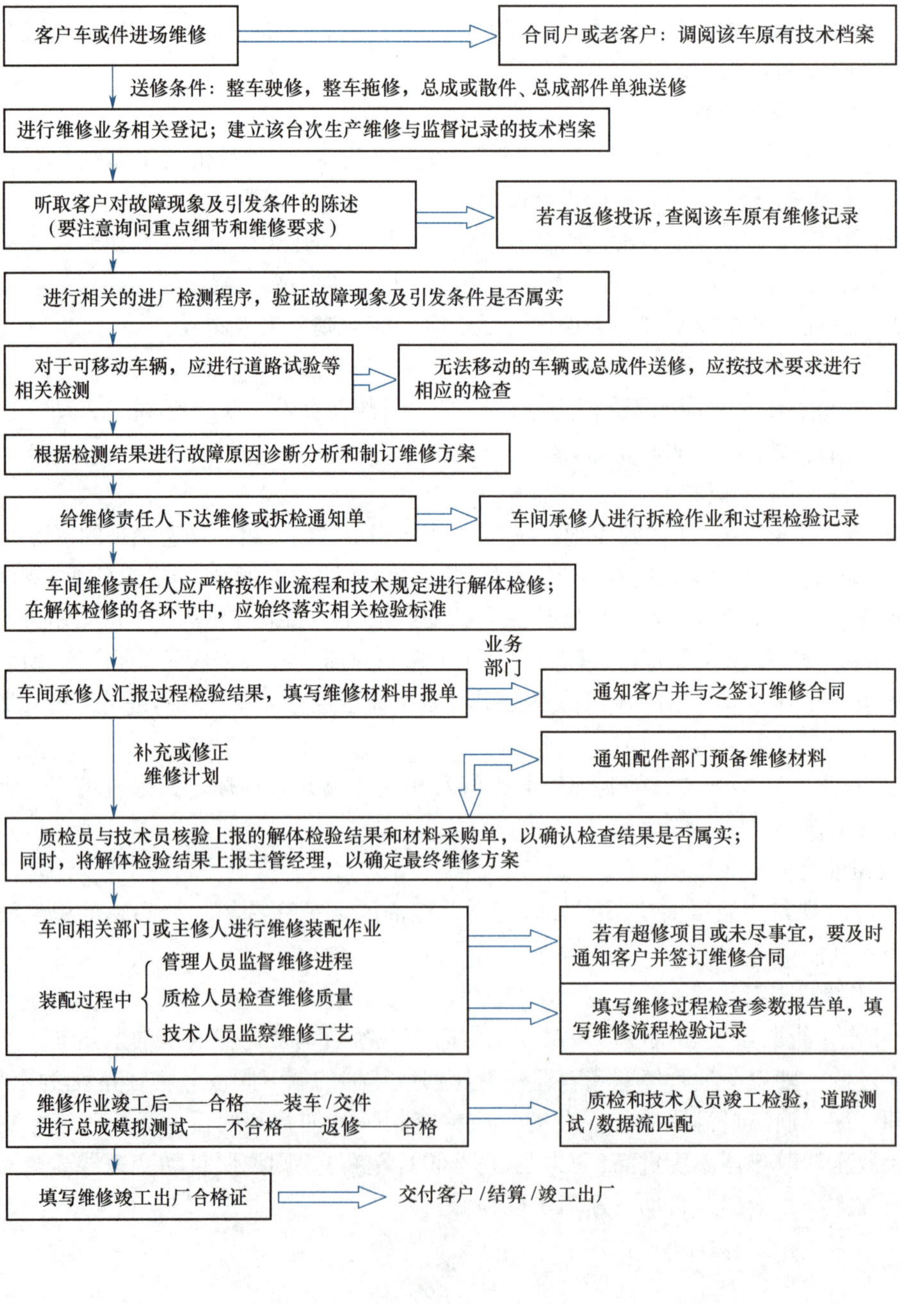

单元训练一　自动变速器的一般检查与调整

一、训练内容

1）发动机怠速的检查。

2）液压油品质和油面高度的检查。

3）操纵手柄位置和节气门拉索的检查。

二、训练目标

1）了解典型轿车自动变速器的一般检查及调整方法。

2）掌握典型自动变速器的一般检查操作步骤。

三、工具与设备

1）常用工、量具。

2）LS400 型轿车两辆。

四、训练流程

（一）发动机怠速的检查

若发动机怠速过高，则汽车在操纵手柄挂入前进档或倒档时会出现换档冲击等故障；若怠速过低，则在挂档或汽车行驶过程中松加速踏板时容易造成发动机熄火。因此，怠速过高或过低均应予以调整。检查怠速时，应将自动变速器操纵手柄置于 P 位（停车档）或 N 位（空档）。一般装有自动变速器的汽车发动机怠速范围为 650~750r/min。

（二）液压油品质和油面高度的检查

（1）自动变速器液压油品质的检查方法　将油尺上的液压油滴在干净的白纸上，检查液压油的颜色及气味。正常液压油的颜色一般为粉红色，且无异味。如果油液呈棕色或有焦味，说明已变质，则应立即换油。若液压油只有轻微变质或产生轻微焦味，则说明自动变速器内的摩擦片有少量磨损，可换油后再做进一步的检查。如果换油后能正常工作，无明显故障，则可以继续使用，不必拆修。若液压油有明显变质或产生严重的焦味，则可进一步拆检油底壳。若油底壳有大量摩擦粉末沉淀，则说明自动变速器磨损严重，应立即拆修。

一般进口轿车自动变速器每正常行驶 10~20 万 km，必须换油一次。此外，自动变速器每行驶 2 万 km 或 6 个月后，应检查一次液压油的油面高度和液压油的品质。

（2）检查油面高度的方法　将汽车停放在水平地面上，让发动机怠速运转，踩住制动踏板，将操纵手柄挂入各个档位，然后挂回 P 位（停车档），擦净油尺，检查油尺上的油面高度。

油面高度的标准：若自动变速器处于冷态（即冷车刚起动，液压油的温度较低，为室温或低于 25℃），则油面高度应在油尺刻线的下限附近；若自动变速器处于热态（液压油温度已达 70~80℃），则油面高度应在油尺刻线的上限附近。这是因为低温时液压油的黏度较大，运转时有较多的液压油附着在行星轮等零件上，所以油面较低；高温时液压油黏度小，容易流回油底壳，因此油面较高。

若油面高度过低，则应向加油管内加入液压油，直到油面高度符合标准为止。若油面高度过高，则应松下自动变速器油底壳上的放油螺塞进行调整。有些自动变速器是没有放油螺塞的，当需要调整液面高度时，可从加油管往外吸。

在自动变速器调整、加注液压油，并经试车之后，应重新检查液压油的油面高度是否正常，油底壳、油管接头等处有无漏油。

（三）操纵手柄位置和节气门拉索的检查

操纵手柄或节气门拉索安装位置不当或松动会造成自动变速器不能正常工作，因此对自动变速器进行维护、检修作业时，都应对操纵手柄位置和节气门拉索进行检查。

1. 操纵手柄的检查

操纵手柄位置不正确，容易产生错档，某一档位不灵，甚至造成汽车不能行驶。检查拨动操纵手柄是否平顺，相应的档位指示灯是否指示正确。若有不当，则应进行调整。其调整方法如下(见图3-92)：

1）将连接操纵手柄的控制轴柄与自动变速器的手动阀摇臂分开。

2）将操纵手柄、手动阀都置入N位。

3）将控制轴柄与手动阀摇臂连接起来。

4）起动发动机进行试车。

2. 空档起动开关的检查

若发动机在N位或P位以外任何一个档位也能起动，则必须调整空档起动开关。调整时，松开空档起动开关的固定螺栓，将操纵手柄置入N位(见图3-93)，移动空档起动开关，使空档基准线与槽口对齐，然后保持这一位置，拧紧固定螺栓。

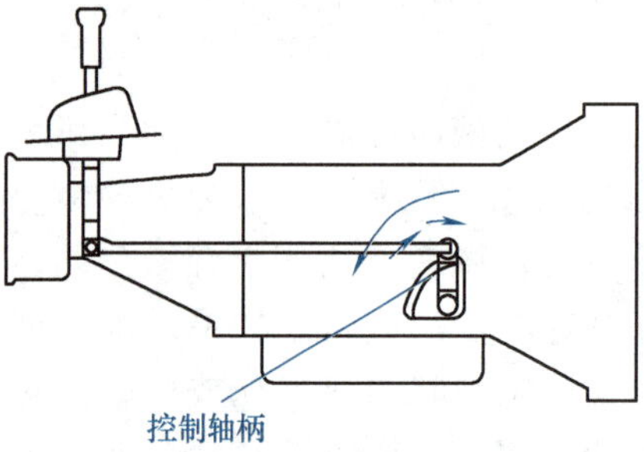

图3-92 操纵手柄

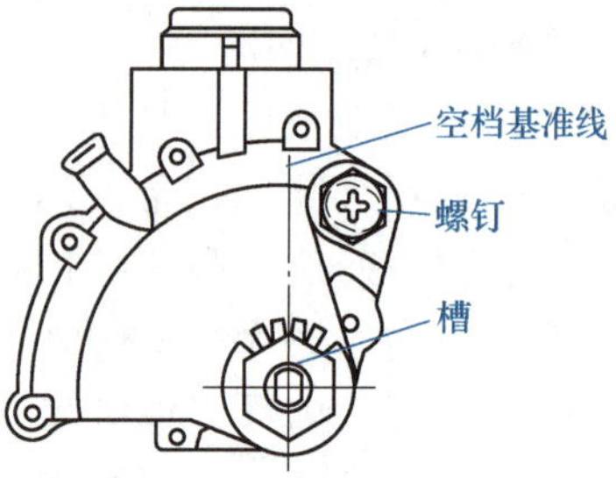

图3-93 调整空档起动开关

也可以拨下空档起动开关的线束插头，在线束插头之间接一万用表，转动空档起动开关至万用表指示导通时，上紧空档起动开关固定螺栓。

3. 节气门拉索的检查

当加速踏板踩到底时，节气门应全开；完全松开加速踏板时，节气门应全闭。否则，就应该进行调整。自动变速器节气门拉索上都有调整记号，即在拉索上嵌有一挡块。调整节气门拉索时，要视节气门拉索的类型而定。若有橡胶防尘罩，则当节气门全开时，橡胶防尘罩末端与调整记号有0~1mm的间隙即可；若未带橡胶防尘罩，则当节气门全闭时，使橡胶防尘罩的末端与拉索上的调整记号的间隙达0~1mm即可(见图3-94)。

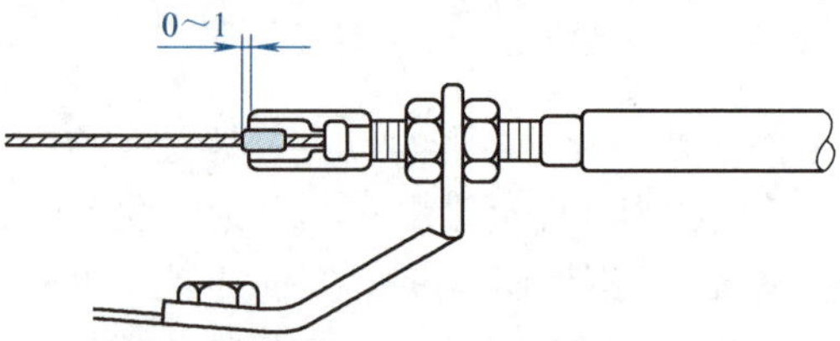

图3-94 节气门拉索的调整

单元训练二 自动变速器性能试验

一、训练内容

1）机械系统的检修。

2）电控系统的检测。

二、训练目标

1）掌握典型轿车自动变速器油压、失速等的试验方法。

2）学会典型轿车自动变速器提取与分析故障码的方法。

三、工具与设备

1）常用工、量具。

2）LS400 型轿车两辆。

四、训练流程

对于有故障的自动变速器，在一般的检查调整不能诊断或排除故障时，应进一步对自动变速器进行性能检验，以确认其故障范围，为分解和修理自动变速器提供依据。在修理完成后，也应做全面的性能检验，以检测自动变速器的各项性能是否符合要求。自动变速器的性能检验包括机械系统的测试和电控系统的检测。

（一）自动变速器机械系统的检修

自动变速器机械系统的测试包括失速试验、时滞试验、油压测试、手动换档试验和道路行驶试验等项目。

1. 失速试验

失速试验是检查发动机和自动变速器中有关的变矩器和换档执行元件的工作是否正常的一种常用方法。

（1）准备工作

1）确认汽车的制动踏板和驻车制动性能良好。

2）确认自动变速器的油面高度正常。

3）汽车摆放在水平地面上，用三角木块塞住前、后轮；也可以将汽车用升降机架起或开到底盘试验台上。

（2）试验步骤(见图 3-95)

1）踩住制动踏板，拉紧驻车制动器。

2）起动发动机，使自动变速器油温达到正常工作温度。

3）踩住制动踏板，将操纵手柄置于 D 位，右脚将加速踏板踩到底，迅速读取此时发动机的最高转速(即失速转速)；立即松开加速踏板，加速踏板从全开回复到全闭不超过 5s，以防止液压油温度急剧升高。

4）空档，让发动机怠速运转 1min 以上方可再在其他档位(R、2、1 或 S、2)做相同的试验。当驱动轮因制动力不足而转动时，应停止失速试验。

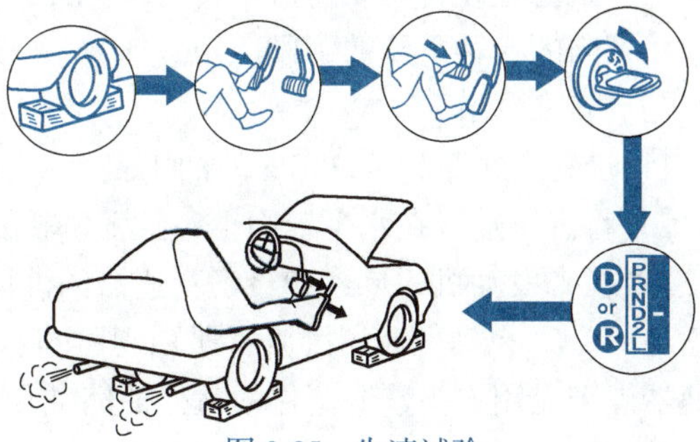

图 3-95 失速试验

（3）性能分析　失速试验时，自动变速器的输入轴、输出轴以及变矩器的涡轮都是静止不动的，只有发动机及变矩器壳体和泵轮在转动。大部分自动变速器的失速转速为2300r/min左右。每种车型的自动变速器都有其失速转速的标准值（查询维修手册），如果失速转速高于标准值，则说明系统油压过低或换档执行元件打滑；若低于标准值，则可能是发动机动力不足或变矩器有故障。

2. 时滞试验

发动机在怠速状态时，将操纵手柄从空档拨至前进档或倒档，自动变速器在完成档位接合时汽车会产生一个轻微的振动，那么从拨动操纵手柄开始到感觉汽车振动为止所需的时间就是时滞时间。时滞试验就是测出自动变速器换档的时滞时间，根据时滞时间的长短来判断自动变速器主油路油压和换档执行元件的工作是否正常。其具体操作步骤如下：

（1）准备工作

1）汽车停放在水平地面上时，让发动机和自动变速器达到正常工作温度后再回到怠速、空档位置。

2）拉紧驻车制动并关掉所有的附属用电设备。

（2）试验步骤（见图3-96）

1）脚踩制动踏板，将操纵手柄从空档（N位）拨至前进档（D位），同时按下秒表，感到汽车振动时再按停秒表。该时间即为N-D时滞时间。

2）间隔1min以后再测，做3次试验，取平均值。

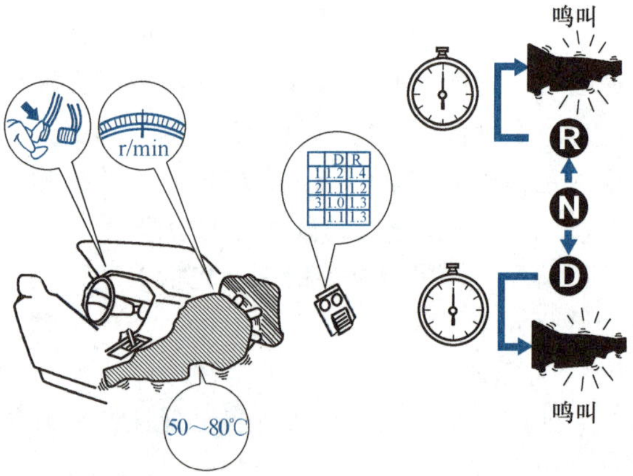

图3-96　时滞试验

3）用同样的方法将操纵手柄由N位拨至R位，测量N-R时滞时间。

（3）性能分析　大部分自动变速器N-D时滞时间小于1.0~2.0s，N-R时滞时间小于1.2~1.5s。若N-D时滞时间过长，则说明主油路油压过低，前进离合器摩擦片磨损或前进单向离合器工作不良；若N-R时滞时间过长，则说明倒档主油路油压过低，倒档离合器或倒档制动器磨损严重或工作不良。

3. 油压试验

油压试验是在自动变速器运转时，对控制系统各个油路中的油压进行测量，是自动变速器故障判断的一种重要的手段。

（1）准备工作

1）准备一个量程为2MPa的油压表。

2）将汽车放置在水平地面上，让发动机及自动变速器达到正常的工作温度。

3）检查发动机的怠速和自动变速器的油面高度，如果不正常，则应予以调整。

4）参考《自动变速器维修手册》，找出自动变速器各个油路测压孔的位置。通常在自动变速器外壳上用方头螺塞堵住的就是油路油压的测压孔。若无维修手册作为参考，则要判断测压孔与哪一个油路相通，可以用下列方法进行判断：

① 用升降器将汽车升起，在发动机运转时松开各测压孔的螺塞。

② 操纵手柄不论位于前进档还是倒档时都有液压油流出的测压孔为主油路测压孔。

③ 只有操纵手柄在前进档时才有液压油流出的测压孔为前进档油路测压孔。

④ 只有操纵手柄在倒档时才有液压油流出的测压孔为倒档油路测压孔。

图 3-97 和图 3-98 所示为常见车型自动变速器测压孔的位置。

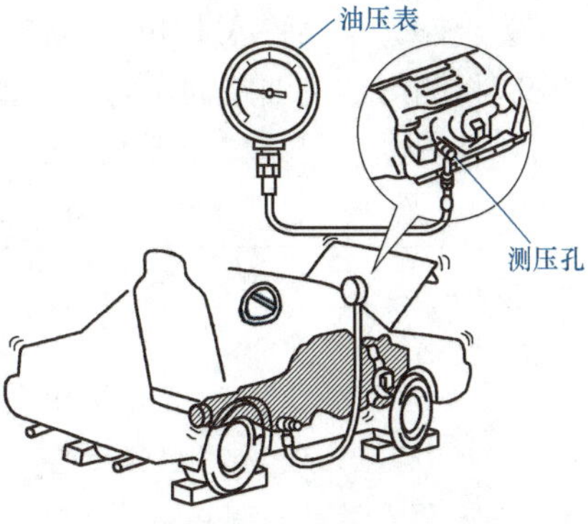

图 3-97　A340E 自动变速器测压孔的位置

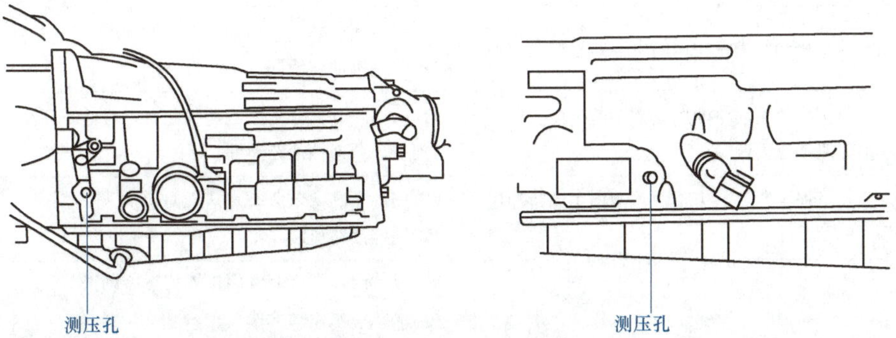

图 3-98　A341E、A342E 自动变速器测压孔的位置

（2）试验内容和步骤

1）测试主油路油压（见图 3-99）。

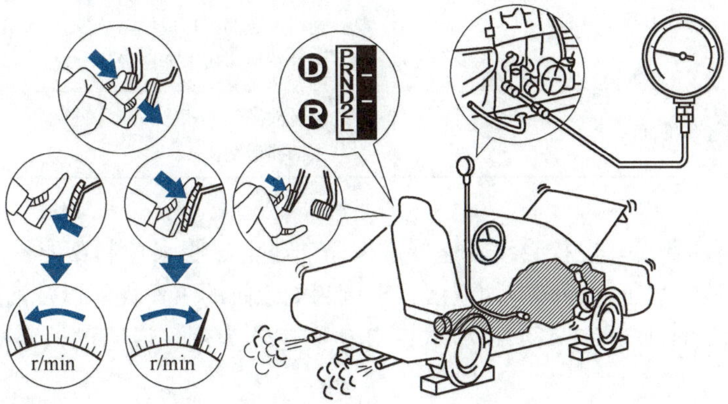

图 3-99　测试主油路油压

① 拆下变速器壳体上的油路压力测试螺塞，装上油压表。

② 用三角木块塞住前、后轮。

③ 拉紧驻车制动器，起动发动机。

④ 将操纵手柄推入 D 位，读出怠速状态下的压力值。

⑤ 将制动踏板踩紧，然后将加速踏板完全踩下，在失速工况下读取油压。

⑥ 将操纵手柄置于空档，让发动机怠速运转 1min 以上。

⑦ 用同样的方法读出其他前进低速档在怠速工况和失速工况下的主油路油压。

⑧ 将操纵手柄置入 R 位，做同样的试验。

⑨ 将测得的主油路油压与标准值进行比较。不同车型自动变速器的主油路油压不完全相同(具体数值参见维修手册)。表 3-3 列出了主油路油压不正常的可能原因。

表 3-3 主油路油压不正常的可能原因

工况	测 试 结 果	故 障 原 因
怠速	所有档位的主油路油压均太低	1）油泵故障 2）主油路调压阀卡死 3）主油路调压阀弹簧太软 4）节气门拉索或节气门位置传感器调整不当 5）节气门阀卡滞 6）主油路泄漏
	前进档和前进低速档的主油路油压均太低	1）前进离合器活塞漏油 2）前进档油路泄漏
	前进档的主油路油压正常，前进低速档的主油路油压太低	1）一档强制离合器或二档强制离合器活塞漏油 2）前进低速档油路泄漏
	前进档主油路油压正常，倒档主油路油压太低	1）倒档及高速档离合器活塞漏油 2）倒档油路泄漏
	所有档位的主油路油压均太高	1）节气门拉索或节气门位置传感器调整不当 2）主油路调压阀卡死 3）节气门阀卡滞 4）主油路调压阀弹簧太硬 5）油压电磁阀损坏或线路故障
失速	稍低于标准油压	1）节气门拉索或节气门位置传感器调整不当 2）油压电磁阀损坏或线路故障 3）主油路调压阀卡死或弹簧太软
	明显低于标准油压	1）油泵故障 2）主油路泄漏

2）蓄能器背压测试。电控自动变速器常采用油压电磁阀来控制蓄能器的背压或主油路油压。可以人为地向油压电磁阀施加电信号来检测电磁阀的工作性能以及油路油压的变化情况。下面以丰田 A341E 型和 A342E 型电控自动变速器为例，说明测试蓄能器背压的方法(见图 3-100)。

① 将油压表接至自动变速器蓄能器的测压孔。

② 找出自动变速器 ECU 线束插头上油压电磁阀控制端的插脚，将一个 8W 灯泡的一脚与油压电磁阀控制端的插脚连接。

③ 将 4 个车轮用三角木块固定，拉紧驻车制动器。

④ 起动发动机。

⑤ 踩住制动踏板，将操纵手柄置于 D 位。

⑥ 记下此时的蓄能器背压，其值应大于 0kPa。丰田 A341E 自动变速器蓄能器背压的标准测量值见表 3-4，背压试验故障分析见表 3-5。

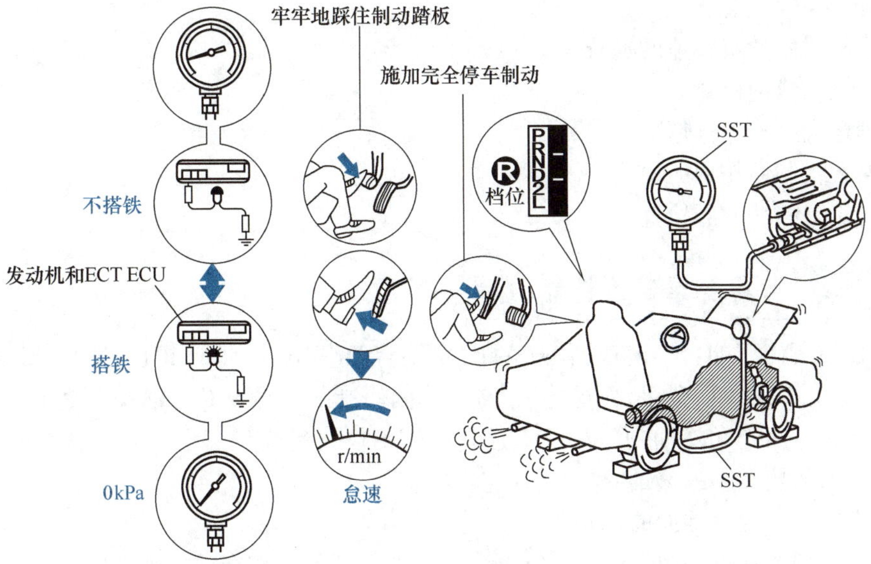

图 3-100 丰田 A341E 型和 A342E 型自动变速器蓄能器背压测试

表 3-4 丰田 A341E 自动变速器的蓄能器背压的标准测量值

档　　位	发动机转速	发动机和 ECT ECU 端子 SLN 的状态	蓄能器背压/kPa
D 位	怠速	不搭铁 搭铁	177～255 0

表 3-5 蓄能器背压试验故障分析

故　　障	可 能 原 因
当端子 SLN 不搭铁时蓄能器背压与规定值不符(高或低)	1）节气门接线失调 2）节气门控制阀故障 3）电磁阀调节故障 4）SLN 电磁阀故障 5）蓄能器控制阀故障
当端子 SLN 搭铁时，蓄能器背压不为 0	SLN 电磁阀故障

⑦ 将 8W 灯泡的另一脚搭铁，此时电磁阀将通电开启，记下此时的蓄能器背压，其值应为 0kPa。

4. 道路行驶试验

道路行驶试验是诊断、分析自动变速器故障的一种重要的方法，也是检验自动变速器综合性能、修理质量的最有效的手段。自动变速器路试的主要内容有检查换档车速、换档质量以及换档执行元件有无打滑等。在路试之前，应让汽车发动机及自动变速器都达到正常的工作温度。在试验过程中，一般都将超速档开关置于 ON(O/D 灯熄灭)，将模式开关置于经济模式或普通模式。其具体内容有(相关试验数据参见维修手册)：

1）升档检查。

2）升档车速检查。

3）升档时发动机转速的检查。

4）换档质量的检查。

5）锁定离合器工作情况的检查。

6）发动机制动作用的检查。

7）强制降档功能的检查。

单元训练三 自动变速器油性能、选用与检查

我国目前所使用的自动变速器油（ATF）主要有DEXRON、DEXRON-Ⅱ、DEXRON-Ⅲ型油（通用生产），ATF -F型的油（福特生产），我国研制的8号及6号油等。汽车的自动变速器油理论上讲也属于润滑油的一种，不过其作用不仅仅是提供润滑，它还参与了动力的传递，以及机械摩擦产生的热量的散失。

一、汽车自动变速器油的作用

自动变速器油的主要用作液力变矩器和液力偶合器的工作介质，因此要求自动变速器油具有多方面的性能：除了作为液力变矩器的工作介质外，还必须满足齿轮机构的抗烧结性能及抗磨性能；作为液压介质，要求油品具有良好的低温流动性；作为离合器传递动力的工作介质，要求油品能适合离合器材质的摩擦特性、功率损失适当、温度不过高，具有较好的清洁分散性。除此之外，为延长油品的使用寿命，还要求油品具有良好的抗氧化安定性、抗泡性、缓蚀性及与橡胶密封件的实用性等。

液力传动油在液力自动变速器中占有重要地位，它兼有多种功能：

1）在液力变矩器中以此传递发动机的动力，是进行能量转换的工作介质。

2）在行星齿轮自动变速器和换档执行元件动作中，是液力自动操纵油路系统实现液压控制的压力用油。

3）对液力自动变速器的行星轮和诸多换档执行元件摩擦副进行强制润滑。

4）把损耗在油液中的热能传递至油冷却器，用发动机散热器的水进行强制冷却，冷却后的工作油液再返回液力自动变速器中，防止产生高温。

5）油液的循环流动带走磨损的铁屑等杂质，经滤清器或磁性螺栓清除、吸附掉。因此，对其用油规格、加油方法、油量和换油里程间隔均应严格遵守规定，认真执行。否则不但容易发生故障，而且影响液力自动变速器的性能发挥和使用寿命。

二、油品的规定

对于自动变速器油的选用，现有产品按中国石油化工总公司企业标准有6号普通液力传动油和8号普通液力传动油两种。目前，国内规定使用的液力传动油见表3-6和表3-7。

表3-6 国内液力传动工作用油

油品名称	使用范围
22号透平油	一般情况使用（规定用油缺货时）
液力传动油	主要作为液力传动的工作介质，无自动操纵系统时，如工程机械、石油钻采机械
8号自动传动油	对于变矩器传动与液压自动换档操纵共用一种油时使用，如汽车液力自动变速器
液力变矩器Ⅰ号油Ⅱ号油	国产内燃机车液力传动用油

表 3-7 各国液力自动变速器规定用油

国 家	油 类
中 国	8 号自动传动油
俄罗斯	锭子油 Ay
美 国	DEXRON 型或 DEXRON-Ⅱ型
日 本	推荐用 DEXRON 型
欧 洲	推荐用 DEXRON—B 型(GMC)；ESW—M2C—33E/F (F ord)
德 国	推荐用 DEXRON-B

另外，鉴于各大汽车生产厂家都规定服务站使用自己指定的专用油，所以，将使用原厂油放在第一位，只有在不能满足条件时，可参考上述表格选择用油。

三、自动变速器油面高度的检查

每台液力自动变速器的加油量都有明确的规定。总的原则是，当把液力自动变速器及换档执行元件各操纵油缸都充满之后，充注在变速器油底壳里的油面高度应低于行星排等变速器中的旋转件的最低位，以免油液在使用中剧烈地搅动产生泡沫。但必须高于阀体与变速器壳体安装的接合面，以免在工作中渗入空气，影响液力自动操纵油路系统各阀件的正常工作。

1. 检查油面高度的方法

1）把汽车停在水平路面上。

2）汽车发动机处于怠速运转状态。

3）轮换地将液力自动变速器的变速杆置于前进、倒车档位并各自停留短时间，以便将油液充满液力变矩器和操纵油缸内腔。

4）从液力自动变速器的加油管中抽出油尺检视。如果油温低，则在室温 15～20℃时，油面高度应在油尺刻线的下限附近(或油尺的“ADD”标记附近)；如果在变速器正常工作温度(如低速行驶 5min 之后,变速器油温已达 80℃时)，则自动变速器油底壳油面高度应达到油尺刻线的上限附近(或油尺的“HOT”标记附近)。

2. 注意事项

1）液力自动变速器在油温不同时油面高度不一样，正确的油面高度如图 3-101 所示。随自动变速器型号的不同，油尺上油面高度两刻线之间的距离值也不相同。

2）当汽车长时间拖载或高速行驶后，应至少停车 30min 后检查油面高度，否则测不到正确的油面高度。

3）在液力变矩器油液出油口的油路中装有单向阀或调压阀兼作单间阀作用(如丰田 A40 型、A43D 等)的自动变速器，当停车一段时间后，也不会出现液力变矩器的油流到变速器的油底壳。如果再检查油面高度，在室温时油面反常地高，则有可能是其他故障引起的，应引起注意。

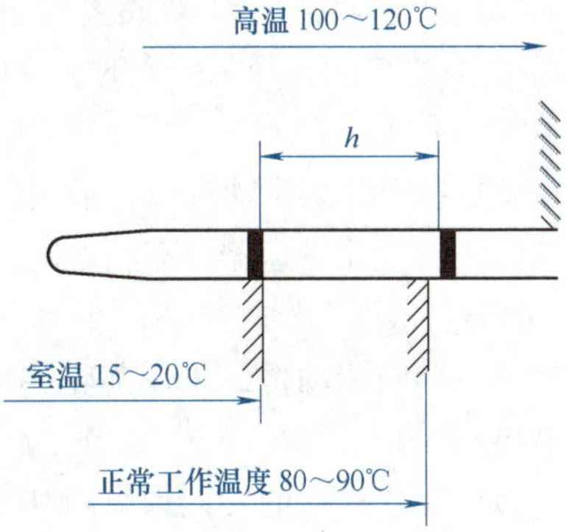

图 3-101 自动变速器油面高度

4）如果未达到油面高度要求，应加油后再检查，直到满足规定要求为止。如果不慎加油过多了，高于规定的油面高度，均不可交付使用。当油面过高时，由于汽车行驶中油被剧烈地搅动，将产生大量泡沫，这对使用是极为不利的。在坡路行驶时，由于变速器油底壳中油的晃动，有时会导致从加油管往外窜油，易引起发动机罩内起火，这是很危险的。

5）一般液力自动变速器都装有放油螺塞，可以很方便地放掉油面过高而多余的油。目前，对于进口的一些高级轿车的液力自动变速器，其油底壳上没有放油螺塞，如美国凯迪拉克轿车上装的 TURBO—HYDRAMATIC 自动变速器少量放油最好从加油管往外吸。

四、定期检查换油

每正常行驶 20000~50000km（即使不行驶，若放置一年以上），也必须将油液全部更换。换油的里程间隔各汽车公司规定不同，应遵照各汽车公司生产的液力自动变速器使用说明书规定执行。例如：GMC 公司规定凯迪拉克轿车用的 TURBO—HYDRAMATIC 自动变速器规定使用 DEXRON 型或 DEXRON-Ⅱ型油，换油里程间隔为 160934km，使用条件恶劣、载荷大时，可缩短为 80467km，这比国内的规定要长得多，如果不是采用进口油，而是国产油，建议还是按国内规定的里程换油为宜。

公共汽车和货车的负荷要比轿车的高，换油间隔相对就短。例如：德国 ZF 6HP 150 自动变速器使用 A 型自动变速器油，换油周期为 250h 或 5000km。

自卸车负荷更大，如 SH380 规定正常行驶 1000km 就应清洗变矩器油的滤清器并换油。

目前有专用自动变速器清洗换油设备，用此设备即可将自动变速器彻底清洗，又可将旧油全部换出。采用油底壳螺塞放油法只能换掉 50%~60%的旧油，其余的油在液力变矩器内无法换出，因此应用专用设备更换变速器油。

单元五 万向传动装置

万向传动装置由万向节和传动轴组成，有的装有中间支承。其功用是能在轴间夹角及相互位置经常发生变化的转轴之间传递动力，如图 3-102 和图 3-103a 所示。

万向传动装置在汽车上的应用主要有以下几个方面：

1）变速器（分动器）与驱动桥之间，如图 3-103a、b 所示。

2）变速器与分动器或离合器与变速器之间分开布置时，如图 3-103b、c 所示。

3）在断开式驱动桥中，采用独立悬架，在靠近主减速器与车轮之间，如图 3-103d 所示。

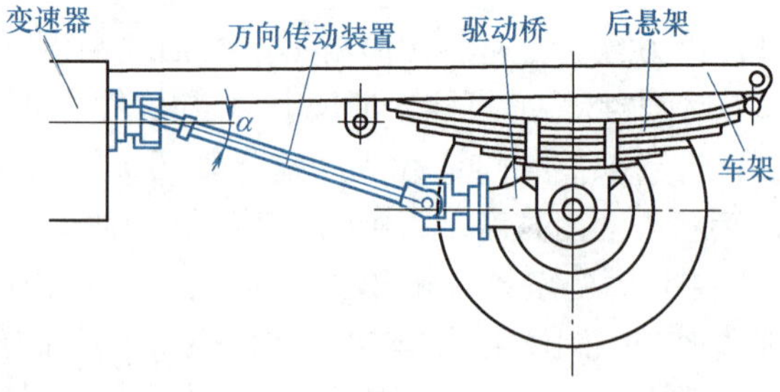

图 3-102 变速器与驱动桥之间的万向传动装置

4）转向驱动桥，采用前轮驱动的非独立悬架，必须在转向轮附近装一个万向节，如图 3-103e 所示。

5）有些汽车的转向操纵机构受整体布置的限制，转向盘轴线和转向器输入轴轴线不能重合，因此转向操纵机构中也常采用万向传动装置，如图 3-103f 所示。

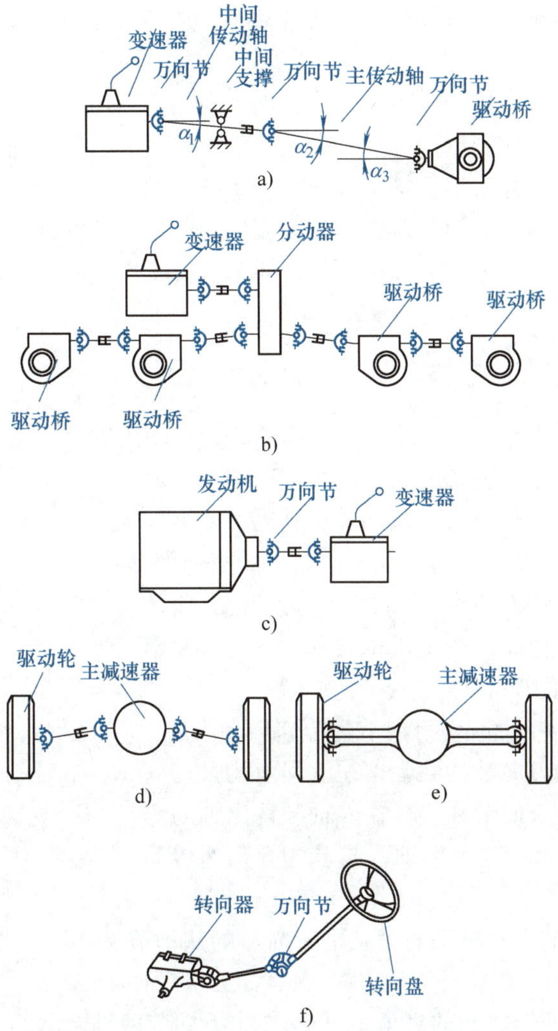

图 3-103　万向传动装置在汽车上的应用

资讯一　普通万向节

万向节分为刚性万向节和挠性万向节。前者是靠刚性铰链式连接来传递动力；而后者是靠弹性零件来传递动力的，因而具有一定的缓冲减振作用。汽车上普遍采用刚性万向节，它又分为普通万向节（十字轴万向节）、准等速万向节和等速万向节。

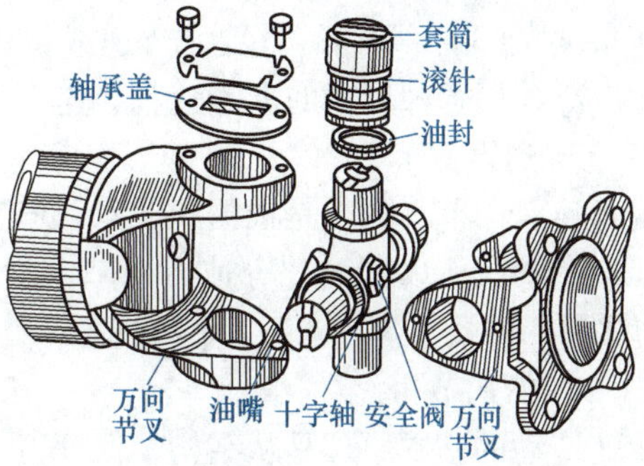

图 3-104　解放 CA1092 型汽车十字轴刚性万向节

一、十字轴刚性万向节的构造

目前，普通十字轴刚性万向节允许相连两轴的最大夹角在 15°~20°范围内，是汽车传动系统上用得最多的一种。

图 3-104 所示为解放 CA1092 型汽车十字轴刚性万向节。两万向节叉上的孔分

别套在十字轴的两对轴颈上，这样当主动叉转动时，从动叉即随之转动，同时又绕十字轴中心在任意方向摆动。

为减少摩擦损失，提高传动效率，并防止轴承在离心力作用下从万向节叉中脱出，在十字轴轴颈和万向节叉孔之间装有滚针和套筒组成的滚针轴承，然后用螺钉和轴承盖将套筒固定在万向节叉上，并用锁片将螺钉锁紧。通常，十字轴做成中空的，并有油路通向轴颈，润滑油从油嘴注入十字轴内腔。为了避免润滑油流出及灰尘进入轴承，在十字轴的轴颈上还装有油封。为防止滚针轴承在离心力作用下从万向节叉内脱出，轴承轴向定位方式还有内、外挡圈固定式。

二、十字轴刚性万向节的特点

1. 单十字轴刚性万向节

十字轴万向节结构简单，工作可靠。但在输入轴、输出轴有夹角的情况下，其两轴的角速度不相等，且角速度差值随轴间夹角的增大而增大。虽然在传递动力时，主动轴转一圈，从动轴也转动一圈。但是，从动轴在一圈内，其角速度有时大于主动轴的角速度，有时又小于主动轴的角速度，即“传动的不等速性”，将使从动轴及与其相连的传动部件产生扭转振动，从而产生附加交变载荷，加剧零件的损坏。

2. 双十字轴和三十字轴刚性万向节的等速传动条件

为了避免单十字轴万向节的缺陷，在汽车上均采用双十字轴或多十字轴刚性万向节来实现输入轴与输出轴的等速传动，如图3-105所示。双十字轴万向节的等角速传动的条件是：

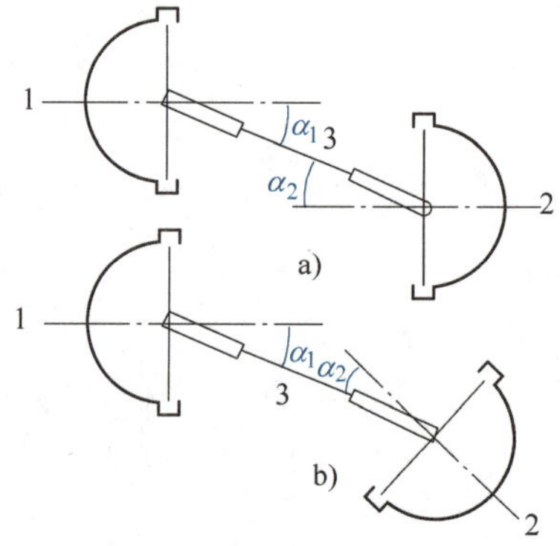

图3-105 双万向节等速传动排列方式
a）平行排列 b）等腰三角形排列

1）第一个万向节的主动节叉与第二个万向节的从动节叉在同一平面内，即传动轴上的两个节叉在同一平面内。

2）第一个万向节两轴之间的夹角 α_1 与第二个万向节两轴之间的夹角 α_2 相等。

第一个条件可以通过正确装配传动轴与万向节予以保证，而后一个条件则通过设计来保证，但只有在驱动桥引用非独立悬架时才能实现。

资讯二 准等速和等速万向节

在转向驱动桥和独立悬架的驱动桥中，由于在布置上受轴向尺寸的限制，而且转向轮要求偏转角度大(30°~40°)，并要求等速或接近等速传动，刚性十字轴双万向节传动已难以适应，故广泛采用各种形式的准等速和等速万向节。

1. 准等速万向节

准等速万向节实际上是根据上述双万向节实现等速传动的原理设计而成的，只能近似地实现等速传动，所以称为准等速万向节。常见的准等速万向节有三销式、双联式和凸块式等，如图3-106所示。

2. 等速万向节

等速传动的基本原理是从结构上保证万向节在工作过程中，传力点始终位于两轴交角的平分面上，这一原理可以用一对大小相等的锥齿轮传动原理来说明，如图3-107所示。两齿轮

传动轴功能

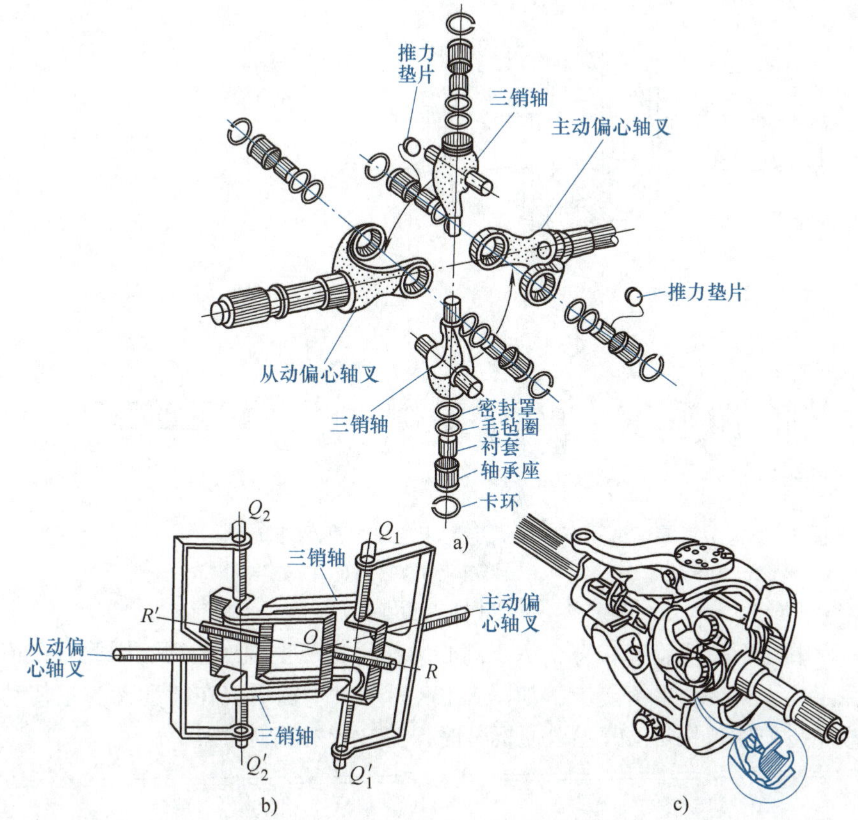

图 3-106　三销式准等速万向节

a）零件形状　b）装配示意图　c）装配图

夹角为 α，两齿轮啮合点 P 位于夹角的平分面上，由于 P 点到两轴的距离都等于 r，故在 P 点处两齿轮的圆周速度相等，因此两个齿轮的角速度也相等。与此相似，若万向节的传力点在其交角变化时始终位于角平分面内，则可使两万向节叉保持等角速度的关系。

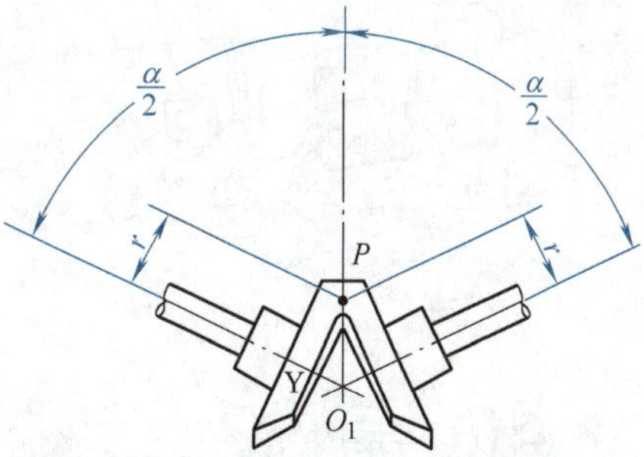

图 3-107　等速万向节的工作原理

球笼式等速万向节（见图 3-108）承载能力强、磨损小、使用寿命长，被广泛应用于前驱动桥和断开式驱动桥的半轴上。

资讯三　传动轴和中间支承

传动轴在万向传动装置中是主要的传力部件。常见的轻、中型货车中，连接变速器（分动器）与驱动桥的传动部件主要由传动轴及其两端焊接的花键轴和万向节叉组成。

在汽车行驶过程中，驱动桥与变速器的相对位置经常发生变化，为避免运动干涉，传动轴一般制成两段并由滑动花键连接，具有内花键的一段称为滑动叉，具有外花键的一段称为花键轴，这样就可以实现传动轴长度的变化。为减小摩擦，还装有用以加注润滑油的油嘴、油封、堵盖和防尘套。

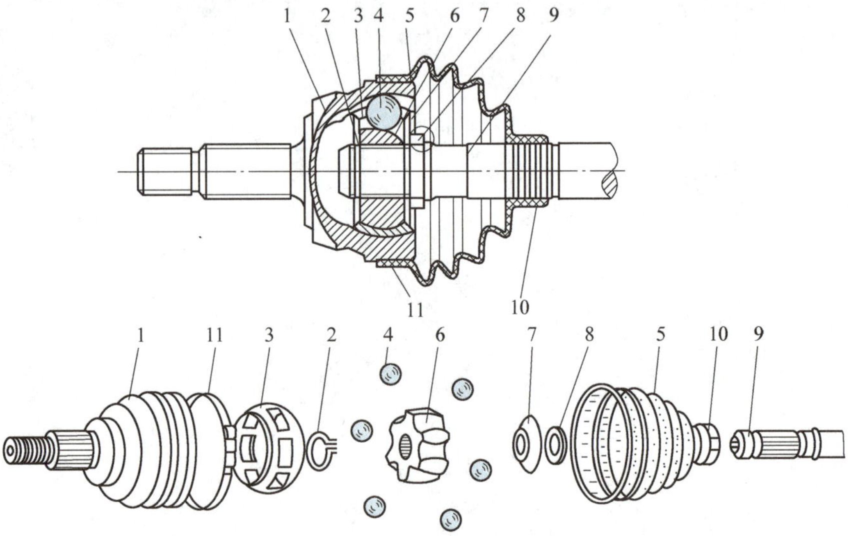

图 3-108 上海桑塔纳轿车前桥固定型球笼式等速万向节

1—球形壳(外滚道) 2—卡环 3—球笼(钢球保持架) 4—钢球
5—防尘罩 6—内球座 7—隔套 8—碟形垫圈 9—中段半轴 10、11—箍带

传动轴在工作过程中处于高速旋转状态，由于离心力作用将产生剧烈振动。因此，在传动轴和万向节装配后，必须满足动平衡要求，如图 3-109 所示。平衡后，在滑动叉与主传动轴 16 上刻有箭头标记(装配位置标记 21)，以便拆装时保持二者的相对位置。

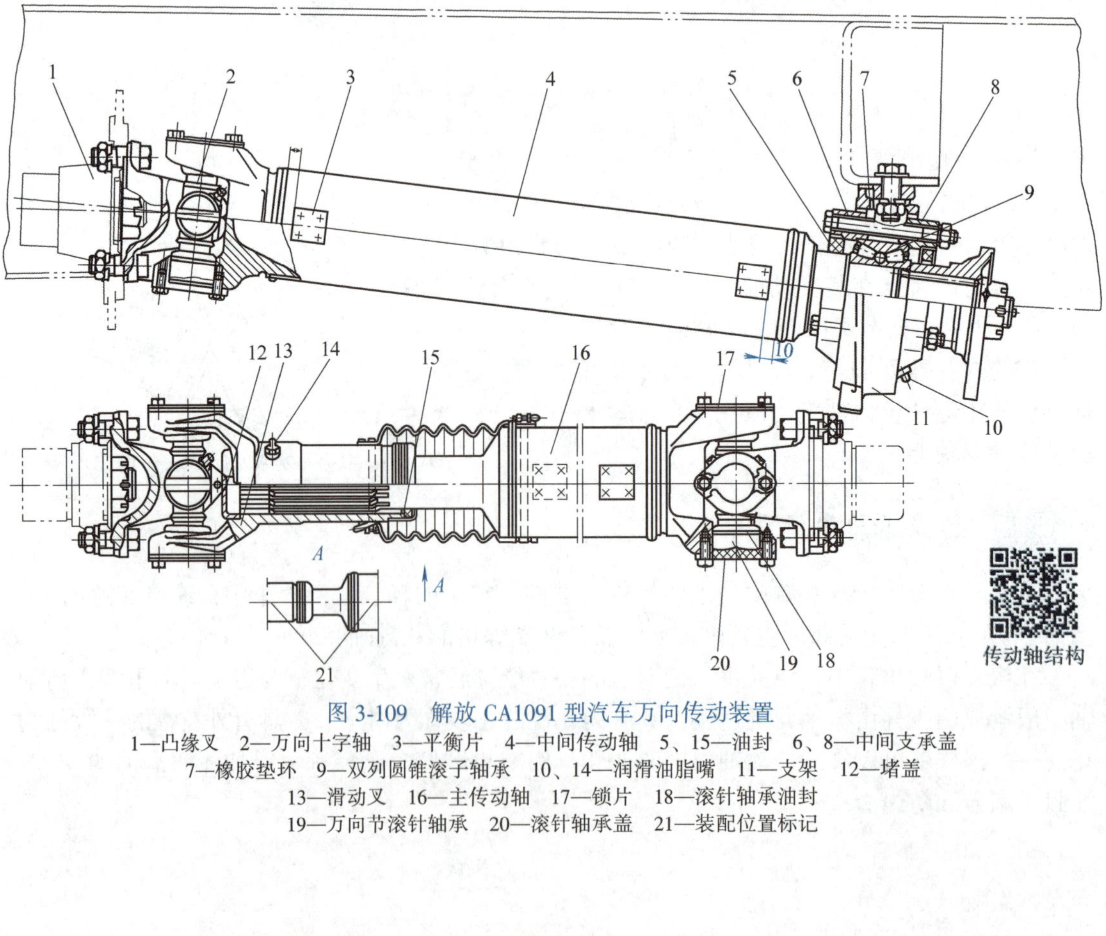

传动轴结构

图 3-109 解放 CA1091 型汽车万向传动装置

1—凸缘叉 2—万向十字轴 3—平衡片 4—中间传动轴 5、15—油封 6、8—中间支承盖
7—橡胶垫环 9—双列圆锥滚子轴承 10、14—润滑油脂嘴 11—支架 12—堵盖
13—滑动叉 16—主传动轴 17—锁片 18—滚针轴承油封
19—万向节滚针轴承 20—滚针轴承盖 21—装配位置标记

传动轴多做成空心的，一般用厚度为 1.50~3.00mm 的薄钢板卷焊而成。超重型货车的传动轴则直接采用无缝钢管，以得到较高的强度和刚度。

传动轴过长时，传动距离远、自振频率降低，易产生共振，故常将其分成两段并加中间支撑，如图 3-109 所示。普通汽车传动轴布置形式及万向节的装配特点如下：

1. 单节式传动轴

普通汽车最简单的传动轴只有一节，其两端用普通万向节分别与变速器和驱动桥连接。装配时传动轴两端万向节叉在同一平面内就可保证满载时实现等速传动。

2. 双节式传动轴

如图 3-109 所示，传动轴分为两段(即中间传动轴 4 和主传动轴 16)，与 3 个万向节组成万向传动装置，其装配方法有两种：

1）某些汽车变速器输出轴与中间传动轴不在一条直线上，当汽车满载时两节传动轴近似在一直线上，中间万向节不起改变角速度的作用，前端万向节从动叉与后端万向节主动叉在同一平面内，即满足等速传动的条件，如图 3-110a 所示。

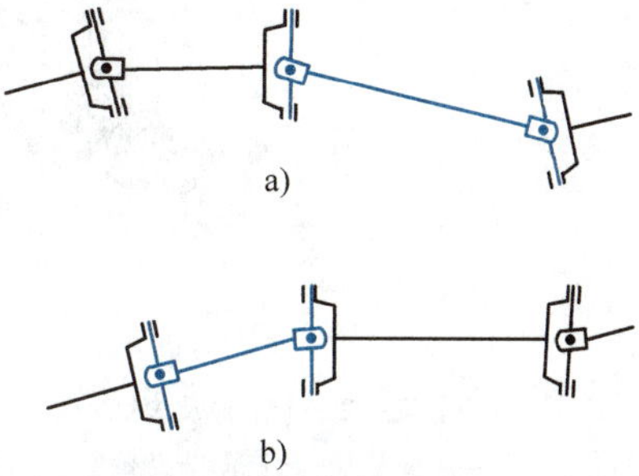

图 3-110　双节式传动轴万向节装配形式

2）有些汽车的中间传动轴与变速器输出轴近似在一条直线上，只要主传动轴满足等速传动条件即可，如图 3-110b 所示。

某些汽车的轴距长，传动轴制成三节，以提高其刚度，前两节为中间传动轴，分别于车架中间设置支承。每节传动轴两端的万向节叉都应分别在同一平面内。

单元训练一　传动轴的拆装

一、训练内容

1）传动轴及万向节的拆装。

2）万向传动装置的构造及主要零件的装配关系。

二、训练目的

1）掌握传动轴及主要部件的拆装要点。

2）熟悉万向传动装置在车上的安装及注意事项。

三、工具与设备

1）常用工具、量具各 1 套。

2）专用工具：台虎钳、铜棒、传动轴托架、卡簧钳。

3）东风 EQ1090E 型汽车传动轴总成。

四、训练流程

以东风 EQ1090E 型汽车后轮驱动传动轴为例进行拆装，如图 3-111 和图 3-112 所示。

1. 由车上拆卸传动轴

1）检查传动轴总成上的装配标记是否齐全。若不齐或不清晰，则应在拆卸时做上标记，如图 3-113 所示。

2）拆下传动轴与主减速器万向节凸缘上的连接螺栓，将后传动轴的后端拆下。

3）拆下后传动轴与中间传动轴的连接螺栓，取下后传动轴总成。

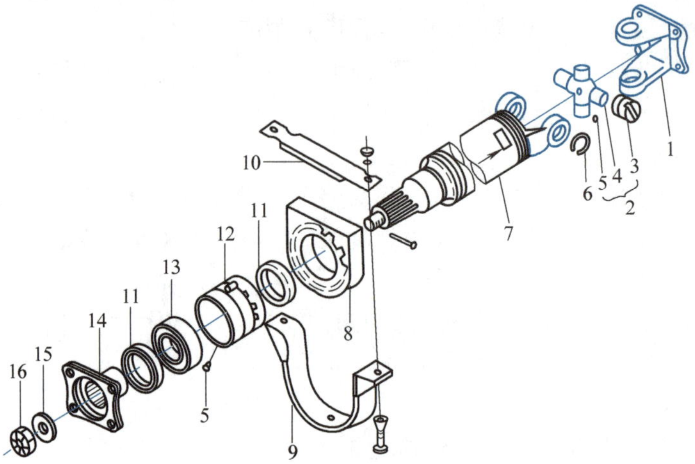

图 3-111 中间传动轴及支承总成(前节)

1—凸缘叉 2—十字轴及滚针轴承总成 3—滚针轴承 4—十字轴 5—润滑脂嘴 6—孔用弹性挡圈 7—中间传动轴(万向节叉轴管、中间花键轴焊接总成) 8—中间支承橡胶垫圈 9—中间支承支架 10—上盖板 11—油封总成 12—轴承座 13—中间支承轴承 14—凸缘 15—垫圈 16—槽形螺母

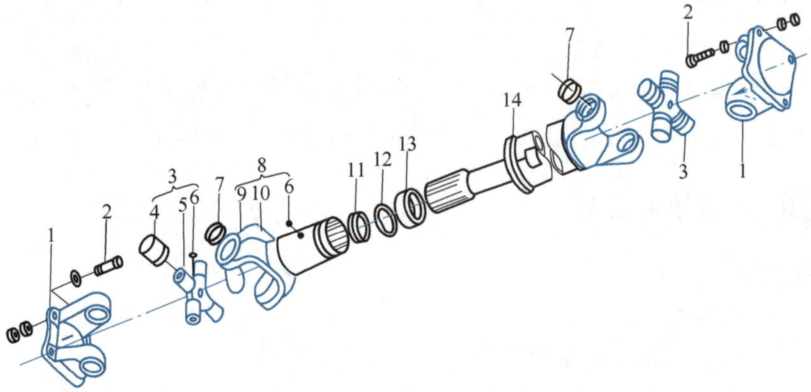

图 3-112 传动轴及套管叉总成(后节)

1—凸缘叉 2—螺栓 3—十字轴及滚针轴承总成 4—滚针轴承总成 5—十字轴 6—润滑油嘴 7—孔用弹性挡圈 8—套管叉总成 9—垫圈 10—套管叉 11—套管叉油封 12—油封垫圈 13—油封盖 14—传动轴总成

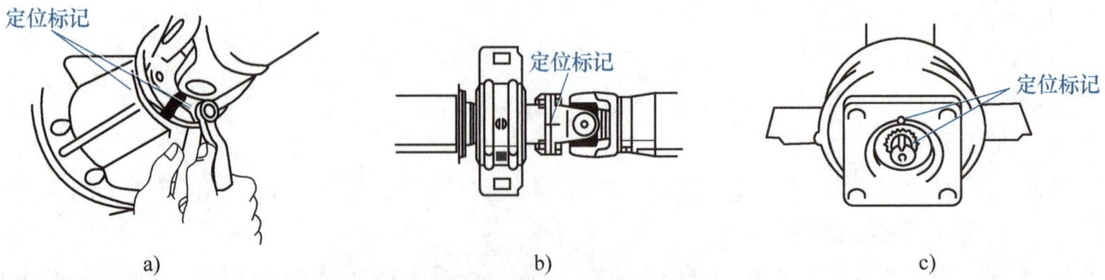

图 3-113 传动轴拆卸前的标记

4）卸下中间支承架与车架横梁上的紧固螺栓。

5）拆下中间轴凸缘叉与变速器二轴凸缘上的连接螺栓，取下中间传动轴。

2. 滑动花键的分解

拆下伸缩套的油封盖，从伸缩套中将花键轴抽出，最后取下油封、油封垫和油封盖。

3. 万向节的分解

1）用卡簧钳将弹性挡圈取出。

2）如图 3-114 所示，用锤子轻敲凸缘的耳根部，将滚针轴承振出，取出十字轴。

4. 中间支承的分解

1）拆下中间支架的固定螺栓。

2）推出中间支架总成的前、后轴承盖和橡胶垫圈。

3）取出前、后油封及轴承。

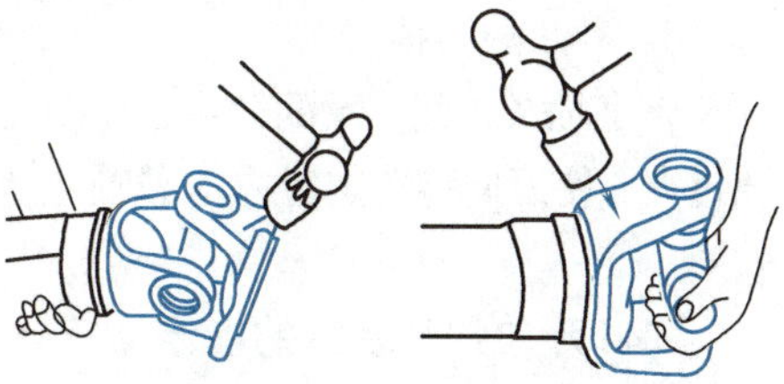

图 3-114　锤击拆卸十字轴

5. 万向节的装复

1）将十字轴插入万向节凸缘的耳孔内。

2）将滚针轴承放入耳孔，并套在十字轴轴颈上。

3）用铜棒轻轻敲击滚针轴承的底面，使轴承到位，装上卡簧。

4）对准标记，将十字轴另一对轴颈装到凸缘中。

5）将滚针轴承套在十字轴轴颈上，敲击到位并装上卡簧。

6. 滑动花键与后传动轴的装复

1）将十字轴总成和凸缘叉与花键套组装成一体。

2）将油封盖、油封垫和油封套装在花键轴上。

3）把花键套和花键轴上的标记对准，将花键轴穿入花键套中。

4）将油封盖、油封垫及油封装合到位，拧紧油封盖。

7. 传动轴装车

1）将中间传动轴穿入中间支承的承孔中，并将凸缘套在中间轴的花键上。装上垫圈，拧紧槽形螺母(紧固力矩不小于 200N · m)。

2）将中间传动轴前端的凸缘固定到驻车制动鼓上，装上弹簧垫和锁紧螺母(紧固力矩为 90~110N · m)。

3）将中间支承连同中间传动轴一起装到车架横梁上(其紧固螺母的紧固力矩为 90~110N · m)。

4）将后传动轴滑动花键一端与中间传动轴的后端相连接(其紧固螺母的紧固力矩为 90~110N · m)。

5）将后传动轴另一端与后桥上的凸缘相连(其紧固螺母的紧固力矩为 90~110N · m)。

单元训练二　万向传动装置的检查与维修

一、万向传动装置技术状况的变化

万向传动装置在使用过程中，润滑条件及工作环境较差，要承受很大的转矩和冲击载荷，会出现各种损伤。

1. 传动轴的弯曲

十字轴式万向节是非等速的，主传动轴传动叉每转动一周，其平面上的附加弯矩将有两次达到峰值，从而产生两次弯曲。平衡块脱落、轴管塑性变形或传动叉的位置误差过大等原因将造成不平衡，产生振动甚至发生共振，易剪断传动轴固定螺栓甚至使传动轴断裂。上述耗损的同时又会使传动轴的共振临界转速降低，产生共振的可能性加大。

2. 万向节叉的扭曲

传动轴管和万向节叉的扭转或焊接时位移过大会使万向节叉相位角误差超限；车架的变形会造成中间支承的位移和万向节夹角误差过大。上述的这些误差都将增加万向节传动的不等速性，同时也影响传动轴的平衡性，将加大冲击载荷，并加速零件的早期磨损等。

3. 零件的磨损

十字轴及中间支承的轴承、滑动叉、花键轴与花键轴套的磨损，将引起配合松旷、传动轴游隙过大，使万向传动装置冲击载荷增大，破坏其平衡性和传递的等速性，降低传动系统的传动效率。

二、万向传动装置的检修

1. 传动轴的检修

传动轴全长的径向圆跳动公差应符合规定的标准。如图 3-115 所示，用 V 形铁将传动轴两端支起，用百分表测量轴管的径向圆跳动。一般轴长小于或等于 600mm 时，径向圆跳动为 0.60mm。万向节叉两轴承孔公共轴线对传动轴轴线的垂直度公差一般为 0.10~0.30mm。如果弯曲变形在 5mm 以内，可进行冷压校正；如果变形严重或有裂纹、凹陷，则应更换。

传动轴花键与滑动叉花键和凸缘键槽的侧隙：轿车不大于 0.15mm，其他车型不大于 0.30mm。检查时，将花键套夹在台虎钳上，把花键轴插入并使部分花键露在外面，然后用百分表的触头抵在花键轴的键齿上，来回转动花键轴，表针的摆差即其配合间隙，如图 3-116所示。装配后应能滑动自如，否则应更换。

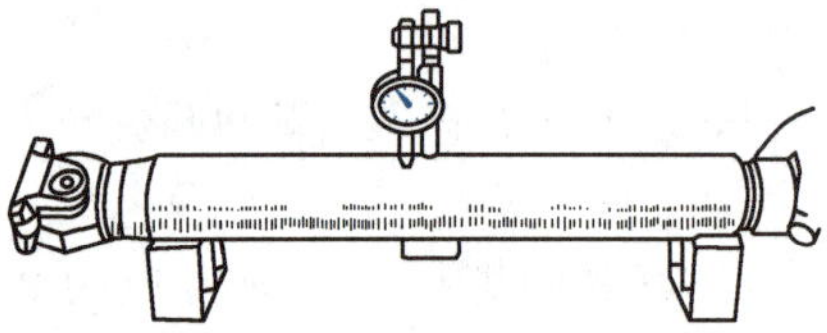

图 3-115 检查传动轴的弯曲度

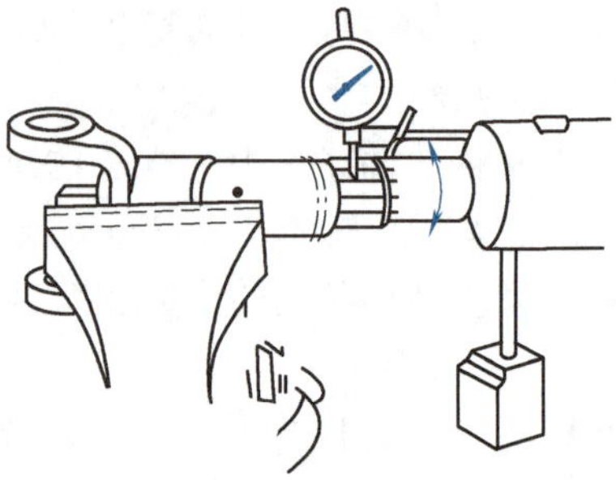

图 3-116 检查传动轴花键套与花键轴的配合间隙

2. 十字轴万向节的检修

万向节叉和轴不得有裂纹，否则应更换；十字轴轴颈表面不得有金属剥落、刻痕和磨损凹痕，槽深不得大于 0.10mm，否则应更换；滚针轴承的油封失效、滚针断裂和轴承内圈有疲劳剥落时，应予以更换。十字轴、万向节轴承及万向节叉装合后的轴向间隙：瓦盖式万向节为 0.10~0.50mm，轿车万向节为 0~0.05mm，其他车型的万向节为 0.02~0.25mm，超限应更换。

传动轴管焊接组合件经修理后，已破坏了原有的动平衡，因此应重新进行动平衡试验。任何一端的动不平衡量：轿车应不大于 10g · cm，其他车型要求符合原厂规定。在传动轴两端允许焊平衡片校正，但每端不得多于 3 片。

三、万向传动装置的装配

万向传动装置装配时，应注意装配位置对其传动等速性的影响。

1. 清洁零件

待装零件应彻底清洗，特别是十字轴的油道、轴颈和滚针轴承，用清洁的煤油清洗后，再用压缩空气吹干。装配时，应避免磕碰，并注意传动轴两端的平衡片是否脱落。

2. 核对零件的装配标记

认真核对十字轴及万向节叉、十字轴及短传动轴和滑动叉及花键轴管等处的装配标记，按原标记装配。在安装滑动叉时，特别要保证传动轴两端万向节叉的轴承孔轴线位于同一平面上(即两端万向节叉在同一平面)，其位置误差应符合原厂规定。螺栓拧紧力矩要符合规定。

3. 十字轴的安装

十字轴上的加油螺孔要朝向传动轴一方，并和花键套上的油嘴同相位，以便注油，以保持传动轴的平衡。

4. 中间支承的安装

将中间支承轴承对正后压入中间传动轴的花键凸缘内时，不允许用锤子敲打轴承，以防止轴承内圈挡边破裂。紧固中间支承的前、后轴盖上的3个紧固螺栓时，应支起后轮，边转动驱动轮边紧固，以便自动找正中心。

5. 加注润滑脂

用油枪加注汽车通用的锂基脂和二硫化钼锂基脂。加注时，既要充分又不可过量，以从油封刃口处或中间支承的气孔看到有少量新润滑脂被挤出为宜。

单元六 驱 动 桥

资讯一 驱动桥的功用与组成

驱动桥的主要功用是将万向传动装置输入的动力降速增矩、改变传动方向以后，分配给左、右驱动轮，且允许左、右驱动轮以不同的转速旋转。

一般汽车整体式驱动桥示意图如图3-117所示，主要由驱动桥壳、主减速器、差速器、半轴和轮毂组成。整个驱动桥通过弹性悬架与车架连接，半轴套管与主减速器壳体是刚性连接成为一个整体，因此，两侧的半轴和驱动轮不可能在横向平面内做相对运动，所以这种驱动桥称为整体式驱动桥。

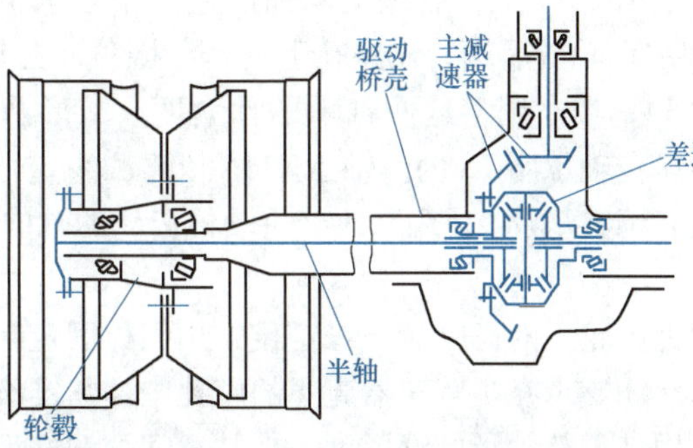

图3-117 一般汽车整体式驱动桥示意图

为了提高汽车行驶的平顺性和通过性，有些轿车和越野汽车采用断开式驱动桥，如图3-118所示。这种驱动桥桥壳的结构是主减速器壳固定在车架或车身上，驱动桥壳制成分段结构与主减速器用铰链方式连接(有的省去半轴处桥壳),而两侧车轮分别用弹性悬架(独立悬架)与车架或车身连接,使左、右两侧车轮可以彼此独立地相对于车架上下运动;两侧半轴也可分段,并用万向节连接传动。

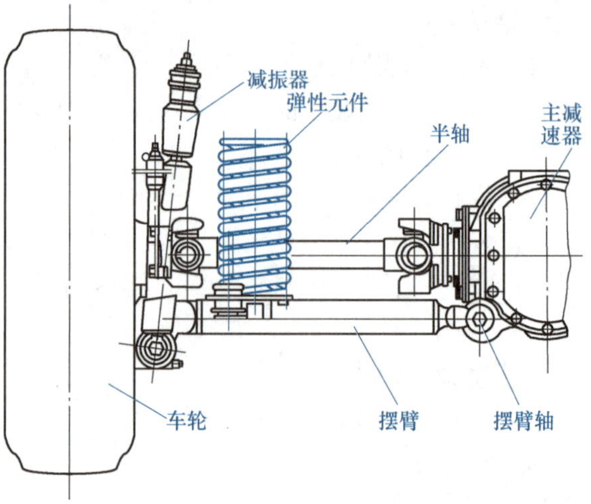

图 3-118 断开式驱动桥

资讯二 主减速器

主减速器的作用是降低传动轴输入的转速、增大转矩,对于发动机纵置的汽车还将改变力矩的传递方向。为了满足不同的使用要求,主减速器结构形式也有所不同。按照减速传动齿轮副数目分,有单级式主减速器和双级式主减速器。后者若将第二级的两对减速器齿轮副分别置于两侧车轮附近,则称为轮边减速器。按照主减速器传动比档数分,有单速式和双速式。前者传动比是固定的;后者有两个传动比供驾驶人选择,以适应不同行驶条件的需要。按照齿轮副的结构形式分,有圆柱齿轮式(又可分为定轴齿轮系统和行星齿轮系统)主减速器和锥齿轮式(又可分为弧齿锥齿轮式和双曲面锥齿轮式)主减速器。

一、单级主减速器

目前,轿车和一般轻、中型货车采用单级主减速器,即可满足汽车的动力传递要求。它具有结构简单、体积小、质量小和传动效率高等优点。在发动机纵向布置的汽车上,由于需要改变动力传递方向(一般为90°),单级主减速器都采用一对螺旋或双曲面锥齿轮传动。现举例说明其结构:

1. 东风 EQ1090E 型汽车单级主减速器及差速器(见图 3-119)

如图 3-119a、b 所示,它由一对准双曲面齿轮组成,主动锥齿轮 18 有 6 个齿,从动锥齿轮 7 有 38 个齿,其传动比 $i=38/6=6.33$。

主动锥齿轮与轴制成一体,为了保证有足够的支承刚度,前端支承在小端对置的两个圆锥滚子轴承 13、17 上,后端支承在圆柱滚子轴承 19 上,形成跨置式支承。圆柱滚子轴承 19 压装在主动轴的后端,靠座孔上的台阶限位。在圆锥滚子轴承 13 和 17 之间有间隔套和调整垫片 14,用来调整这两轴承的预紧度。叉形凸缘 11 用螺母与主动锥齿轮轴固定在一起,并顶压在轴承座 15 内。轴承座 15 依靠凸缘定位,用螺栓固装在主减速器壳 4 的前端,两者之间有调整垫片 9,用来改变主动锥齿轮的轴向位置,从而调整主、从动锥齿轮的啮合印痕。

从动锥齿轮 7 的齿圈靠凸缘定位,用螺栓固定在差速器壳 5 上,而差速器壳则用两个圆锥滚子轴承 3 支承在主减速器壳 4 的座孔中。圆锥滚子轴承 3 的外圈用环形轴承调整螺母 2 定位,并用来调整轴承的预紧度。在轴承间隙调好后,可以通过松左紧右或松右紧左来改变从动齿轮的轴向位置,调整主、从动锥齿轮的啮合间隙。在从动锥齿轮的背面装有支承螺栓 6,以限制从动锥齿轮在受力中过度变形而影响齿轮的正常啮合。装配时,支承螺栓与从动锥齿轮背面之间应留有 0.30~0.50mm 的间隙(即拧紧后退回 1/3~1/5 圈)。

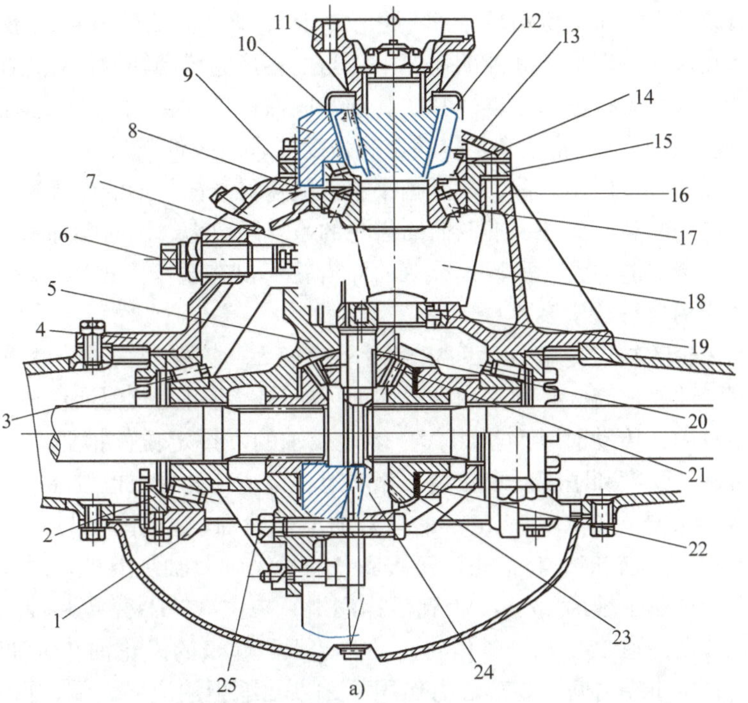

a）

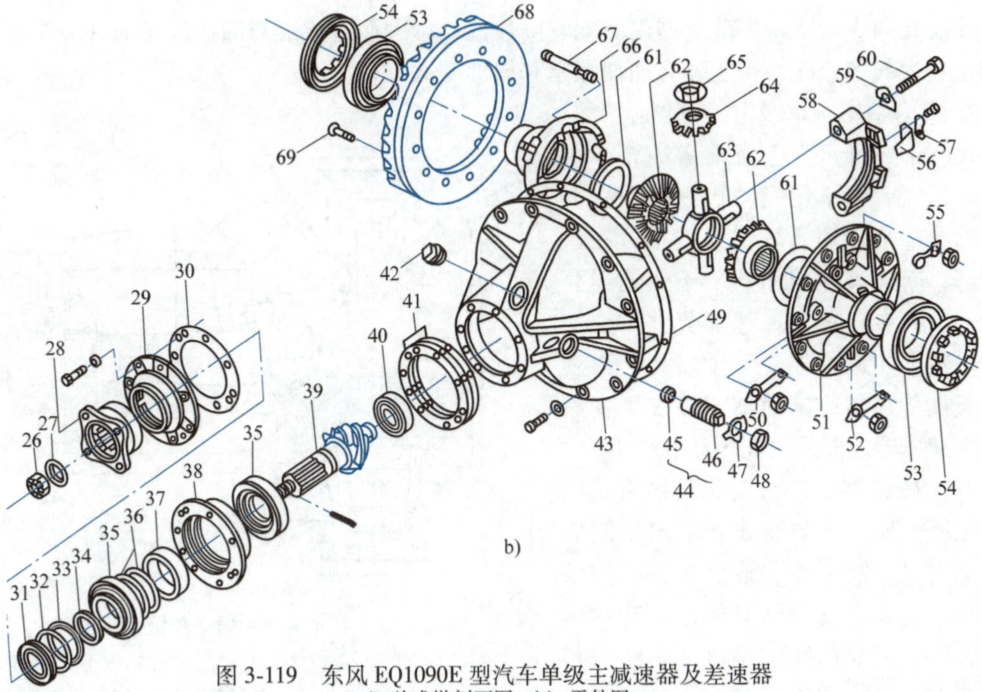

b）

图 3-119 东风 EQ1090E 型汽车单级主减速器及差速器

a）总成纵剖面图 b）零件图

1—差速器轴承盖 2—轴承调整螺母 3、13、17—圆锥滚子轴承 4、43—主减速器壳 5—差速器壳 6—支撑螺栓 7、68—从动锥齿轮 8—进油道 9、14—调整垫片 10—防尘罩 11—叉形凸缘 12—油封 15—轴承座 16—回油道 18、39—主动锥齿轮 19—圆柱滚子轴承 20、65—行星轮球面垫片 21—行星齿轮 22—半轴齿轮推力垫片 23、62—半轴齿轮 24—行星轮轴(十字轴) 25、60—螺栓 26—槽形扁螺母 27、59—垫圈 28—主动锥齿轮叉形凸缘 29—油封座 30—油封座衬垫 31—主动锥齿轮外油封 32—油封导向环 33—主动锥齿轮内油封 34—止推垫圈 35—主动锥齿轮前轴承 36—轴承调整垫片 37—隔套 38—前轴承座 40—主动锥齿轮后轴承 41—主动锥齿轮调整垫片 42、48—螺母 44—从动锥齿轮支承套总成 45—支承套 46—支承螺栓 47—锁片 49—主减速器壳衬垫 50、52、55—锁止垫片 51—差速器左壳 53—差速器轴承 54—调整螺母 56—轴承盖锁片 57—垫片 58—主减速器轴承盖 61—半轴齿轮垫片 63—十字轴 64—行星轮 66—差速器右壳 67—差速器连接螺栓 69—从动锥齿轮连接螺栓准双曲面齿轮的主、从动锥齿轮轴线不相交，使主动锥齿轮轴线可低于(也可高于)从动锥齿轮轴线，在保证一定离地间隙的情况下，与之相连的传动轴的位置也相应降低，从而使汽车质心降低，提高了行驶稳定性。其次，准双曲面齿轮发生根切的最少齿数较少(最少可为5个)，因此，主动锥齿轮在满足传动比和强度要求的条件下尺寸尽可能小一些，相应地从动锥齿轮的尺寸也可以小一些，从而减小了主减速器壳体外形的轮廓尺寸，有利于车身布置和提高最小离地间隙。此外，准双曲面齿轮的啮合系数大，同时参加啮合的齿数多，传动平稳，噪声小，承载能力大。所以，准双曲面齿轮不仅在轿车上得以广泛应用，而且在中、重型汽车上的应用也日益增多。

准双曲面齿轮的缺点是啮合面间相对滑动速度大，接触压力大，摩擦面的油膜易被破坏，因而对润滑油要求高，必须采用准双曲面齿轮油，不可用其他油代替。另外，准双曲面齿轮的螺旋角较大，传动时轴向推力大，易造成轴的支撑定位件损坏而引起轴向窜动，因此，对这些机件的强度和刚度要求较高，相应地，调整精度要求也较高。

在主减速器壳体内存储有一定量的准双曲面齿轮油(油面高度与壳上检查孔的位置相同)，当从动锥齿轮旋转时，将齿轮油飞溅到各齿轮、轴及轴承上进行润滑。为了保证主动轴前端的两个圆锥滚子轴承13、17得到可靠润滑，在主减速器壳4和轴承座15上制有孔，形成进油道8和回油道16。从动锥齿轮转动时，飞溅起来的齿轮油从进油道8经轴承座15上的孔进入两轴承小端之间，在离心力作用下，自轴承小端流向大端，再经回油道16流回主减速器壳内。为防止主减速器内温度升高使气压增大而造成准双曲面齿轮油外溢，在主减速器上有通气塞。此外，还装有加油螺塞和放油螺塞。

2. 桑塔纳轿车单级主减速器

图3-120所示为上海桑塔纳轿车单级主减速器。因采用发动机纵向前置前轮驱动，整个传动系统都集中布置在汽车前部，因此其主减速器装于变速器壳体内，没有专门的主减速器壳体。变速器输出轴即主减速器主动轴，动力由变速器直接传递给主减速器，省去了变速器到主减速器之间的万向传动装置。

其主减速器由一对双曲面锥齿轮组成。主动锥齿轮4与变速器输出轴制成一体，用双列圆锥滚子轴承6和圆柱滚子轴承8支承在变速器壳体内。环状的从动锥齿轮9靠凸缘定位，并用螺钉与差速器壳连接，差速器壳由一对圆锥滚子轴承12支承在变速器壳体上。

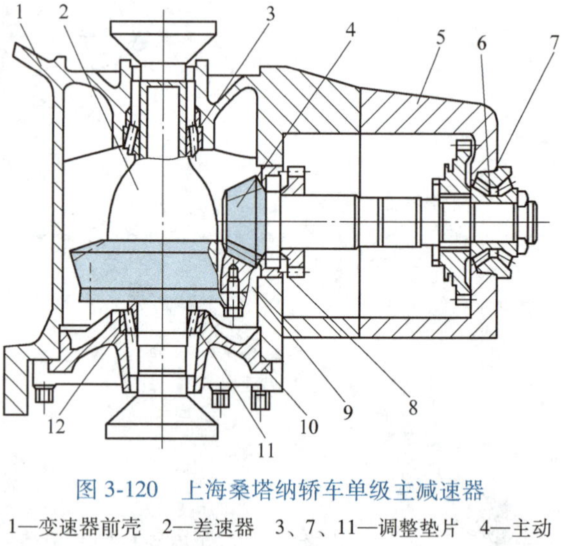

图3-120 上海桑塔纳轿车单级主减速器

1—变速器前壳 2—差速器 3、7、11—调整垫片 4—主动锥齿轮 5—变速器后壳 6—双列圆锥滚子轴承 8—圆柱滚子轴承 9—从动锥齿轮 10—主减速器盖 12—圆锥滚子轴承

主动锥齿轮轴上的轴承的预紧度无须调整。圆锥滚子轴承12的预紧度可通过调整垫片3和11来调整。齿轮啮合的调整通过调整垫片3、7和11进行，即增减垫片厚度使主、从动锥齿轮轴向移动。

若发动机横向前置，由于主减速器主动齿轮轴线与差速器轴线平行，因此，主减速器采用一对斜齿轮传动即可，无须改变动力的传递方向。

二、双级主减速器

对于载货汽车来说，为了获得足够的动力，要求主减速器有较大的传动比，若采用单级主减速器，在主动锥齿轮齿数一定的情况下，从动锥齿轮的直径将随传动比的增大而增大，相应地也使桥壳的轮廓尺寸增大，使后桥的离地间隙减小，导致汽车的通过性降低，所以，有些载货汽车采用双级主减速器，这样不但可以满足传动比的要求，而且又可以解决离地间隙过小的问题。

图 3-121 所示为解放 CA1092 型汽车双级主减速器。第一级为一对弧齿锥齿轮传动，第一级主动锥齿轮 11 有 13 个齿和齿轮轴制成一体，第一级从动锥齿轮 16 有 25 个齿加热后套在中间轴 14 的凸缘上并用铆钉铆紧，传动比为 $i_1 = 25/13 = 1.923$。第二级为一对斜齿圆柱齿轮传动，第二级主动圆柱斜齿轮 5 有 15 个齿与中间轴 14 制成一体，第二级从动圆柱斜齿轮

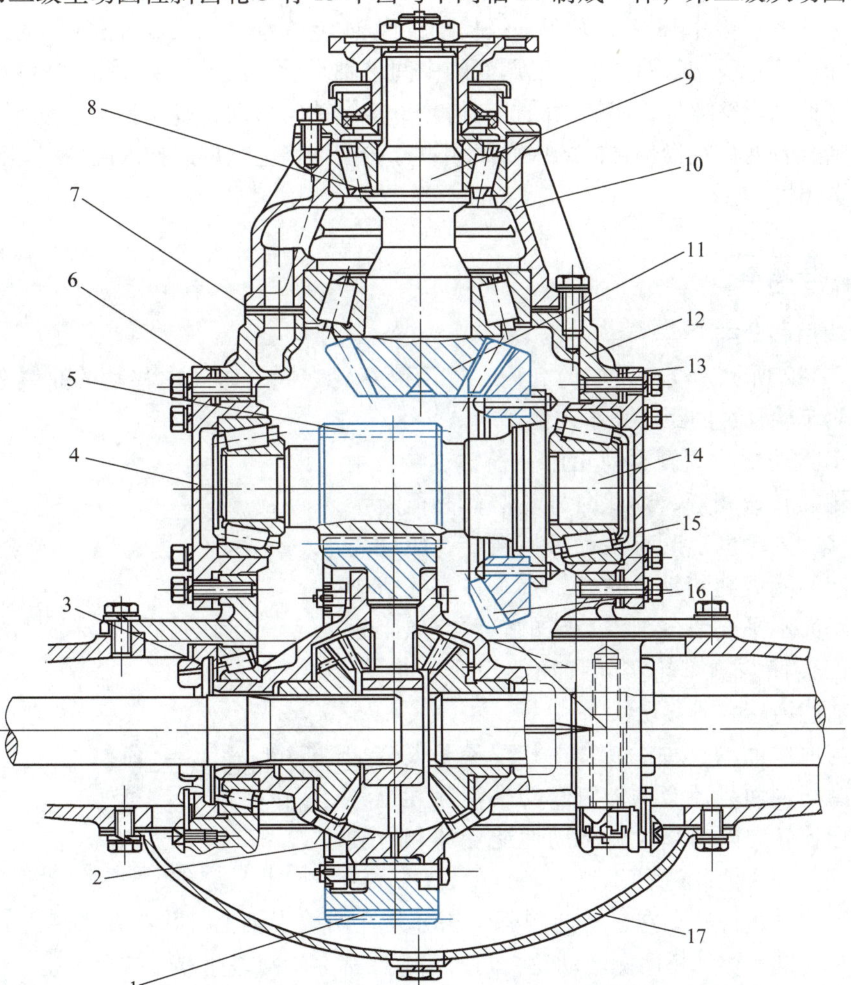

图 3-121 解放 CA1092 型汽车双级主减速器

1—第二级从动圆柱斜齿轮 2—差速器壳 3—调整螺母 4、15—轴承盖
5—第二级主动圆柱斜齿轮 6、7、8、13—调整垫片 9—第一级主动锥齿轮轴 10—轴承座
11—第一级主动锥齿轮 12—主减速器壳 14—中间轴 16—第一级从动锥齿轮 17—后盖

1有46个齿制成齿圈夹在差速器壳之间，用螺栓与差速器壳紧固在一起，传动比 $i_2=46/15=3.066$。总减速比等于两级传动比的乘积，即 $i=i_1i_2=1.923\times3.066=5.896$。另外，还有6.39和7.63两种减速比的减速器可供选择。

工作时，第一级主动锥齿轮11带动中间轴14上的第一级从动锥齿轮16，中间轴14上的第二级主动圆柱斜齿轮5带动差速器上的第二级从动圆柱斜齿轮1，最后由差速器传给半轴。

主动锥齿轮轴承的预紧度可通过增减调整垫片8的厚度来调整，中间轴圆锥滚子轴承的预紧度可通过改变调整垫片6和13的总厚度来调整，支承差速器壳的圆锥滚子轴承的预紧度靠拧动调整螺母3来调整。同样，为了便于齿轮啮合的调整，第一级主动锥齿轮轴9、中间轴14的轴向位置都可略加移动，增加调整垫片7的厚度，第一级主动锥齿轮11则沿轴向离开从动锥齿轮；反之，则靠近。减少左轴承盖4处的调整垫片6，同时将这些卸下来的垫片加到右端的调整垫片13上，则第一级从动锥齿轮16右移；反之，左移(因为两组调整垫片6和13的总厚度不变,不会破坏已调好的中间轴轴承预紧度)。第二级圆柱斜齿轮啮合不可调，但可拧动调整螺母3使从动圆柱斜齿轮1略做轴向移动，以保证与主动圆柱斜齿轮5的全齿宽啮合及两齿轮齿长方向的中心线相重合；一端调整螺母的拧入圈数应等于另一端调整螺母的退出圈数。

资讯三 差速器

一、功用和分类

如图3-122所示，汽车转向时，内、外两侧车轮在同一时间内移动的曲线距离显然不同，即外侧车轮移过的距离大于内侧车轮。

若汽车驱动桥的两侧驱动轮用一根轴连接，由于两侧车轮的转速相等，则此时外轮必然是既有滚动又有滑移，内轮也是既有滚动又有滑转，驱动轮与地面之间不能做纯滚动。同样，汽车在直线行驶时，由于路面不平或诸多因素造成的轮胎有效半径不相等，都会使两侧车轮实际移动的距离不相等，从而产生前述滑转和滑移现象。

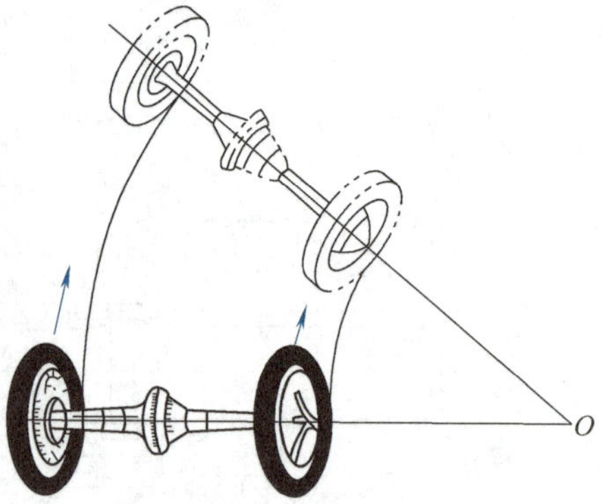

图3-122 汽车转向时驱动轮的运动示意图

车轮与地面间的这种滑转、滑移现象不仅会加速轮胎的磨损，而且还会增加汽车功率消耗和燃料消耗，并导致转向阻力增大、制动性能变坏和行驶稳定性变差。为了消除这种不良现象，保证驱动轮与地面做纯滚动，将汽车左、右两侧驱动轮分装在两根半轴上，并在两半轴之间装有差速器。这种装在同一驱动桥两侧驱动轮之间的差速器称为轮间差速器。综上所述，差速器的功用是将主减速器传来的动力传给左、右两半轴，并在必要时允许左、右半轴以不同的转速运转，以满足两侧驱动轮差速的需要。

对于多轴驱动的汽车，各驱动桥之间也同样存在上述驱动轮相对于地面的滑转和滑移现象。为此，这种汽车在驱动桥之间也装有差速器，称为轴间差速器。无论是轮间差速器还是轴间差速器，按其工作特性均可分为普通齿轮式差速器和防滑差速器两大类。

二、普通齿轮式差速器

普通齿轮式差速器有锥齿轮式和圆柱齿轮式两种，由于前者结构简单、紧凑，工作平稳，因此目前应用最为广泛。

1. 主要构造

如图 3-123 所示，它主要由 4 个行星轮、行星轮轴(十字轴)、两个半轴齿轮和差速器壳等组成。差速器壳分成 1、5 两半，用螺栓固定在一起；主减速器从动齿轮用铆钉或螺栓固定在差速器壳左半部 1 的凸缘上。装合时，行星轮轴(十字轴)8 的 4 个轴颈装在 1、5 两半差速器壳组成的十字形孔中，每个轴颈上松套着一个行星直齿锥齿轮 4，两个半轴齿轮 3 与 4 个行星轮啮合，用其轴颈支撑在差速器壳相应的孔中，其内花键与半轴相连。行星轮的背面大都做成球面与差速器壳的凹球面配合，以保证良好的对中性，使之与半轴齿轮啮合正确。行星轮、半轴齿轮背面与差速器壳相应的摩擦面间装有软钢、青铜或尼龙制成的减摩行星轮球形垫片 7 和半轴齿轮球形垫片 2，磨损后可通过更换垫片来调整齿轮的啮合间隙。

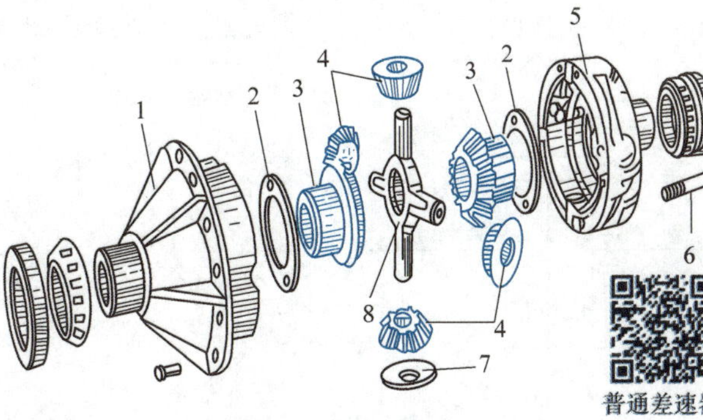

普通差速器

图 3-123 普通行星齿轮差速器零件分解图

1、5—差速器壳 2—半轴齿轮球形垫片 3—半轴齿轮 4—行星直齿锥齿轮 6—螺栓 7—行星轮球形垫片 8—行星轮轴(十字轴)

差速器壳的十字形孔为保证同心度是在左、右半壳装合后加工的。为防止装配中错位，两半壳间有装配位置标记。差速器壳上开有供主减速器壳内润滑油进出的窗孔，在行星轮的齿间钻有小孔，行星轮轴上铣有平面，以确保其与行星轮间良好的润滑；在行星轮球形垫片 7 和半轴齿轮球形垫片 2 上制有许多小凹坑(或铣有螺旋槽)，以储存润滑油润滑背面。

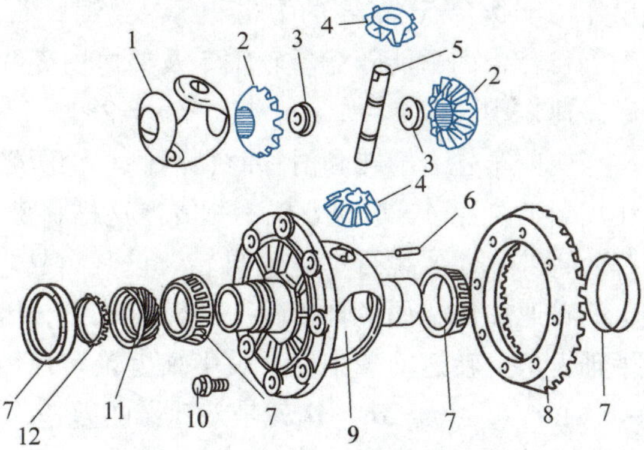

图 3-124 上海桑塔纳轿车差速器

1—复合式止动垫片 2—半轴齿轮 3—螺纹套 4—行星轮 5—行星轮轴 6—止动销 7—圆锥滚子轴承 8—主减速器从动锥齿轮 9—差速器壳 10—螺栓 11—车速表齿轮 12—车速表齿轮锁紧套筒

主减速器传来的动力经从动齿轮传至差速器壳、行星轮轴、行星轮、半轴齿轮，再经左、右两半轴传至驱动轮，根据左、右两驱动轮遇到阻力的情况不同，差速器可使其等速转动或不等速转动。

由于中型以下的轿车传递转矩不大，行星轮多用两个，相应的十字轴为一字轴，而差速器壳做成两边开孔的整体式。如上海桑塔纳轿车差速器便属于这种形式，如图 3-124 所示。差速器壳 9 为一整体框架结构，行星轮轴 5 装入差速器壳后用止动销 6 定位。半轴齿轮 2 和行星轮 4 的背面制成球面，两者背面的止动垫片也制成一个整体，称为复合式推力垫片。螺纹套 3 用来紧固半轴齿轮。

2. 工作原理

（1）差速器的运动特性　如图 3-125 所示，差速器壳 3 与行星轮轴 5 连成一体并由主减速器从动齿轮 6 带动一起转动，是差速器的主动件，设其转速为 n_0；半轴齿轮 1 和 2 为从动件，设其转速分别为 n_1 和 n_2。A、B 两点分别为行星轮 4 与半轴齿轮 1、2 的啮合点，C 点为行星轮 4 的中心，A、B、C 点到差速器旋转轴线的距离相等。

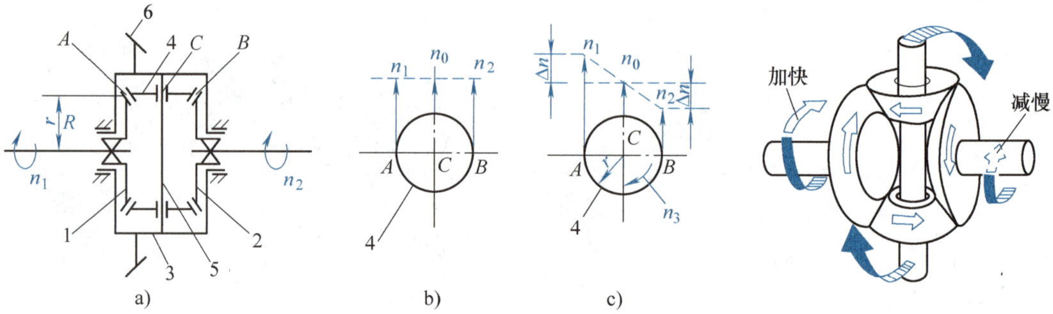

图 3-125　差速器运动原理图

1、2—半轴齿轮　3—差速器壳　4—行星轮　5—行星轮轴　6—主减速器从动齿轮

A、B—齿轮的啮合点　C—行星轮中心　R—半轴齿轮半径　r—行星轮半径

n_1、n_2—左右半轴齿轮转速　n_0—差速器壳转速　n_3—行星轮转速

当汽车在平直路面上直线行驶，两侧车轮所受到的行驶阻力相等时，通过半轴及半轴齿轮反作用于啮合点 A、B 的力也相等。这时，行星轮相当于一个等臂的杠杆保持平衡，即行齿轮不自转，而只能随行星轮轴 5 及差速器壳 3 一起公转，因此，两半轴无转速差，差速器不起差速作用，即 $n_1=n_2=n_0$ 或 $n_1+n_2=2n_0$。

当两侧车轮有滑转和滑移时，两侧车轮所受的行驶阻力不再相等，通过半轴及半轴齿轮反作用于啮合点 A、B 的力也不相等。这样将破坏行星轮的平衡，即行星轮除了随差速器壳一起公转外，还要绕行星轮轴自转。设其自转速度为 n_3，方向如图 3-125c 所示，则半轴齿轮 1 的转速加快，而半轴齿轮 2 的转速减慢，因 $AC=CB$，所以半轴齿轮 1 转速的增加值等于半轴齿轮 2 转速的减小值。设半轴齿轮转速的增、减速值为 Δn，则两半轴的转速分别为 $n_1=n_0+\Delta n$，$n_2=n_0-\Delta n$。这就是差速器的差速作用，即汽车在转弯或其他情况下行驶，两侧车轮有滑转或滑移趋势时，行星轮即发生自转，使两侧车轮以不同的转速在地上滚动，显然此时仍有

$$n_1+n_2=2n_0$$

上式即行星轮差速器的运动特性方程。它表明：差速器无论是否差速，两半轴齿轮转速之和始终等于差速器壳转速的两倍，而与行星轮的自转无关。由此可知：①当任何一侧半轴齿轮的转速为零时，另一侧半轴齿轮的转速为差速器壳转速的两倍；②当差速器壳转速为零时，若一侧半轴齿轮受其外来力矩而转动，则另一侧半轴齿轮即以相同的转速反向转动。

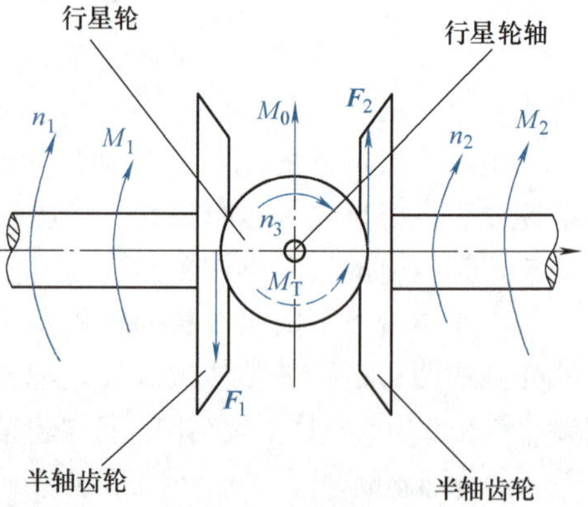

图 3-126　行星轮差速器的转矩分配示意图

（2）差速器的转矩特性　如图 3-126 所示，

设主减速器传至差速器壳的转矩为 M_0，经行星轮轴、行星轮传给两半轴齿轮的转矩分别为 M_1 和 M_2。当行星轮不自转(即 $\Delta n=0$)时，由于 $M_T=0$(M_T 为行星轮自转时其内孔和背面所受的摩擦力矩)，而行星轮相当于一个等臂杠杆，两半轴齿轮的半径又相等，因此，差速器将转矩 M_0 平均分配给左、右两半轴齿轮，即

$$M_1=M_2=\frac{M_0}{2} \text{或} M_1+M_2=M_0$$

当两半轴齿轮以不同转速朝相同方向转动时，假设左半轴齿轮转速 n_1 大于右半轴齿轮转速 n_2，则行星轮将按图 3-126 中实线箭头 n_3 的方向绕行星轮轴自转。行星轮所受的摩擦力矩 M_T 的方向与 n_2 方向相反，如图 3-126 中虚线箭头所示。此摩擦力矩使行星轮对左、右半轴齿轮作用了两个大小相等、方向相反的附加圆周力 $\boldsymbol{F}_1$ 和 $\boldsymbol{F}_2$。$\boldsymbol{F}_1$ 使快转的左半轴的转矩 M_1 减小，而 $\boldsymbol{F}_2$ 使慢转的右半轴的转矩 M_2 增加。因此，当左、右驱动轮存在转速差时，$M_1=M_0/2-M_T/2$，$M_2=M_0/2+M_T/2$。

正常水平直线行驶时，通常 M_T 很小，可略去不计，故仍可得

$$M_1=M_2=\frac{M_0}{2}$$

可见，无论差速器是否差速，行星轮差速器都具有转矩等量分配的特性，而差速不差转矩。这种特性对于汽车在良好路面上直线或转弯行驶时是完全可以满足的，而当汽车在坏路面行驶时，却严重影响其通过能力。例如：汽车的一侧驱动轮行驶在泥泞或冰雪路面，而另一侧驱动轮在良好路面上，由于在坏路面上的车轮与地面附着力小，所产生的驱动力矩也很小。这时，根据转矩的平均分配特性，另一侧在好路面的驱动力矩也很小，无法产生足够的驱动力来使汽车前进，即造成一侧车轮转速为零，另一侧车轮则以差速器壳转速的 2 倍转速空转。

三、防滑差速器

普通差速器不仅使汽车通过坏路面的能力变差，而且操纵性和稳定性也受到影响，为此，在某些越野汽车上装用了防滑差速器。常用的防滑差速器分为人工强制锁止式和自锁式两大类。

1. 强制锁止式差速器

它是在普通差速器上增加了差速锁，需要时，由驾驶人操纵差速锁，使差速器不起差速作用，相当于把两根半轴连成一体，即差速器被锁止不起差速作用。这样发动机转矩可全部分配到处于好路面的车轮。与此同时，差速锁指示灯开关接通，驾驶室内指示灯亮，提醒驾驶员差速器正处于锁止状态。当汽车驶出坏路面后，应及时摘下差速锁。图 3-127 所示为奔驰 2020A 型汽车强制锁止式差速器。

2. 自锁式差速器

这种差速器主要有摩擦片式、滑块凸轮式和托森式等几种。它们的共同特点是在两驱动轮(轮间差速器)或两驱动桥(轴间差速器)转速不同时，无须人工操作，而是自动向慢转一方多分配一些转矩，以提高汽车的通过性和操纵稳定性。

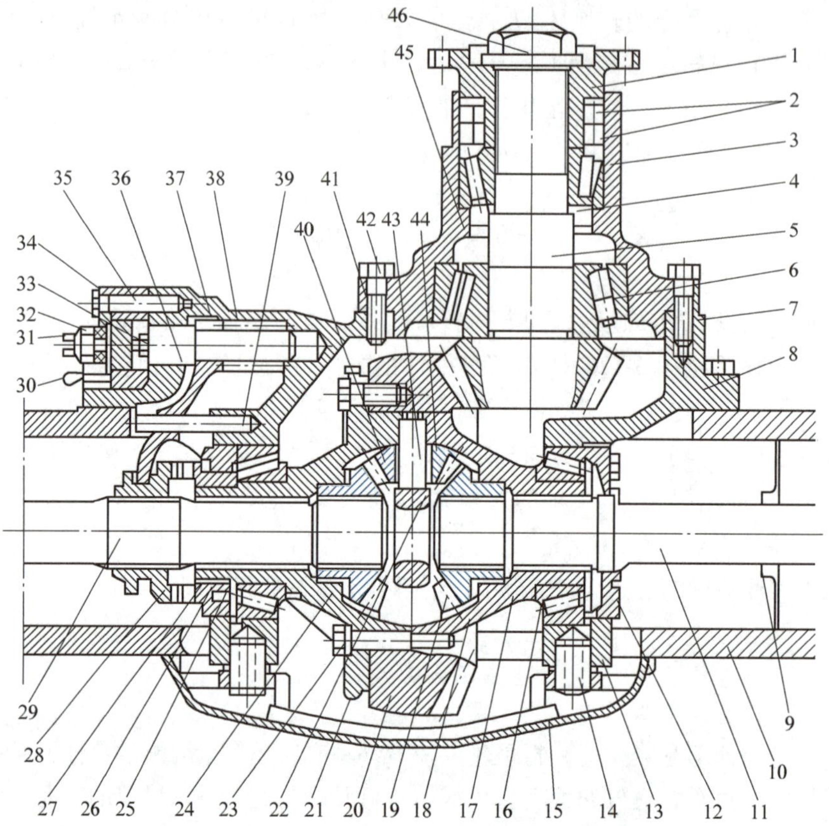

图 3-127 奔驰 2020A 型汽车强制锁止式差速器

1—传动凸缘 2—油封 3、6、16—轴承 4—调整隔圈 5—主减速器主动齿轮 7—调整垫片 8—主减速器壳 9—挡油盘 10—桥壳 11、29—半轴 12—带挡油盘的调整螺母 13—轴承盖 14—定位销 15—集油槽 17、24—差速器壳 18、44—推力垫片 19—半轴齿轮 20—主减速器从动齿轮 21—锁板 22—衬套 23、42—螺栓 25—调整螺母 26—固定接合套 27—弹性挡圈 28—滑动接合套 30—进气管接头 31—带密封圈的活塞 32—差速锁指示灯开关 33—调整螺钉及其锁紧螺母 34—气缸盖 35—气缸体 36—拨叉轴 37—拨叉 38—回位弹簧 39—导向轴 40—行星轮 41—密封圈 43—十字轴 45—轴承座 46—螺母

资讯四 半轴与桥壳

一、半轴

半轴的功用是在差速器与驱动轮之间传递动力。因其传递的转矩较大，一般都做成实心轴。半轴的结构受到悬架和驱动桥的结构影响，故整体式驱动桥中的半轴为刚性整轴；而转向驱动桥和断开式驱动桥中的半轴则分段，并用万向节连接。半轴内端一般用花键与半轴齿轮连接。外端结构形式多样，主要有三种：直接在轴端锻造出凸缘盘与轮毂固定连接；制成花键与单独制成的凸缘盘滑动配合；制成锥形并通过键和螺母与轮毂固定连接。现代汽车常用的半轴支承形式主要有全浮式和半浮式两种。

1. 全浮式半轴支承

解放 CA1092 型汽车全浮式半轴如图 3-128 所示。它与桥壳没有直接联系。半轴外端有半轴凸缘 1，用轮毂螺栓 2 紧固在轮毂 4 上，轮毂 4 用两个轮毂轴承 3、5 支承在半轴套管 7

上，半轴套管与桥壳 8 压配成一体；半轴内端用花键与半轴齿轮套合，并通过差速器壳支承在主减速器壳的座孔中。

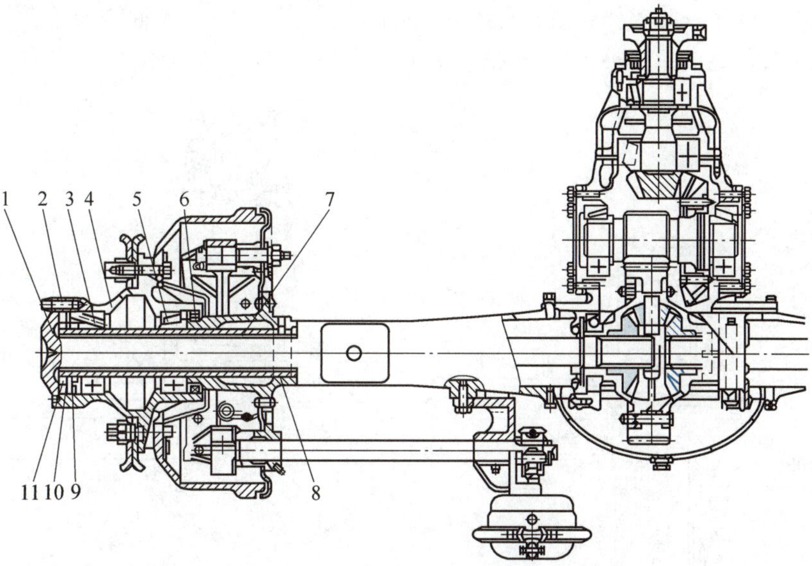

图 3-128 解放 CA1092 型汽车全浮式半轴

1—半轴凸缘 2—轮毂螺栓 3、5—轮毂轴承 4—轮毂 6—油封
7—半轴套管 8—桥壳 9—油封 10—锁紧垫圈 11—锁紧螺母

全浮式半轴支承形式及驱动桥的受力情况如图 3-129 所示。路面对驱动轮的各种作用力反映到车桥上，只有切向反力 X 作为该轮的驱动力传到半轴使半轴受转矩，其余几个力(包括切向反力 X、垂直反力 Z、侧向反力 Y)所产生的弯矩，都经轮毂、两个轴承直接传到桥壳上，由桥壳承受。可见这种支承形式的半轴除受转矩外，两端均不承受任何弯矩，故称为全浮式。

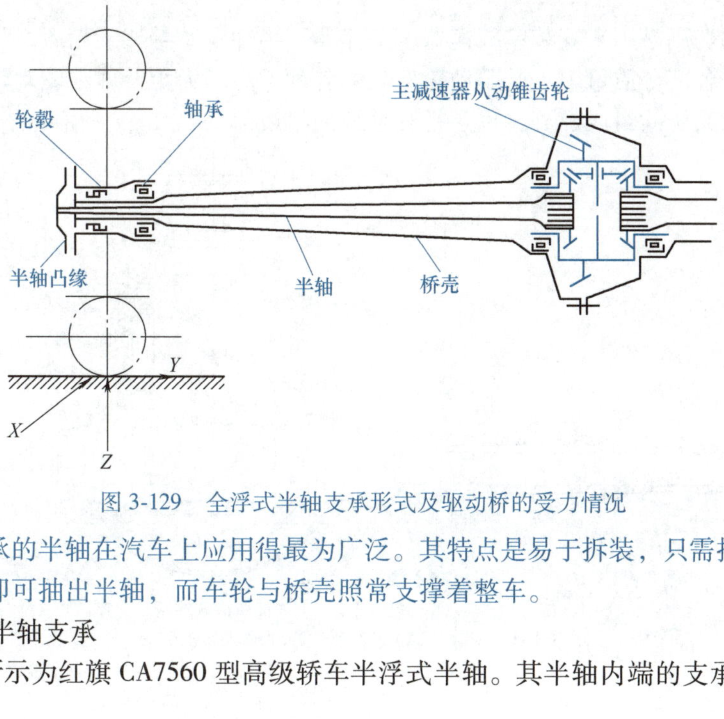

图 3-129 全浮式半轴支承形式及驱动桥的受力情况

全浮式支承的半轴在汽车上应用得最为广泛。其特点是易于拆装，只需拧下半轴凸缘上的轮毂螺栓，即可抽出半轴，而车轮与桥壳照常支撑着整车。

2. 半浮式半轴支承

图 3-130 所示为红旗 CA7560 型高级轿车半浮式半轴。其半轴内端的支承方式与上述相

同，即半轴内端不受力和弯矩。半轴外端制成锥形，锥面上铣有键槽，最外端制有螺纹；轮毂有相应的锥形孔与之配合，用键连接，并用锁紧螺母紧固，由一个圆锥滚子轴承直接支承在桥壳凸缘内。显然，此时作用在车轮上的各种反力都必须经过半轴传给驱动桥壳，因而，外端会承受全部弯矩，而半轴内端不承受弯矩，因此称为半浮式。

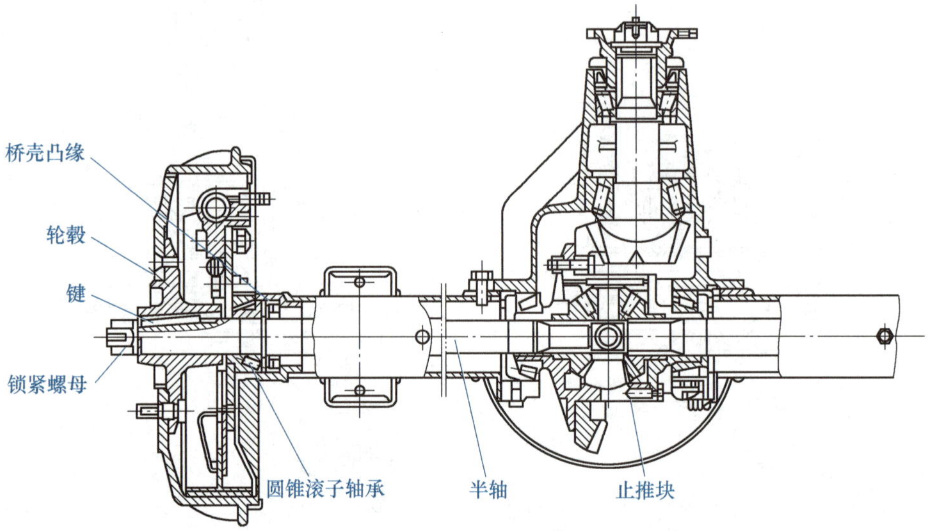

图 3-130 红旗 CA7560 型高级轿车半浮式半轴

为了限制半轴向内轴向窜动，差速器内装有止推块对其进行轴向限位，而通过制动底板对轴承限位来限制半轴向外的轴向窜动。半浮式半轴多用于轿车及微、轻型汽车上，这类汽车因其负载较小且轮胎直径小，限制了全浮式支承的采用。其特点是支承结构紧凑，质量小，拆装不方便，但半轴受力情况复杂。

二、桥壳

驱动桥壳的功用是用来安装主减速器、差速器和半轴以及悬架或轮毂，与从动桥一起支承汽车悬架以上各部分质量，承受驱动轮传来的各种反力和力矩，并在驱动轮和悬架之间传力。它既是传动系统的组成部分，也是行驶系统的组成部分，如图 3-131 所示。

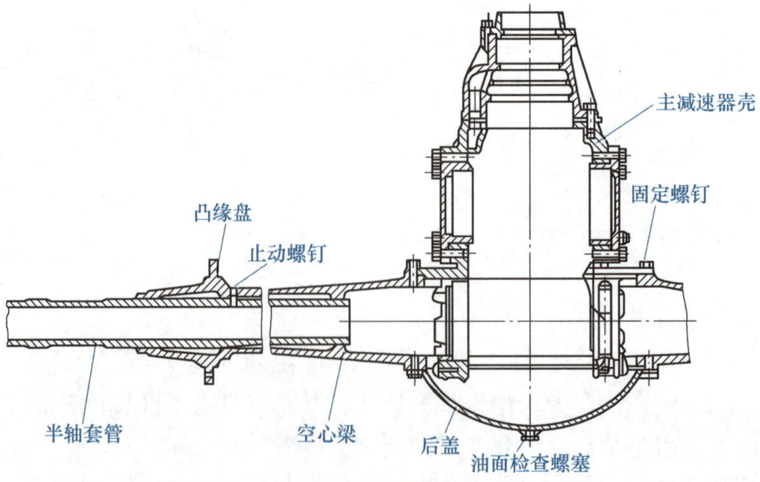

图 3-131 解放 CA1092 型汽车的整体式桥壳

驱动桥轮毂用两个轴承支承在半轴套管外端上，转向桥轮毂用轴承支承在转向节轴上，轮毂端面有凸缘盘用来连接半轴（驱动桥）或车轮（转向桥），轮毂一般用铸钢或球墨铸铁制成。

单元训练一 主减速器的拆装与调整

一、训练内容

主减速器的拆装与调整。

二、训练目标

1）通过实践掌握主减速器的正确拆装与调整方法。

2）熟悉各种专用工、量具的使用。

三、工具与设备

1）东风 EQ1090E 型汽车两辆。

2）专用拆装工、量具及吊装设备。

3）修理架两台。

四、训练流程

1. 注意事项

1）装配前，必须彻底清洁，并将零部件按装配顺序置放于清洁的工作台上或零件盒中，不得随处乱放。装配前，应涂以润滑油。

2）严格按照技术要求及装配标记进行装合，防止破坏装配精度，如差速器壳及盖、调整垫片、传动轴等部位。行星轮止动垫片不得随意更换。

3）严格按照规定拧紧力矩对各螺栓进行紧固，不得随意拧紧。对弹性扭力螺栓、自锁螺母等零件，必须按生产厂的技术要求进行更换。

4）按照规定添加齿轮润滑油。

2. 操作流程

（1）松开左、右半轴螺栓，抽出半轴

（2）松主减速器壳固定螺栓

（3）取出并分解驱动桥总成

（4）检查与调整主动锥齿轮轴承预紧度

1）将主动锥齿轮总成从主减速器壳上拆下，检查垫片并放好。

2）用台虎钳夹住凸缘，将紧固螺母按规定转矩（196~245N·m）拧紧。

3）用台虎钳夹住主动锥齿轮轴承座的边缘，在未装油封时，用力矩扳手扭转主动锥齿轮，其转矩应在规定的范围（0.98~1.96N·m）内；或用拉力秤拉在凸缘的螺栓孔处，其沿切线方向的拉力应在规定的范围（0.98~1.96N·m）内。如果不符，则应进行调整，如图 3-132 所示。

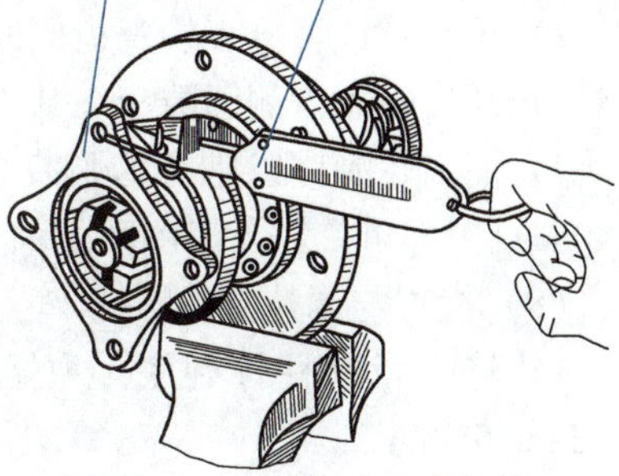

图 3-132 测量主动锥齿轮轴承

4）调整时，应将主动锥齿轮从轴承座中拆下，通过在两个轴承内环中间加减调整垫片的厚度来调整轴承预紧度。加垫片则预紧度减小，减垫片则预紧度增大。

5）装复后，复查预紧度。确认预紧度合适后，装好油封，按规定力矩（196~245N·m）紧固凸缘固定螺母，并用开口销锁定。

（5）检查与调整从动锥齿轮（差速器）轴承预紧度　此项检查调整应在不装主动锥齿轮时进行。

1）用196~245N·m的力矩紧固差速器轴承盖的紧固螺母，转动从动锥齿轮数圈。用拉力秤拉在差速器紧固螺栓上，沿切线方向拉转从动锥齿轮，其沿切线方向的拉力应在规定的范围（0.98~3.4N·m）内。如果不符，则应进行调整。

2）调整时，应先将调整螺母锁片拆下，根据测得的数据与规定的力矩（0.98~3.4N·m）对比后，拧紧或松退单边调整螺母数齿即可。拧紧时预紧度增大，松退时预紧度减小。

3）调整后进行复查，看是否满足规定的力矩。

（6）检查与调整啮合印痕

1）将检查调整后的主动锥齿轮总成及调整垫片按正确的方向和位置安装在主减速器壳上，将紧固螺栓分次、对角地按规定力矩紧固；并将剩余的调整垫片装在油封座与前轴承座之间，以备下次修理调整使用。

2）预检齿侧间隙。用手来回转动主动锥齿轮，感觉齿侧间隙的大小，或用百分表（铅丝）进行检查，根据预测或检查结果进行初调。其方法是：如果齿侧间隙过大，则应将从动锥齿轮对面的调整螺母松退1至数齿，再将从动锥齿轮侧调整螺母拧紧1至数齿；如果齿侧间隙过小，则应将从动锥齿轮侧的调整螺母松退1至数齿，再将另一侧的调整螺母拧紧1至数齿，以保证调好的轴承预紧度不变。

3）将主、从动锥齿轮齿面清洗干净，在从动锥齿轮其中一个齿的正、反两面涂上一层薄薄的红印油，圆周方向每隔120°涂一齿，共涂3个齿，其目的是防止从动锥齿轮变形而影响调整效果；然后在从动齿上加制动力，并正、反转动主动锥齿轮数圈，观察啮合印痕（以前进档工作面为主）。

4）良好的啮合印痕应距小端4mm左右，印痕长度不小于2/3全齿长（L），印痕应在齿高方向的中部，如图3-133所示。如果印痕偏向大端，应以减少主动锥齿轮轴承座的垫片厚度来调整；如果印痕偏向小端，则应增加主动锥齿轮轴承座的垫片厚度。如果印痕偏向齿根，应以移开从动锥齿轮为主；若偏向齿顶，则相反。即大进主，小出主，根出从，顶进从。

（7）检查与调整齿侧间隙

1）用铅丝或百分表检查齿侧间隙，如图3-134所示。

2）新齿轮副齿侧间隙应在0.15~0.40mm的范围内，并且啮合印痕良好。

3）旧齿轮副应以啮合印痕良好为主。如果印痕良好，则齿侧间隙在规定范围（0.15~0.40mm）内即可；如果齿侧间隙大于1mm，则必须成对更换齿轮副。

（8）检查与调整支承螺柱

1）将支承螺柱拧到底，力矩不能过大，以防从动锥齿轮变形，再退回1/5~1/3圈（0.3~0.5mm）。

2）将锁紧螺母锁紧。

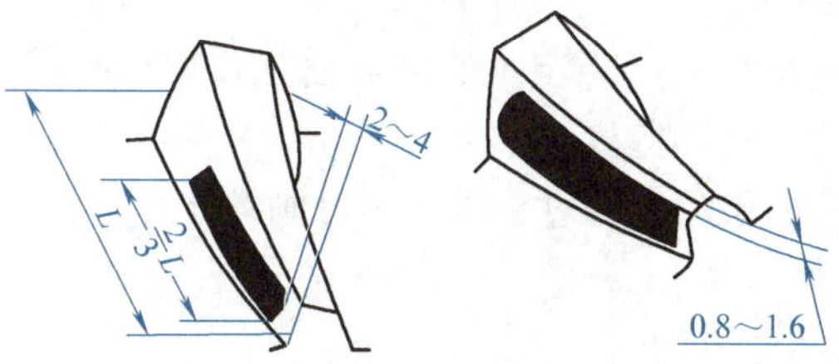

a)　　b)

图 3-133　从动锥齿轮凸面的啮合印痕

a）装配时　b）在负荷情况下

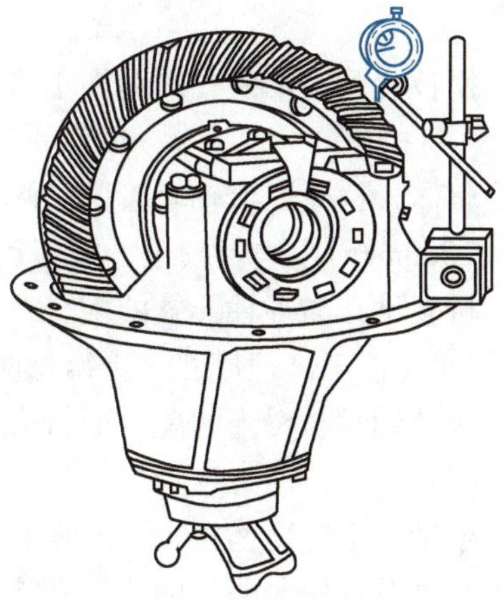

图 3-134　主、从动锥齿轮啮合间隙的测量

单元训练二　驱动桥的检查、调整及维修

在汽车行驶过程中驱动桥的受力情况复杂，由于它处于动力的最终传动位置，各部件所受到的力远远大于传动系统的其他部件，对于后桥驱动的汽车，驱动桥除传递动力外还要承受汽车后部相当一部分质量，零件的配合间隙和装配质量将影响汽车的正常运行。以前轮作为驱动轮的汽车，半轴暴露在外，轴颈的密封、防尘都显得尤其重要。因此，驱动桥的技术状态应及时进行检查，配合间隙应及时进行调整，故障应及时排除。

一、驱动桥的常见故障

1. 异响

其主要现象和原因如下：

1）汽车在行驶时发响，声音与速度成正比，空档滑行时响声减弱或消失，一般是轴承磨损松旷或齿轮啮合不良引起的。

2）在加速、减速和空档滑行都发出“嗞嗞”的响声，一般是齿轮啮合间隙过小，或啮合不良引起的。

3）转弯时发响，多是差速器行星轮啮合间隙过大，或半轴齿轮花键磨损引起的。

4）急剧改变车速或上坡时发响，则是齿轮啮合间隙过大引起的。

5）行驶中后桥发出“咔嘣”响声，多是齿轮轮齿损坏或折断引起的。

2. 驱动桥温度过高

汽车在行驶一定里程后，用手触摸驱动桥壳，有无法忍受的烫手感觉。这是由于轴承装配过紧，大、小锥齿轮间隙过小，缺少润滑油或润滑油过稀所致。

3. 驱动桥漏油

齿轮油经主减速器、半轴油封或衬垫向外渗漏，这主要是油封或衬垫损坏及通气孔堵塞。

二、驱动桥主要零件的检修

1. 后桥壳和半轴套管

1）桥壳和半轴套管不允许有裂纹存在，半轴套管应进行探伤处理。各部螺纹损伤不得超过2牙。

2）钢板弹簧座定位孔的磨损不得大于1.5mm，超限时应先进行补焊，然后按原位置重新钻孔。

3）整体式桥壳以半轴套管两内端轴颈的公共轴线为基准，其两外轴颈的径向圆跳动误差超过0.30mm时应进行校正，校正后的径向圆跳动误差不得大于0.08mm。

4）桥壳承孔与半轴套管的配合及伸出长度应符合原厂规定。如果半轴套管承孔磨损严重，可将座孔镗至修理尺寸，更换相应的修理尺寸的半轴套管。

5）滚动轴承与桥壳的配合应符合原厂规定。如果配合处过于松旷，可刷镀修复承孔。

2. 半轴

1）半轴应进行隐伤探查，不得有任何形式的裂纹存在。

2）半轴花键应无明显的扭转变形。

3）以半轴轴线为基准，半轴中段未加工圆柱体的径向圆跳动误差不得大于1.3mm，花键外圆柱面的径向圆跳动误差不得大于0.25mm，半轴凸缘内侧轴向圆跳动误差不得大于0.15mm。径向圆跳动超限，应进行冷压校正；轴向圆跳动超限，可车削端面进行修正。

4）半轴花键的侧隙增大量较原厂规定不得大于0.15mm。

5）对前轮驱动汽车的半轴总成(带两侧等角速万向节)还应进行以下作业：①外端球笼万向节用手感检查应无径向间隙，否则应予以更换；②内侧三叉式万向节可沿轴向滑动，应无明显的径向间隙感，否则应予以更换；③检查防尘套是否有老化破裂，卡箍是否有效可靠，如果失效，则应更换新品。

3. 轮毂

1）轮毂应无裂纹，否则应更换，轮毂各部位的螺纹损伤不得超过2牙。

2）轮毂与半轴凸缘及制动鼓的接合面对轴承孔公共轴线的轴向圆跳动公差均应小于0.15mm，若超值，可车削修复。

3）轮毂轴承孔与轴承的配合应符合原厂规定，否则应予以更换。

4. 主减速器壳

1）主减速器壳应无裂损，各部位螺纹的损伤不得多于2牙，否则应更换。

2）差速器左、右轴承孔同轴度公差应小于0.1mm。

3）圆柱主动齿轮轴承(或侧盖)孔轴线及差速器轴承孔轴线对减速器壳前端面的平行度公差，当轴线长度在200mm以上，其值为0.12mm；纵、横轴线应位于同一平面(准双曲面齿轮结构除外)，其位置公差应小于0.08mm。

4）主减速器壳与侧盖的配合及圆柱主动齿轮轴承与减速器壳(或侧盖)的配合应符合原厂规定。

5. 主减速器锥齿轮副

1）齿轮工作表面不得有明显的斑点、剥落、缺损和阶梯形磨损。

2）主动锥齿轮轮齿锥面的径向圆跳动公差应小于0.05mm，前、后轴承与轴颈、承孔的配合应符合原厂的规定；从动锥齿轮的铆钉连接应牢固可靠，用螺栓连接的从动锥齿轮，连接螺栓的紧固力矩应符合原厂规定，紧固螺栓锁止可靠。

3）齿轮必须成对更换。

6. 差速器

1）差速器壳产生裂纹，应予以更换。

2）差速器壳与行星轮、半轴齿轮垫片的接触面应光滑、无沟槽。如果有小的沟槽，可用砂纸打磨，或更换新的半轴齿轮垫片。

3）行星轮、半轴齿轮不得有裂纹，工作表面不得有明显斑点、脱落和缺损。

4）差速器壳与轴承和行星轮轴的配合应符合原厂规定。

7. 滚动轴承

1）轴承的钢球（或滚柱）和滚道不得有伤痕、剥落、严重黑斑或烧损变色等缺陷，否则应更换。

2）轴承架不得有缺口、裂纹或钢球（或滚柱）脱出等现象，否则应更换。

三、主减速器和差速器的装配步骤及注意事项

装配时应保持零件的清洁，并按以下步骤进行：

1. 装差速器总成

1）先将垫片和一侧半轴齿轮装入差速器壳内。

2）在行星轮和半轴齿轮配合的工作表面上涂以润滑油，然后装入已装好行星轮及垫片的十字轴，并使行星轮与半轴齿轮啮合。

3）在行星轮上装入另一侧半轴齿轮及垫片，扣上另一侧的差速器壳。装入另一侧壳体时，应使两侧壳体上的位置标记对正，以免破坏齿轮副的正常啮合。

2. 装差速器轴承

安装差速器轴承内环时，应用压力机平稳地压入内环，不得用锤子敲击，以免损伤轴承的工作表面或刮伤轴颈表面破坏配合性质。两侧差速器轴承都有调整螺母，装配时把差速器轴承外环套在轴承上，将差速器总成装入轴承座孔，将两侧调整螺母旋入在座孔内的螺纹部分（螺纹一定要对好），然后将两侧轴承盖对好螺纹后装好（左、右两轴承盖不得互换），装好锁片用螺栓紧固轴承盖。

3. 从动齿轮的安装和差速器的装合

将主减速器从动齿轮装在差速器壳上，将固定螺栓按规定方向穿过壳体，套入垫片，用规定的力矩交替拧紧螺母，并通过锁片将螺母锁定。

4. 主动齿轮轴的支承轴承及调整垫片的安装

在轴上压入后端轴承内环，放上轴承及外环，在轴上装上固定套筒（或弹性隔套）、调整垫片、前端轴承内环、轴承及外环、万向节凸缘盘，并用紧固螺母锁紧，在调整好轴承预紧度后，装入轴承座内。

四、主减速器的调整

主减速器的调整内容包括主、从动锥齿轮轴承预紧度的调整（含差速器轴承预紧度的调整），主、从动锥齿轮啮合印痕和啮合间隙的调整。在进行调整作业时，必须按顺序进行，即先调整轴承的预紧度，再调整啮合印痕，最后调整啮合间隙。整个调整过程是相互联系的，完整的一个过程需要反复检查与调整才能完成。在保证啮合印痕的前提下，兼顾齿侧间隙，如果两者不能兼顾，以啮合印痕正确为主，啮合间隙在极限值 0.60mm 内都是允许继续使用的，否则成对更换齿轮副。

1. 轴承预紧度的调整

（1）主动锥齿轮轴承预紧度的调整　其调整方法有两种：

1）第一种方法：在两锥形轴承内环之间加、减调整垫片，例如解放 CA1092 型和东风 EQ1090 型等汽车采用。例如解放 CA1092 型汽车，在不装前轴承油封的状态下，用 196N · m 的力矩拧紧凸缘盘的固定螺母，转动凸缘盘的力矩应在 1.4~3.43N · m。若力矩大于标准值，则说明轴承的预紧度过大，应增加两轴承内环间的调整垫片厚度；反之，若力矩小于标准值，则说明轴承预紧度过小，应减少两轴承内环间的调整垫片厚度。

2）第二种方法：在前、后轴承内环之间放置一个可压缩的弹性薄壁隔套，按规定力矩拧紧凸缘盘固定螺母后，隔套产生弹性变形，其张力自动适应对轴承预紧度的要求（但因隔离套的弹性衰退，每次都必须换用新的隔套），轿车的主减速器大多采用这种方法。例如：北京切诺基轿车就采用此种结构，其装配要求是：装入长度已选好的隔套和前轴承内环并装入油封，再装入万向节凸缘，用 285N · m 的力矩拧紧固定螺母（注意：因隔套不可重复使用，新套上紧后也不能松开），用手转动主动锥齿轮应能转动自如；用测力扳手（或弹簧秤）转动主动锥齿轮轴，其力矩应为 1~2N · m，且在转动的过程中力矩不应发生明显的变化，若阻力较大，则应查明原因并加以消除。

（2）从动锥齿轮轴承预紧度的调整　其调整方法分为两种情况：

1）第一种为单级主减速器：其从动锥齿轮固定在差速器壳上，调整从动锥齿轮轴承预紧度就是调整差速器轴承预紧度。双级主减速器差速器轴承预紧度的调整与此相同。调整时，旋转两侧调整螺母（见图 3-130a 中的零件 2），同时旋转差速器总成，使从动锥齿轮基本处于正确位置之后，用转动差速器总成的力矩来衡量。例如东风 EQ1090 型汽车，以用 0.98~3.4N · m 的力矩时能灵活转动差速器总成为宜。

2）第二种为双级主减速器：从动锥齿轮与二级减速的主动圆柱齿轮制造在同一根轴上，两端用轴承支承在主减速器壳上。轴承预紧度的调整可参照图 3-132 所示，选择适当厚度的调整垫片 6、13，安装在主减速器壳 12 与轴承盖 4、15 之间，按标准力矩拧紧轴承盖紧固螺栓后，用转动从动锥齿轮的力矩来衡量预紧度是否合适。例如解放 CA1092 型汽车，转动从动锥齿轮的力矩应为 1.47~3.43N · m，若测得力矩过大，则应增加垫片的厚度；反之，若测得力矩过小，则应减小垫片的厚度。

2. 主、从动锥齿轮啮合印痕与齿侧间隙的调整

主、从动锥齿轮沿齿长方向接触印痕，应在轮齿的中部偏向小端，离小端端部 2~7mm，接触印痕的长度不小于齿长的 50%；齿高方向的接触印痕宽度应不小于齿高的 50%，一般应距齿顶 0.80~1.60mm。齿侧间隙为 0.15~0.50mm，最大不得大于 0.65mm。如果主、从动锥齿轮的啮合印痕和齿侧间隙不符合要求，则应进行调整。

目前汽车上主减速器的锥齿轮主要有 3 种不同的齿形，即奥利康等高齿锥齿轮、双曲面齿轮和格里森弧齿锥齿轮。当汽车承受载荷后，主减速器的主、从动锥齿轮的啮合印痕将产生不同规律的变化，因此，调整方法也存在差异。前两种齿轮往往以移动主动锥齿轮调整啮合印痕，以移动从动锥齿轮调整啮合间隙，而对格里森锥齿轮的调整则无特殊要求。

实现齿轮位移的具体方法与车辆的结构有关。

（1）主动圆锥齿轮的移动

1）对于单级主减速器，可用增加或减少主动锥齿轮前轴承座与减速器壳体间的垫片（见图 3-130a 零件 9）来实现主动锥齿轮的轴向移动。

2）对于双级主减速器，其主动锥齿轮安装在单独的轴承座中，增减轴承座与主减速器壳之间的垫片(见图3-132零件7)，可使轴承座连同主动锥齿轮的轴向位置发生变化。

（2）从动锥齿轮的移动

1）对于单级主减速器，从动锥齿轮轴承就是差速器的轴承，将轴承两侧的调整螺母按左进右退或左退右进的原则转动相等的圈数，就可以在不改变轴承预紧度的前提下改变从动锥齿轮的轴向位置。

2）对于双级主减速器，在保持两侧轴承盖下垫片总厚度不变的前提下，将左、右轴承盖下垫片数目重新分配，便可以在不改变轴承预紧度的前提下移动从动锥齿轮的位置。

拓展知识

拓展知识一　双离合变速器

一、双离合变速器的发展历程

双离合变速器(Dual Clutch Transmission，DCT)综合了手动变速器和自动变速器的优点，除了拥有手动变速器的灵活性及自动变速器的舒适性外，还能提供不间断的动力输出。

双离合变速器的概念到目前已经有六七十年的历史。早在1939年德国Kegresse. A第一个申请了双离合变速器的专利，提出了将手动变速器分为两部分的设计概念，一部分传递奇数档，另一部分传递偶数档，且其动力传递通过两个离合器连接两根输入轴，相邻各档的从动齿轮交错与两输入轴齿轮啮合，配合两离合器的控制，实现在不切断动力的情况下转换传动比，从而缩短换档时间，有效提高换档品质，该变速器曾经在载货汽车上进行过试验，限于当时的控制技术，这种变速器并没有投入批量生产。

随后在20世纪80年代，保时捷也发明了专用于赛车的双离合变速器(PDK)，但也未能将DCT投入批量生产。

1985年，大众公司在奥迪Sport Quattro S1赛车上采用了双离合变速器技术，但直到20世纪90年代末，随着电子技术的迅速发展，双离合器控制技术逐渐成熟，大众汽车公司和博格华纳首先携手合作生产将它放置在量产主流车型(奥迪)上，并给它命名为直接换档变速器(Direct-Shift Gearbox，DSG)。并于2002年首次向世界展示了这一创新技术。

2003年推出了6速DSG，成为首个提供双离合器系统的整车厂。

2006年，大众又率先在奥迪TT3.2车型上应用了DSG，随后DSG产品陆续配套到了大众宝来、奥迪A3、奥迪TT、Skoda等众多车型。目前已创下超过100万件的销售记录。大众公司还研发代号为DQ200变速器，它使用了一对干离合器片代替了原来的6速DSG的液体调节双离合器片，其换档效率和动力传递有了明显的提升。

近期奥迪Q5采用OB5型7速Stronic双离合变速器，该变速器与常时四驱机构配合使用纵置在车辆上。该变速器将自动变速器的优点(驾驶舒适、换档时无牵引力中断)和手动变速器的优点(运动性和高传动效率)结合在了一起，换档时间短且采用直接动力传递，使驾驶人能获得一种特殊的驾驶体验。

二、双离合变速器的特点

传统的离合器位于发动机与变速器之间，是发动机与变速器动力传递的“开关”，它是一种既能传递动力又能切断动力的传动机构。它的作用主要是保证汽车能平稳起步，变速换档时减轻变速齿轮的冲击载荷并防止传动系统过载。在一般汽车上，汽车换档时通过离合器分离与接合实现，在分离与接合之间就有动力传递暂时中断的现象。

新一代双离合变速器采用了两个离合器和7个前进档的传统齿轮变速器作为动力的传送部件，这是目前世界上最先进的变速器系统。

双离合变速器旨在满足消费者对驾驶运动感和车辆节油的双重要求，为那些酷爱手动变速器的驾驶人提供了最佳选择。双离合变速器带来低油耗的同时，车辆性能方面没有任何损失，同样具有出色的加速性和最高时速，并且与传统自动变速器一样可以实现顺畅换档，不影响牵引力。配备了双离合变速器的发动机，由于快速的齿轮转换能够马上产生牵引力和更大的灵活性，加速时间比手动变速器更加迅捷。以GolF GTI为例，带有双离合变速器的车型，百公里加速只需6.9s，这个成绩比手动档的车型更快，最高达到235km/s。更加令人印象深刻的是，在性能提高的同时，配备双离合变速器的车型百公里油耗只有8.0L，与手动挡车型相当。

与传统的手动变速器和自动变速器相比，双离合变速器具备以下优点：

1）双离合变速器没有变矩器，也没有离合器踏板。

2）双离合变速器在传动过程中的能耗损失非常有限，大大提高了车辆的燃油经济性。

3）双离合变速器的反应非常灵敏，具有很好的驾驶乐趣。

4）车辆在加速过程中不会有动力中断的感觉，使车辆的加速更加强劲、圆滑。百公里加速时间比传统手动变速器还短。

5）双离合变速器的动力传送部件是一台三轴式的传统7速齿轮变速器，增加了传动比的分配。

6）双离合变速器的多片湿式双离合器是由电子液压控制系统来操控的。双离合器的使用，可以使变速器同时有两个档位啮合，使换档操作更加快捷。

7）双离合变速器也有手动和自动两种控制模式，除了变速杆可以控制外，转向盘上还配备有手动控制的换档按钮，在行驶中，两种控制模式之间可以随时切换。

8）选用手动模式时，如果不做升档操作，即使将加速踏板踩到底，双离合变速器也不会升档。

9）换档逻辑控制可以根据驾驶人的意愿进行换档控制。

10）在手动控制模式下，可以跳跃升、降档。

三、双离合变速器的组成与工作原理

1. 双离合变速器的组成

双离合变速器的总体结构大致可以分为5个部分：动力输入装置、双离合器、传动轴、从动轴和动力输出端。其中，最具创意的核心部分是双离合器和三轴式齿轮箱。图3-135所示为奥迪Q50B5型7速双离合变速器的结构图。

（1）动力输入装置　发动机的动力经飞轮传到双离合器的外壳上，离合器壳体连同离合器的主动部分始终与发动机同速运转。一旦离合器接合，发动机的动力就传递到离合器的从动部分，与此同时，动力也传递到与离合器从动片通过花键连接的传动轴上，带动从动轴一起转动，如图3-136所示。

（2）双离合器　双离合器是DCT的核心部分，主要由驱动盘、离合器、离合器内片支

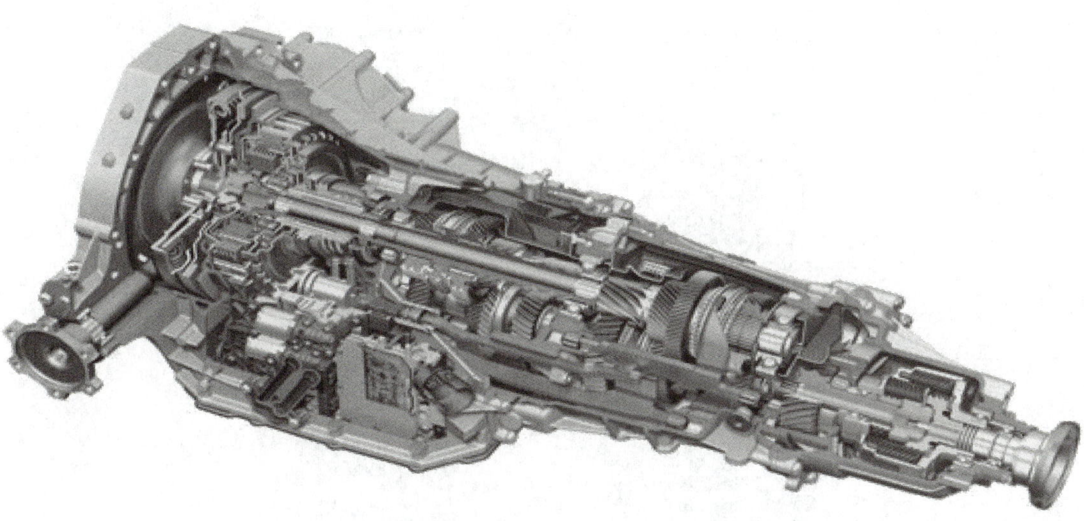

图 3-135 奥迪 Q50B5 型 7 速双离合变速器的结构图

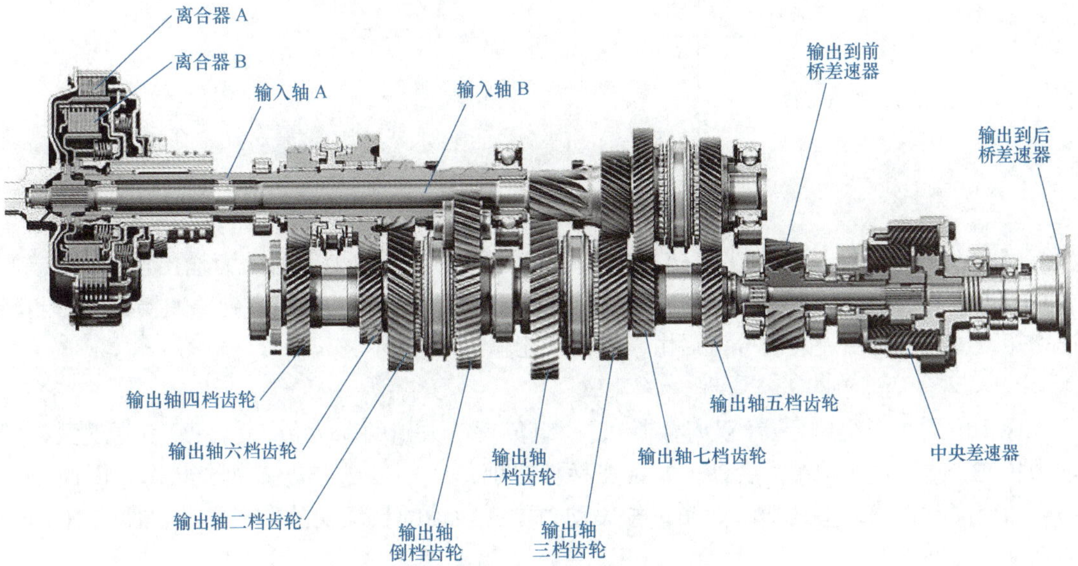

图 3-136 双离合变速器的内部结构

架、离合器外片支架、输入花键和密封圈等组成。其结构如图 3-137 所示。

根据离合器类型的不同，可分为湿式多片双离合器和干式双离合器两大类。湿式双离合器是靠液压控制实现起步和换档操作的，因此，对液压系统控制精度要求非常高。干式双离合器的散热和摩擦片的磨损补偿问题是控制的关键。DCT 中，双离合器中的一组离合器控制奇数档的动力输出，另一组离合器控制偶数档的动力输出。

（3）传动轴　离合器从动片上的动力通过花键传递到传动轴上，DCT 的传动轴分为奇数档传动轴和偶数档传动轴，它们同心布置在双离合器的轴线上，奇数档传动轴上有奇数档的主动齿轮和奇数档转速传感器的脉冲发射装置，偶数档具有相似的结构。

（4）从动轴　从动轴上空套着各档的从动齿轮和同步器，同步器挂接档位的齿轮传递动力(或准备传递动力)，没有挂接的齿轮在从动轴上空转。

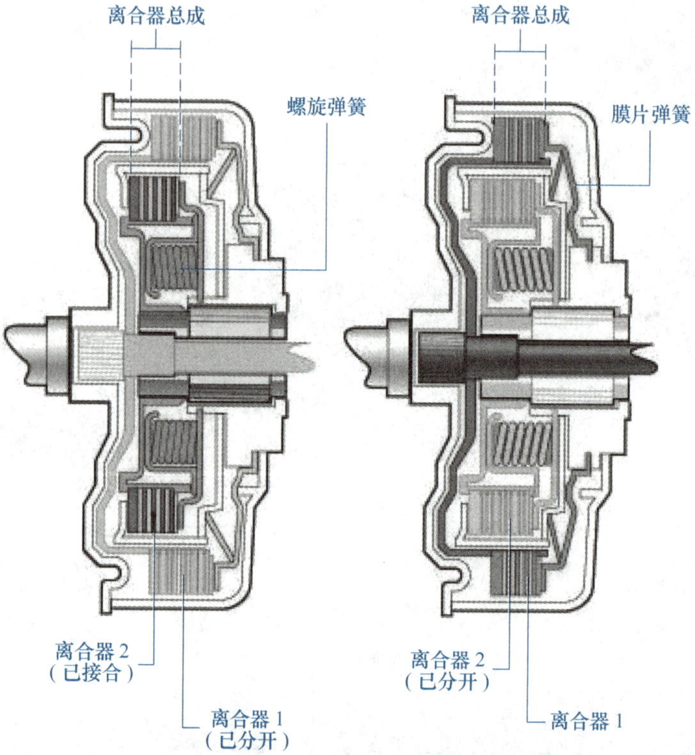

图3-137 双离合器的结构

（5）动力输出端 经DCT变速后的动力通过固联在从动轴上的动力输出齿轮（即差速器输入齿轮），分别传至差速器输出齿轮，经DCT减速增矩的动力传递到差速器上进一步减速增矩，最终动力由差速器分流后由半轴向车轮输出。

2. 双离合变速器的工作原理

DCT配置了两组离合器（双离合器），一组负责奇数档的动力传动，一组负责偶数档的动力传递。由于使用两组离合器，并且在换档之前下一档位已先进入啮合状态，因此DCT的换档速度非常快，不到0.2s，是一种无动力中断换档的自动变速器，因此，使DCT的舒适性和加速性更好。

DCT的动力传递路线：

传统的挂接式变速器的换档过程是这样的：首先驾驶人踩下离合器踏板，使离合器分离，从而脱开发动机与变速器的连接；然后摘下当前档位，根据当前车速、发动机转速和车辆负荷等因素选择合适的档位，经同步器同步使挂接齿轮达到同步运转，挂上目标档位；最后松开离合器踏板，重新接合离合器使发动机与变速器恢复动力连接，至此完成一个换档过程。

由于采用了双离合器双动力输入的特殊结构，DCT的换档步骤可以“重叠”进行，可使换档时间大大缩短。下面以奥迪Q50B5型7速双离合变速器D1档换D2档的过程为例，说明DCT换档过程及其动力传递路线。当DCT处于1档时，奇数档离合器接合，动力依次经过发动机飞轮、双离合器壳体、奇数档离合器主动片、奇数档离合器从动片、奇数档花键轴、奇数档输入轴1、1档主动齿轮、1档从动齿轮、1和3档同步器—从动轴1、中间差速器主动齿轮、差速器从动齿轮、差速器壳、差速器半轴齿轮、半轴、车轮的传递路径驱动车轮，如图 3-136 和 3-138 所示。

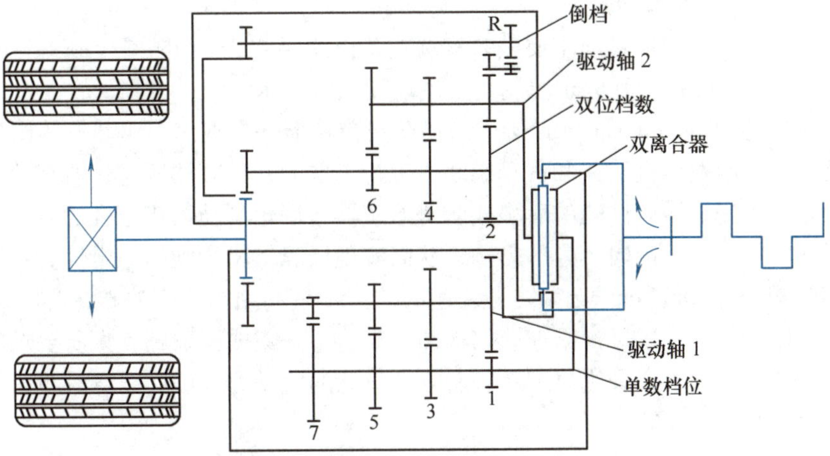

图 3-138　双离合变速器传动示意图

与此同时，在 DCT 偶数档传动轴 2 上，2 档的主动齿轮与 2 档的从动齿轮进入挂接啮合状态，但此时由于偶数档离合器没有接合，所以相互啮合的 2 档齿轮只是空转。车辆运行过程中，DCT 的控制器实时监测奇数档传动轴转速、偶数档传动轴转速、发动机转速、当前档位和行驶车速等相关信息，通过控制器判断是否执行换档操作。换档时，只需控制奇数档离合器以一定速度分离，同时，控制偶数档离合器以与奇数档离合器分离相适应的速度接合就完成了换档操作。换入 2 档后 DCT 的动力传递路线为：发动机飞轮、双离合器壳体、偶数档离合器主动片、偶数档离合器从动片、偶数档花键轴、偶数档输入轴 2、2 档主动齿轮、2 档从动齿轮、2 和 R 档同步器，其余与 1 档动力路线相同，如图 3-136 和 3 -138 所示。

DCT 是兴起于 1990 年代末期的汽车变速器，在结构上，大部分零件与传统的挂接式变速器相似，有利于大产量地迅速推广。与传统挂接式变速器相比，DCT 省略了摘档、选档和同步换档等过程，实现无动力中断换档，换档时间更短，动力性更强，换档过程无冲击，使汽车的平顺性和舒适性都得到了提高，受到越来越多人的青睐。

拓展知识二　防滑差速器

一、防滑差速器的功能和种类

能够防止车轮打滑的差速器即防滑差速器，是一种能自动控制汽车驱动轮打滑的差速装置，属于主动安全传动装置。

防滑差速器的作用就是当汽车在好路上行驶时，它具有正常的差速作用；当汽车在坏路上行驶时，它的差速作用被锁止，从而能起到防止驱动车轮滑转的作用。装有防滑差速器的汽车，当某一车轮发生滑转时，它能将驱动力矩的大部分或全部传给不滑转的驱动车轮，充分利用不滑转车轮同地面间的附着力产生足够的牵引力，使汽车越过障碍继续前进。

汽车防滑差速器大致有两大类：一类是强制锁止式差速器，它通过电子控制或者气控锁止机构，人为地将差速器锁止，使左、右半轴连成一个整体转动。另一类防滑差速器是自动锁止（自锁）式差速器，它在滑路面上可以自动地增大锁止系数，直至差速器完全锁止。这类差速器有多种结构形式，如摩擦片和自动(爪型)离合器式等。

二、电子控制式防滑差速器

1. 主动防滑差速器(LSD)

电子控制式防滑差速器目前主要是装有湿式差速器(V-TCS)的防滑控制差速器和主动防滑控制(LSD)差速器两种。其电子控制均采用模糊控制技术。

V-TCS(Vehicle Tracking Control System)型防滑差速器是根据汽车驱动轮的滑移量，通过电子控制装置来控制发动机转速和汽车制动力进行工作的；也有按照左、右车轮的转速差来控制转矩，并采用提高转向性能的后湿式防滑差速器与后轮制动器相结合的方法，最优分配后轮的驱动力，同时减小侧向风力的影响，从而实现增强车辆行驶的稳定性。

LSD(Limited Slip Differential)型防滑差速器的工作是利用车上某些传感器，掌握各种道路情况和车辆运动状态，通过操纵加速踏板和制动器，采集或读取驾驶人所要求的信息，并按照驾驶人的意愿和要求来最优分配左、右驱动车轮的驱动力。LSD 型防滑差速器控制系统的结构图如图 3-139 所示。

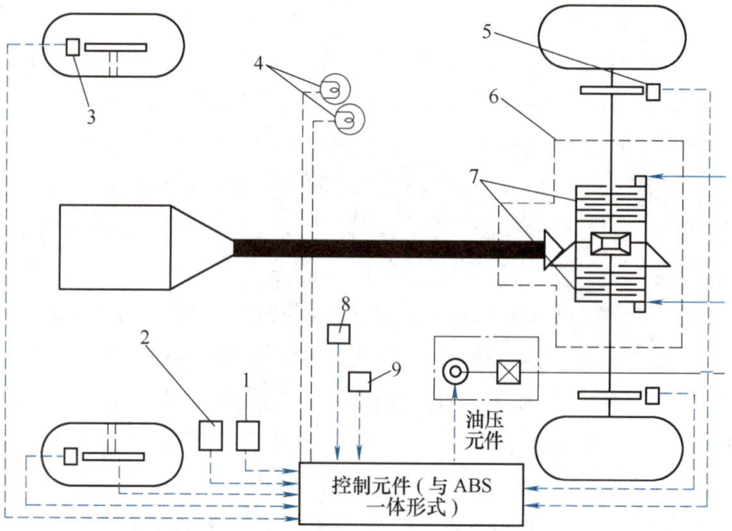

图 3-139 LSD 型防滑差速器控制系统的结构图

1—横向加速度传感器 2—前后加速度传感器 3—车轮轮速传感器 4—打滑信号灯 5—车轮轮速传感器 6—差速器装置 7—湿式多板离合器 8—加速踏板位置传感器 9—制动开关

2. 四轮驱动防滑差速器

(1) 基本结构 图 3-140 所示为具有油压多板式离合器差动限制器的四轮驱动的差速传动系统的组成。从发动机输出的动力经过变速器变速后，从驱动小齿轮传递到环齿轮，由中央差速器分配到前、后驱动轴，而且前差动器(前差速器)、后差动器分别传递到左、右车轮。该差速传动系统主要由中央差速器和差速限制机构等组成。

1) 中央差速器。中央差速器具有两大功能：第一个功能是把变速器输出的动力均匀分配到前、后轮驱动轴上，第二个功能是在车轮转动时将前轮驱动轴和后轮驱动轴的转速差加以吸收。右侧齿轮经过分动齿轮箱、主动齿轮、分动器从动齿轮，驱动力被传递到后差速器，左差速器经过前差速器箱把驱动力传向前差速器。

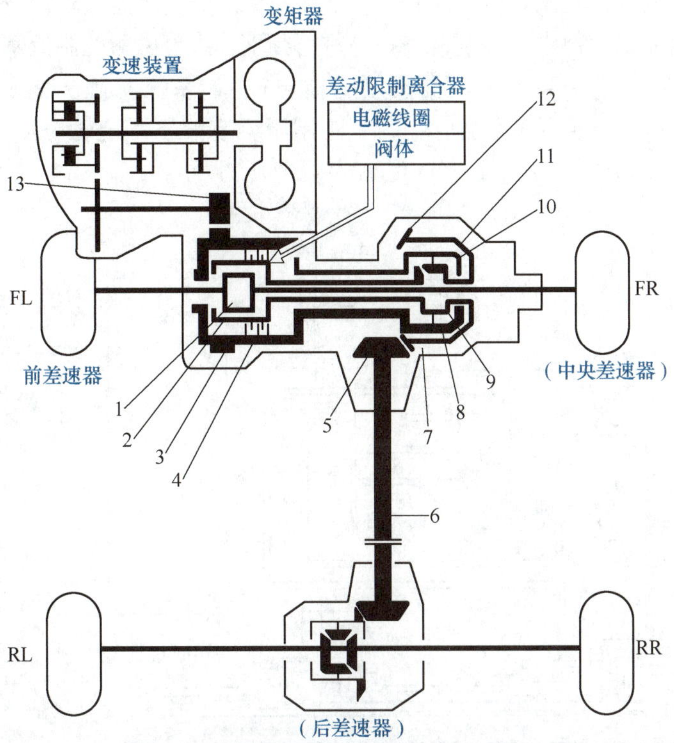

图 3-140　四轮驱动的差速传动系统的组成

1、8—小齿轮　2—前差速器箱　3—环齿轮　4—环齿轮安装箱　5—分动器从动齿轮　6—传动轴　7—左侧齿轮　9—右侧齿轮　10—安装箱中央差速器箱　11—分动器齿轮　12—分动器从动齿轮　13—驱动小齿轮

2）差速限制机构。当前轮与后轮之间发生转速差时，按照此转速差，控制油压多板离合器的接合力，从而控制前、后轮的转矩分配。差动限制离合器由湿式多板离合器盘、平板以及活塞构成，如图 3-141 所示。改变环齿轮安装箱和前差速器的接合状态，也即按照作用于

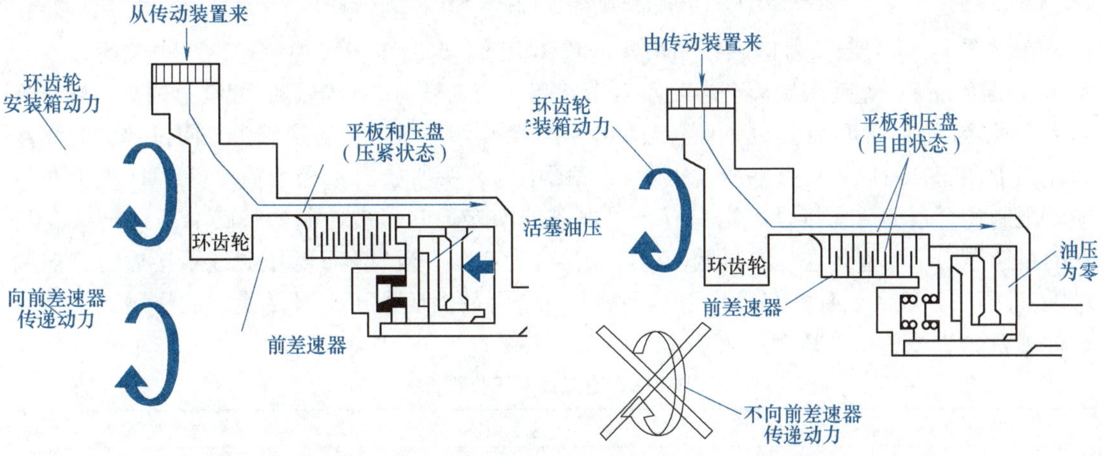

a)　　b)

图 3-141　（中央差速器）差动限制离合器的结构和工作示意图

a）差动限制自动开启　b）差动限制关闭

活塞的油压大小，改变多板离合器的压紧力，从而控制向前差速器分配转矩。此外，按照车辆行驶状态的差动限制量，由电子控制器(ECU)进行判别，由电磁阀控制活塞的工作油压。

（2）工作原理 图3-142所示为防滑差速器电子控制系统控制原理图，该系统主要由传感器、ECU和调节阀(转换阀)等组成。调节阀用于调节液压系统管路压力，利用1号转换阀使油压E增加，调节阀向上升起，以提高A调节压力。

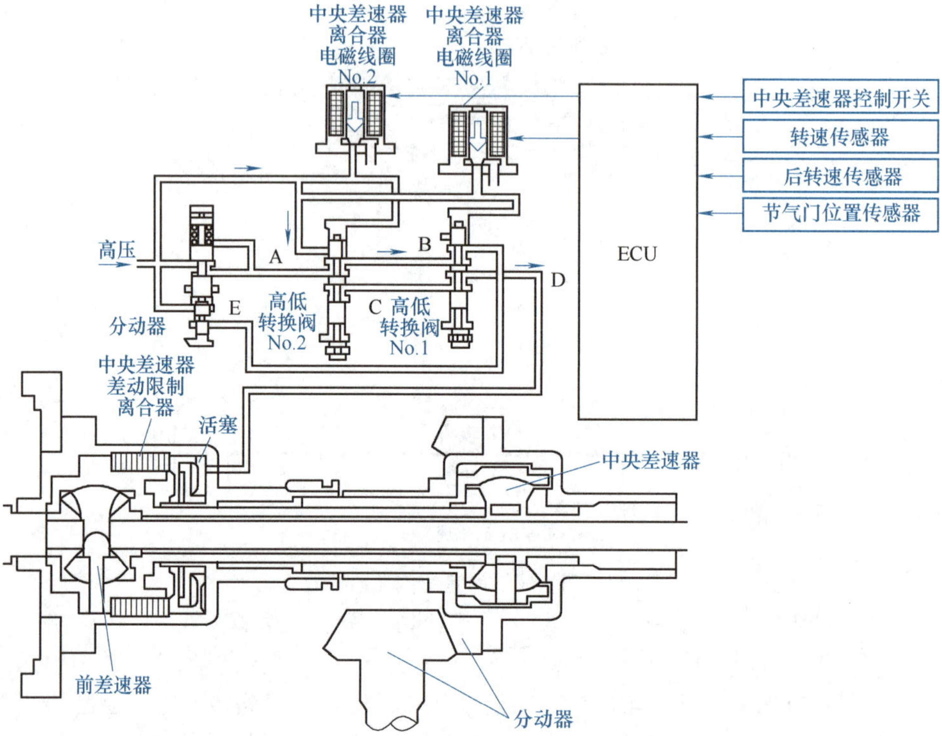

图3-142 防滑差速器电子控制系统控制原理图

在该图上，1号与2号电磁线圈均处于断开状态。这时1号转换阀输出口被关闭，不向活塞室供给油压，差动限制离合器处于自由状态。当1号与2号电磁线圈都接通时，由于1号和2号转换阀上部的油压分别由各自的电磁线圈作用而排出，转换阀由于回位弹簧的弹性作用向上顶起，所以，管路油压(高压)经过图中的箭头所指的路径由输出道口D供给并与差动限制离合器的活塞接合。当只有1号电磁线圈接通时，被控制的管路油压经过A、B、D的路径作用于活塞，这时油压低，离合器接合力变弱。当只有2号电磁线圈接通时，被调节的油压经过A、C、D的路径作用于活塞上。这时的油压由于1号转换阀的作用，管路油压向E反馈，变为中油压，见表3-8。

表3-8 电磁线圈工作情况

差动限制离合器接合油压	1号电磁线圈	2号电磁线圈
无油压	关	关
低油压	开	关
中油压	关	开
高油压	开	开

通常在驾驶室旁装有四轮驱动的控制开关，能够选择差动限制接合(ON)或断开(OFF)。例如：当左前轮在泥泞道路中，控制开关在“AUTO”时，就能对中央差速器的转速差动进行自动限制。由此，与差动限制力相匹配的驱动力被分配到后差速器一侧，由于驱动力全部传递到没有空转的后轮胎上，车轮就从泥泞道路中出来。当控制开关“OFF”时，中央差速器中没有差动限制，前差速器及中央差速器引起旋转差动，驱动力不向左前轮以外传递。当差动限制在自由档的断开工况(OFF)时，仅应用于牵引行驶和装卸紧急时的轮胎上。

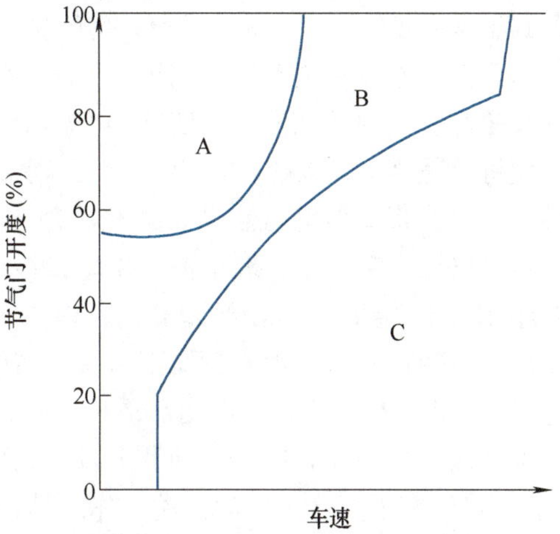

图 3-143 防滑差速器的差动限制控制特性

A—起动时控制区域 B—打滑控制区域 C—通常控制区域

(3) 控制特性 防滑差速器的差动限制控制特性如图 3-143 所示。主要根据节气门开度、车速和变速器的变速位置信号，由 ECU 控制并改变差动限制离合器的压紧力。

1) 起步时控制。在 1 档、低速档，节气门开度大时，接合油压增强到中等“Medium”，由此能提高滑动路面或一个车轮脱落时的起步能力。

2) 打滑控制。节气门开度与车速关系处于 B 区域，前、后轮的转速差按照速度差换算超过 2~3 km/h 时，接合油压变为“H_i”，差动限制达到最大值。

3) 通常控制。当接合油压为“L_o”时，进行微弱差动限制，以防止产生急转弯制动现象。这是指转弯时前、后轮产生车速差，当存在转速差时，转弯困难，就如制动器一样。大多发生在分段式四轮驱动行驶时。

案例分析

案例一 丰田皇冠汽车的自动变速器故障检修

1. 故障现象

丰田皇冠 3.0，变速器型号为 A340E，该车发动机噪声大，车速提不起来。

2. 故障分析与排除

1) 首先起动发动机检查怠速，转速为 750r/min 时运转平稳，且没有杂音。把加速踏板缓慢地踩下去，听发动机声音，中、高速都很正常，把加速踏板抬起突然急踩，急加速也很好。踩住制动，把变速杆从 P 档挂入 R 档，入档很平顺。从 R 档挂入 N 档，再挂入 D 档，也很平顺。抬起制动踏板，开始上路试车。当车行驶一段时间后，发现发动机转速过高而车速却很慢，说明变速器不换档。车靠边停了下来，打开机舱盖，检查变速器油的油位，正常，但油有些发黑且有煳味。再检查节气门拉索，发现节气门拉索挂的位置不对。正常的节气门拉索位置应该挂在节气门拉索的下端，只有这样，才能随着节气门的变化改变节气门油压。这辆车的节气门拉索位置却挂在巡航定速拉索的位置上，并且节气门拉索已经全部拉出，节气门油压在最高值。不能换档的原因找到了！回到维修站处理。用 14 号呆扳手把节气门拉索拆下来挂到正确位置并调整好。

2）再次进行试车，发现有了明显变化，换档点基本正常。行驶了约 4km，冷却液温度也升到正常温度。可是这时候发现变速器开始打滑，而且越来越严重。发动机已经开始空转。回到维修站将变速器从车上拆卸下来，进行仔细的分解。拔出液力变矩器，拆下飞轮壳及油泵螺钉。用顶丝把油泵从变速器壳体上顶出。抽出超速档行星轮、超速档行星齿圈。取出卡簧将超速档制动器组件取出。取出卡簧，取出超速档活塞组件。将变速器壳体侧面制动带活塞取出，将 2 档滑行制动带放松，取出直接档、前进档离合器总成。将前行星齿圈取出，将输出轴卡簧取出，取出前行星轮，拔出太阳轮和 1 号单向离合器总成。取出卡簧，将 2 档制动器组件取出。取出活塞套筒，取出卡簧，取出 2 档制动鼓。将 1 档和倒档制动器组件取出。将变速器后壳拆开，取下卡簧，将输出轴上的车速传感器等组件取出。将输出轴和后行星轮、2 号单向离合器取出。取出卡簧、活塞回位弹簧，取出 1 档和倒档制动活塞，取出止推套桶，将 1 档和倒档制动器 1 号活塞取出。分解完毕。

3）将所有零部件用柴油清洗干净。清洗变速器壳体，并用气泵吹通所有油道。分解阀体，检查各柱塞的工作情况及磨损情况。用气泵吹净。

4）变速器组装。更换 1 档和倒档制动器 1 号活塞 O 形圈，将其装入壳体，装入止推套筒。更换 1 档和倒档制动器 2 号活塞 O 形圈，将 2 号活塞组件装入壳体。装入活塞回位弹簧，将卡簧下靠。装入后行星轮，二号单向离合器和输出轴。装入 1 档和倒档制动器组件，并更换全部摩擦片。装入 2 档制动鼓，下靠卡簧。装入活塞套筒、2 档制动器组件，并更换全部摩擦片，下靠卡簧。装入太阳轮和 1 号单向离合器总成，装入前行星轮，下靠卡簧。装入前齿圈。将更换摩擦片的直接档和前进档的总成装入。装入超速档支撑活塞，装入超速档制动器组件，并更换摩擦片。下靠卡簧，装入超速档齿圈。将更换新件的超速档行星轮直接档离合器和单向离合器总成装入。更换油泵 O 形圈，将油泵装入壳体。将车速传感器组件装到输出轴上，并将变速器后壳体装靠。装上 2 号制动带活塞及顶杆组件，将阀体组装好安装到位，安装节气门油压拉索，装好集滤器，将油底壳装配到位。

安装液力变矩器，此时液力变矩器无论如何也下不到位，带着疑问再次分解变速器，将新件输入轴直接档离合器总成取出检查，与原车旧件相比较，发现新件输入轴长 2cm 左右。原因找到。再次更换配件组装变速器，此时液力变矩器下到位。将变速器装车，并准备试车。

进行路试。路试中车辆提速平稳，动力输出转矩较大。1 档升 2 档正常，2 档升 3 档也无异常现象。当车速为 60km/h 左右时，发动机转速在 1800r/min，变速器升入 4 档，车辆突然出现发动机制动现象，同时发动机车速与转速急剧下降。停车检查，发现自动变速器油有明显的烧糊现象。

将车辆拖回维修车间，再次抬下变速器，进行解体检查，发现超速档制动片严重烧蚀。其他各档离合器片无异常。是什么原因使超速档制动片严重烧蚀呢？

经过认真检查发现，超速档单向离合器装反。4 档时，超速档制动片接合，将太阳轮固定，动力由超速行星架传递给齿圈，实现超速传动比。此时，单向离合器应处于打滑状态。当单向离合器装反，变速器升入 4 档后，动力由超速行星架传递进来，经单向离合器直接传递到超速档制动片上，此时超速档制动片接合，即相当于将输入轴与变速器壳体相连。因此，在高速状态下变速器升入 4 档就出现发动机制动现象，同时发动机转速急剧下降，致使超速档制动片烧蚀。

将超速档单向离合器按正确方向装配后，试车，故障排除。车辆提速明显，高速达210km/h。到此维修工作全部结束。

检修总结：回想此次维修过程，首先新配件超速行星架输入轴尺寸错误，造成二次分解。当再次更换新配件时(超速档行星架与单向离合器总成更换)，忽略了对单向离合器的检查，以为更换总成的新部件没问题，从而造成了第三次分解变速器，并将超速档制动片烧损。在此告诫同行更换新配件时，要认真确认配件型号、规格是否符合要求，以免造成不必要的损失。

案例二　捷达车半轴异响

1. 故障现象

车速在20km/h以上时，底盘前部发出“哐哐”有节奏的异响，车速提高节奏加快，车底板也有明显的振动感。

2. 故障分析与排除

检查：举升车辆用手晃动右侧半轴内侧万向节，存在径向间隙。

排除：更换右半轴内侧万向节后异响消失。

分析：半轴万向节磨损后，在转动中会振动，转向时会发出“咯嘣”异响。万向节磨损是不可避免的，若能对破损了防尘胶套的万向节及时更换和加注润滑脂，则会延长万向节的使用寿命。一般右半轴万向节磨损大于左半轴，这是因为右半轴比左半轴长且粗，因此，它的转动惯量大，磨损就快。另外，右半轴万向节离排气管的距离也近，万向节的润滑脂容易被烤干。而自动变速器车的半轴使用寿命又比手动变速器半轴使用寿命短，这是因为自动变速器半轴传动转矩的作用比手动变速器长。

项目知识要点

1）传动系统主要由离合器、变速器、万向传动装置、主减速器与差速器和半轴等组成。

2）发动机输出的动力依次经过离合器、变速器、万向传动装置、驱动桥、半轴传给后轮(驱动轮)，从而驱动汽车行驶。

3）离合器能够实现传递转矩，使发动机与传动系统平顺地接合，保证汽车起步平稳；在转矩传递过程中，离合器还有减振缓冲的功能，保证换档时工作平顺。此外，还可以防止传动系统过载。

4）汽车变速器就是通过变换各档的传动比来改变输出转矩，以适应汽车行驶阻力变化的需要。

5）同步器的作用是，在换档时，使接合套与待啮合的齿圈先迅速达到同步，之后再进入啮合，实现无冲击、无噪声换档。

6）液力变矩器既具有传统飞轮的惯性作用，又具有自动离合器功能。

7）无级变速器更容易实现传动系统与发动机工况的最佳匹配，提高整车的燃油经济性和动力性，改善驾驶人的操纵方便性和乘员的乘坐舒适性，是理想的汽车传动装置。

8）主减速器的作用是，降低传动轴输入的转速、增大转矩，对于发动机纵置的汽车，还将改变力矩的传递方向。

同步测试

一、判断题(对的在括号内打"√",错的在括号内打"×")

(　　)1. 摩擦式离合器，当踩下离合器踏板时，首先必须清除离合器的自由间隙，然后才能开始分离离合器。

(　　)2. 为了避免共振，缓和传动系统所受的冲击载荷，在不少汽车离合器从动盘上安装了扭转减振器。

(　　)3. 手动变速器是通过各种大小不同的齿轮组合，获得不同的传动比，其传动比的变化是连续的，而且是分组变速。

(　　)4. 同步器的作用是，使接合套与待接合的齿圈二者之间迅速达到同步，并在二者同步前进入啮合。

(　　)5. 为确保变速器不同时挂入两个档，在操纵机构中必须设有自锁机构。

(　　)6. 汽车行驶过程中，由于加速、制动与道路的颠簸，使驱动桥与变速器的相对位置经常变化，为了避免运动干涉，在传动轴中设有滑动叉和花键轴组成伸缩节，以实现传动长度的变化。

(　　)7. 差速器的功用是将主减速器的动力传给左、右两半轴，并在必要时允许两半轴以不同的转速旋转，以满足转向的要求。

(　　)8. 在拆装离合器时，应及时检查并做好标记，对准标记装配。

(　　)9. 自动变速器中的制动器用来控制行星齿轮机构，改变齿轮传动的组合而实现变速。

(　　)10. 液力变矩器能起变矩作用，当行驶阻力增大时，转速自动降低，转矩相应减小。

二、选择题(将正确选项填在括号内)

1. 摩擦式离合器中(　　)上带有摩擦系数很高的摩擦衬片。

A. 飞轮　　B. 从动盘　　C. 压盘　　D. 离合器盖

2. 离合器的膜片弹簧是一个(　　)的优质薄钢板。

A. 环形　　B. 矩形　　C. 碟形　　D. 以上都不对

3. 桑塔纳轿车上所用的同步器是(　　)。

A. 惯性锁环式　　B. 惯性锁销式

C. 常压式同步器　　D. 以上都不对

4. 变速器换档困难的原因之一是离合器(　　)。

A. 打滑　　B. 分离不彻底　　C. 分离过早　　D. 分离过晚

5. 十字轴刚性万向节，允许在轴间夹角(　　)的两轴之间传递动力。

A. 10°~15°　　B. 15°~20°　　C. 20°~25°　　D. 23°~30°

6. 变速器的互锁机构是为了保证(　　)。

A. 不自动脱档　　B. 全齿啮合

C. 不同时挂两档　　D. 以上都不对

7. 变速器装置同步器是为了(　　)。

A. 简化换档过程，使挂档平顺　　B. 保证同时不能挂两个档
C. 保证挂上档后，不脱档　　D. 不同时挂两档

8. 摩擦式离合器从动盘摩擦片磨损后，会使离合器踏板自由行程(　　)。
A. 变大　　B. 变小　　C. 不变　　D. 以上都不对

9. 越野汽车传动系统，为了将发动机传给变速器的动力分配给前、后驱动桥，在变速器后增设了(　　)。
A. 分动器　　B. 三轴变速器　　C. 传动装置　　D. 以上都不对

10. 具有自动变速器的汽车不能进行(　　)。
A. 推车起动　　B. 空档时　　C. 驻车档时起动　　D. 以上都不对

11. 辛普森式齿轮机构是共用一个(　　)的两组行星齿轮机构。
A. 齿圈　　B. 行星架　　C. 太阳轮　　D. 以上都不对

12. 简单行星齿轮机构中的行星架为固定部件，主动件为太阳轮或齿圈时，其行星齿轮机构处于(　　)位置。
A. 降速档　　B. 超速档　　C. 倒档　　D. 直接档

三、问答题

1. 分析离合器打滑的原因，叙述诊断过程。
2. 叙述锁环式同步器的工作原理。
3. 分析自动变速器汽车不能行驶故障的原因及排除方法。
4. 叙述东风 EQ1092 汽车单级主减速器的结构和动力传递过程。
5. 差速器在驱动桥中起什么作用？并叙述汽车在转向时差速器的工作过程。

项目四　汽车行驶系统构造与维修

学习目标

知识目标

- 掌握行驶系统的组成、结构与功能。
- 了解行驶系统组成部件的结构与工作原理。
- 理解弹性元件、减振器和导向机构的组成、分类与结构特点。
- 掌握行驶系统各组成部件的功能与检修方法。
- 掌握车轮定位参数的功能。
- 掌握车轮定位和轮胎动平衡的调整原理。

能力目标

- 能够识别行驶系统相应部件及其功能。
- 能够正确使用扒胎机进行轮胎拆装。
- 能够正确进行车轮拆装及车轮动平衡的操作。
- 能够正确进行车轮定位前的准备工作与车轮定位的检测及调整。
- 能够正确进行悬架元件的拆装与检验。
- 能够进行简单的故障判断。

单元一　汽车行驶系统概述

汽车行驶系统的功用是使发动机经传动系统传来的动力，通过驱动轮和路面间的相互作用，变为推动汽车行驶的驱动力；将汽车构成一个整体，支承汽车的总质量，传递路面作用于车轮上的各种力及其形成的力矩；减缓各种冲击和振动，使汽车行驶平顺稳定，实现汽车行驶方向的灵活控制和正确轨迹。

汽车行驶系统的类型与使用条件有很大的关系，常见的有轮式、半履带式、车轮-履带式及水陆两用式等多种类型，但应用最广泛的是轮式行驶系统。本书只介绍轮式行驶系统。

如图 4-1 所示，轮式行驶系统的组成主要由车架、车桥、车轮和悬架等组成。车轮安装在车桥上，车桥通过悬架与车架相连接，车架是全车的装配基础，它把汽车连接成为一个整体。

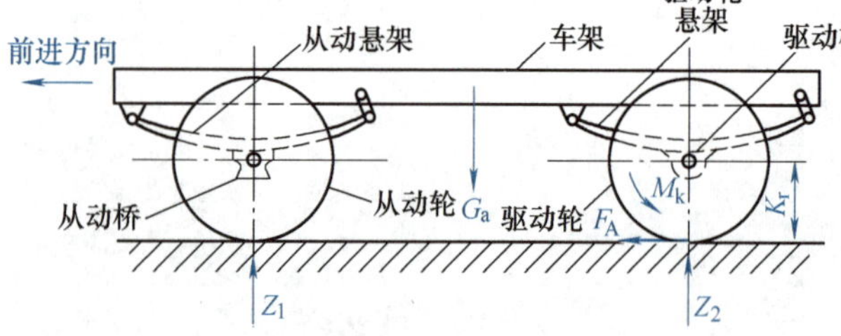

图 4-1　轮式汽车行驶系统的组成与部分受力分析

轮式汽车行驶系统的组成与部

分受力分析如图 4-1 所示。汽车的总质量 G_a 通过车轮传到地面，引起地面的垂直反力 Z_1、Z_2，发动机的动力通过传动系统传到驱动轮 4 上，产生转矩 M_k，通过轮胎与地面间的附着作用，产生推动汽车前进的纵向反力——牵引力 F_A。

牵引力除用以克服驱动轮的滚动阻力外，其余大部分经过桥壳和悬架传到车架。其中，部分用于克服空气阻力和上坡阻力，另一部分由车架经前悬架传到从动桥，作用在从动轮中心，使从动轮克服滚动阻力向前滚动，于是整个汽车便向前移动。

由于驱动力作用在驱动轮与地面接触处，此力对车轮中心产生的反力矩使汽车前部具有向上抬起的趋势，从而使作用于前轮上的垂直载荷减小，后轮上的垂直载荷增加。汽车突然加速行驶时，这种作用更加明显。

同样，汽车制动时，制动力与驱动力方向相反，其作用结果恰好相反。

汽车在弯道或横向坡道上行驶时，由于离心力或汽车重量 G_a 在横向坡道上分力的作用，使汽车具有侧向滑动趋势；路面将阻止车轮侧滑而产生路面作用于车轮的侧向力，此力由行驶系统来传递和承受。

综上所述，路面作用于车轮上的所有外力都必须通过行驶系统的零部件传给车架，使汽车行驶、制动或转向。同时，这些力和力矩又使车架和车桥等基础件产生变形、裂纹、连接件松动及各总成相对位置改变。此外，这些力还会使配合副之间产生冲击和振动，出现噪声、密封件泄漏等。

单元二 车架与车桥

资讯一 车架构造与维修

车架是连接各车桥之间的桥梁。其功用是安装汽车的各大总成和部件，使它们之间的相对位置准确无误地固定组合在一起，并承受来自各总成部件的各种静、动载荷。

常用的汽车车架主要有边梁式、中梁式、综合式和无梁式 4 种类型。

1. 边梁式车架

如图 4-2 所示，边梁式车架是由两根纵梁 6 和若干根横梁 4、5、7、8、9、12 铆接或焊接在一起组成的刚性框架结构。纵梁通常用低合金钢板冲压而成，断面有槽形、工字形和箱形等几种，纵向平面有弯曲的、等断面的和非等断面的。

横梁是用低合金钢板冲压而成的(但也有用槽钢的)，用于提高车架扭转刚度和承受横向载荷，并支承其他总成及部件。

边梁式车架便于布置其他总成和安装车身及辅件，有利于汽车改装变形和扩展品种，故被广泛地应用于货车、客车和特种汽车上。

2. 中梁式车架

如图 4-3 所示，中梁式车架主要由一根贯穿于中央的纵梁和若干横向悬伸托架构成。纵梁一般为管形或矩形，前部悬伸出的托架用以固定发动机；中、后部的悬伸梁用于布置车身及其他总成。这种车架有较大的扭转刚度，但其制造工艺复杂、精度要求高，维修不方便。

3. 综合式车架

如图4-4所示，综合式车架是边梁式和中梁式车架的组合结构。

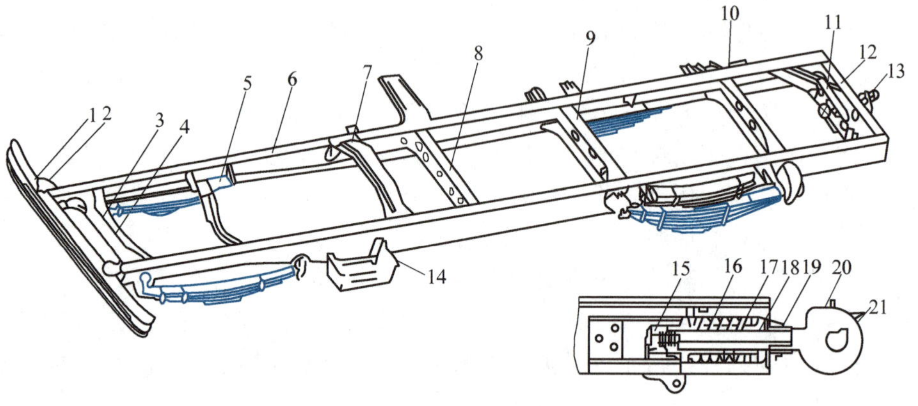

图4-2 东风EQ1090E汽车边梁式车架

1—保险杠 2—挂钩 3—前横梁 4—发动机前悬置横梁 5—发动机后悬置右(左)支架横梁 6—纵梁 7—驾驶室后悬置横梁 8—第四横梁 9—后钢板弹簧前支架横梁 10—后钢板弹簧后支架横梁 11—角撑横梁组件 12—后横梁 13—拖钩部件 14—蓄电池托架 15—螺母 16、18—衬套 17—弹簧 19—托钩 20—锁块 21—锁扣

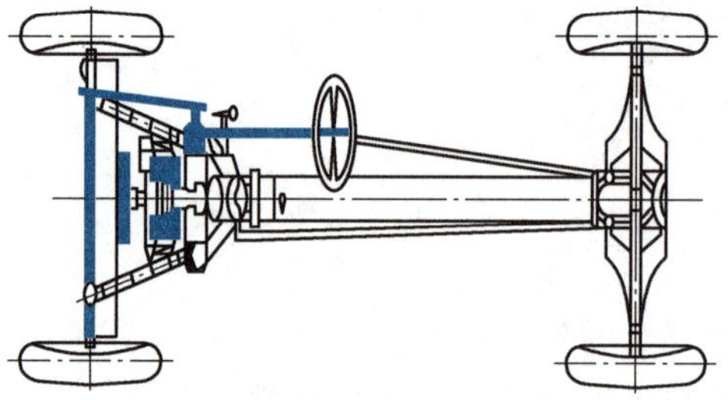

图4-3 中梁式车架

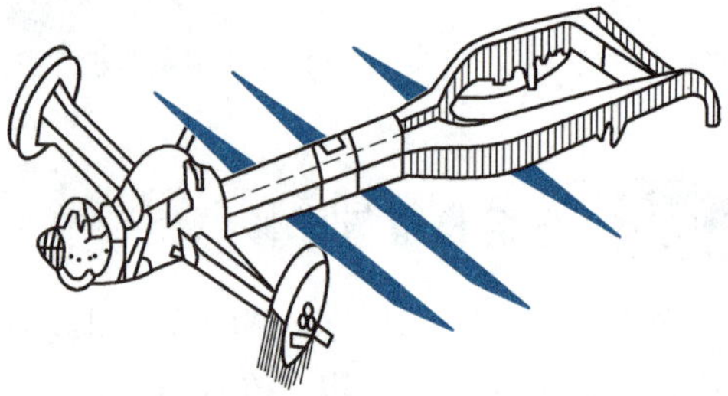

图4-4 综合式车架

4. 无梁式车架

如图4-5所示，承载式(无梁式)车架是利用车身兼起车架的作用，没有专门的车架，所有的载荷均由车身来承受。这种车身也称为承载式车身，在现代轿车和大型客车上应用得较多。

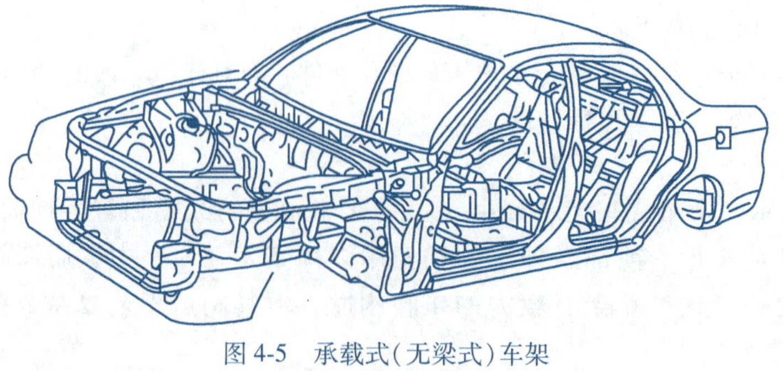

图4-5 承载式(无梁式)车架

资讯二 车桥的构造与分类

一、车桥

车桥的两端安装车轮，并通过悬架与车架(或承载式车身)相连接。其功用是通过悬架传递车架和车轮之间的作用力及这些力产生的力矩。车桥有很多类型，按悬架的结构形式来分，有整体式和断开式两种，前者的中部是刚性实心或空心的梁，同非独立悬架配合使用；后者为活动关节结构，与独立悬架配合使用。按车桥上车轮的功用分，有转向桥、驱动桥、转向驱动桥和支撑桥4种，多数汽车以前桥为转向桥，后桥或中后桥为驱动桥；而越野汽车和一些轿车的前桥，既是转向桥，又是驱动桥(即转向驱动桥)；挂车上的车桥都是支撑桥。

(一) 转向桥

转向桥一般位于汽车前部，在转向机构的作用下能偏转一定的角度，以实现汽车的转向。在工作中，由于它受力复杂，为保证安全，要求它必须有足够的强度和刚度；在车轮偏转过程中，相对运动的各个部件之间摩擦应尽可能最小，车轮的安装定位正确，以使汽车操纵轻便和行驶稳定。整体式转向桥主要由前轴、转向节、主销和轮毂与轮毂轴承等组成。按前轴断面形状分，转向桥有工字梁式和管式两种类型。

1. 工字梁式转向桥

图4-6所示为东风EQ1090E型汽车工字梁式转向桥。其工字形断面前轴用中碳钢模锻制成，中部下凹、两端上翘，在轴上加工有支承钢板弹簧的座，两头拳形部分有装主销的圆孔。转向节4是用中碳合金钢锻造成形的叉形部件，上、下两叉处制有同轴销孔，用主销与前轴拳部孔铰接，可绕主销偏转一定角度而使汽车转向。转向节销孔内装有青铜衬套6(其上有油槽)，在转向节下轴环与前轴拳部之间装有滚子推力轴承，以减小工作时的摩擦，从而使转向灵活轻便。转向节上的轴环与拳部调整垫片7用于调整其间隙。在左转向节的上、下轴环上加工有凸缘部分，用于安装转向节臂和转向梯形臂。通过拉杆可实现左、右转向节的同时协调偏转，以确保汽车转向平稳而准确。轮毂1通过两个轮毂轴承2、3支承在转向节外端伸出的轴颈上，轴承的松紧度用调整螺母来调节。为防止工作中润滑脂漏入制动器内而影响制动效果，轮毂内侧装有油封5。

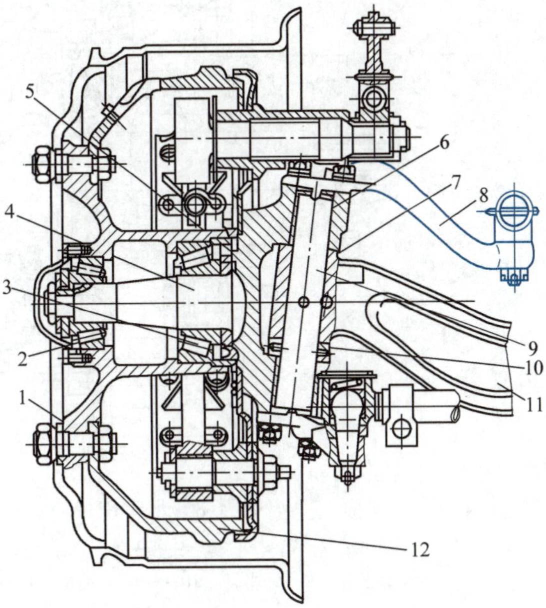

图4-6 东风EQ1090E型汽车工字梁式转向桥

1—轮毂 2、3—轮毂轴承 4—转向节 5—油封 6—衬套 7—调整垫片 8—转向节臂 9—主销 10—滚子推力轴承 11—前轴 12—制动鼓

2. 管式转向桥

如图4-7所示，管式转向桥的前轴由两端的拳部和中间的一根无缝钢管焊接而成，其他部分的结构与工字梁式转向桥基本相同。这种转向桥制造成本低，用材少，能减轻自重，但其抗弯强度较差。北京BJ1040型汽车采用这种转向桥。

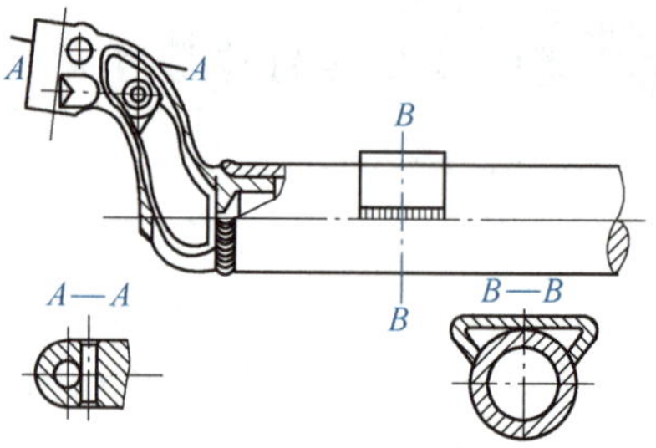

图4-7 前轴

（二）转向驱动桥

转向驱动桥具有转向和驱动两种功能。因此，在结构上(见图4-8)既具有一般驱动桥所具有的主减速器、差速器和半轴，也有转向桥所具有的转向节和主销等。其结构特点是：驱动半轴制成内、外两段；用等速万向节连接；主销也制成上、下两段，同时转向节的轴径部分做成中空的，以使外半轴穿过；转向节由转向节外壳和转向节轴组合而成。

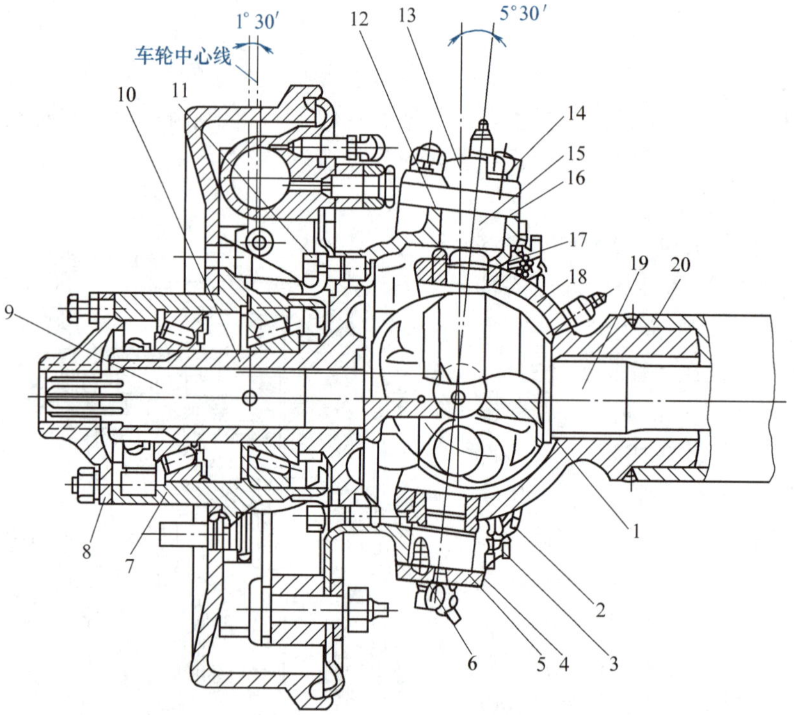

图4-8 北京BJ1040型汽车的转向驱动桥

1—止动垫圈 2—密封圈 3—主销衬套 4、16—调整垫片 5—下盖 6—止动销 7—轮毂 8—半轴凸缘 9—外半轴 10—转向节轴颈 11—螺栓 12—转向节外壳 13—转向节臂 14—锥形衬套 15—主销 17—主销座 18—球形支座 19—内半轴 20—半轴套管

等速万向节的内端处有止动垫片，可以防止轴向窜动、保证主销轴线通过节心、防止运动干涉。转向节壳体与上、下盖之间有调整垫片，用来调整主销轴承的预紧度和保证两个半轴的轴线重合。这是转向驱动桥装配和调整的关键部位和内容。

汽车行驶中，转矩由主减速器和差速器传给内半轴，再经球叉式万向节、外半轴和外半轴凸缘螺栓传给轮毂，驱动前轮转动，推动汽车行驶；转向时，通过转向节臂带动转向节及主销绕主销轴线相对于球形支座转动，使车轮偏转，实现汽车转向。等速万向节可保证前轮的驱动旋转和转向时偏转互不干涉，但要求上、下两段主销的轴线必须同轴并通过万向节的中心。为了减小工作中的摩擦和提高转向灵活性，可从上、下主销盖处的加油嘴注入润滑脂润滑主销；从球形支座上的加油嘴注入润滑脂润滑万向节。另外，为防止润滑脂外溢和灰尘的浸入，设有专门的密封圈装在球形支座上。

现代轿车多采用发动机前置、前轮驱动的转向驱动前桥，但这些轿车因采用独立悬架，其前桥一般为断开式。

二、车轮定位

（一）转向轮定位

为使汽车行驶稳定和操纵轻便，并减小轮胎及其他零部件的磨损，要求转向轮、转向节、前轴及车架具有一定的相对位置，这称为转向轮的定位。它包括主销后倾与内倾、转向轮外倾与前束。现以常见的整体式转向桥为例，介绍如下：

1. 主销后倾

如图 4-9 所示，主销后倾是指在汽车的纵向垂直平面内，主销轴线与垂线之间上段向后倾斜的夹角 γ。主销后倾后，其轴线的延长线与路面的交点 a 位于车轮与路面的接点 b 的前方，这样当直线行驶的汽车转向轮有偏转（图示为右偏转）时，可使汽车转向时产生的离心力所引起的路面对车轮的侧向反作用力 y，对车轮形成绕主销轴线作用的回正力矩 M，$M=y \cdot L$，其方向与车轮偏转方向相反，使车轮回转到原来位置，从而保证了汽车直线行驶的稳定性。

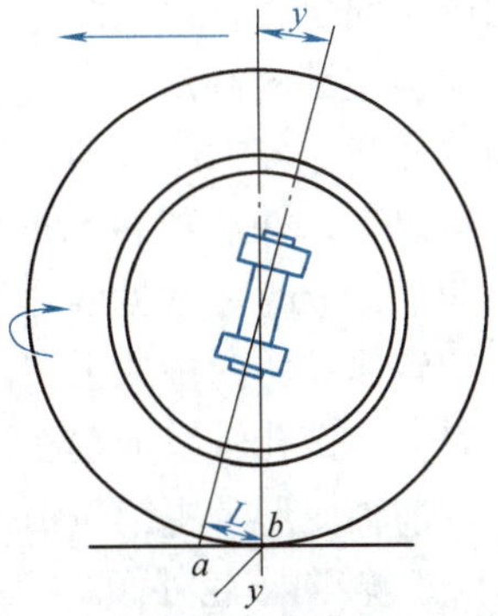

图 4-9　主销后倾

后倾角 γ 越大，车速越快，回正力矩（又称为稳定力矩）也就越大，车轮偏转后所产生的自动回正能力也就越强。但后倾角过大，在汽车转向时为了克服稳定力矩，驾驶人需在转向时使用较大的力，造成转向沉重。所以，后倾角应适宜，一般为 2°~3°。有些汽车采用低压轮胎，增加了弹性，在车轮转向时，会使轮胎弹性变形，从而使轮胎与路面的接触点后移，造成稳定力矩增大，使转向沉重，故后倾角可以选小些，甚至取负值（即主销前倾）。常见的几种汽车的主销后倾角可参照表 4-1。

主销后倾角一般是将前轴、前悬架安装到车架上时，使前轴向后倾斜而获得的。由此可知，车架变形、钢板弹簧疲劳、转向节松旷、车桥扭转变形等都将使主销后倾角发生变化。

表 4-1　常见的几种汽车的车轮定位参数

车　形	主销后倾角	主销内倾角	前轮外倾角	前轮前束值
宝马 1 系	7°2′	13°56′	−12′	14′
凯美瑞	−0°30′±45′	11°55′±45′	−0°30′±45′	0±2mm
三菱欧蓝德	3°10′±30′	12°05′±1°30′	0°00′±30′	1±2mm
保时捷 Cayenne	+8°30′	−0°15′	0°	+0°05′
速腾	2°55′	12°	0°	10°±10′
南京依维柯	7°34′±30′		−30′±30′	1. 5~2. 5

2. 主销内倾

如图 4-10 所示，主销内倾是指在垂直于汽车支承平面的横向平面内，主销轴线与汽车支承面垂线之间上端向内倾斜的夹角 β。主销内倾后，使主销轴线与地面的交点至车轮着地点之间的距离由 c 缩短到 c'，使路面作用在转向轮上的阻力对主销轴线产生的力矩减小，从而使转向操纵轻便，也减小了因路面不平而传到转向盘上的冲击力。同时，当转向轮在外力作用下绕主销旋转而偏离中间位置时，假设旋转 180°，这时车轮将陷入路面以下 h 处，实际上车轮不会陷入路面以下，而会使车轮连同整个汽车前部有向上抬高 h 的趋势。当外力消失后，转向轮就会在汽车重力作用下自动回正到旋转前的中间位置，保证汽车行驶的稳定性。

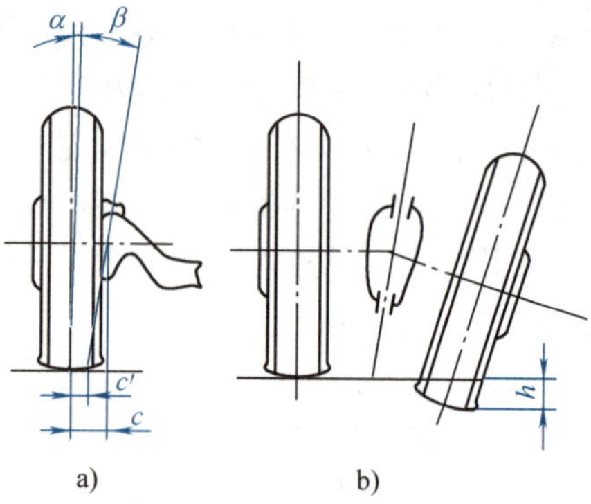

图 4-10 主销内倾

但主销内倾角过大时，转向过程中，将使车轮在滚动的同时与路面产生较大的滑动，从而增大了轮胎与路面的摩擦阻力，使转向沉重，并加速轮胎的磨损，故主销内倾角一般不大于 8°（c 为 40~60mm）。常见的几种汽车的主销内倾角可参照表 4-1。

整体式转向桥的主销内倾角是在制造前轴两端拳形部分的销孔时，使销孔轴线上端在汽车横截面内向内倾斜而实现的。

前轴变形及主销与销孔磨损都能引起主销内倾角的改变。

3. 转向车轮外倾

转向车轮安装到转向节上时，其旋转平面上端向外倾斜，这种布置称为转向车轮外倾。如图 4-11 所示，转向车轮外倾是指转向车轮旋转平面与垂直汽车支承平面的纵向平面之间，上方向外倾斜的夹角 α。转向轮外倾之后，更进一步把主销轴线与地面交点距转向轮着地点的距离由 c' 缩短到 c''，使汽车转向更轻便；而且，车轮轴承所受的垂直反作用力 Q 的轴向分力 Q_2 也压向轮毂内端，使外端小轴承及其锁紧螺母等零件承受的载荷减轻，防止车轮发生飞散现象。此外，路面设计多是中间高、两边低的拱形，转向轮外倾还可以提高其适应性。但外倾角不应过大，否则会使轮胎产生偏磨，一般前轮外倾角为 1°左右（常见的几种汽车的前轮外倾角可参照表 4-1）。有些汽车前轮外倾角采用负值，是为了防止汽车转向时车身过分倾斜。前轮外倾角是在设计转向节的结构时确定的，即转向节轴颈的轴线与主销轴线在横向垂直平面内的夹角上方大于 90°，下方小于 90°。

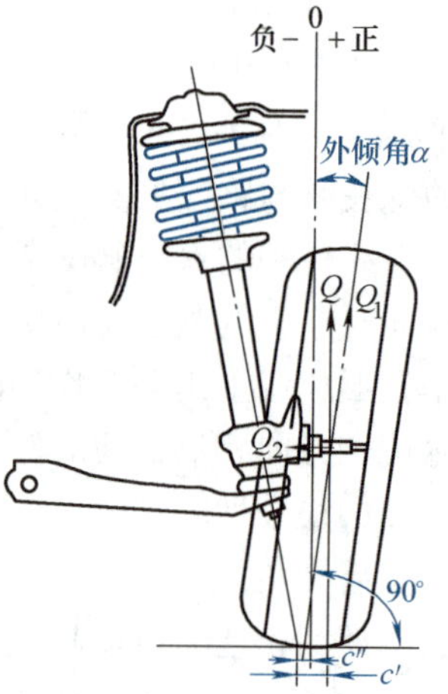

图 4-11 转向车轮外倾

4. 前轮前束

如图 4-12 所示，前轮前束是指汽车在直行位置时，前轮轴心水平面上两前轮后端距离 A 与前端距离 B 的差值。前轮前束的目的是消除前轮外倾产生的副作用。

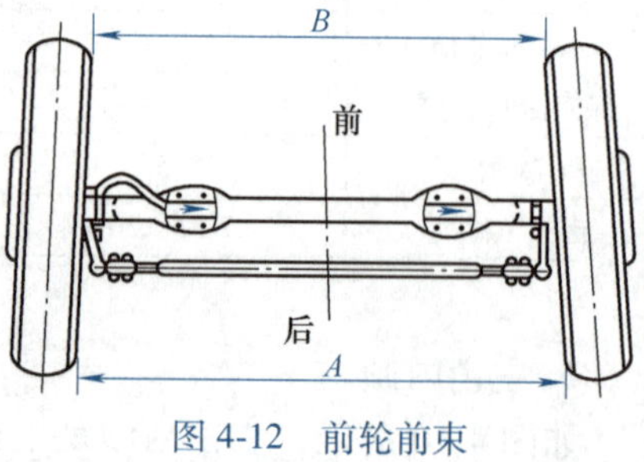

图 4-12 前轮前束

由于前轮外倾，汽车在行驶的过程中，两个前轮将类似于两个锥体各自向外侧滚动，但由于车桥和转向横拉杆的约束，它们在路面上向外滚动的同时又被强制地拉向内侧，产生向内的侧滑，加剧了轮胎磨损。前轮有了前束之后，则两前轮滚动的轨迹是向内侧偏斜，即保证直线行驶。

当前束值与车轮外倾角配合适宜时，车轮向内、外侧滚动的偏斜量就会相互抵消，从而使前轮滚动方向始终都朝着正前方，消除了侧滑，减轻了轮胎磨损。一般汽车的前束值为0~12mm，可以通过改变转向横拉杆的长度来进行调整。

由于外倾角有的为负值，而前束是为了协调外倾的不良后果，因此，前束值也可减小或为负值。高速汽车很重视前、后轮胎轨迹的重合性。只有轨迹重合，才利于汽车提高车速，直线行驶稳定，使前、后轮胎相对横向滑移量减小。为此，有的高速汽车后轮也有外倾和前束。

（二）后轮定位

1. 后轮外倾角

像前轮外倾角一样，后轮外倾角也对轮胎磨损和操纵性有影响。理想状态是四个车论的运动外倾角均为零，这样轮胎和路面接触良好，从而得到最佳的牵引性能和操纵性能。

后轮外倾角不是静态的，它随悬架的上下移动而变化。车辆加载后悬架下沉就会引起车轮外倾角改变。为了对载荷进行补偿，采用独立后悬架的大多数车辆常有一个较小的正后轮外倾角。

2. 后轮前束

如同前轮前束一样，后轮前束也是后轮定位的一个重要项目。如果前束不当，后轮轮胎也会被擦伤，另外也会引起转向不稳定及降低制动效能。像后轮外倾角一样，后轮前束也不是一个静态量，悬架摇动和反弹时，它就要起变化。滚动阻力和发动机转矩对它也有影响。对于前驱车辆，前驱动轮宜前束，后从动轮宜负前束。而后驱动车辆则相反，前轮宜负前束，独立悬架的后驱动轮应尽可能为前束。

如果后轮前束不符合技术要求，就要影响轮胎磨损和转向稳定性，其影响程度与前轮前束相同。

车轮与轮胎是汽车行驶系统中的重要组成部分，位于车身与路面之间起支承汽车和装载质量的作用；传递汽车与路面之间的各种力和力矩；缓冲车轮受路面颠簸时引起的振动；保持汽车的行驶方向等。

（三）四轮定位

1. 推力角

如图 4-13 所示，推力角是汽车的几何中心线与后轮的指向（即推力线）之间形成的角度。

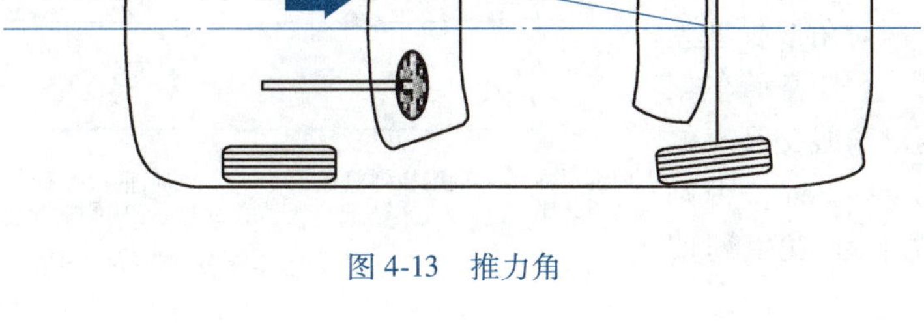

图 4-13　推力角

如果后轮指向正前方，轴向推力线和汽车几何中心线一致，则推力角为零。当汽车直线行驶，后轮驱动汽车沿着推力线前进，因此零推力角是理想的。

调整后轮前束的同时应该调整推力角，但是后悬架设计可能不允许根据后轮前束的变化调整推力角。如果推力角不能调整，与其让前轮根据汽车几何中心线定位，不如根据推力线定位。如果前轮与汽车几何中心线对准，而后轮沿着一条不与几何中心线平行的推力线驱动，则将出现转向轮扭曲、行驶过程中前轮外倾和前束不正确、轮胎加速磨损或跑偏等。

2. 包容角

如图 4-14 所示，主销内倾角与车轮外倾角之和即包容角。

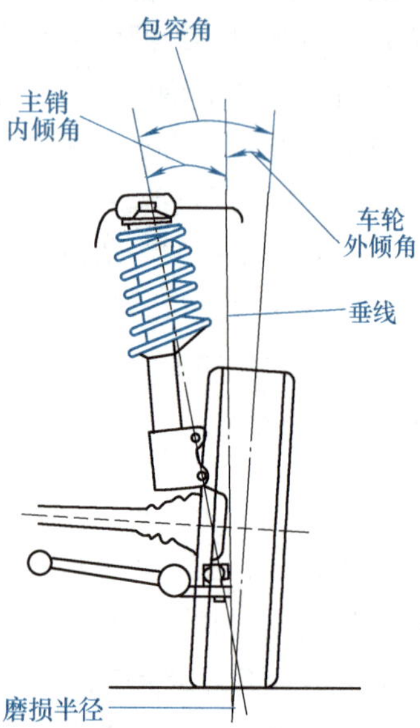

图 4-14 包容角

大部分汽车的包容角是不变的，即前轮外倾角每增加多少，主销内倾角就相应减少了多少；而前轮外倾角每减少了多少，主销内倾角就相应增加多少。它可以作为检测角，诊断悬架系统的故障；还可以确定偏置距的值，从而保证转向的轻便性、汽车加速和制动时的方向稳定性，减少轮胎磨损。

资讯三 车架检修

车架是汽车的骨架，在使用过程中，由于承受着很复杂的力，会产生变形、裂纹、腐蚀和连接松旷等缺陷。车架通常在汽车大修时才进行修理，检修的方法如下：

一、变形的检修

1. 车架变形检查

边梁式车架的变形主要是弯曲和扭曲，常用“对角线”法检查。

如图 4-15 所示，以钢板弹簧支座上钢板销承孔的轴线为基准，构成三个矩形框，测量每个矩形框两条对角线的长度差及平面位置误差，从而来判断车架在垂直方向和水平方向上的变形。检查前应做好相应的准备，主要有：左、右各钢板弹簧支座上的钢板销孔同轴度误差不大于 2mm，否则应先校正；纵梁上翼面与腹面的直线度公差为 1000：3mm，纵梁全长不大于 1%；车架宽度公差为 -3～+4mm；纵梁腹面对于上翼面的垂直度公差为腹面高度的 1%。

对角线检查的技术条件是，常用细钢丝作对角线，并用专用工具牵引拉紧；两对角线长度差不得大于 5mm，否则表示车架有水平扭曲；两对角线交叉点的位置误差不得大于 2mm，否则说明车架垂直方向上发生翘曲变形。

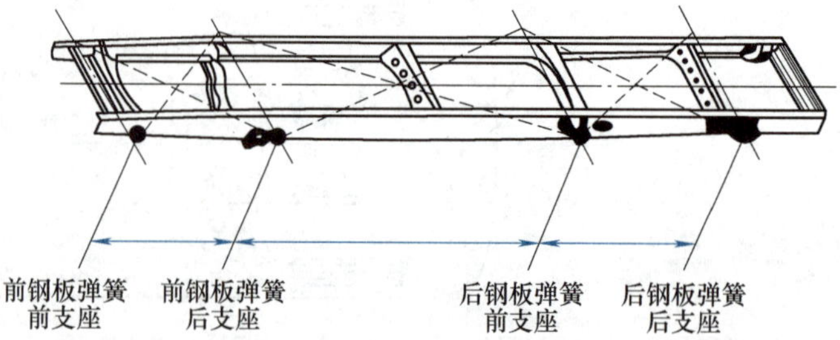

图 4-15 车架变形的检查

2. 车架变形的检修

车架有变形，应进行校正。校正可采用整体校正和分体校正。校正合格后，再进行其他项目修理。

二、车架裂纹的焊修

车架焊修的具体操作工艺要求如下：

1）认真清洁除锈，特别要彻底清除裂纹两侧的漆层。

2）在裂纹两端打止裂孔、开 V 形坡口。

3）选择适宜的焊条，一般用低氢焊条。

4）选择适宜的电源和电流，最好是直流电源、大电流。

5）采用反接法，即主件为阴极、焊条为阳极，以防母材溶解过多。最好是选用多层多道焊，施焊中锤击剪应力，以提高焊接质量。在施焊时，若当时当地环境温度低于 0℃ 时，接头周围应预热至 100℃，焊后应预热保温一段时间。

三、车架铆钉松动的修理

当车架纵、横梁的铆钉松动后，将影响车架的刚度和弹性。修理时，一般是用砂轮或钻头去掉旧铆钉，使孔径扩大 0.5~1mm，换用加粗的铆钉，一般是把铆钉加热，在热态下铆合。铆合后，要求铆接头的飞边不大于 3mm，铆接头与板材缝隙不大于 0.10mm。

单元训练　车轮定位调整

一、训练内容

车轮定位的调整。

二、训练目标

1）了解四轮定位仪的使用注意事项。

2）掌握四轮定位仪的正确使用方法。

3）掌握车轮定位前的准备工作。

4）巩固车轮定位参数的作用。

5）能够进行车轮定位的正确调整。

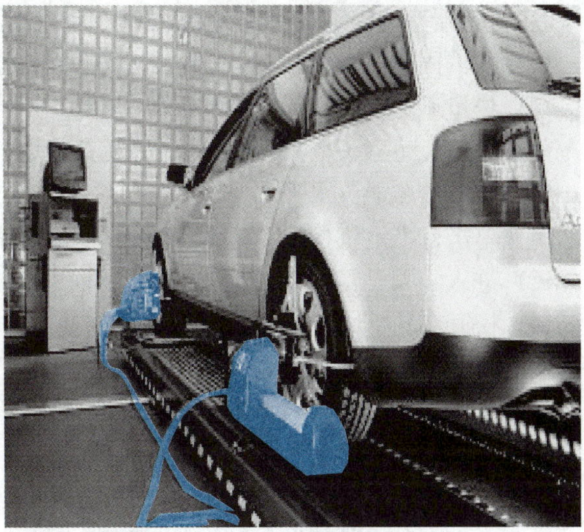

图 4-16　四轮定位仪

三、工具与设备

大众捷达或桑塔纳轿车、四轮定位仪(见图 4-16)及其附属元件、空气压缩机、充气与气压测量装置一套、调整工具、四柱举升器、防护用具(三件套)、常用工具若干等。

四、训练流程

1. 定位前的准备工作

四轮定位前的准备工作见表 4-2。

表 4-2 四轮定位前的准备工作

检查项目	检查方法及注意事项
整备质量	主要是保证汽车空载的状态，去掉不计在整备质量内的物品；注意有的汽车对行李箱、工具箱或燃油箱量做出限量要求
轮　　胎	同轴的轮胎型号、气压和磨损程度是否一致；做车轮动平衡及径向圆跳动检查
减振器与滑柱	观察减振器是否漏油（用眼观察或进行弹跳实验）；滑柱上支座轴承间隙是否过大；螺栓是否松动；橡胶衬套或缓冲块是否破损
车轮轴承	检查轴承造成的车轮转动异响（判断轴承失效）；检查轴承间隙（车轮是否有水平移动量）；如有问题，必须进行清洁、更换或调整
摆臂、衬套和球头	检查摆臂是否弯曲变形；摆臂衬套是否磨损松旷；球头是否有径向或轴向移动，发现问题必须更换。注意：检查这一项，需要把车辆支起

2. 汽车四轮定位检测步骤

1）将汽车驶入举升台，前轮正好位于角盘中心。

2）停稳后拉紧驻车制动，确保车辆不移动。

3）进入显示屏主界面。

4）然后进入系统管理界面。

5）进入使用者资料界面，键入使用用户资料。

6）单击客户资料，填写客户信息。

7）单击车型数据，进入车型界面，选择车型数据。

8）单击系统设置在系统面板中，选择实测模式［常规车］。

9）传感器头按规定安装在夹具后，安装在四个车轮上。

10）卡爪固定在轮辋外圆[或内圆]，卡爪深浅一致。

11）尽量避免卡在变形较大的位置，并旋转手柄以锁紧夹具。

12）按下传感器头电源键[power]，使其通电。

13）调节传感器头水平。

14）单击标准定位检测“进入”选择车型界面，选择车型。

15）进入步骤设置，“界面”选择测量前准备。

16）松开车轮下面转盘，滑板的限位装置。

17）荧屏显示“调整并锁紧转向盘”。

18）从机柜上取出转向盘固定架和制动踏板固定架。

19）先将转向盘摆正后，左右自由转动，角“间隙”相等。

20）再将转向盘架固定在驾驶座椅上，压下手把顶住转向盘。

21）进入“偏心补偿”功能，按照屏幕提示举起车身，使车轮悬空。

22）按屏幕提示，顺时针旋转车轮，90°、270°、360°的操作即可完成一个转轮的偏心补偿测试，在旁边会显示其参数，其余全车轮依次操作，即可完成。

23）四个车轮补偿全部完成后单击“确定”按钮，放下车身。

24）双手按压车身，检车悬架以及滑板是否正常。

25）主销测量。

26）先用制动板固定所有的制动装置，包括驻车制动器、行车制动装置和锁紧车轮。

27）去掉转向盘固定架。

28）调节传感器头水平。

29）按照界面上箭头所指方向，转动转向盘，直到小球道绿色区域。

30）按照界面上指示，完成所有调整并紧固荧屏转向盘，确保主销测量结果不会变动。

31）按“确定”键，逐渐转至调整前测显示且一并调整前、后相关参数。

32）前、后轮的前束角、轮胎外倾角、推力角、轴距差、主销内倾角和主销后倾角等结果。

33）进入后轮调整界面，按照界面所示参数内容，对某项不合格的数据进行实车维修与调整。

34）进入前轮调整界面，按照界面所示参数内容，对某项不合格数据进行实车维修与调整。

35）调整好后，再次进行主销测量。

36）至显示“主销测量结果”，调整后测量，按确定键，弹出打印，按键保存并打印该报表，至此测试完毕。

单元三　车轮构造与维修

资讯一　车轮构造

汽车车轮总成由车轮和轮胎两大部分组成，是汽车行驶系统的重要部件，如图 4-17 所示，其主要功用是：

车轮作用

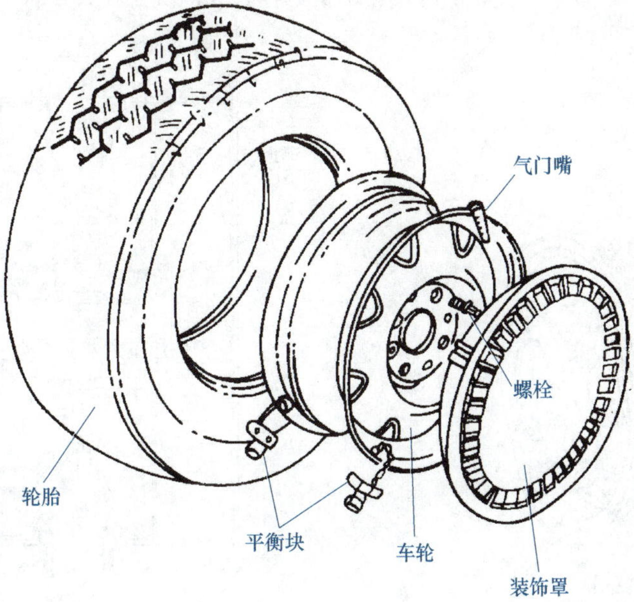

图 4-17　车轮总成

1）支承整车质量。

2）缓和由路面传递来的冲击载荷。

3）通过轮胎和路面之间的附着作用，为汽车提供驱动力和制动力。

4）产生平衡汽车转向离心力的侧向力，以便顺利转向，并通过轮胎产生的自动回正力矩，使车轮具有保持直线行驶的能力。

此外，车轮和轮胎（特别是轿车轮胎）是汽车重要的安全件。所有的汽车行驶性能都与轮胎有关。

一、车轮的结构形式

车轮通常由轮辐与轮辋组成，轮辐固定在车桥轮毂上，轮辋上安装轮胎，它们一起旋转并承受车重和各种作用力及力矩，使汽车平顺行驶。轮辐的结构为辐板式和辐条式两种。

1. 辐板式车轮

轿车和货车上广泛采用这种车轮。如图 4-18 所示，它由挡圈、轮辋、辐板和气门嘴伸出口组成。辐板多为冲压制成，少数是和轮毂铸成一体的（常用在重型汽车上）。轿车轮辐选用的板料较薄，常冲压成起伏多变的形状，以确保有足够的刚度；载货汽车的辐板用材较厚，为减轻质量，其上加工有孔，以利于制动鼓散热和气门芯的安装拆卸。辐板上加工有与轮毂连接的锥形安装孔，一般为 6 个。

由于货车后轴负荷大，后桥车轮多采用双胎式，即在同一轮毂上安装两套辐板和轮辋，如图 4-19 所示。为了便于互换，辐板的螺栓孔两端面都做成锥形。内轮辐板靠在轮毂凸缘的外端面上，用具有锥形端面的特制螺母固定在螺栓上，螺母还具有外螺纹。外轮的辐板紧靠着内轮辐板，并用锁紧螺母固定。这种双螺母固定形式，一般汽车两侧车轮螺纹采用不同旋向。例如：解放 CA1091 型汽车左侧为左旋螺纹，右侧为右旋螺纹，可防止行驶中螺母自行松脱。有些汽车（如黄河 JN1150D 型汽车）上，后桥双胎式车轮采用的是单螺母固定，用球面弹簧垫圈来防止自行松脱，车轮上固定辐板的螺栓都用右旋螺纹，这就提高了标准件的通用性，减少了零件品种。辐板固定螺栓、螺母主要有双螺母式、单头螺栓式和双头螺栓式 3 种。

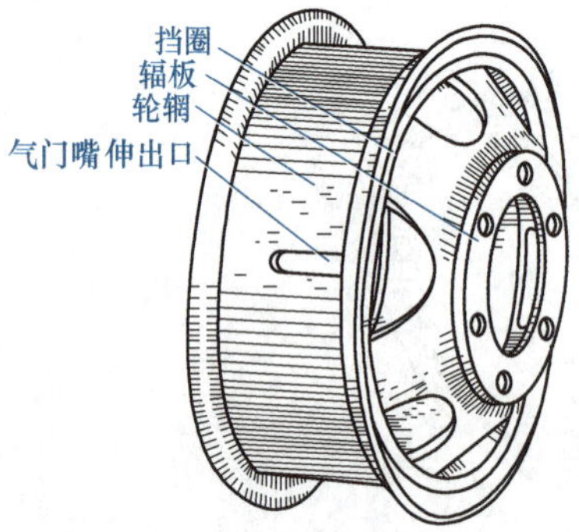

图 4-18 辐板式车轮

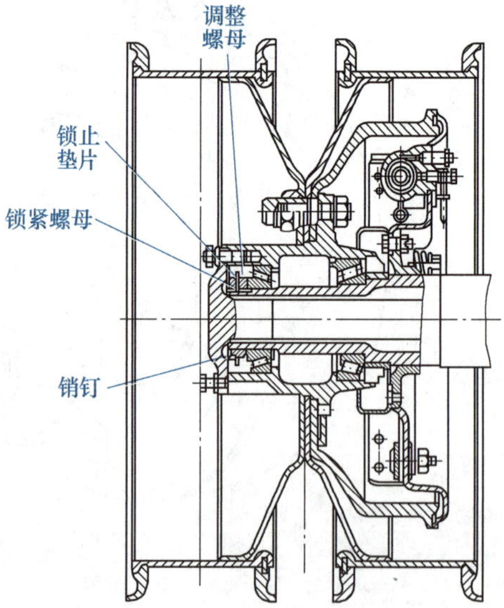

图 4-19 载货汽车双胎式后轮

2. 辐条式车轮

辐条式车轮按辐条结构分为钢丝辐条式和铸造辐条式。钢丝辐条式车轮(见图4-20a)一般造价昂贵、维修安装不方便，主要用于赛车和一些高级轿车上。铸造辐条式车轮(见图4-20b)常用于重型货车上，辐条与轮毂铸成一体，轮辋是用螺栓和特殊形状的衬块固定在辐条上。为了使轮辋和辐条很好地对中，在轮辋和辐条上都加工有配合锥面。

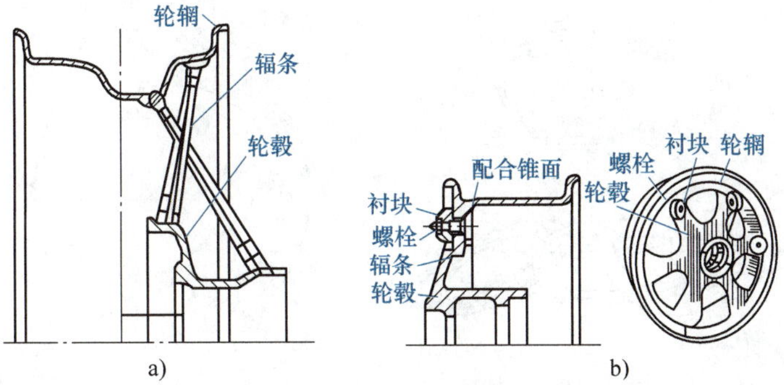

图4-20　辐条式车轮

a）钢丝辐条　b）铸造辐条

二、轮辋

常见的轮辋结构有深槽式、平底式、半深槽式、深槽宽轮式、平底宽轮式和全斜底轮式等，如图4-21所示。

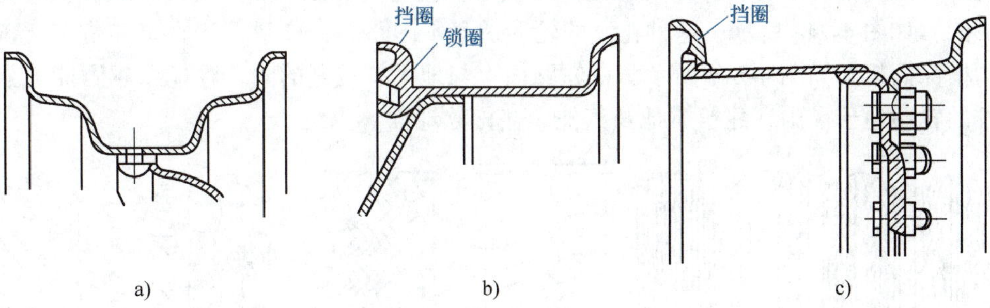

图4-21　轮辋断面形式

a）深槽式轮辋　b）平底式轮辋　c）对开式轮辋

资讯二　轮胎构造

一、轮胎的结构

轮胎必须具有较好的弹性和承受载荷的能力，与路面直接接触的胎面还应具有足够的附着性能。目前应用得最为广泛的充气轮胎，按轮胎内空气压力的大小不同，可分为高压胎、低压胎和超低压胎3种；按保持空气方法的不同，可分为有内胎轮胎和无内胎轮胎两种；按胎体帘布层帘线粘接方式的不同，可分为普通斜交线轮胎、子午线轮胎和带束斜交轮胎。为了满足不同的需要和适应不同的工作条件，轮胎有多种多样的结构和花纹。

1. 普通轮胎

普通充气轮胎主要由外胎、内胎和胎垫等组成，如图 4-22 所示。

(1) 外胎　如图 4-23 所示，外胎包括胎面、帘布层、缓冲层和胎圈。胎面是轮胎的外表面，分为胎冠、胎侧和胎肩三部分。胎冠用耐磨橡胶制成，它与路面直接接触，并产生摩擦阻力，以满足车辆行驶和制动的要求；同时，保护帘布层和内胎免受路面造成的磨损。

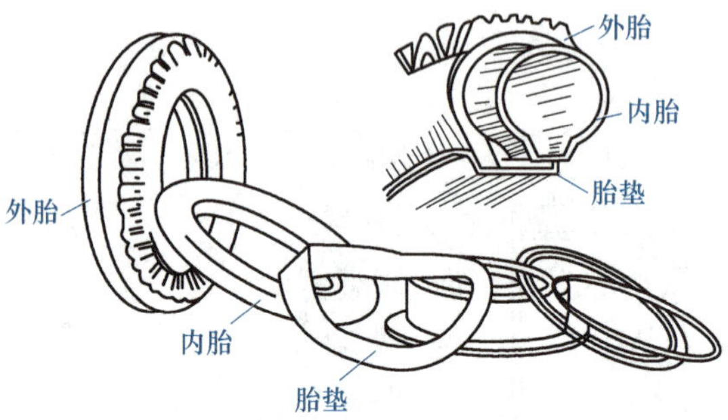

图 4-22　普通充气轮胎的组成及外胎的结构

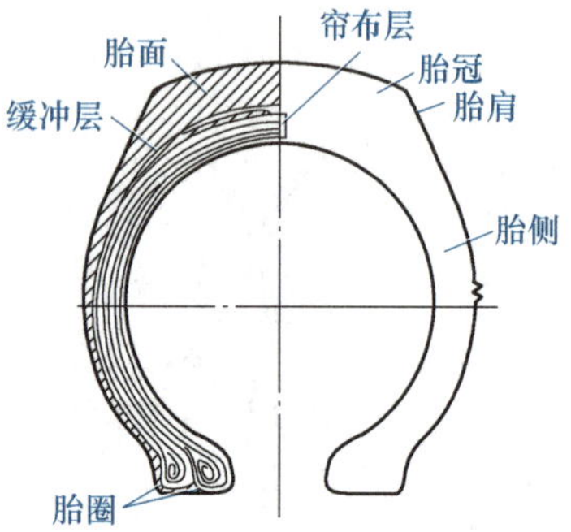

图 4-23　外胎的结构

轮胎结构

为使轮胎与地面有良好的附着性能、防止横向滑移，胎面上制有各种形状的花纹，常见的有普通花纹、组合花纹和越野花纹 3 种，如图 4-24 所示。普通花纹的特点是花纹细而浅、花纹块接地面积大，因而耐磨和附着性较好。其中，普通花纹的纵向折线花纹形(见图 4-24a)是由几组沿轮胎圆周分布的锯齿形沟槽构成，这种花纹的轮胎适合于在较好的硬路面上高速行驶，广泛用于轿车、客车及货车等各种车辆。横向花纹形(见图 4-24b)是沿轮胎宽度方向加工成沟槽，这种花纹的轮胎适用于货车。组合花纹是由纵向折线花纹和横向花纹组合而成的，如图 4-24c 所示，这种花纹的轮胎适于不同路面，广泛用于客车和货车。越野花纹的沟槽深而粗，如图 4-24d 所示，在软路面上与地面有较好的附着性能，越野能力强，这种花纹的轮胎适于矿山、建筑工地及其他一些松软地面。

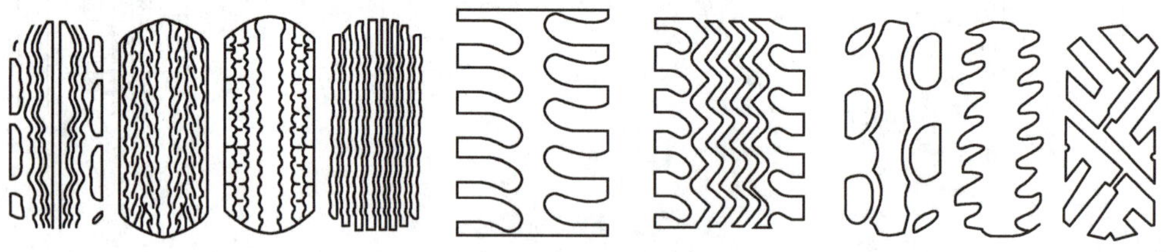

a)　b)　c)　d)

图 4-24　胎面花纹

a)、b) 普通花纹　c) 组合花纹　d) 越野花纹

胎侧是贴在帘布层侧壁的薄橡胶层，用来保护该处帘布层不受机械损伤和泥水侵蚀。胎肩是比较厚的胎冠与较薄的胎侧间的过渡部分，也制有花纹，利于散热。

图 4-23 中的帘布层 4 是外胎的骨架，为确保外胎的形状和尺寸，必须具有足够的强度。帘布层通常由双数的多层挂胶布用橡胶贴合而成，而且相邻层的帘线交叉排列(它与胎面中心面的夹角一般为 48°~55°)。帘布层数越多，轮胎的强度越大，但其弹性将随之下降。目前常用的帘线有棉线、人造丝、尼龙和钢丝等。

缓冲层 2 用来连接胎面和帘布层，一般由两层或数层较稀疏的帘布与橡胶制成，有较大的弹性。其作用是加强胎面与帘布层之间的结合强度，防止汽车紧急制动时胎面与帘布层脱离，并缓和汽车行驶时所受到的冲击力。

胎圈 1 主要由钢丝、帘布层包边和胎圈包布组成，其刚度和强度很大，作用是使外胎能牢固地安装在轮辋上。

（2）内胎与胎垫　内胎是一个环形的橡胶管，上面装有气门嘴，用来充入或排出空气。内胎尺寸一般应稍小于外胎的内壁尺寸，这可有效防止充气状态时产生皱褶。

胎垫是一个环形橡胶带，安装在内胎与轮辋之间，主要是用来保护内胎不被轮辋和胎圈磨伤。

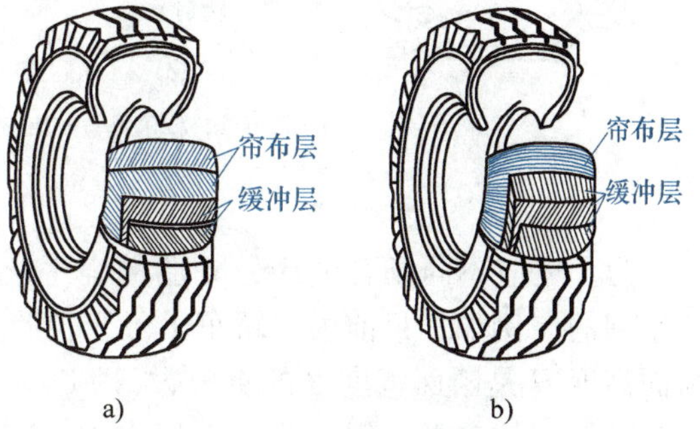

图 4-25　子午线轮胎

a）普通轮胎　b）子午线轮胎

2. 子午线轮胎

如图 4-25 所示，子午线轮胎主要有以下特点：

1）帘布层的帘线与胎面对称面的夹角接近 90°，从一侧胎边穿过胎面到另一侧胎边（像地球仪上的子午线，因此而得名），这样其强度便得到了充分利用，帘布层数量可比一般轮胎少 40%~50%。

2）帘线在圆周方向上仅靠橡胶连在一起。为了提高轮胎承受行驶中产生的较大切向力，子午线轮胎采用了与胎面对称面夹角较小的多层（10°~20°）类似缓冲层的带束层，采用强度较高、拉伸变形很小的织物帘布或钢丝帘布制造。

3）子午线轮胎弹性大、滚动阻力小、耐磨性好、附着性能和缓冲性能好、承载能力大，胎冠部分抗穿刺能力强，但胎侧容易裂口，侧向稳定性较差，而且制造成本高。

3. 无内胎充气轮胎

如图 4-26 所示，它没有内胎和衬带，空气直接充入外胎内，主要靠气压作用使外胎、轮辋及两者之间紧密嵌合，来保证其密封性。为了提高密封性，其外胎内壁上附加了一层厚 2~3mm 的橡胶层。无内胎轮胎遇刺穿孔时，小刺孔会自行粘住，因此压力不会急剧下降，只有在轮胎爆裂时才会失效。因为它没有内、外胎之间的摩擦，且通过轮辋直接散热，所以工作中温度较低，适宜高速行驶。目前，轿车上广泛采用的就是无内胎轮胎。

二、轮胎尺寸规格的标记方法

（1）普通斜交轮胎　我国的标记方法和大多数国家的标记方法一样，如图 4-27 所示，高压胎一般用 $D \times B$ 来表示，低压轮胎用 B—d 表示，B 为轮胎断面宽度，d 为轮辋直径，单位为英寸（in）。例如 34×7，表示轮胎直径为 34in、轮胎断面宽度为 7in 的高压轮胎；9.00-20，表示轮辋直径 d 为 20in、轮胎断面宽度 B 为 9in 的低压轮胎。

（2）子午线轮胎　用 BRd 表示，d 的含义与上述相同，R 代表子午线轮胎，B 表示子午线轮胎的断面宽度；但国产轿车上子午线轮胎的 B 采用米制单位（mm），载货汽车上子午线轮胎的 B 有英制和米制单位两种标定方法，使用时应注意与轮辋直径一致；而轮辋直径 d 的单位仍为英寸。

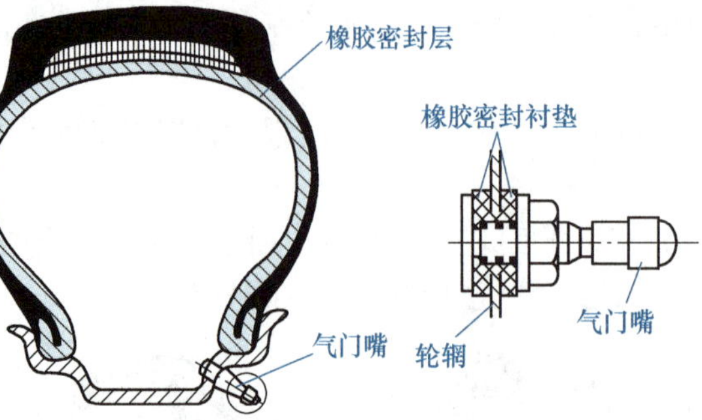

图 4-26 无内胎充气轮胎

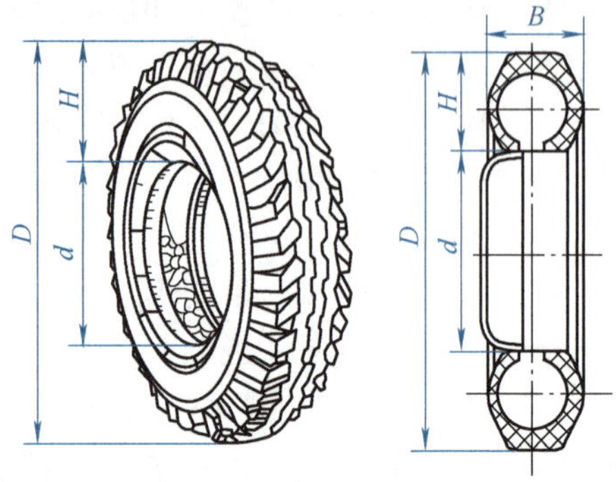

图 4-27 轮胎尺寸标记

D—轮胎名义直径 *d*—轮辋直径

H—轮胎断面高度 *B*—轮胎断面宽度

为了适应不同场合使用，轮胎的扁平化趋势越来越大，所以轮胎也有用高宽比来划分系列的。例如：目前国产轿车子午线轮胎有 80、75、70、65 和 60 五个系列。数字表示断面高度 *H* 是断面宽度 *B* 的百分数(即 80%、75%、70%、65%、60%)，数字越小、胎越矮，也就是轮胎越扁平。例如轮胎上标定 105/60HR13，其中 105 为轮胎断面宽度为 105mm；60 为轮胎高宽比(%)、13 为轮辋名义直径英寸；H 为速度等级，限速为 210km/h；R 为子午线结构代号。美国规定轿车轮胎标记符号前加 "P"，如切诺基轿车的轮胎规格标记为 P215/75R15。

(3) 无内胎轮胎的规格 也用 *BRd* 表示。例如 8R22.5 的含义是：8 表示轮胎名义断面宽度为 8in，R 为子午线结构代号，22.5 为无内胎轮辋名义直径值，单位为英寸。但有一些子午线无内胎轮胎，在标记符号后加注 "TL" 标志，如 7.00R16.5TL、205/70SR15TL 等 ("TL"表示无内胎轮胎)。

(4) 轮胎的层数 用 "PR" 表示，它不代表实际层数，只表示可承受的载荷。一般标在轮辋直径后，用 "—" 连接。例如：9.00-20—12PR，表示可承受相当于 12 层棉帘线的负荷。有的在层级后同时标明帘线材料类型，我国的代号为：M—棉线，R—人造丝，N—尼龙。

资讯三 车轮、轮胎的常见故障及分析

一、车轮的常见故障

轮毂轴承用于支承车轮轮毂，轮毂用一对圆锥滚子轴承支承。

轮毂轴承过松，会造成车轮摆振及行驶不稳，严重时还能使车轮甩出。

轮毂轴承过紧，会造成汽车行驶跑偏。全部轮毂轴承过紧时，会使汽车滑行距离明显下降。轮毂轴承过紧会使汽车经过一段行驶后，轮毂处温度明显上升，有时甚至使润滑脂溶化而容易甩入制动鼓内，使制动性能下降。

二、轮胎的常见故障

1. 胎肩或胎面中间磨损

(1) 现象 如图 4-28 所示，轮胎的胎肩和胎面出现了磨损。

(2) 故障原因 集中在胎肩上或胎面中间的磨损，主要是由于未能正确保持充气压力

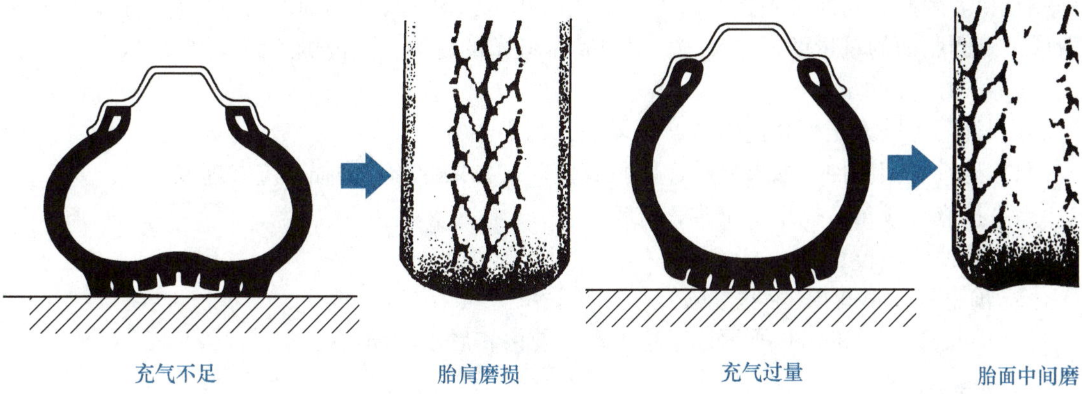

图 4-28　胎肩或胎面中间磨损

所致。如果轮胎充气压力过低，轮胎的中间便会凹入，将载荷转移到胎肩上，使胎肩磨损快于胎面中间。另一方面，如果充气压力过高，轮胎中间便会凸出，承受了较大的载荷，使轮胎中间磨损快于胎肩。

（3）故障排除步骤

1）检查是否超载。

2）检查充气压力。如果充气过量或充气不足，应调整充气压力。

3）调换轮胎位置。

2. 内侧或外侧磨损

（1）现象　图 4-29 所示为轮胎的内侧或外侧磨损。

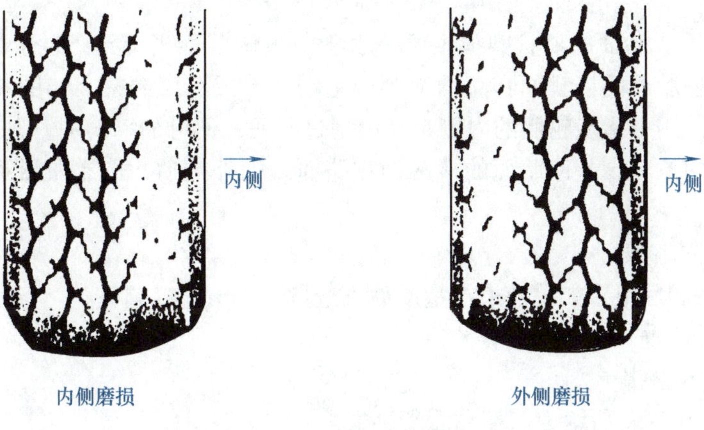

图 4-29　轮胎的内侧或外侧磨损

（2）原因

1）在过高的车速下转弯会造成转弯磨损。转弯时轮胎滑动，便产生了斜形磨损。

这是较常见的轮胎磨损原因之一。驾驶人所能采取的唯一补救措施，就是在转弯时降低车速。

2）悬架部件变形或间隙过大，会影响前轮定位，造成不正常的轮胎磨损。

3）如果轮胎面某一侧的磨损快于另一侧的磨损，其主要原因可能是外倾角不正确。由于轮胎与路面接触面积大小因载荷而异，对具有正外倾角的轮胎而言，其外侧直径要小于其内侧直径。因此，胎面必须在路面上滑动，以便其转动距离与胎面的内侧相等。这种滑动便造成了外侧胎面的过量磨损。反之，具有负外倾角的轮胎，其内侧胎面磨损较快。

（3）故障排除步骤

1）询问驾驶人是否高速转弯，如果是，则要避免。

2）检查悬架部件。如果松动，则将其紧固；如果变形和磨损，应修理或更换。

3）检查外倾角。如果不正常，应校正。

4）调换轮胎位置。

3. 前束和后束磨损（羽状磨损）

（1）现象　如图 4-30 所示，车轮出现了前束和后束磨损。

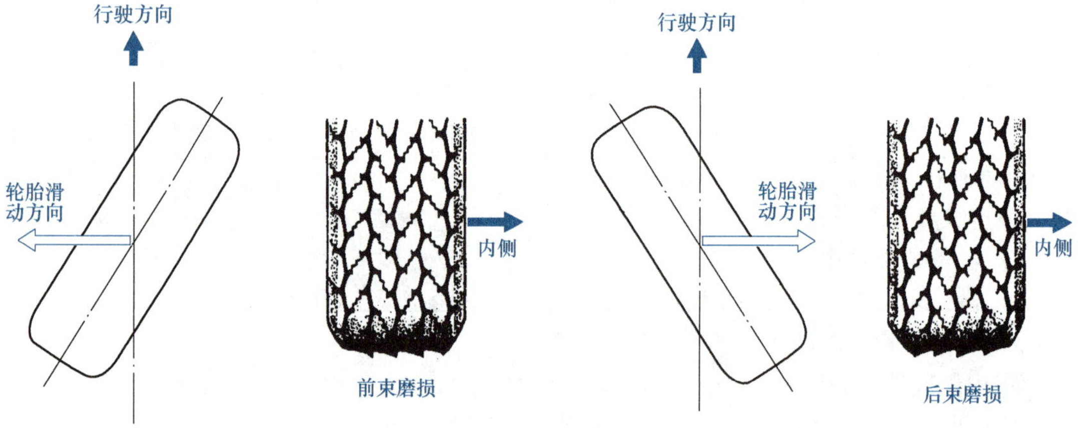

图 4-30　前束和后束磨损

（2）故障原因　胎面的羽状磨损主要是由于前束调节不当所致，过量的前束会迫使轮胎向外滑动，并使胎面的接触面在路面上朝内拖动，造成前束磨损。如图 4-29 所示，胎面呈明显的羽毛形，用手指从轮胎的内侧至外侧划过胎面，便可加以辨别。另一方面，过量的后束会将轮胎向内拉动，并使胎面的接触面在路面上朝外拖动，造成如图 4-29 所示的后束磨损。

（3）故障排除步骤

1）检查前束和后束。如果前束过量或后束过量，应该加以调整。

2）调换轮胎位置。

4. 前端和后端磨损

（1）现象　图 4-31 所示为前端和后端磨损。

（2）故障原因

1）前端和后端磨损是一种局部磨损，常出现在具有横向花纹和区间花纹的轮胎上，胎面上的区间发生斜向磨损（与鞋跟的磨损方式相同），最终变成锯齿状。

2）具有纵向折线花纹的胎面，磨损时会产生波状花纹。

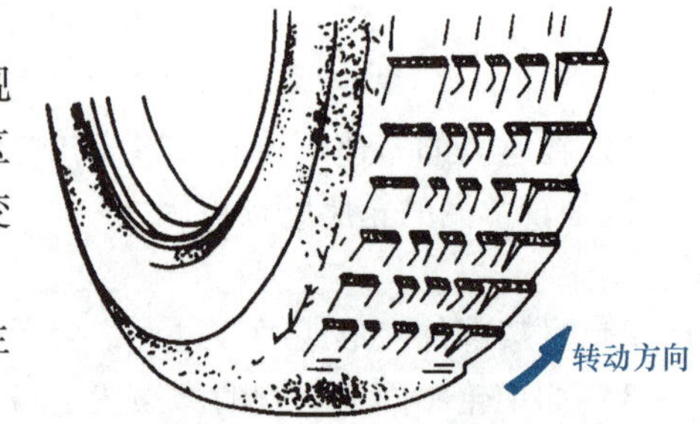

图 4-31　前端和后端磨损

3）非驱动轮的轮胎只受制动力的影响，而不受驱动力的影响，因此往往会有前、后端形式的磨损，如反复使用和放开制动器，便会使轮胎每次发生短距离滑动而磨损，前后端磨损的形式便与这种磨损相似。

4）另一方面，如果是驱动轮的轮胎，则驱动力所造成的磨损，会在制动力所造成的磨损的相反方向上出现，所以驱动轮轮胎极少出现前、后端磨损。客车和大货车由于制动时产生了大得多的摩擦力，故具有横向花纹的轮胎，便会出现与非驱动轮相似的前、后端磨损。

（3）故障排除步骤

1）检查充气压力。如果充气不足，将其充至规定值。

2）检查车轮轴承。如果磨损或松动，应更换或调整。

3）检查外倾角和前束。如果不正确，应加以调整。

4）检查轴颈或悬架部件。如果损坏，应修理或更换。

5）调换轮胎位置。

单元训练一　车轮的拆装

一、训练内容

1）车轮的拆装。

2）轮胎的拆装。

二、训练目标

1）掌握车轮和轮胎的拆修。

2）掌握车轮换位的操作方法。

三、工具与设备

1）货车、桑塔纳轿车各 1 辆。

2）轮胎拆装机、空气压缩机、轮胎充气工具、手动轮胎拆装工具、三角马凳、5t 液压千斤顶、厚木方若干、轮胎扳手和举升机。

3）清洗剂、钢丝刷、润滑脂和棉纱等耗材。

四、训练流程

（一）车轮总成的拆卸

1）停稳车辆，用三角木定位各车轮。

2）如图 4-32 所示，取下车轮上的装饰罩，弄清汽车左、右侧车轮与轮毂连接螺栓的螺旋方向，使用车轮螺母拆装机或用套筒扳手初步拧松各连接螺母。

3）用千斤顶顶在指定的位置，使被拆车轮稍离地面（一定要牢靠，避免移动发生事故；最好做保护，用三角马凳支撑与厚木方叠加作为防护）。也可将车辆停在举升架上，升起车辆，使车轮稍离地面。

4）拧下车轮与轮毂连接的全部螺母，取下垫圈，并摆放整齐。

5）边向外拉边左右晃动车轮，从车轴上取下车轮总成。

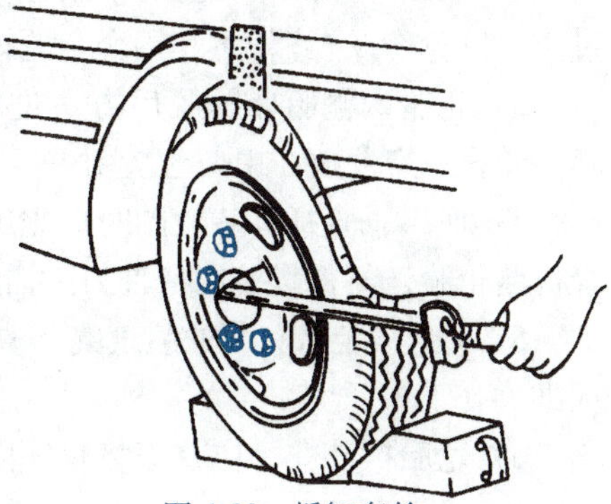

图 4-32　拆卸车轮

（二）车轮总成的安装

1）顶起车桥，套上车轮(有些车辆的车轮安装有标记要求,一定要对正标记)，将螺母初步拧在螺柱上。

2）如图4-33所示，放下车轮并在车轮前、后用三角木掩住，用扭力扳手或车轮螺母拆装机，按对角线顺序分2~3次拧紧车轮螺母，最后一次要按规定力矩拧紧。

3）安装后轮双胎时，要先拧紧内侧车轮的内螺母，再装外侧轮胎。在安装过程中，应用千斤顶分2次顶起车桥，分别安装内、外两个车轮。双轮胎高低搭配要合适，一般较低的胎装于内侧，较高的胎装于外侧。注意：内侧轮胎和外侧轮胎的气门嘴应互成180°位置。

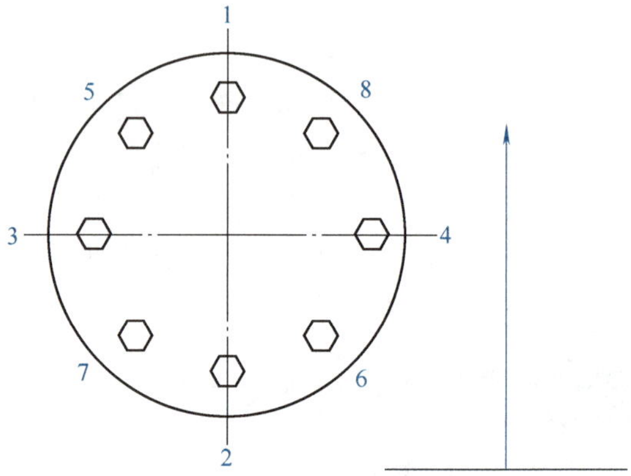

图4-33 车轮螺母紧固顺序

（三）轮胎的拆装

目前轿车几乎都是采用无内胎的子午线轮胎，常使用轮胎拆装机进行拆装轮胎。

1. 轮胎拆装要求

1）拆装轮胎要在清洁、干燥、无油污的地面上进行。

2）拆装轮胎要用专用工具，不允许用大锤敲击或其他尖锐的用具拆胎。

3）外胎、内胎、垫带和轮辋必须符合规格要求，才能组装。要特别注意子午线轮胎胎圈部分的完好。

4）内胎装入外胎前，必须紧固气门嘴，以防漏气，并在外胎内部和垫带上涂上滑石粉。

5）气门嘴的位置应装在轮辋气门嘴孔中。胎侧有平衡标记(彩色胶片)的，标记应在与气门嘴相对的位置上，以便于平衡。轮辋上有平衡块的，应用动平衡机进行平衡调整。

6）安装有向花纹的轮胎，应注意滚动方向的标记。拆装子午线胎应做记号，使安装后的子午线胎滚动方向保持不变。

2. 轮胎拆装机安全操作规程

1）操作前应按适用范围选择尺寸，轮胎最大宽度有3~12cm，最大轮胎直径为1030mm，工作气压为8~12kgf/cm，不可超范围使用。

2）压胎叶片操作时要对准胎牙位置后再踩动踏板，根据胎牙紧度分次进行，不可操之过急，以免伤及轮辋(尤其铝合金轮辋应特别注意)。

3）轮胎两侧胎牙松脱后方可进行拆胎，不可撞击中央轴和4个锁定爪，避免变形损坏，轮辋一定要放在中心位置对好4个爪后再进行操作。

4）使用垂直杆拆装轮胎时应先用撬板撬开一个缺口，再将特种刀头插入，接触轮辋边缘拆装轮胎，不得直接用特种刀头插入轮辋边缘拆卸轮胎，易损伤特种刀头。

5）4个锁定爪头部的喷气嘴为真空胎及时充气，不足时再用充气管补充至规定的气压标准。

6）轮胎拆装前，应首先将轮辋内外平衡块拆掉，以防垫住锁定爪造成偏置损坏。

7）经常保持设备及工作台面的清洁，不得使脏物塞住自调锁定爪，4个锁定爪要定期涂少许润滑脂，保持润滑。

8）指定专人负责维护使用，确保设备完好。

3. 拆卸轮胎

1）将轮胎内的气放干净。

2）去掉轮毂上所有的铅块。

3）将轮胎放到指定位置，反复转动轮胎并压下轮胎铲，踩下轮胎铲踏板，使轮胎和钢圈彻底分离。

4）将轮毂放在转盘上，踩下轮胎夹爪踏板，锁住钢圈。

5）在轮胎内圈抹好润滑剂。

6）将拆装臂拉下，使卡头内滚轮与轮毂边缘贴住，用扒头伸缩臂锁将扒头伸锁臂卡紧。

7）用撬棍将轮胎挑到扒头，踩下转盘踏板，使卡盘旋转，将一侧轮胎扒出。

8）用相同的方法将另一侧轮胎扒出。

4. 安装轮胎

1）先在轮胎内侧边缘涂抹润滑脂。

2）用如拆胎同样的方法将轮毂固定在转盘上，将轮胎放到轮毂上沿上，并确定好气眼位置。

3）移动拆装臂压住轮胎边缘，踩下踏板，逐渐将轮胎压入轮毂内。

4）用同样的方法将上侧轮胎压入轮毂，完成轮胎安装。

（四）轮胎换位

一般每行驶 1 万 km 左右进行轮胎换位。换位顺序如图 4-34 所示。子午线胎宜用单边换位法。子午线轮胎的旋转方向应始终不变，若反向旋转，会因钢丝帘线反向变形产生振动，汽车平顺性变差。

轮胎换位后，应按所需的胎位要求，重新调整气压。

轮胎换位后需做好记录，下次换位仍要按上次选定的换位方法换位。

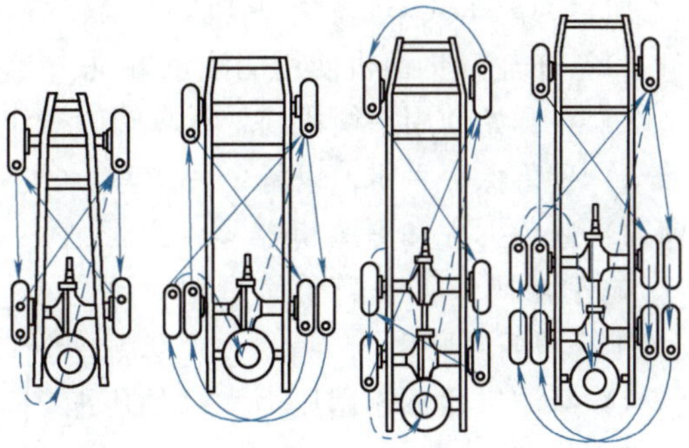
图 4-34 轮胎的换位

轮胎磨损过甚，花纹过浅会成为重要的不安全因素。根据相关规定，轿车轮胎胎冠上花纹磨损至磨耗标志，载货汽车轮胎胎冠上的花纹磨剩 2~3mm 时，应停止使用，测量时应使用深度卡尺。

如果轮胎有不均匀或不规则磨损、轮胎定位失准，应对轮胎进行动平衡和静平衡。

单元训练二 车轮动平衡

一、训练内容

1）车轮的动平衡。

2）轮胎的拆装。

二、训练目标

1）掌握车轮动平衡的操作方法。

2）掌握车轮动平衡机的使用方法与注意事项。

三、工具与设备

1）动平衡机、车轮充气设备1套、轿车车轮及不同质量的配重块若干。

2）清洗剂、钢丝刷和棉纱等耗材。

四、训练流程

1. 车轮不平衡的危害及原因

（1）车轮不平衡的危害　汽车车轮是旋转构件。如果车轮不平衡，则在高速行驶时会引起车轮上下跳动和横向摇摆，不仅影响汽车乘坐舒适性，而且使驾驶人难以控制行驶方向，以及汽车制动性能变差，影响行车安全。车轮不平衡还会大大增加各部件所受的力，加大轮胎的磨损和行驶噪声等。因此，汽车在使用和维修中必须进行车轮平衡试验和校准。

（2）车轮不平衡的原因　质量分布不均匀，如轮胎产品质量欠佳，翻新胎、补胎、胎面磨损不均匀及在外胎与内胎之间垫带等；轮辋、制动鼓变形；轮毂与轮辋加工质量不佳，如中心不准、轮胎螺栓孔分布不均和螺栓质量不佳等。

2. 车轮动平衡

由于车轮动不平衡对汽车危害很大，因此，必须对车轮的动不平衡进行试验，并进行调平衡工作。车轮的不平衡包括静不平衡和动不平衡，由于动平衡的车轮一定处于静平衡状态，因此，只要检测了动平衡，就没有必要检测静平衡。

车轮的动平衡试验有离车式和就车式两种方法。常见的为离车式车轮的动平衡试验。图4-35所示为离车式车轮动平衡机。

（1）车轮动平衡机使用的注意事项

1）在开始使用平衡机前，认真阅读操作使用说明手册。

2）妥善保存手册，以备今后参考。

3）避免拆去和更改机器零件，否则将影响正常操作，当需要修理时，请与技术维修服务部联系。

4）清洁机器不能用压力太高的压缩空气。

5）用酒清洁塑料板和键盘座（避免酒精中含杂质）。

6）开始轮胎动平衡之前，确认轮胎安全可靠地锁定在法兰上。

7）操作人员穿紧工作服以防挂住，非操作人员不要开动机器。

8）避免在平衡机周围放置杂物，以免影响正常操作。

9）超出平衡机使用手册规定的功能范围，平衡机将不能使用。

（2）离车式车轮动平衡的操作步骤

1）对被测车轮进行清洗，去掉泥土、砂石，拆掉旧平衡块。

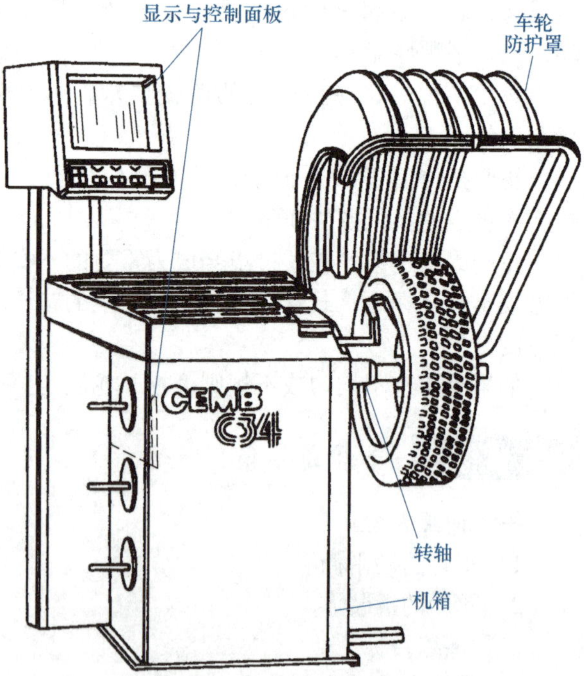

图4-35　离车式车轮动平衡机

2）检查轮胎气压，并充气至规定气压值。

3）根据轮辋中心孔的大小选择锥体，将车轮安装于平衡机上。

4）打开电源开关，检查指示装置是否指示正确。

5）键入轮辋直径、宽度，测出轮辋边缘到机箱之间的距离并键入。

6）放下防护罩，按下起动键，开始测量。

7）当车轮自动停转后，从指示装置读出车轮内、外动不平衡量和位置。

8）抬起车轮防护罩，用手缓慢旋转车轮，当动平衡机指示装置发出信号时，停止转动车轮。

9）根据动平衡机显示的动不平衡量，在轮辋内侧或外侧的上部（时钟 12 点位置）的边缘加装平衡块。内、外侧要分别进行，平衡块要装卡牢固。

10）重新起动动平衡机，进行动平衡试验，直至动不平衡量小于 5g，机器显示“00”或“OK”时为止。

11）取下车轮，关闭电源，测试结束。

单元四　悬架构造与维修

资讯一　悬架的功用与分类

悬架的功用是连接车架（或承载式车身）与车桥，以传递各种力及其力矩。它与车轮一起吸收、减缓行驶中产生的各种摇摆及振动，以保证汽车正常行驶。

现代汽车的悬架主要由弹性元件、导向装置和减振器三部分组成。弹性元件主要用来承受并传递垂直载荷，缓和不平路面引起的冲击，使车架（或承载式车身）与车桥（或车轮）之间保持弹性连接。减振器用来使弹性系统受冲击时产生的振动能迅速衰减，提高汽车的平稳性（或乘坐舒适性）。导向装置用来传递除垂直力以外的各种力和力矩，确保车轮相对于车架（或车身）的运动关系，即起到导向的作用。

悬架按导向机构形式的不同分为两大类，即非独立悬架和独立悬架。

（1）非独立悬架　如图 4-36 所示，其特点是两侧车轮安装在一根整体式车桥两端，车轮及车桥通过弹性元件悬挂在车架（或车身）的下面。在汽车行驶过程中，当一侧车轮因路面不平或遇到其他障碍而相对于车架（或车身）的位置发生变化时（图示为右侧车轮跳动），则另一侧车轮的位置也随之发生变化，也就是右侧车轮跳动，左侧车轮发生偏摆，加速轮胎偏磨。

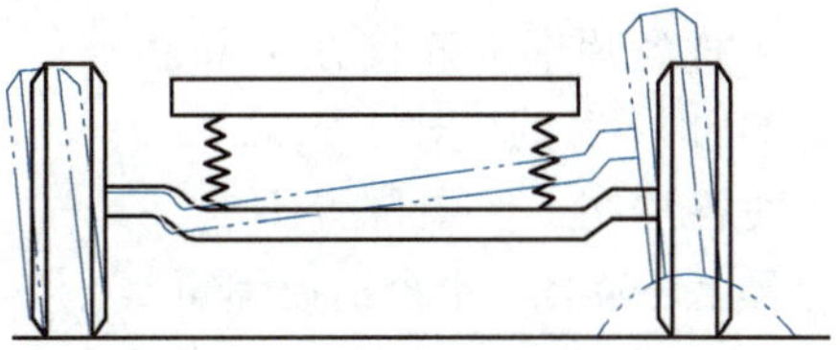

图 4-36　非独立悬架

非独立悬架按其采用的弹性元件的不同，分为钢板弹簧式、螺旋弹簧式、空气弹簧式和油气弹簧式。第一种普遍用作一般载货汽车驱动桥和转向桥的悬架，第二种用作少数轿车驱动桥的悬架，最后两种用作重型载货汽车的悬架。

（2）独立悬架　车桥断开，两侧端部安装车轮的车桥各自独立地通过弹性元件悬挂在车架(或车身)下面。在汽车行驶过程中，当一侧车轮相对于车架(或车身)位置发生变化时，对另一侧的车轮几乎没有影响，如图 4-37 所示。

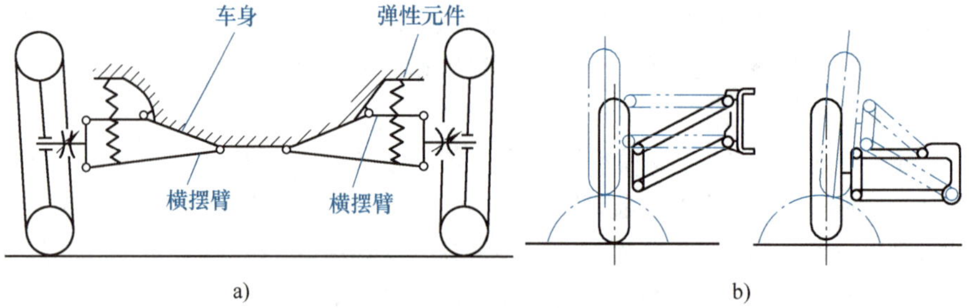

图 4-37 双横臂式独立悬架示意图
a) 不等长横臂 b) 等长横臂

独立悬架车轮接地性好，行驶平顺性和操纵稳定性都优于非独立悬架，其前轮定位角可以调节，在轿车上得到了广泛应用。非独立悬架结构简单、成本低，车轮上下跳动时定位参数变化小，故在货车和一些大客车上普遍采用，也有部分轿车后悬架采用。

独立悬架按车轮的运动形式又分为单横臂式与双横臂式，单重纵臂式、双重纵臂式和麦弗逊式。

资讯二 弹性元件与减振器

一、弹性元件的分类与结构

悬架采用的弹性元件常见的有钢板弹簧、螺旋弹簧、空气弹簧和油气弹簧。弹性元件必须具有良好的弹性和适宜的刚度。钢板弹簧悬架除起缓冲作用外，还可传递力和力矩起导向作用，可不设导向机构。

1. 钢板弹簧

钢板弹簧在汽车悬架中应用得最广泛。如图 4-38 所示，它由若干片曲率半径不同、长度不等、宽度相等、厚度相等(或不相等)的合金弹簧钢片叠加组合而成，主要包括有主片、副片、弹簧夹、螺栓、套管和螺母等。主片一般最长，两端弯成卷耳，内装衬套以便用钢板弹簧销与车架(或车身)上的支架或吊耳铰接。中心螺栓 4 将各片钢板连接在一起，并保证装配时各片的相对位置。

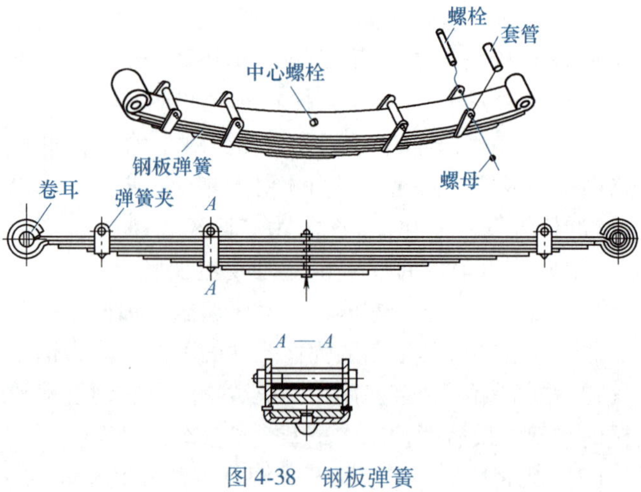

图 4-38 钢板弹簧

为使各片在工作中位置不变，钢板弹簧上还装有若干个钢板弹簧夹 2、5、6、7 组件。套管 6 与主片上表面之间应留有一定的空隙(不小于 1.5mm)，以确保钢板弹簧变形时，各片可以相互移动而不错位。钢板总成向车上安装时，弹簧夹螺栓带螺母的一侧应朝向轮胎，以防止螺母松动、螺栓窜出而刮伤轮胎。为减轻钢板弹簧在变形时各片之间的滑动摩擦，提高其使用寿命，在各片之间需涂上较稠的石墨润滑脂或夹装塑料、橡胶衬垫。钢板弹簧与车桥之间一般是用U形螺栓固定在一起的。

为了减小各片之间的摩擦、改善缓冲能力、降低汽车制造成本，近年来在一些汽车上采用单片或双片变截面钢板弹簧，即弹簧片的断面尺寸沿长度方向逐渐变化(两端卷耳处薄一些,中间最厚)。例如：克莱斯勒的大捷龙后悬架就采用这种单片变截面钢板弹簧。

2. 螺旋弹簧

这种弹簧广泛应用于独立悬架，特别是在前轮独立悬架中应用最广，在一些轿车的后轮非独立悬架中也采用。如图4-39所示，它用圆形弹簧钢卷制而成，可以做成圆柱形或圆锥形，其绕制的螺距可以是等距的，也可以是变距的。圆柱等螺距螺旋弹簧的刚度不可变，而圆锥形或变螺距螺旋弹簧的刚度是可变的。

螺旋弹簧的优点是无须润滑、不忌污泥、质量较小，安装所占纵向空间较小；缺点是只能承受垂直载荷，必须装设导向机构用来承受并传递除垂直力以外的各种力及力矩。另外，它在变形中无摩擦力，使振动衰减过程延长，影响汽车的行驶平稳性，所以在其悬架系统中还须装有减振器。

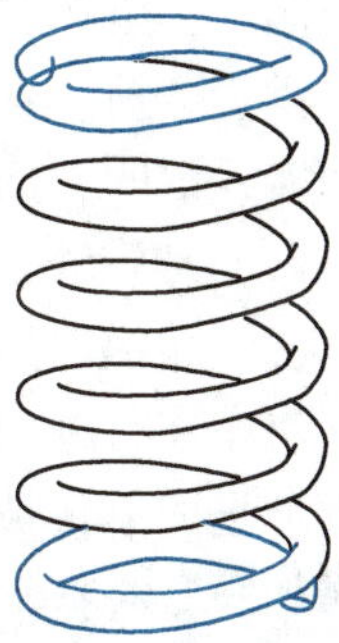

图4-39 螺旋弹簧

3. 扭杆弹簧

如图4-40所示，扭杆弹簧为弹簧钢制成的杆件，常见的有圆柱形、矩形或管形，以圆柱形应用得较广泛。扭杆两端分别与车架、安装车轮的摆臂固定。车轮与不平路面接触而跳动时，带动摆臂绕扭杆的轴线摆动，使扭杆产生扭转弹性变形，确保了车轮与车架之间的弹性连接。

扭杆表层一般有一层保护层，以防碰撞、刮伤和腐蚀，在制造时还具有一定方向的预扭应力；安装使用时，左、右扭杆不能互换，一般左、右扭杆上都刻有标记。

扭杆弹簧结构简单，便于布置，维护修理方便，还能较方便地实现车身高度的调整。由图4-40可见，将扭杆与车架的固定端转过一定角度，便可改变摆臂的初始位置，使车架与车轮之间的垂直距离发生变化，实现了车身高度的调节。但扭杆弹簧悬架必须加装导向装置和减振器。

4. 油气弹簧

油气弹簧是以惰性的可压缩性气体(一般用氮气)作为弹性介质，以油液的不可压缩性作为传力介质的气体弹簧。如图4-41所示，油气弹簧由球形室、气室、隔膜、工作缸、油

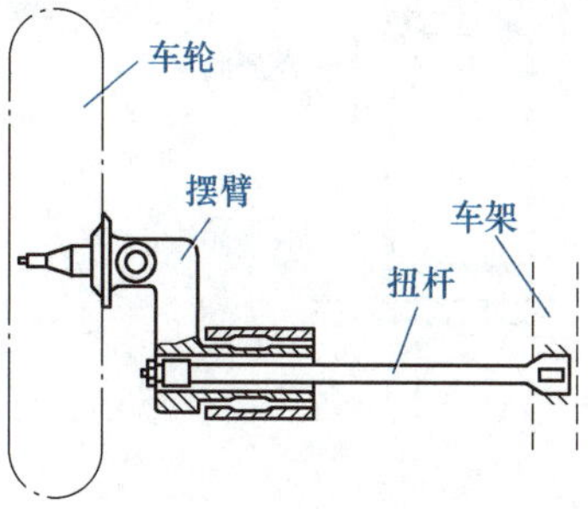

图4-40 扭杆弹簧

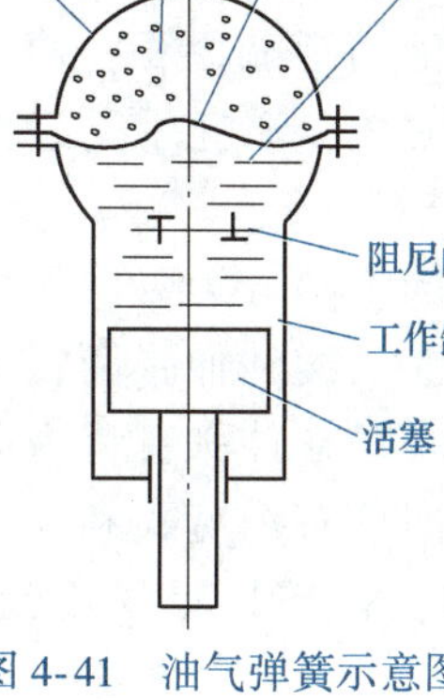

图4-41 油气弹簧示意图

螺旋弹簧特点

液、阻尼阀和活塞等组成。当载荷增加使车架与车桥相互靠近时，活塞上移，使工作缸内的容积减小、油压升高，油液顶开阻尼阀进入球形室，推动隔膜向气室方向移动，使气室容积减小，氮气被压缩而压力升高，油气弹簧的刚度增大；而当载荷减小时，在球形室内高压氮气的作用下，隔膜向油室方向移动，使室内油液经阻尼阀流回工作缸，推动活塞下移，从而使气室容积增大，氮气压力下降，弹簧的刚度减小。

可见，氮气压力与载荷平衡时，活塞便在工作缸中停止移动；载荷变化时，氮气压力也随之变化，活塞在工作缸中的位置也不同，因而油气弹簧的刚度是可变的。此外，油液流经阻尼阀时，会产生阻尼力，因此油气弹簧还能起到减振器的作用。但油气弹簧在工作中只能承受垂直载荷，悬架中必须装有横向推力杆和纵向推力杆等导向装置。

实践证明，油气弹簧能使汽车在空载或满载的状态下，具有良好的行驶平顺性，并且体积小、质量较轻；缺点是结构密封要求很高，维护较麻烦，适用于重型汽车。

二、减振器的分类与结构

汽车在行驶中受到垂直方向的冲击力时，会使车架或车身产生振动，这种振动一般要持续到冲击的能量被完全耗尽为止，经历的时间长就会影响汽车行驶的平顺性。所以，为了加速车架与车身振动的衰减速度，在大多数汽车的悬架中安装有与弹性元件并联的减振器。

汽车悬架系统广泛采用的液力减振器是利用液体流动的阻尼来消耗冲击振动的能量的。垂直冲击力使车架(或车身)与车桥弹性元件做上下往复相对振动时，减振器内的油液就会反复地经一些小孔从一个腔室流到另一个腔室，油液流经小孔时产生摩擦便成了对车架(或车身)振动的阻尼力，从而使车架、车身的振动能量转化为热能，这些热量被油液、减振器壳体吸收并散发到大气中。阻尼力的大小与油液的黏度、孔道的多少和孔道截面积等因素有关，也与车架和车桥的相对运动速度有关。减振器的阻尼力越大，振动衰减得越快，却使弹性元件的缓冲作用不能充分发挥，太大会使减振器连接件及车架损坏，所以减振器与弹性元件应协调工作，阻尼力应适宜。

实际生产中减振器应满足以下要求：悬架压缩行程中，减振器阻尼力应较小，充分利用弹性元件的弹性来缓和冲击，即由弹性元件起主要作用；在悬架伸张行程中，减振器阻尼力应较大(为压缩行程的2~5倍)，使振动迅速衰减，此时减振器起减振的主要作用；当车架与车桥之间相对运动速度过大时，减振器应能自动加大油液通道截面积，使阻尼力保持在一定的限度之内，避免承受过大的冲击载荷，以保护其连接件。

减振器按作用原理的不同分为双向作用式和单向作用式，前者在压缩和伸张两行程中均能起减振作用；后者只在伸张行程中起减振作用；按结构的不同分有摇臂式和筒式两种。双向作用筒式减振器应用得最广泛，图4-42所示为其结构图。

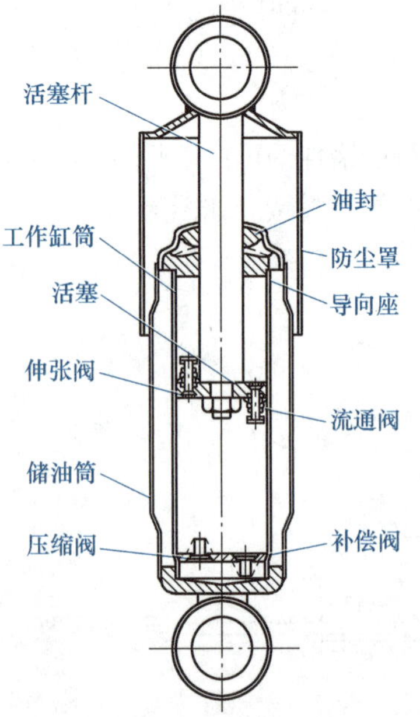

图4-42 双向作用筒式减振器的结构图

减振器工作原理

减震器作用与分类

三、悬架的构造实例

1. 钢板弹簧式非独立悬架

如图 4-43 所示，它主要由前钢板弹簧 2、钢板弹簧前支架 1、后吊耳支架 10、吊耳 9、U 形螺栓 3、盖板 4、减振器 8 及其上、下支架 7 和 12 等组成。钢板弹簧用两个 U 形螺栓固定在前桥上，前、后端分别铰连在前支架和后支架上。前支架起传力和导向作用；后支架形成摆动式铰链支承，在弹簧受力变形时，可调整两端距离，防止损坏前、后支架。为了延长弹簧的使用寿命，两端卷耳内压入了衬套，与钢板弹簧销 15 形成间隙配合，销上钻有径向和轴向油道，由装在销端的油嘴注入润滑脂进行润滑。

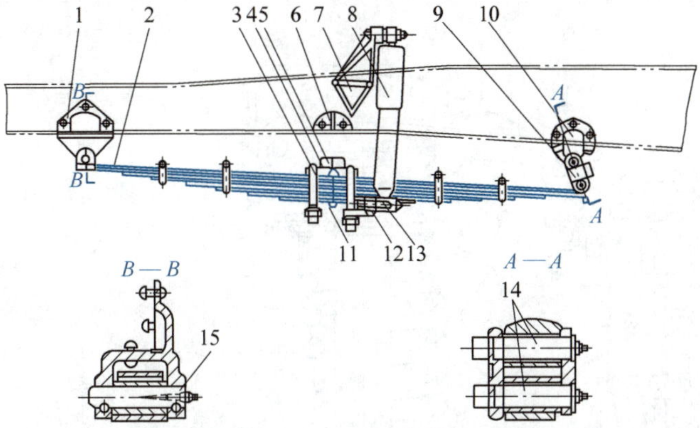

图 4-43 解放 CA1092 型汽车前悬架

1—钢板弹簧前支架 2—前钢板弹簧 3—U 形螺栓 4—盖板 5—缓冲块 6—限位块 7—减振器上支架 8—减振器 9—吊耳 10—后吊耳支架 11—中心螺栓 12—减振器下支架 13—减振器连接销 14—吊耳销 15—钢板弹簧销

减振器的上、下吊环通过橡胶衬套和减振器连接销 13 分别与车架上的上支架和车桥上的下支架相连接。为防止弹簧在最大变形时直接碰撞车架，在盖板上装有橡胶缓冲块 5。

2. 螺旋弹簧非独立悬架

如图 4-44 所示，螺旋弹簧通过它的上、下支座和减振器外壳相连接，从而与减振器组成一体，其上端装在车身底部的悬架支座中，下端则与纵向推力杆相连接。纵向推力杆与后桥焊接为一体，其前端通过带橡胶的支承座与车身铰接，后端与轮毂相连接。整个后桥、纵向推力杆及车轮可以绕支承座的铰支点连线相对于车身做上、下纵向摆动，达到传递纵向力及其力矩的目的。

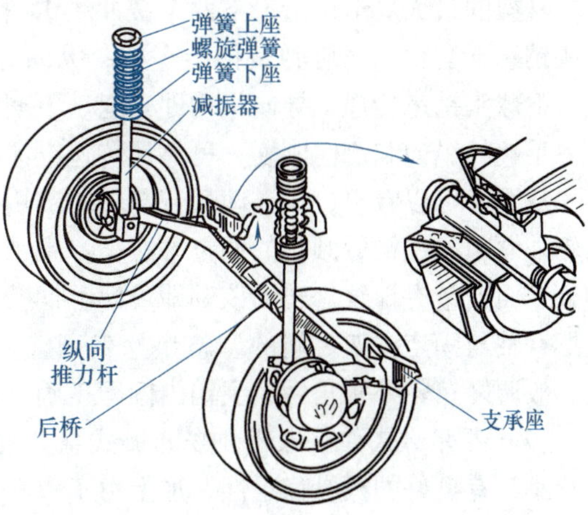

图 4-44 上海桑塔纳轿车后悬架

3. 独立悬架

(1) 双叉臂式独立悬架

1) 优点：横向刚度大、抗侧倾性能优异、抓地性能好、路感清晰。

2) 缺点：制造成本高、悬架定位参数设定复杂。

应用在阿尔法 · 罗密欧 159 的前悬架、

丰田皇冠、丰田锐志、法拉利、玛莎拉蒂、奥迪 Q7 等汽车悬架系统。

图 4-45 所示为不等长双横臂螺旋弹簧式。上摆臂 10（较短）和下摆臂 4（较长）的内端分别通过摆臂轴 1 与车架横梁 16 相铰接，二者的外端则分别通过上球头销 14 和下球头销 3 与转向节 9 相连接。上摆臂与上球头销铆接成不可拆卸式，其内装有弹簧 13，能自动消除销与销座之间磨损后的间隙。下摆臂与下球头销是可以拆卸的，增减垫片可以调节销头处的间隙。螺旋弹簧 5 的上、下两端分别通过橡胶垫圈支承在车架上的支承座和下摆臂上的支承盘内。双向作用筒式减振器 6 的上、下两端分别通过橡胶衬垫与车架和下摆臂上的支承盘相连。

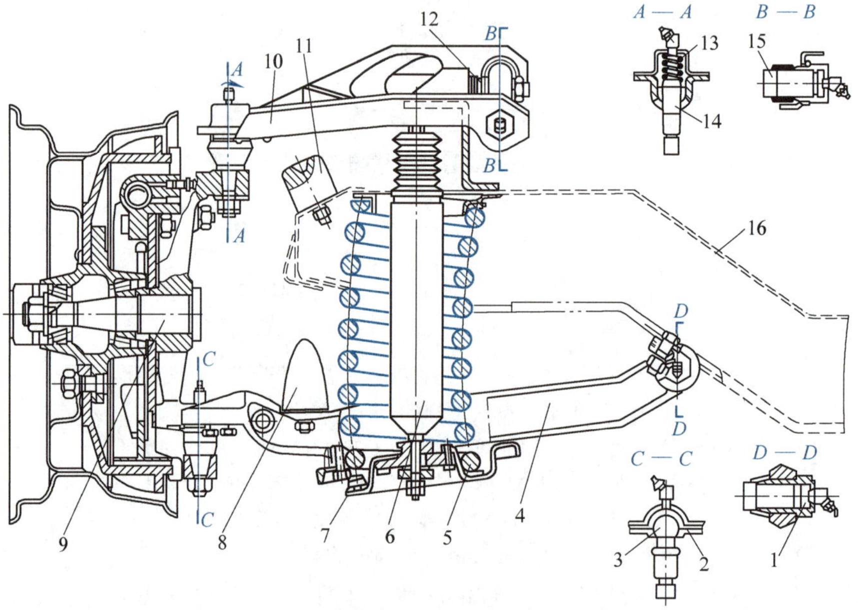

图 4-45 红旗 CA7560 型轿车的前悬架

1—摆臂轴 2—垫片 3—下球头销 4—下摆臂 5—螺旋弹簧 6—减振器 7—橡胶垫 8—下缓冲块 9—转向节 10—上摆臂 11—缓冲块 12—调整垫片 13—弹簧 14—上球头销 15—上摆臂轴 16—车架横梁

悬架的最大变形由上、下两个缓冲块 11 和 8 限制。路面对车轮的垂直力由转向节、下球头销、下摆臂和螺旋弹簧传给车架；纵向力、侧向力及其力矩均由转向节、导向机构及上、下球头销来传递，导向机构即是上、下摆臂制成的叉形钢架，其内端宽、外端窄，可保证有足够的纵向和侧向刚度，可靠地传递纵向力、侧向力及其力矩。

从图中可以看出，铰链两摆臂与转向节用上、下球头销代替了主销，属于无主销式。其前轮外倾角和主销后倾角的调整方法是：主销后倾角通过纵向移动上摆臂来调整，上摆臂轴的外表面上带有螺纹，转动该轴即可使上摆臂沿着轴纵向移动；车轮外倾角则可以通过增减上摆臂轴与固定支架之间的调整垫片来调整。由于上述两角的关系已被转向节的结构所确定，故调好车轮外倾角后，主销内倾即正确，无须再调。

（2）麦弗逊式独立悬架　麦弗逊式悬架的特点是结构紧凑，车轮跳动时前轮定位参数变化小，有良好的操纵稳定性，加上由于取消了上横臂，给发动机及转向系统的布置带来方便；与烛式悬架相比，它的滑柱受到的侧向力又有了较大的改善。保时捷 911、国产奥迪、桑塔纳、捷达和富康等轿车的前悬架均为麦弗逊式独立悬架。

采用麦弗逊式独立悬架的汽车，为了更可靠地传递车轮所受的纵向力，增设了支撑杆。杆的一端与横摆臂连接，另一端与车身连接，如丰田、尼桑轿车的前悬架，如图 4-46 所示。有的汽车不设支撑杆，而是将横摆臂制成叉形，外端与转向节铰接，内端的叉形与车身铰接，形成稳定的三角形结构，既能有效地传递车轮所受的纵向力、侧向力及其力矩，又能控制车轮上、下跳动时的运动轨迹。

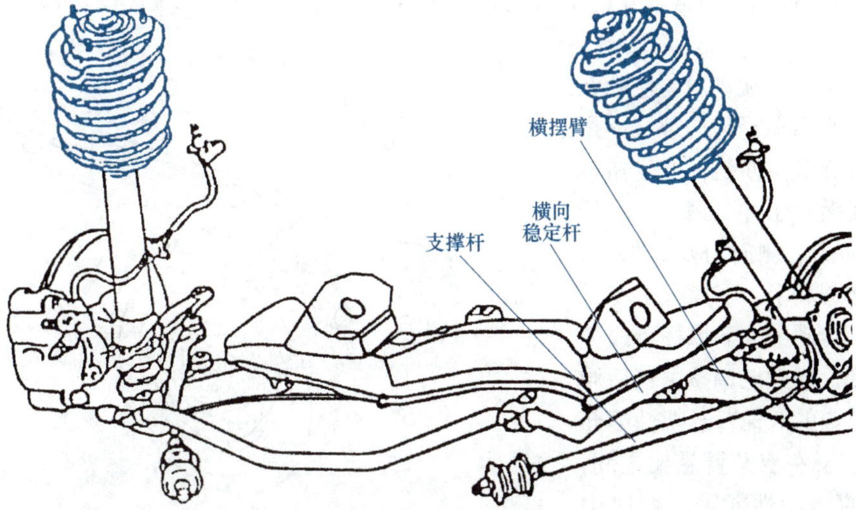

图 4-46 麦弗逊式独立悬架

转向轮采用麦弗逊式独立悬架时，其定位各参数的变化较小，除前束可调整外，其他参数因车型而定，有的可以调整，有的则不可调整。常见的调整部位及方法如下：

1）改变转向节与横摆臂外端的位置，调整车轮外倾角。如图 4-47a 所示，松开转向节球头销与横摆臂的连接螺栓，左右横向移动球头销及转向节，直至调整正确（如上海桑塔纳等轿车就采用这种结构）。

2）改变弹性支柱上支座的位置，调整车轮外倾角。如图 4-47a 所示，把固定在车身上的悬架弹性支柱上支座固定螺栓松开，如图示位置左、右横向移动上支座，直到调整正确为止，然后拧紧螺栓（一汽奥迪 100 等轿车就采用这种结构）。

3）改变转向节上端的位置，可以调整车轮外倾角。如图 4-47b 所示，弹性支柱下端通过上、下两个螺栓与转向节上端固定，其中上螺栓经偏心凸轮将两者连接在一起，转动上螺栓可使偏心凸轮转动，同时带动转向节上端左、右横向移动，即可达到调整车轮外倾角的目的（丰田花冠等轿车采用

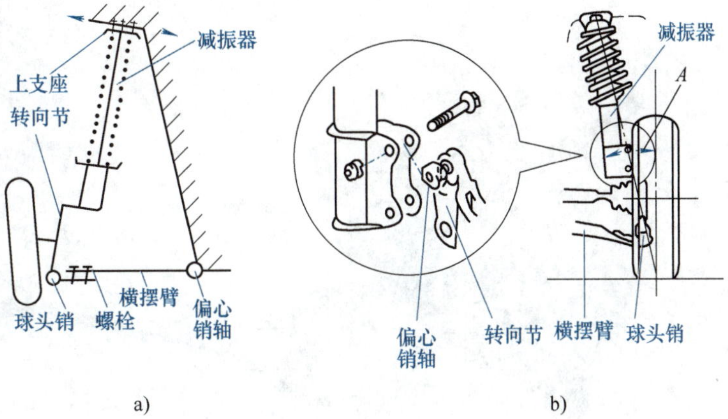

图 4-47 麦弗逊式独立悬架前轮外倾角调整示意图

这种结构）。

（3）双横臂式独立悬架 图4-48所示为不等长双横臂式扭杆弹簧独立悬架。上摆臂10和下摆臂6的外端分别通过球头销与转向节5相连接，下摆臂的内端与耳形支架9相铰接，耳形支架与车架12固定；上摆臂的内端制有内花键，前端带花键的扭杆弹簧3插入上摆臂内花键和支架上部的孔中，扭杆弹簧的后端用花键固定在支架1上，支架固定在车架上。上、下支撑杆8和7的一端用螺栓分别固定在上、下摆臂上，另一端用球头销与车架纵梁12上的支架相铰接。减振器4的上端与纵梁上的支架相连，下端与固定在转向节上的支架相连。

当车轮上、下跳动时，作用在车轮上的垂直载荷经转向节、上摆臂传给扭杆弹簧，使扭杆产生扭转变形，从而缓和了冲击载荷。车轮受到的纵向力、侧向力及其力矩，由上、下摆臂和上、下撑杆承受并传给车架。转动上、下撑杆可改变它们的长度，借此能调整主销后倾角。这种结构的双横臂悬架性能介于麦弗逊悬架和双叉臂悬架之间，拥有不错的运动性能，一般使用在A级或者B级家用车上，国内采用双横臂式前悬架的主要有广州本田雅阁、一汽轿车马自达6、东风本田思域等。

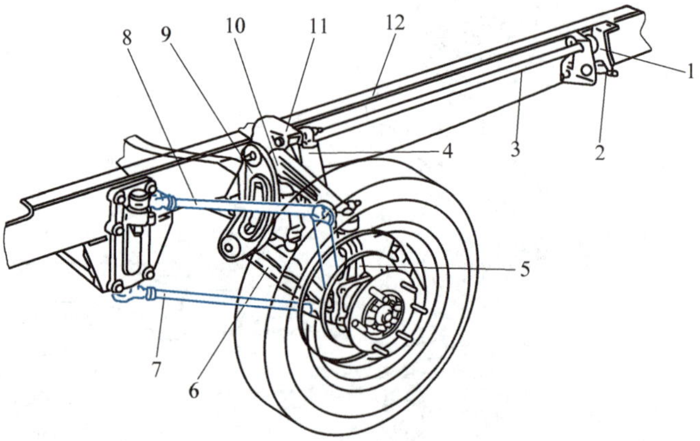

图4-48 南京依维柯S系统列轻型汽车的前悬架

1—扭杆弹簧固定支架 2—扭杆弹簧预加载荷调整螺栓 3—扭杆弹簧 4—减振器 5—转向节 6—下摆臂 7—下支撑杆 8—上支撑杆 9—支架 10—上摆臂 11—减振器上支架 12—车架纵梁

（4）多连杆式悬架 如图4-49所示，多连杆独立悬架可分为多连杆前悬架和多连杆后悬架系统。其中前悬架一般为3连杆或4连杆式独立悬架；后悬架则一般为4连杆或5连杆式后悬架系统，其中5连杆式后悬架应用较为广泛。

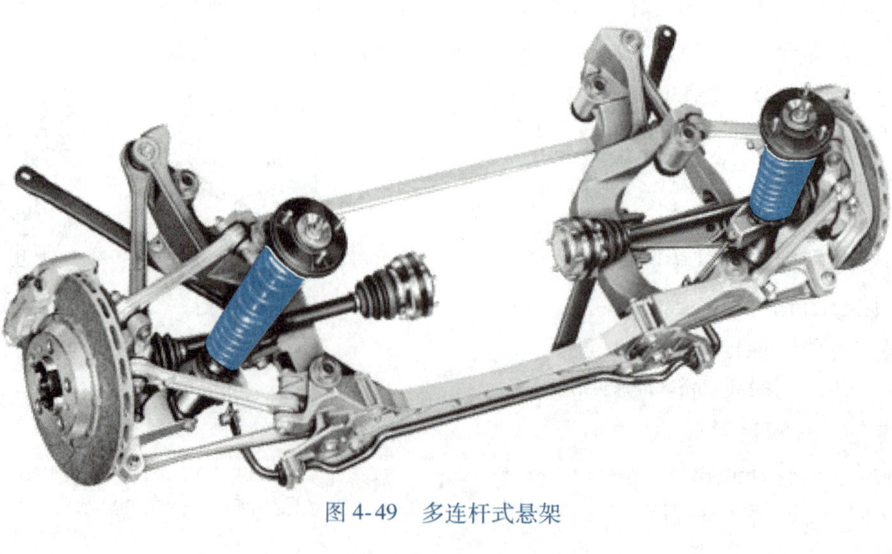

图4-49 多连杆式悬架

多连杆式悬架结构相对复杂，材料成本、研发试验成本以及制造成本远高于其他类型的悬架，而且其占用空间大，中小型车出于成本和空间考虑极少使用这种悬架。

但多连杆式悬架的舒适性能是所有悬架中最好的，操控性能也和双叉臂式悬架相当，高档轿车由于空间充裕，且注重舒适性能和操控稳定性，所以大多使用多连杆式悬架，可以说多连杆式悬架是高档轿车的绝佳搭档。

国内前、后悬架均采用多连杆的车型有北京奔驰 E 级轿车、华晨宝马 3 系及 5 系轿车、一汽大众奥迪 A4L 及 A6L；采用多连杆式前悬架的车型有上海大众的帕萨特领驭；采用多连杆式后悬架的有长安福特福克斯、一汽大众速腾、广州本田雅阁、上海通用君越、一汽丰田皇冠及锐志、一汽马自达 6 和东南汽车三菱戈蓝等。

资讯三 悬架系统常见故障及分析

一、行驶系统的常见故障及分析

（一）前轮轮胎偏磨

1. 现象

轮胎的胎肩、胎冠磨损，轮胎一侧磨损和羽片状磨损。

2. 原因

1）前轮定位及操纵失调。

2）轮胎以极限横向偏离角滚动。

3）在多弯道路段上高速行驶。

4）驾驶方式不正确。

5）车轮外倾角不符合规定值。

3. 排除方法

1）检查和调整车轮定位(如前轮前束和车轮外倾等)，保证其在规定值以内。

2）正确地驾驶和操作。

3）选用子午线轮胎时，前束值可以比普通轮胎小一些。

4）在多弯道上应减速行驶。

（二）前悬架有噪声

1. 现象

汽车在行驶过程中，特别是在凹凸不平的道路上，突然制动或转弯时，从前悬架部位发出噪声。

2. 原因

1）前减振器、转向节和下摆臂的连接螺栓松动。

2）前减振器漏油严重或其活塞杆与缸筒严重磨损。

3）下摆臂的前、后橡胶衬套磨损、老化或损坏。

4）螺旋弹簧失效折断。

5）悬架与车架连接部位开裂。

3. 排除方法

1）紧固上述螺栓连接处，若无松动，则继续排查。

2）检查减振器是否有漏油或零件磨损，有则需要更换减振器。

3）若橡胶衬套磨损、老化或损坏，则更换新件。

4）检查螺旋弹簧，如果弹力不足或折断，则更换新弹簧。

5）检查悬架与车架连接部位，如果有裂纹，则应焊接处理。

（三）前轮自动跑偏

1. 现象

汽车正常行驶中，不能保持直线行驶方向，自动地向一侧行驶。

2. 原因

1）两前轮的气压不一致。

2）前轮轮胎磨损不一致。

3）左、右螺旋弹簧损坏或失效。

4）左、右减振器损坏或变形。

5）前轮定位角不正确。

6）横向稳定杆橡胶套损坏或固定螺栓松动。

7）左、右制动蹄片间隙是否一致。

3. 排除方法

1）检查两前轮轮胎气压是否一致，不一致时应充至正常气压。

2）若两前轮轮胎磨损不一致，则应更换新的或成色一致的相同轮胎。

3）螺旋弹簧损坏或变形，则应同时更换左、右螺旋弹簧。

4）检查减振器是否损坏或变形，否则更换新件。

5）检查前轮定位角，不正确时应调整。

6）检查横向稳定杆橡胶套是否损坏和螺栓松动情况，橡胶套损坏则换新件，螺栓松动则紧固。

7）检查车轮制动器的制动蹄片与制动鼓（盘）之间的间隙。

（四）前轮摆动

1. 现象

汽车行驶中达到某一速度时，转向盘发抖、摆振。

2. 原因

1）车轮固定螺栓松动。

2）轮毂轴承磨损。

3）前悬架的螺栓或螺母松动。

4）车轮不平衡。

5）车轮轮辋变形。

6）下摆臂的球头销磨损或松动。

7）转向横拉杆球头销磨损或松动，前轮定位角不正确。

3. 排除方法

1）检查轮辋的钢圈螺栓是否紧固，否则按规定力矩和顺序拧紧。

2）检查前悬架的螺栓、螺母是否松动，并按规定力矩紧固。

3）检查前轮毂轴承的轴向间隙，若调不出来，则轴承磨损严重，应更换新轴承，并调整好轴向间隙。

4）检查轮辋是否变形产生偏摆，有变形，则更换。

5）检查车轮平衡状况，并进行平衡。

6）检查并调整下摆臂转向横拉杆的有关球头销（接头）磨损或松动情况，检查调整不能恢复的，则更换球头销。检查并调整前轮定位角，校正前轮前束。

（五）后轮摆动

1. 现象

汽车保持直线行驶时，当车速达到某一速度，后轮有明显的左、右摆动。

2. 原因

1）后车轮不平衡。

2）后轮轮辋变形。

3）后轮轴承间隙过大。

4）后桥体变形。

5）后减振器失效。

6）纵摆臂与后轴管支架总成间的滚针轴承损坏后磨损超差。

3. 排除方法

1）检查后车轮的平衡状况，否则进行后车轮平衡。

2）对后轮轮辋变形进行检查，有变形或偏摆，则更换。

3）检查后轮轴承的轴向间隙并调整，无法恢复正常间隙时则更换轴承。

4）检查后桥体是否变形，有变形则更换。

5）检查后减振器是否失效，失效则更换。

6）对后摆臂上短轴检查，有变形则更换。

（六）后悬架噪声

1. 现象

汽车在凹凸不平的道路上或是在突然加速、转弯等情况下行驶，从后悬架发出噪声。

2. 原因

1）后减振器漏油、损坏或端部缓冲套损坏。

2）后轮毂轴承损坏。

3）后桥体橡胶支撑块损坏。

4）后减振器的螺旋弹簧损坏（如桑塔纳轿车）。

5）纵摆臂与后桥管的支架之间的滚针轴承损坏（如富康轿车）。

6）扭杆与纵摆臂、后轴管支架总成的花键磨损松动。

7）后悬架紧固连接的螺栓（母）松动。

3. 排除方法

1）检查后减振器是否漏油、损坏或端部缓冲套是否损坏，无法修理的则更换。

2）检查调整后轮轴承间隙，必要时更换轴承。

3）检查后悬架紧固连接的螺栓（母）是否松动，按规定力矩拧紧。

4）检查后桥体与橡胶支撑块，若老化或损坏，则更换。

5）检查轿车后悬架的有关花键连接处是否松动，必要时更换。

6）检查轿车后悬架有关支架的轴承状况，严重磨损则更换。

单元训练 悬架拆装

一、训练内容

桑塔纳轿车转向驱动桥及独立悬架的拆装与调整。

二、训练目标

1）了解桑塔纳轿车前悬架的组成与结构。

2）掌握悬架拆装的正确顺序。

3）正确地使用专用工具与设备。

4）掌握拆装过程中的注意事项。

三、工具与设备

桑塔纳轿车、举升机、压力机、专用工具、通用工具、操作台、润滑脂、绑扎带、夹子与抹布等若干。

四、训练流程

（一）桑塔纳轿车转向驱动桥及独立悬架的拆卸

1. 车轮的拆卸

车辆悬架系统的基本组成如图4-50所示。

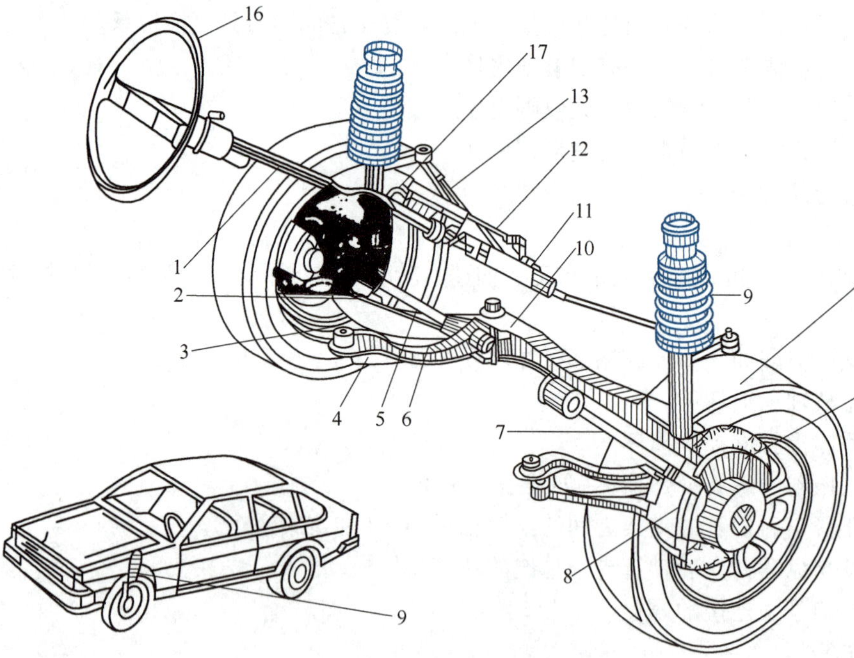

图4-50 前桥与前悬架的立体图

1—安全型转向柱 2—车轮与下悬臂的连接螺栓 3—下摇臂 4—下摇臂橡胶轴承 5—稳定杆 6—副车架 7—传动轴 8—前轮制动钳 9—减振支柱 10—副车架前橡胶轴承 11—齿条式转向装置 12—转向减振器 13—横拉杆 14—前车轮 15—轮毂 16—转向盘 17—车轮轴承壳

取下装饰外壳，旋松钢圈螺栓及传动轴轴头固定螺母，顶起车身，取下车轮，如图4-51

所示。

2. 传动轴的拆卸

1）压下下摆臂，以专用工具利用钢圈螺栓孔，由轮毂上顶出传动轴外万向节。

2）旋下螺栓，取下护板，撬开内防尘罩，拆下螺栓及锁止垫片，由变速器上取下传动轴(左、右各一个)。

3. 减振器支柱组件的拆卸(见图 4-52)

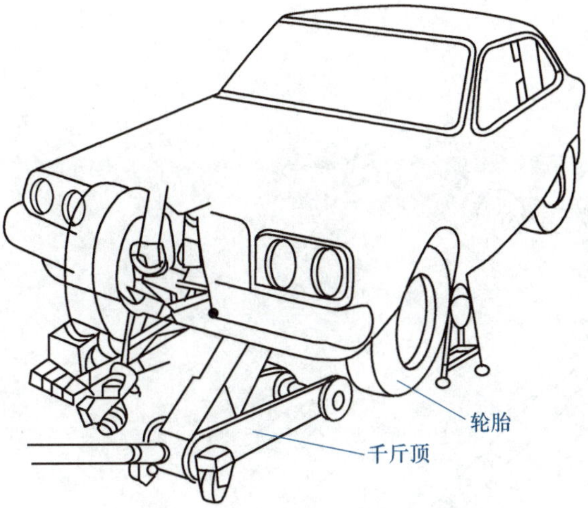

图 4-51 车轮的取下

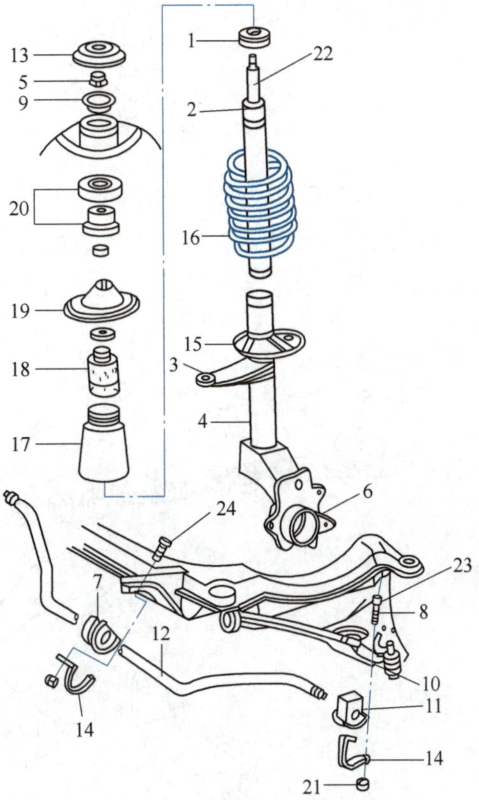

图 4-52 减振器支柱组件的拆卸

1—螺母盖 2—减振器 3—转向横拉杆球接头固定座 4—减振器支柱 5、21—螺母 6—转向节 7—横向稳定杆中间缓冲橡胶套 8—下摆臂 9—垫圈 10—下摆臂球接头 11—缓冲橡胶套 12—横向稳定杆 13—罩盖 14—固定夹 15—弹簧座 16—螺旋弹簧 17—防尘罩 18—缓冲块 19—上弹簧座 20—支承轴承 22—活塞杆 23、24—螺栓

1）由车身上方撬下罩盖 13(左右各一)，用内六方扳手顶住活塞杆 22，自下方固定住转向节 6，以专用扳手旋下活塞杆螺母 5，具体拆卸示意图如图 4-53 所示。

2）制动钳的拆卸。如图 4-54 所示，旋下固定螺栓，拆下制动软管支架，勿放出制动液，并与软管一起用钢丝缚挂在车身上。

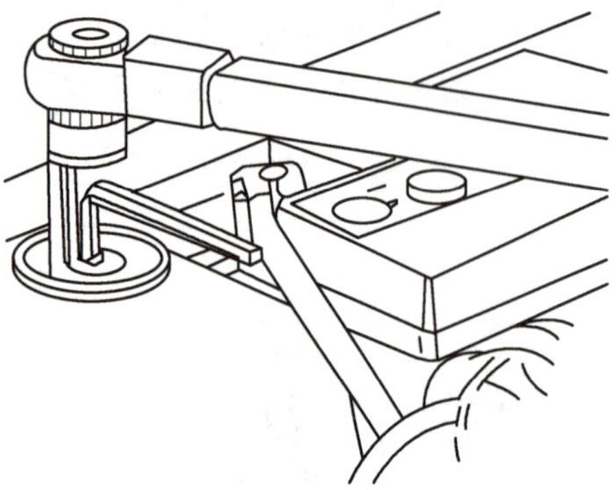

图 4-53　活塞杆螺母的拆卸

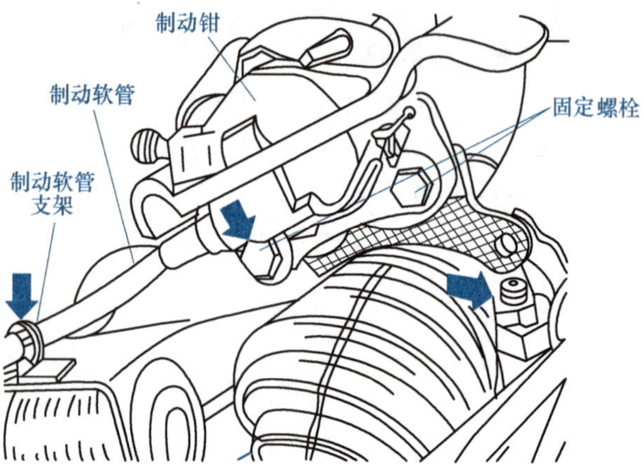

图 4-54　制动钳的拆卸

3）如图 4-55 所示，自左、右减振器支柱旋下左、右横拉杆的球头销螺母 7。如图 4-56 所示，由减振器支柱上的固定座上，用专用工具顶出横拉杆球接头。

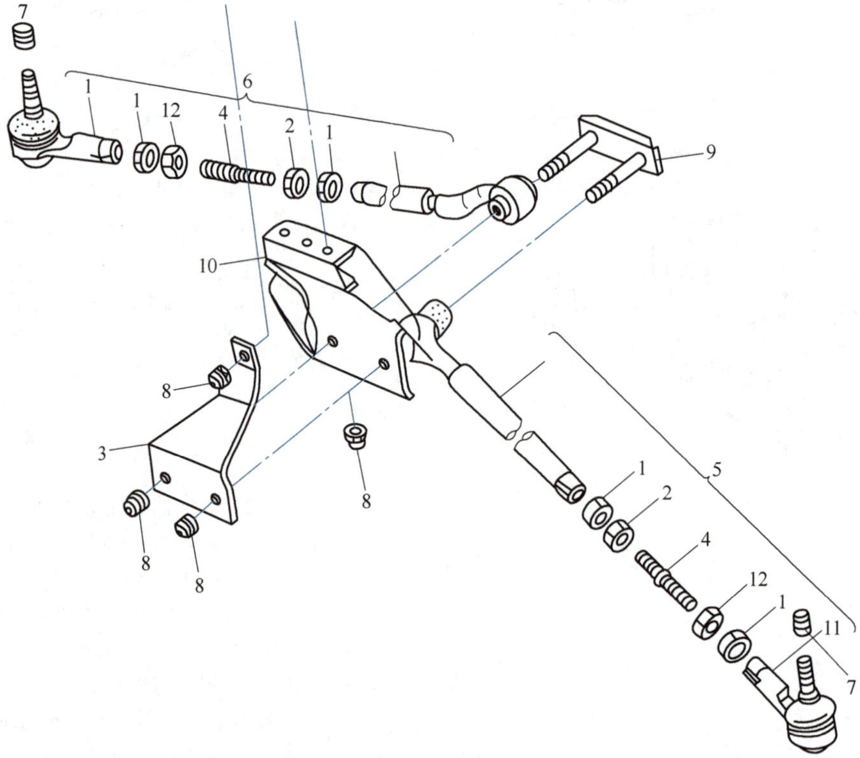

图 4-55　转向横拉杆的拆卸

1、8—螺母　2、12—调整螺母　3—转向减振器支架　4—调整杆　5—左转向横拉杆
6—右转向横拉杆　7—球头销螺母　9—转向减振器连接板
10—转向器齿条连接板　11—球接

4）如图 4-57 所示，由下摆臂上，旋下横向稳定杆紧固螺栓及螺母及固定夹螺栓，取下横向稳定杆。

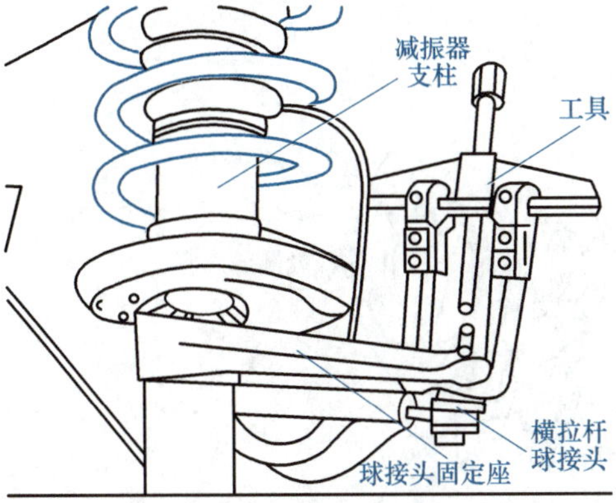

图 4-56　球接头的顶出

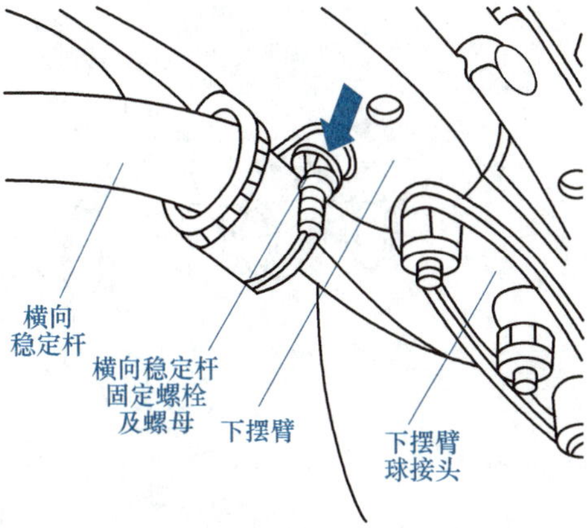

图 4-57　横向稳定杆的拆卸

5）如图 4-58，由减振器支柱下端(转向节)旋下自锁螺母，取下螺栓，使下摆臂的球接头与减振器支柱分离，取下减振器支柱组件。

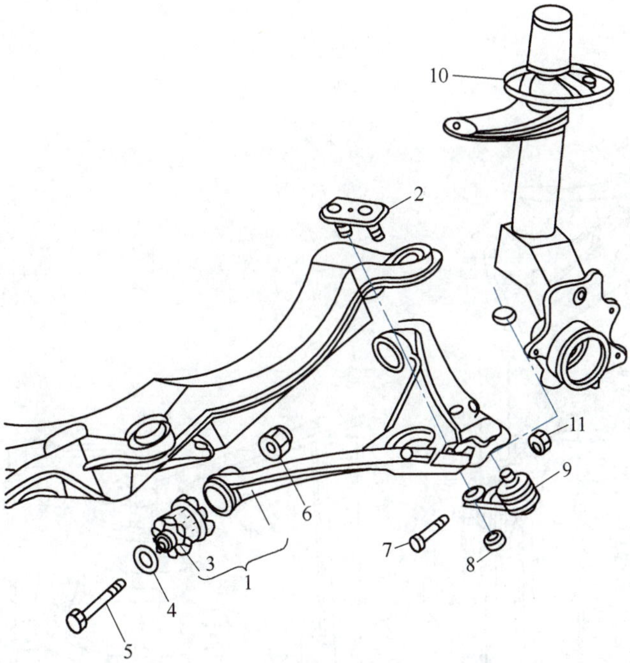

图 4-58　下摆臂与减振器支柱的分开

1—下摆臂　2—球接头锁紧板　3—支承套　4—垫圈

5、7—螺栓　6、8、11—自锁螺母　9—球接头　10—减振器支柱

4. 减振器支柱组件的分解

1）制动盘与挡泥板的拆卸。如图 4-59 所示，旋下螺栓 3，由轮毂上取下挡泥板 4。旋下螺栓 7，由减振器支柱下端(转向节)上取下挡泥板。

2）螺旋弹簧的拆卸。以专用工具压缩螺旋弹簧(见图 4-60)，用内六角扳手固定住活塞杆，旋下活塞杆锁紧螺母(见图 2-61)，拆下压缩弹簧专用工具，取下螺旋弹簧及弹簧座。

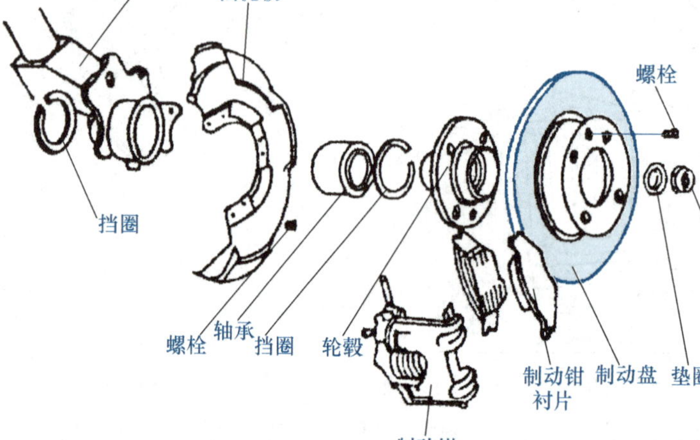

图 4-59 制动盘与挡泥板的拆卸

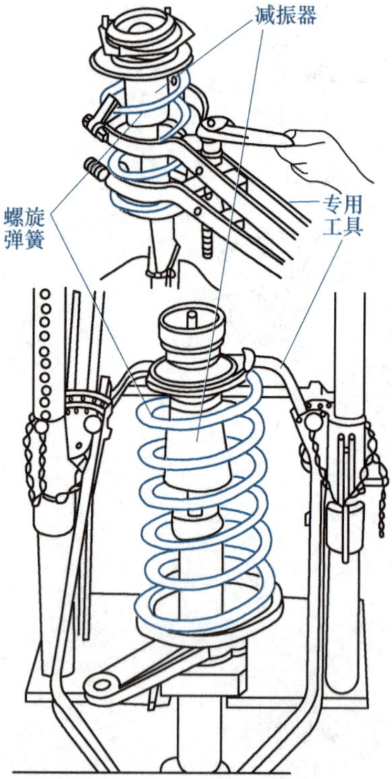

图 4-60 螺旋弹簧的压缩

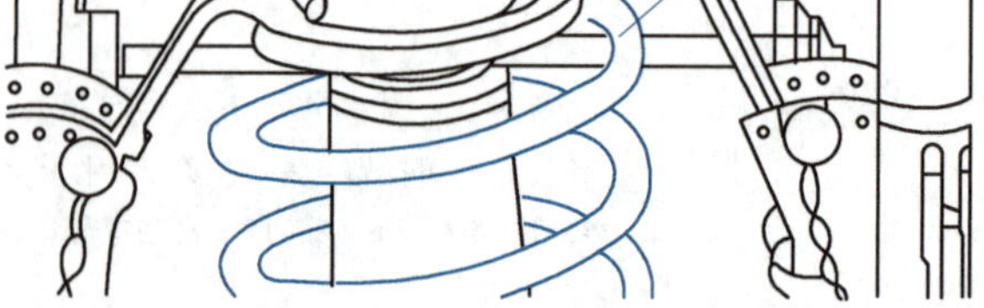

图 4-61 减振器活塞杆锁紧螺母的拆卸

3）轮毂及轴承的拆卸。如图 4-62 所示，压出轮毂，由减振器支柱上取下两挡圈。如图 4-63 所示，由轮毂上拉出轴承内圈。如图 4-64 所示，压出轴承。

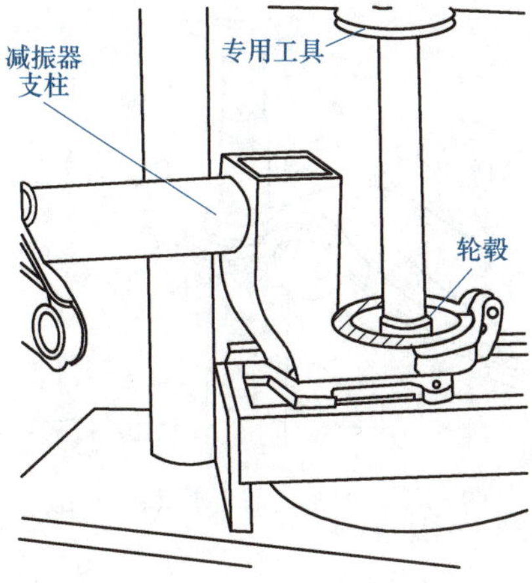

图 4-62　轮毂的压出

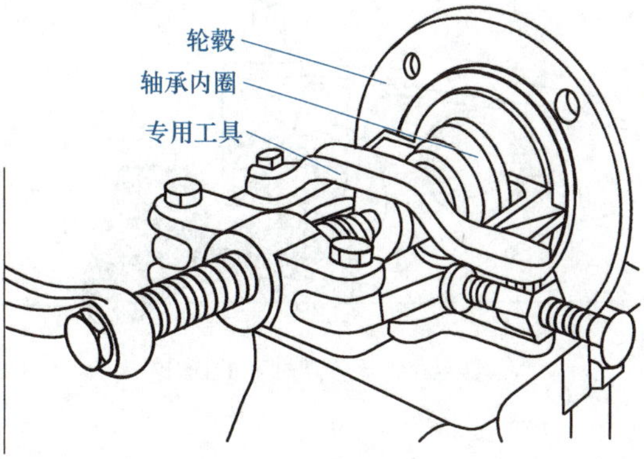

图 4-63　轴承内圈的拆卸

4）减振器的取出。如图 4-65 所示，以专用工具旋下螺母盖 3，由减振器支柱内取出减振器。

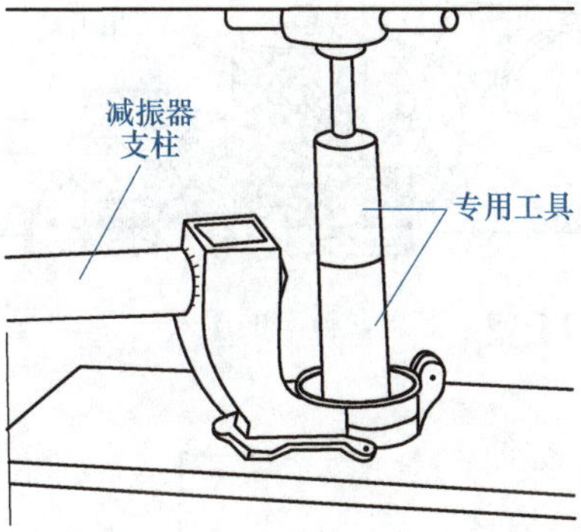

图 4-64　轴承的压出

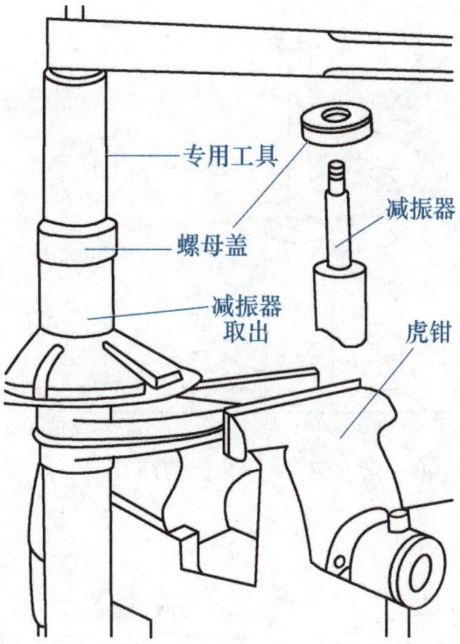

图 4-65　减振器的取出

5. 副车架及下摆臂的拆卸与分解

由副车架上拆下下摆臂，按图 4-66 所示，用专用工具压出下摆臂两端衬套，再按图 4-67 和图 4-68 所示，压出前、后支承套。

（二）前桥与前悬架的装配

以拆卸的逆顺序按照下列技术要求进行装配。

1. 副车架与下摆臂的组装

1）下摆臂的装合。按图 4-69、图 4-70 及图 4-71 所示，压入各个衬套。装上球接头锁紧板和球接头（自锁螺母，拧紧力矩为 65N · m）。

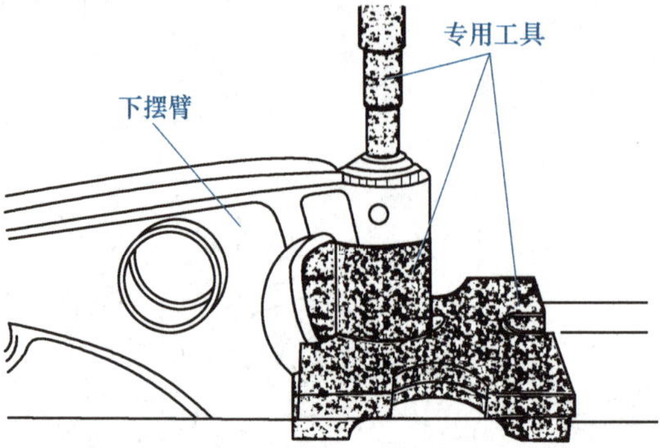

图4-66 下摆臂衬套的压出

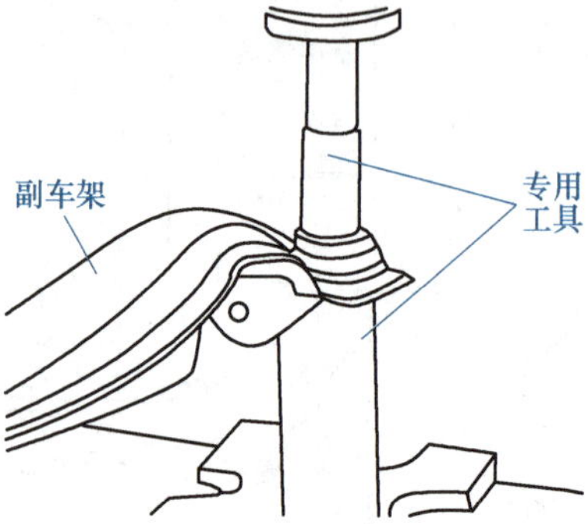

图4-67 副车架前支承套的压出

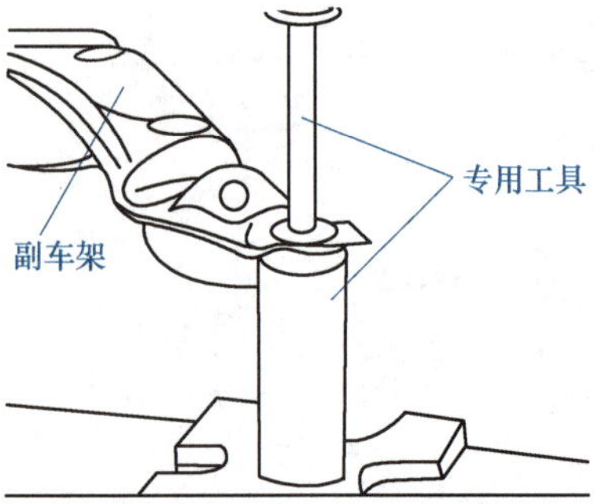

图4-68 副车架后支承套的压出

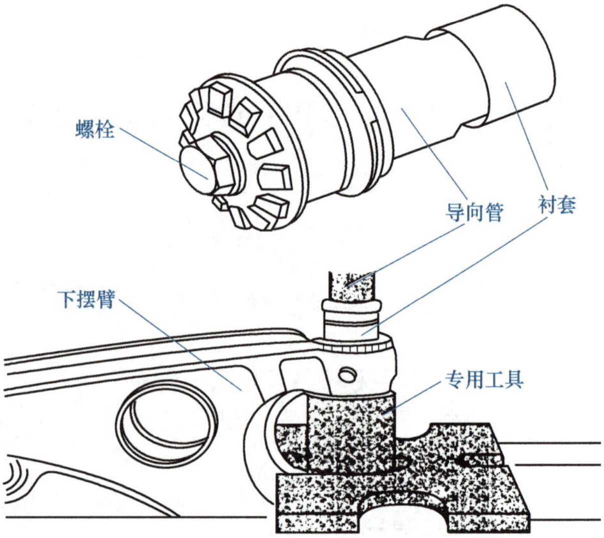

图4-69 下摆臂衬套的压入

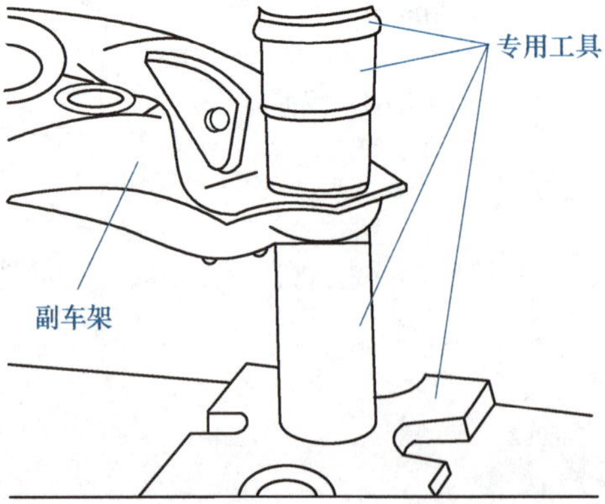

图4-70 副车架前衬套的压入

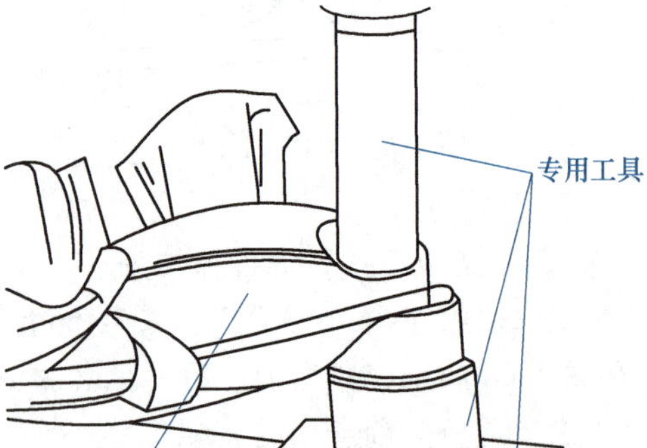

图4-71 副车架后衬套的压入

2）副车架、下摆臂及横向稳定杆的安装。按图 4-72 所示进行安装。注意：必须更换全部旧自锁螺母(不可重复使用)；按规定力矩拧紧各个螺栓(螺栓 2 为 60N · m 或 44 磅,螺栓 7 为 25N · m 或 18. 5 磅,螺栓 10 为 70N · m 或 52 磅)；下摆臂、球接头不可左右互换；装毕后副车架内部必须用防腐剂进行处理；装横向稳定杆时，必须注意方位(弯曲部分应位于下面)，并使夹箍处于较松状态进行短距离试车，其橡胶支座滑入规定位置后，再以 25N · m (18. 5 磅)力矩拧紧稳定杆固定螺栓。

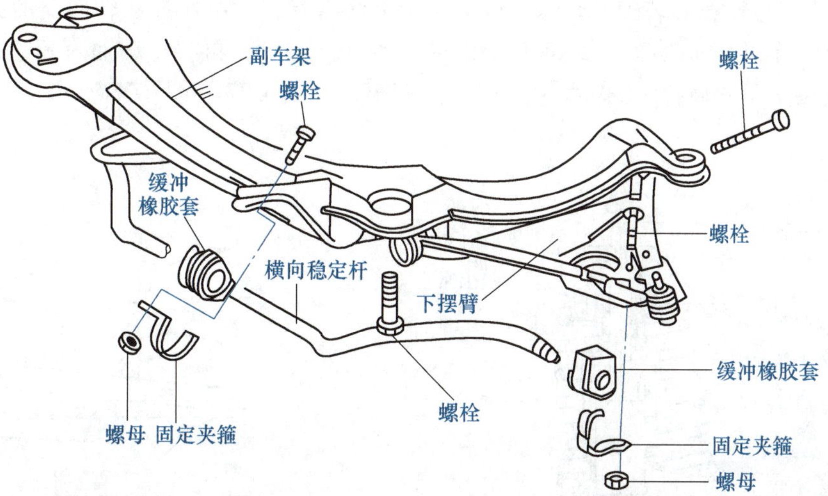

图 4-72 副车架下摆臂与横向稳定杆的安装

2. 减振器支柱的安装

1）按图 4-73 和图 4-74 所示，压入减振器支柱轴承(润滑脂润滑)及轮毂轴承(G6 润滑)，使弹簧挡圈开口位置相差 180°，检查轴承转动情况，装上挡泥板。

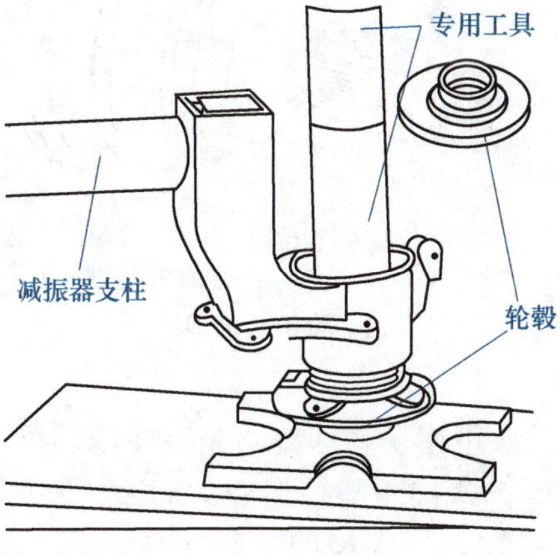

图 4-73 减振器支柱与轮毂的压装

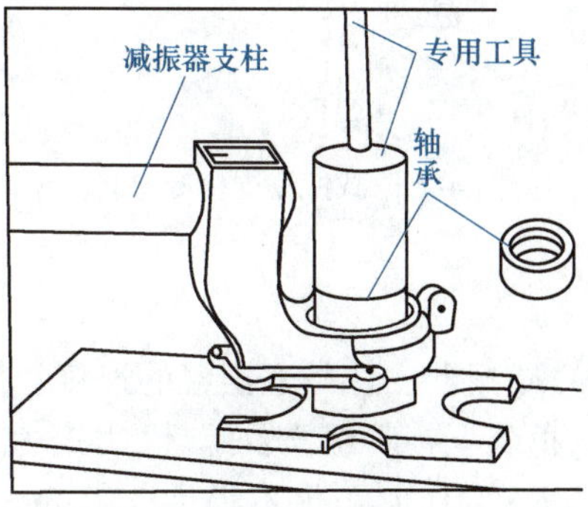

图 4-74 减振器支柱下端轴承的压入

2）制动件的安装。擦净制动盘工作表面，装合后用手转动制动盘，应无明显卡滞、异响。

3）减振器支柱的安装。如图4-75，用台虎钳夹住减振器，旋紧螺母盖（力矩为150N·m），按拆卸的逆顺序装合螺旋弹簧、护套、缓冲器、上支座、支承轴承、支承套（装合在车身上）、垫圈、自锁螺母（力矩为60N·m）等。

注意：螺旋弹簧下端头部应与支柱弹簧座凹处相吻合，如图4-76所示，支承套端的间隙应符合规定（大于8mm应更换支承套）；自锁螺母需更新（不可重复使用）。

4）传动轴与轮毂的装配。轮毂花键部位预涂润滑脂，对配用液压转向器的必须在传动轴花键轴外端涂以5mm宽的密封剂D6（60min后方可行驶），再将传动轴内等速万向节与变速器半轴连接，紧固螺栓（力矩为45N·m）并锁牢，如图4-77和图4-78所示。

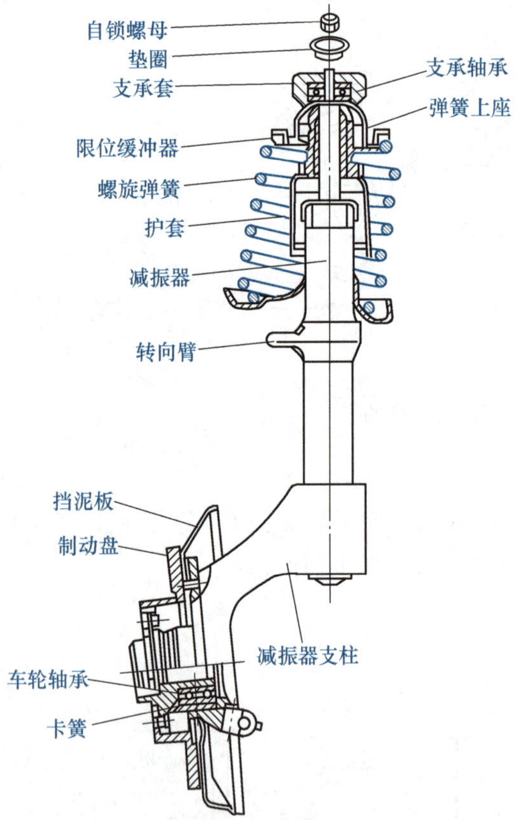

图4-75 减振器支柱的组装

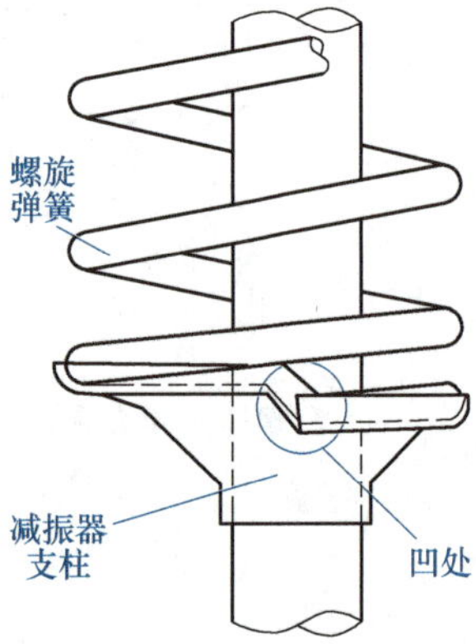

图4-76 螺旋弹簧的安装

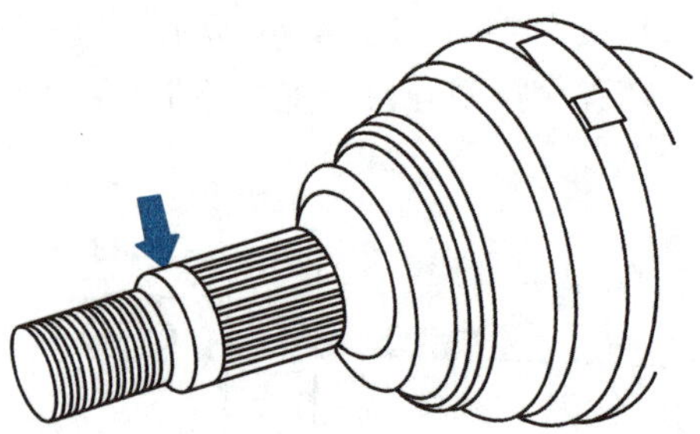

图4-77 在外等速万向节花键轴上涂密封剂D6

5）减振器支柱与下摆臂的连接。按图4-79所示，用钳子将球接头安装在原装配标记位置，再装上锁紧螺栓及螺母（力矩为50N·m）。检查球接头与挡泥板的间距（上下晃动减振器支柱，其值变化不得大于0.8mm），若不符合规定，则说明球接头安装不当或需更换。

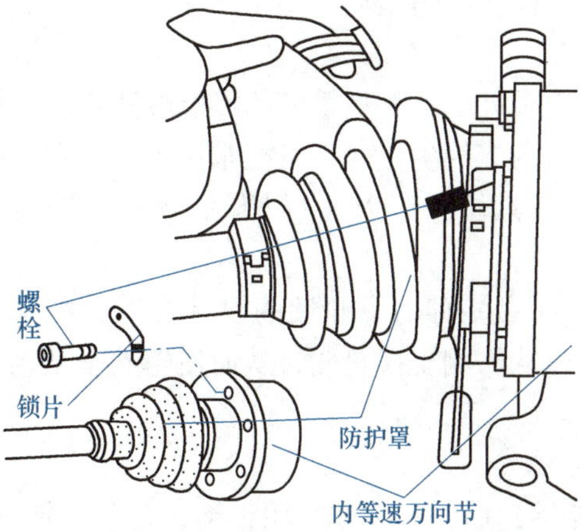

图 4-78 传动轴与半轴的连接

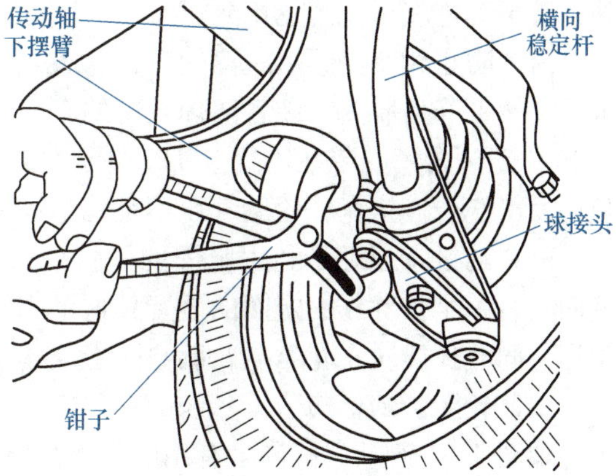

图 4-79 减振器支柱与下摆臂球接头的连接

6）装上转向横拉杆球接头及球头销螺母(力矩为 30N·m)；装上车轮及轮毂固定螺母(力矩为 230N·m)，旋紧钢圈螺栓(力矩为 110N·m)，支起车轮检查轮毂轴向间隙(标准值为 0.05mm,使用极限值为 0.10mm)。车轮着地后，在车辆全负荷下用手上下摆动车头前部，停摆后，车辆晃动 2~3 次即应停止，否则表明减振器性能不良，应予以更换。

拓展知识

拓展知识一 防爆轮胎

一、防爆轮胎概述

防爆轮胎学名叫“泄气保用轮胎”，英文缩写是 RSC。如图 4-80 所示，充气后的轮胎胎壁是支撑车辆重量的主要部位，特别是一些扁平比(扁平比是轮胎高度与宽度的比)较大的轮胎，胎壁非常“肥厚”，爆胎严重时通常会导致胎壁的瞬间崩裂，从而使轮胎瞬间失去支撑力，导致车辆重心立刻发生变化，特别是前轮驱动车的前轮爆胎，爆胎后瞬间的重心转移很可能会令车辆失控。

RSC 与传统轮胎的不同之处包括防爆特性、加强的侧壁、附加的气门嘴条带和高耐热性的合成橡胶材料。

RSC 在轮胎泄气的情况下，车辆仍然可以 80km/h 的车速行驶 250km，但这已经足够。RSC 已经可以避免在高速公路爆胎时几乎会导致的重大安全事故，而且可以避免你在高速公路上冒险换轮胎情况。甚至紧急的情况下，爆胎后没有时间更换轮胎，防爆轮胎还可以支持行驶 250km。

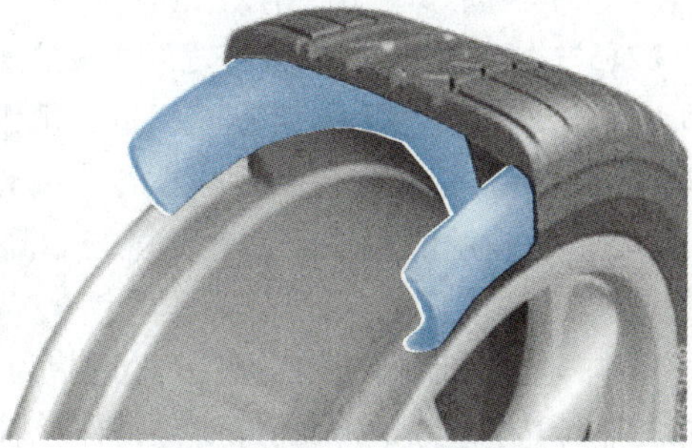
图 4-80 防爆轮胎结构

RSC 防爆轮胎之所以泄气后不会垮下，主要是因为加厚的橡胶侧壁，即使失去气压，侧壁也能够支撑车辆的重量，不会导致严重的变形，因此轮胎爆胎后并不会严重影响车辆的行驶，甚至车主有可能感觉不到。

为了防止轮胎变形后脱离轮毂，轮毂是经过特殊设计的，轮毂上的凸峰能够防止轮胎在压力突然下降后脱离。装备防爆轮胎的车辆，在细小的泄气发生时，可能车主不会发觉，因此 RSC 还包含了安装在轮毂上 TPI 电子警告系统，一旦轮胎压力开始下降，RSC 立即向驾驶人发出警告。毕竟，轮胎气压不足总是危险的。

RSC 的设计原理是利用坚固的侧壁提供支撑。而另一种防爆轮胎的设计方案，则是在里面安装一个被称作固定圈的装置，这个固定圈可以从内侧支撑轮胎，从而使轮胎不至于被压坏，同时还能防止轮胎从轮胎垫圈上脱落。

二、轮胎上的标志

如图 4-81 所示，有许多有用的信息被模制到轮胎的胎侧上，如轮胎种类、花纹、规格、有无内胎、速度级别、载重指数、扁平比以及重要的安全标示等。

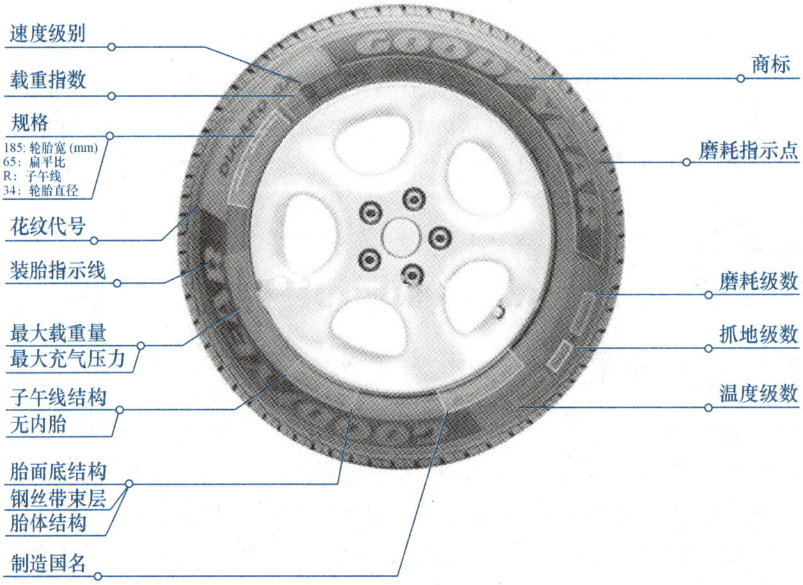

图 4-81 轮胎表面的参数解读

1. 轿车轮胎的胎侧

例：P215/65R15 89H

“P” 是指轿车轮胎(用以区别货车或其他车型适用的轮胎)。

“215” 指的是轮胎断面的宽度，是两个胎侧之间的宽度(以毫米为单位)。此宽度随轮胎所匹配轮辋宽度的不同而不同：宽轮辋配宽轮胎，窄轮辋配窄轮胎。一般在胎侧上所标示的胎宽，是指当轮胎安装到所建议宽度的轮辋时的宽度。

“65” 是轮胎的扁平比，是胎宽与胎高的比例，指胎高占胎宽的 65%，数值越小，越显扁平。

“R” 是指轮胎的结构，表示此轮胎为子午线结构，也就是说，它的帘布层是呈辐射状排布在胎体内的。“B” 表示轮胎为斜交结构，目前斜交结构的轿车轮胎已不复存在。

“15” 表示轮辋直径(以 in(1in = 0.0254m)为单位)，此轮胎必须匹配 15in 的轮辋，否则无法安装。

“89”表示载重指数：此轮胎最高载重为1，279b（1b=0.454kg）。不同的载重指数代表不同的最高载重(通常以磅或公斤为单位)。

“H”表示速度级别：此轮胎最高时速为130mile/h(1mile/h=0.447m/s)。旧式欧洲胎边标示系统中以215/65HR15表示。不同的英文字母表示不同的速度级别。

“DOT”则表示此轮胎符合美国交通部(U.S. Department of Transportation,DOT)规定的安全标准。“DOT”后面紧挨着的11位数字及字母则表示此轮胎的识别号码或序列号。

胎侧通常也显示帘线种类、胎侧和胎面帘布层数。

2. 轮胎分级

统一轮胎品质分级系统(Uniform Tire Quality Grading System,UTQG)除雪地胎外，DOT要求制造厂依据胎面磨耗、抓地力及耐高温三个性能要素将轿车轮胎分级。

1）胎面磨耗率：超过100——较优；100——标准；低于100——较差。

磨耗等级是根据在美国政府指定的试验场地，按标准条件测试的磨耗率换算得出的。如果某轮胎磨耗等级为200，则表示它在政府指定的试验场地上比等级为100的轮胎可以多跑1倍的时间。而实际上轮胎的磨耗率与使用条件有关，如驾驶习惯、路面状况、气候、定位等都会影响。注意：磨耗率只能适用于同一制造商的产品进行比较，不同品牌不能予以比较。

2）抓地力：A——最佳；B——中等；C——一般。

抓地等级是指轮胎按标准条件在美国政府指定的测试场地，在湿滑柏油路面和水泥路面所表现的直线行驶制动性能，不包括转弯性能。

3）温度等级：A——最佳；B——中等；C——一般。

温度等级是指按标准条件在指定室内试验室的试验车轮上测试，轮胎所表现的抗热量产生能力。持续高温会造成轮胎材质老化，从而缩短轮胎的使用寿命，温度过高则可导致爆胎。因此，美国联邦法规定所有轮胎至少必须通过C级温度等级。

4）速度级别是指轿车轮胎可行驶的最高时速。表4-3列出每一速度级别所对应的最高时速，此表适用于所有品牌的轮胎。

表4-3　常用轮胎速度等级编号

符号	最大速度/(km/h)	符号	最大速度/(km/h)
N	140	H	210
P	150	V	240
Q	160	W	270
R	170	Y	300
S	180	VR	>210
T	190	ZR	>240

5）荷重等级。轮胎最大载重能力通过荷重指数来表示。表4-4显示了荷重指数(LI)与实际载重值(kg)之间的关系。

表 4-4 荷重等级及对应的最大载荷质量

荷重等级	最大载荷质量/kg	荷重等级	最大载荷质量/kg
80	450	95	690
81	462	96	710
82	475	97	730
83	487	98	750
84	500	107	975
85	515	108	1000
86	530	109	1030
87	545	110	1060
88	560	111	1095
89	580	112	1129
90	600	113	1164
91	615	114	1200
92	630	115	1237
93	650	116	1275
94	670	117	1315

拓展知识二 电子控制悬架

前面介绍的一些悬架，由于结构确定后，其弹性元件的刚度 K 和减振器的阻尼系数 C 在汽车行驶过程中都不能人为地加以控制和改变，而是固定的，所产生的弹性力和阻尼力由道路和车速等条件决定。试验证明：降低弹簧的刚度，车体振动加速度减小、使用平顺性好，但同时导致车体位移增加，由此产生车体重心的变动，进而引起轮胎负荷变化的增加，影响操纵稳定性；若增加弹簧刚度，当然会提高操纵稳定性，但将导致汽车对路面不平度很敏感，使平顺性降低。因此，理想的悬架应在不同的使用条件下具有不同的弹簧刚度和减振器阻尼，既能满足平顺性要求，又能满足操纵稳定性要求。这就产生了能控制调节悬架的刚度和减振器阻尼，使汽车的悬架特性与行驶的道路状况相适应，保证平顺性和操纵稳定性都能得到满足的电子控制的悬架。

电控悬架主要有主动悬架和半主动悬架两种：主动悬架对车的高度、弹簧刚度和减振器阻尼系数都可以根据需要进行调节；而半主动悬架只能调节其中之一。

1. 电控悬架的组成及控制系统

电控悬架由空气弹簧减振器组件、执行器、电控悬架 ECU、高度控制压缩机、高度传感器、相关传感器(转向传感器、车速传感器和节气门位置传感器)等组成。如图 4-82 所示，是电控悬架系统；如图 4-83 所示，是丰田雷克萨斯 LS400 的电控悬架控制系统的零部件布置位置。

电控悬架是把从各传感器接收到的信号，输入电子控制单元(ECU)运算处理器，由它发出指令，对空气弹簧和减振器进行适当调节，保持车辆平顺性和操纵稳定性。例如：ECU根据汽车高度信号，控制压缩机和排气阀充气或排气，使空气弹簧伸长或压缩而达到控制车辆高度，同时，ECU根据车速、转向、加速、制动和车高等信号，通过控制阀改变空气弹簧主、副气室间的流通面积，进行弹簧刚度的调节，并通过控制减振器中的旋转阀，改变节流孔的数量，使阀体中减振液的流通快慢发生变化，从而改变减振器的阻尼系数。

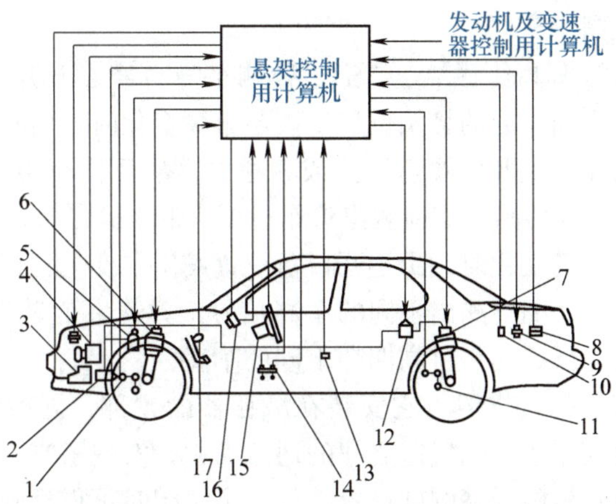

图4-82　电控悬架控制系统

1—前高度控制传感器　2—干燥器及空气电磁阀　3—1号高度控制继电器　4—交流发电机　5—1号高度控制阀　6—前悬架控制执行机构　7—后悬架控制执行机构　8—高度控制插头　9—2号高度控制继电器　10—空气悬架高度控制开关　11—后高度控制传感器　12—2号高度控制阀　13—车上照明灯开关　14—悬架控制开关　15—转向传感器　16—车高指示灯、车速传感器　17—节气门位置传感器

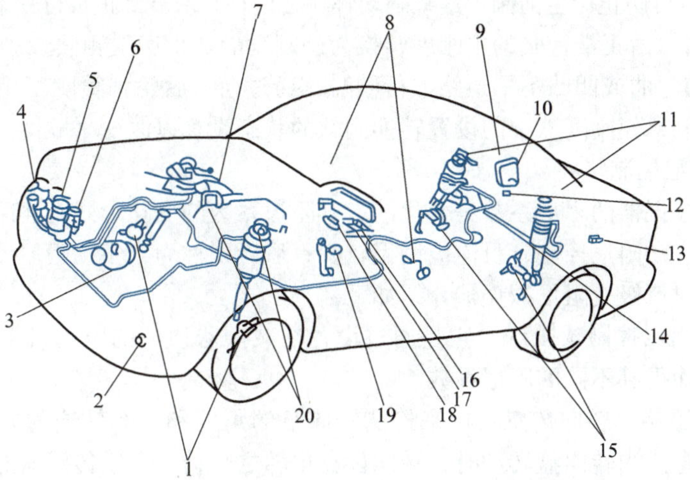

图4-83　LS400电控悬架系统零部件在车上的位置

1—高度控制传感器　2—1号高度控制继电器　3—IC调节器　4—干燥器和排气阀　5—高度控制压缩机　6—1号高度控制阀　7—主节气门位置传感器　8—门控灯开关　9—电控悬架ECU　10—2号高度控制执行器　11—后悬架控制执行器　12—高度控制插接器　13—高度控制ON/OFF开关　14—2号高度控制阀和溢流阀　15—后高度控制传感器　16—IRC开关　17—高度控制开关　18—转向传感器　19—停车灯开关　20—前悬架控制执行器

2. 弹簧刚度的控制

(1) 空气弹簧　通过控制阀改变主、副气室之间的通流面积即可达到调节空气弹簧刚度的目的，弹簧刚度越小，振动就越小，平顺性就越好；弹簧刚度增大，则操纵稳定性就提高。根据乘车人数(或载重量、车速和不同的路面情况)，能实现弹簧刚度的软、中、硬三级

转换控制。

（2）车高传感器　它通过监测车身与悬架下臂之间的距离变化，来检测汽车高度和因道路不平而引起的悬架位移量。当车高变化时，由于开口盘位置发生了变化，使发光二极管发出的光线被开口圆盘遮挡或者通过，从而检测出不同的车高信号，并将它们转换传送至ECU。车高传感器能检测出汽车过低、低、高、过高四个不同的车高。

当车高变化时，由于开口盘位置发生了变化，使发光二极管发出的光线被开口盘遮挡或者通过，从而检测出不同的车高信号，并将它们转换传送至ECU。车高传感器能检测出汽车过低、低、高、过高四个不同的车高。

（3）执行机构　它安装在减振器的顶部，同减振器阻尼力控制执行机构设计在一起。通过改变了主、副气室之间的通流面积，实现了空气弹簧刚度的调节。当该阀位于最大开度时可得到软的弹簧刚度设置，位于全关闭时可得到硬的弹簧刚度设置，位于较小的流通口打开时可得到中的弹簧刚度设置。

（4）控制方法　ECU接收到由车速传感器、转向操作传感器、汽车加速度传感器、加速踏板加速度传感器和车高传感器传来的信息，经计算并发出控制弹簧刚度的指令，实现弹簧刚度的控制，确保安全行驶，提高驾乘人员的舒适性。弹簧刚度的控制能防前倾、防侧倾和前、后轮工作参数改变等方面的控制操作。

1）防前倾。当判断汽车处于紧急制动时自动地将弹簧刚度增大，即把空气弹簧刚度由中设置变为硬设置，可防止产生前倾。紧急制动解除之后，又恢复到正常行驶条件下的中设置。

2）急转向时，由正常行驶的中刚度转换为硬刚度能防止产生侧倾。

3）当汽车在弯曲或凹凸不平道路上行驶时，通过前、后轮弹簧刚度相关控制并接合协调阻尼力大小控制，使刚度从中的设置转换到软的状态设置以改变平顺性。

3. 减振器阻尼控制

电控悬架中减振器的阻尼系数是变化的，其阻尼系数的变化形式有连续变化和有级变化两种。前者称为主动阻尼控制，目前应用得较少；后者则称为半主动阻尼控制，在电控悬架中广泛应用。现对有级变阻尼减振器介绍如下：

（1）半主动阻尼控制减振器　它是通过设置在减振器顶部的电动机来控制旋转阀旋转的不同位置，从而得到不同的阻尼系数。

（2）转向传感器　转向传感器用来检测转向盘的角度和汽车转向的方向，为汽车侧倾控制提供转向信息。当转向盘转动时，转向齿盘也随之转动，光敏传感器的发光二极管发出的光，随着转向齿盘的转动而通过转向齿盘上的孔或被阻断。这种产生的“通”和“断”与转向齿盘转动角度成比例的数字信号，传送给ECU处理后，并判断出两个光敏传感器信号的相位差，即可确定转动方向。

（3）执行机构　它安装在减振器的顶部，直流电动机接收到ECU的指令，驱动扇形齿轮左右转动，带动控制杆驱动旋转阀旋转，改变减振器各阀门节流孔的流通面积，达到改变阻尼力的目的。

（4）阻尼控制方法　汽车上的ECU根据车速传感器、转向传感器、停车灯开关、自动变速器空档开关和加速踏板位置传感器等信号，经过计算并发出控制减振器的阻尼力信号，由执行机构实现软、中、硬三种阻尼力，这就能有效地防止加速和换档时的后倾、高速或紧急制动时的前倾和急转弯时的侧倾等不良后果，保证了高速时具有良好的附着力，提高了汽车行驶的舒适性和安全性。

4. 汽车车高的控制

汽车车高的控制是指汽车可以根据乘员数量和载荷大小自动调整高度。这有利于保证汽车行驶的平衡性，并防止在恶劣路面因振动冲击造成有关零部件与地面产生撞击；当高速行驶时，降低车高会减小空气阻力，质心下移有利于行驶稳定性。

汽车车高的调节是通过对空气弹簧主气室内充、放气来实现的。汽车车高调节控制系统主要由车高传感器等感应元件、电子控制单元(ECU)和执行机构等组成。执行机构包括高度控制阀、空气压缩机和设置在悬架空气弹簧的主气室等。空气压缩机根据 ECU 的信号向主气室供给干净的空气；高度控制阀主要是控制向主气室内的进气和排气。

车高控制的控制方法是 ECU 根据车高传感器信号来判断汽车的高度状况，当车高需要升高时，则控制空气压缩机电动机工作并打开高度控制阀向空气弹簧主气室内充气，使车高升高；反之，若打开控制阀向外排气，则汽车高度降低。

案例分析

案例一 道奇大捷龙底盘共振的维修

1. 故障现象

一辆 2007 年款道奇大捷龙 MPV 商用车，用户反映车速在 60km/h 时能明显感觉到车身左右颤动，前部车身感觉尤为明显，踩加速踏板提速的过程中颤动更加厉害，急速踩加速踏板则颤动变得非常剧烈，如果缓踩加速踏板，颤动感会轻一些，不踩加速踏板则几乎感觉不到。用户还反映车辆在重载上坡时颤动得更是让人难以忍受，但当车速超过 70km/h 后，车辆又能恢复正常。

2. 故障分析与排除

这种故障现象在维修行业中称作共振，此类故障多是由于悬架底盘的松动或铰接部分配合间隙变大引起振动，当振动与车身的振动频率某一瞬间相重合时，则会引起振动的振幅变大，形成共振。将车辆升起，仔细检查底盘，用撬棍撬动各胶套及球头发现，右下控制臂球头略有松动，更换该球头后试车，故障略有好转，但仍然存在。

考虑到轮胎的轴向摆动量超标也会出现此类情况，于是又将前轮拆下，重新做动平衡，并且观察了轮胎的偏摆情况，发现偏摆并不严重，但还要从 4 个车轮中选择了偏摆量较轻的 2 个装在前轮，再次试车观察，故障依旧。

询问车主，该车有没有较大的碰撞事故，是否维修过车架，车主回答没有，在出现该故障后，在外面做过相应的四轮定位检查，通过对车辆进行四轮定位检查，检测结果没有发现问题，所有数据均在允许值范围之内，并且偏差值很小，说明车轮的定位没有问题。

反复试车，检查底盘，若没有发现有价值的线索，则检查车辆的振源是否来自发动机或者变速器，最终传导到车身。将车辆升起并起动发动机使前轮旋转，保持车速在 60km/h。此时在车下可以明显地感觉到发动机及变速器左右的摆动要较车身的摆动更剧烈。经仔细观察发现，振动源来自左侧传动轴。将车辆熄火后用力晃动左侧传动轴，能够听到“哐当”的响声，可以判定传动轴内球笼的内部间隙过大。

经拆解传动轴内球笼检查发现，此种内球笼为星形三销式万向节，左侧内球笼传动轴防尘套的卡子已经长时间松动，润滑脂已经漏光，且有水分进入。由于长时间缺少润滑脂的润滑，球笼的内壁上受力侧已经磨损出很深的沟槽，3个小轴承的滚针有的也因磨损脱离滑道。在更换左侧传动轴总成后，故障排除。

分析故障原因，由于球笼的内壁上有沟槽的出现，使得传动轴的伸缩受到限制，所以引起发动机的左右摆动，进而导致车身的左右摆动。当车速在60km/h时，传动轴伸缩的频率与发动机通过发动机支撑座摆动的固有频率相重叠，导致车辆摆振的幅度最大；车速到达70km/h时，传动轴伸缩的频率与发动机通过发动机脚垫摆动的固有频率相差较多，所以车速超过70km/h时，共振现象就会消失。

案例二 轮胎异响的故障检修

1. 故障现象

一辆丰田RAV4汽车，在40~60km/h的速度段内，底盘出现“嗡嗡”的异常响声，并呈逐渐增大的趋势。当车速提高到70km/h以上时，异响消失。

2. 故障分析与排除

维修人员经路试后，仍不能确诊异响部位，于是支起驱动桥进行原地运行试验。当车速达到40~60km/h时，没有异响出现，这表明汽车传动系统无异常，异响来自前桥。经反复试车听诊，发现响声似来自前轮。进一步检查发现，前轮的胎冠部位有坑穴状磨损。更换了两前轮后试车，异常消失。

1）前轮出现异常磨损后，当车速达到一定程度时，轮胎因动不平衡加剧而出现异响。

2）由于前轮的胎冠部位有坑穴状磨损，坑穴磨损造成行驶时，坑穴内的空气无法排除，挤压造成空气排出时的气爆，从而产生噪声。

维修人员据此，又对导致前轮异常磨损的前轮定位、轮毂轴承预紧度、转向节(球头销)等相关部位进行了检修。现已行驶20 000km，前轮磨损正常，异响再未出现。

项目知识要点

1）轮式行驶系统主要由车架、车桥、车轮和悬架等组成。车轮安装在车桥上，车桥通过悬架与车架相连接。车架是全车的装配基础，它把汽车连接成为一个整体。

2）转向轮的定位可使汽车行驶稳定和操纵轻便，并减小轮胎及其他零部件的磨损。

3）轮胎具有较好的弹性和承受载荷能力，与路面直接接触的胎面还应具有足够的附着性能。

4）悬架的功用是连接车架(或承载式车身)与车桥，以传递各种力及其力矩。它与车轮一起吸收、减缓行驶中产生的各种摇摆及振动，以保证汽车正常行驶。

5）减振器应满足以下要求：悬架压缩行程中，减振器阻尼力应较小，由弹性元件起主要作用；在悬架伸张行程中，减振器阻尼力应较大，使振动迅速衰减，此时减振器起减振的主要作用。

同步测试

一、判断题(对的在括号内打“√”,错的在括号内打“×”)

(　　)1. 根据汽车转向装置的不同，悬架可分为独立悬架和非独立悬架。

(　　)2. 钢板弹簧是在汽车悬架中使用最为广泛的弹性元件。

(　　)3. 螺旋弹簧大多应用在非独立悬架上，尤其是前轮非独立悬架中。

(　　)4. 为了改善汽车行驶的平顺性，一些轻型货车的后悬架将钢板弹簧加装主钢板弹簧，成为渐变刚度的钢板弹簧。

(　　)5. 半主动悬架是指刚度和阻尼系数其中之一能进行实时调节控制的悬架。

(　　)6. 全主动悬架系统是对悬架的刚度和阻尼系数均能进行实时调节，可以同时提高车辆的平顺性和操纵稳定性。

(　　)7. 不等臂双横臂悬架的上臂比下臂长，当汽车车轮上下运动时，上臂比下臂运动弧度大。

(　　)8. 车轮的静平衡是重量围绕车轮等量分配，而车轮的动平衡是在中心线每一侧使重量等量分配。

(　　)9. 无内胎轮胎就是没有内胎和垫带，充入轮胎的气体直接压入无内胎轮胎中，要求轮胎有较好的密封性。

(　　)10. 汽车车轮是高速旋转部件，为了防止行驶中固定车轮的螺母自行松脱，造成交通事故，螺母一般采用旋向不同的螺纹，即：左轮使用右旋螺纹，右轮使用左旋螺纹。

二、选择题(将正确选项填在括号内)

1. 汽车车轮定位的参数中，使用中应进行检查调整的是(　　)。

A. 主销后倾　　B. 前轮外倾　　C. 车轮前束　　D. 车轮外倾

2. 能减轻汽车车轮外轴承锁紧螺母负荷而提高车轮工作安全性的是(　　)。

A. 前轮外倾　　B. 主销内倾　　C. 前轮前束　　D. 主销后倾

3. 能使车轮自动回正，保证汽车直线行驶稳定性的是(　　)。

A. 前轮外倾　　B. 前轮前束　　C. 主销内倾　　D. 主销后倾

4. 以下可能导致后轮羽状磨损的是(　　)。

A. 后轮外倾角定位不准确　　B. 后轮胎充气不准确

C. 后轮失衡　　D. 后轮前束角不准确

5. 有些汽车常使用低压胎，其充气压力为(　　)。

A. 0. 5~0. 7MPa　　B. 0. 15~0. 45MPa

C. 0. 15MPa 以下　　D. 0. 7MPa 以上

6. 当讨论轮胎噪声时：维修人员甲说，路面状况不同，噪声也不同；维修人员乙说，当车辆加速或减速时，轮胎噪声保持连续。请问谁的说法正确(　　)。

A. 甲正确　　B. 乙正确　　C. 甲和乙都正确　　D. 甲和乙都不正确

7. 凯美瑞的车轮前束值为(　　)。

A. 2~4mm　　B. 1~5mm　　C. 0~2mm　　D. (0±2)mm

8. 客户叙述说，他的前驱动轿车在不平路面行驶时，存在转向偏转。下面的故障不能导致这个问题的是(　　)。

A. 稳定杆轴套磨损　　B. 球头磨损　　C. 推力杆轴套磨损　　D. 横拉杆接头磨损

9. 客户叙述说，他的后驱动轿车在转弯时，车身侧倾过大。分析问题时，首先应该检查的是(　　)。

A. 控制臂轴套　　B. 推力杆轴套　　C. 稳定杆轴套　　D. 减振器轴套

10. 在车轮上跳过程中，在右前悬架听到重击的噪声，但是减振柱弹跳检查显示状态良好。下面关于产生问题的原因，错误的是(　　)。

A. 减振柱上支架磨损　　B. 弹簧隔离板磨损

C. 螺旋弹簧断裂　　D. 减振柱漏油

三、问答题

1. 子午线轮胎的规格为245/50R18，其含义是什么？
2. 悬架是由哪几部分组成的？
3. 对减振器有哪些要求？
4. 如何进行车轮定位的检查与调整？在进行车轮定位前需进行哪些准备工作？
5. 车轮动平衡的意义是什么？如何操作？在操作过程中需注意哪些方面？
6. 简述如何正确使用轮胎，并延长其使用寿命。
7. 分析前轮自动跑偏的原因及故障排除方法。
8. 车轮定位的定位参数有哪些？各有什么功用？

项目五 汽车转向系统构造与维修

学习目标

知识目标

- 掌握汽车转向系统及部件的功用、组成和类型。
- 掌握典型车型转向系统的工作原理。

能力目标

- 能够完成汽车转向系统的拆装。
- 具备汽车转向系统主要部件的维护、修理、检测和故障诊断与排除的能力。
- 学会汽车转向系统维修和检测工具及设备的正确使用和操作方法

单元一 汽车转向系统概述

资讯一 汽车转向系统介绍

一、转向系统的定义

汽车在行驶过程中，需要经常改变行驶方向。通过转向轮（一般是前轮）相对于汽车纵轴线偏转一定角度实现。即使汽车在直线行驶时，转向轮也往往受到路面侧向干扰力的作用自动偏转而改变行驶方向。因此，驾驶人需要通过一套机构实现改变或恢复汽车行驶方向。该机构称为汽车转向系统。

我国交通法规定车辆靠右侧通行，因而国产汽车转向盘应安置在驾驶室的左侧。这样，驾驶人在驾驶车辆时，左方视野比较广阔，有利于行车安全。

二、转向系统的功用

转向系统的功用是保证汽车按照驾驶人的意愿进行操纵，改变汽车行驶方向，并与汽车行驶系统共同保证汽车机动灵活、稳定安全地行驶。

三、转向系统的分类

汽车转向系统按转向能源的不同分为两类：机械转向系统，以驾驶人施加于转向盘上的体力作为转向能源；动力转向系统，兼用驾驶人体力和发动机部分动力作为转向能源。

四、转向系统的组成

1. 机械转向系统

机械转向系统是以驾驶人的体力（手力）作为转向动力的转向系统，其中所有机件都是机械的，主要由转向操纵机构、转向器和转向传动机构三大部分组成，如图 5-1a 所示。转向操纵机构由转向盘 10、转向轴 9、转向万向节 6 和转向传动轴 7 等零部件组成；转向器 5

转向原理

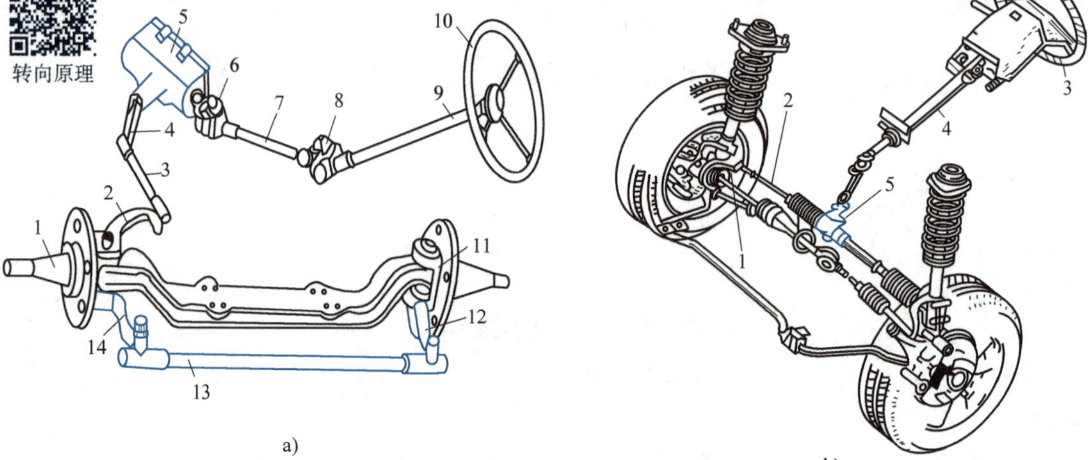

a)　　b)

图 5-1　机械转向系统示意图

a）与非独立悬架配用机械转向系统

1—左转向节　2—转向节臂　3—转向直拉杆　4—转向摇臂　5—转向器　6、8—转向万向节　7—转向传动轴　9—转向轴　10—转向盘　11—右转向节　12、14—梯形臂　13—转向横拉杆

b）与独立悬架配用的机械转向系统

1—转向节臂　2—转向横拉杆　3—转向盘　4—转向轴　5—转向器

是转向系统的减速增矩装置，其内装有 1～2 级减速啮合传动副；转向传动机构包括转向摇臂 4、转向直拉杆 3、转向节臂 2、左/右梯形臂 12 和 14、转向横拉杆 13 等零部件。需要转向时，驾驶人施加给转向盘一个力矩，经转向器放大后传给转向传动机构。通过转向节臂使左转向节带动左转向轮偏转；由于左梯形臂、转向横拉杆的作用，使右转向节带动右转向轮做相应的偏转，从而实现汽车转向。图 5-1b 所示为与独立悬架配用的机械转向系统。

2. 动力转向系统

动力转向系统是在驾驶人的控制下，借助于汽车发动机产生的液压力或电动机驱动力来实现车轮转向。所以，动力转向系统也称为转向动力放大装置。

它是在机械转向系统的基础上增设了一套转向助力装置而形成的，如图 5-2 所示。在正常情况下，汽车转向时所需要的动力，只有一小部分由驾驶人独立提供，大部分是由发动机通过转向助力装置供给；但在转向助力装置失效时，驾驶人仍能通过机械转向系统实现对汽车的转向控制。

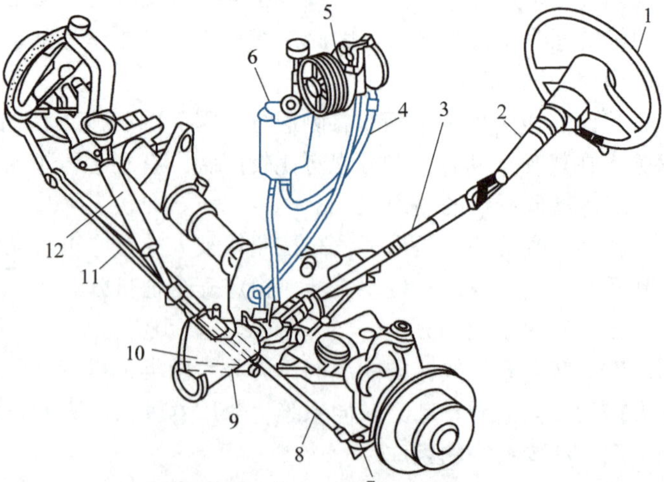

图 5-2　切诺基汽车转向系统示意图

1—转向盘　2—转向轴　3—转向传动轴　4—油管　5—转向液压泵　6—储油罐　7—梯形臂　8—转向横拉杆　9—转向摇臂　10—循环球转向器　11—转向直拉杆　12—转向减振器

动力转向系统按控制方式的不同，可分为传统动力转向系统和电控动力转向系统。

五、对转向系统的要求

1）汽车转弯行驶时，全部车轮应绕瞬时转向中心旋转。

2）转向轮具有自动回正能力。

3）在行驶状态下，转向轮不得产生自振，转向盘没有摆动。

4）转向传动机构和悬架导向装置产生的运动不协调，应使车轮产生的摆动最小。

5）转向灵敏，最小转弯直径小。

6）操纵轻便。

7）转向轮传给转向盘的反冲力要尽可能小。

8）转向器和转向传动机构中应有间隙调整机构。

9）转向系统应有能使驾驶人免遭或减轻伤害的防伤装置。

10）转向盘转动方向与汽车行驶方向的改变相一致。

资讯二 汽车转向特性

为了使汽车能顺利地转向，且保持汽车在转向时车轮只向前滚动而无横向滑动，则要求外侧车轮滚过的路程大于内侧车轮滚过的路程。对一般的汽车而言，后桥左、右两侧车轮由于差速器的作用，能以不同的转速滚过不同的距离。但对前桥左、右两侧的转向轮，要在同一时刻滚过不同的距离，必然引起车轮沿路面边滚动边滑动现象，既增大了转向阻力，又加快了轮胎的磨损，甚至无法转向。为避免这一现象，只有转向轮的内转向角 β 大于外转向角 α。所以，将图 5-1 中的构件 12、13、14 设计成梯形。这样汽车转向时可使内、外转向前轮产生不同的偏转角，使车轮的轴线都交于同一点 O，实现车轮的纯滚动。此交点 O 称为汽车的转向中心，如图 5-3 所示。

由图 5-3 可知，汽车转向时，内、外侧转向轮偏转角 β 与 α 应满足以下关系：

$$\cot\alpha-\cot\beta=B/L=\text{常数}$$

式中 B——两侧主销中心的距离；

L——汽车轴距。

这一关系由转向梯形保证，故又称为转向梯形理论特性关系式，但所有汽车的转向梯形，只在一定的车轮偏转范围内，才能使两转向轮的偏转角满足上述关系。汽车在使用中轴距、轮距和转向梯形等杆件有变形等情况会直接影响转向性能。

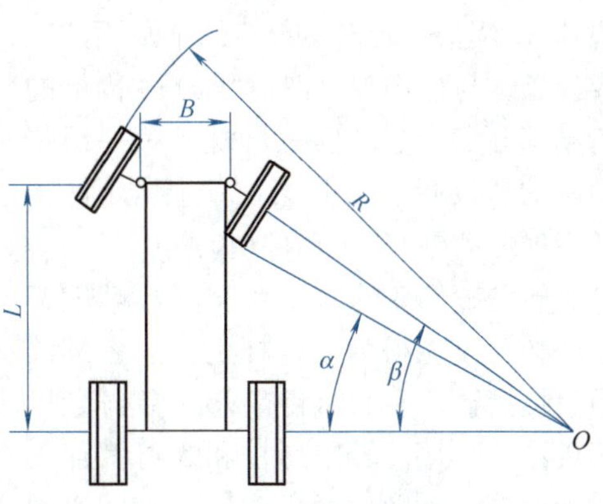

图 5-3 双轴汽车转向示意图

汽车的转向操纵性能并不完全取决于转向系统，还与行驶系统有关。汽车在直线行驶中，转向轮会受到偶然出现的地面侧反力而发生意外偏转，使汽车意外地转向，为了使汽车能稳定地保持直线行驶，要求转向轮偶然发生偏转后能立即恢复到直线行驶的中立位置。转向轮定位是保证转向轮自动回正性能的结构措施之一。此外，悬架导向机构的结构和布置以及车轮的径向和侧向刚度都对汽车的转向操纵性有很大影响。

汽车转弯半径是指汽车由转向中心到外转向轮与地面接触点的距离。最小转弯半径是指当转向盘转到极限位置，汽车以最低稳定车速转向行驶时，外侧转向轮的中心平面在支承平面上滚过的轨迹圆半径。图 5-3 中的 *R* 即最小转弯半径。它在很大程度上表征了汽车能够通过狭窄弯曲地带或绕过不可越过的障碍物的能力。不同车型的最小转弯半径是由设计决定的，转弯半径越小，汽车的机动性能越好。

单元二 机械式转向系统构造与维修

资讯一 转向器的构造

转向器常称为转向机，是转向系统中的减速增矩装置，其功用是增大转向盘传到转向节的力，并改变力的传递方向。转向器的类型有齿轮齿条式、循环球曲柄指销式、蜗杆曲柄指销式、循环球-齿条齿扇式和蜗杆滚轮式等。现代汽车的转向器已演变定型，中、重型汽车多采用循环球式转向器，小型汽车多采用齿轮齿条式转向器。

一、循环球式转向器

1. 循环球式转向器的组成

循环球式转向器目前应用得最为广泛，它一般有两级传动副，即螺杆螺母传动副与齿条齿扇传动副。图 5-4 所示为 CA1092 型汽车的循环球-齿条齿扇式转向器，转向螺杆 23 的轴颈支承在两个推力球轴承上，轴承的预紧度可用调整垫片 21 调整；转向螺母 3 的下平面加工成齿条，与齿扇轴(即摇臂轴)14 内端的齿扇部分啮合。转向螺母既是第一级传动副的从动件，又是第二级传动副(齿条齿扇传动副)的主动件(齿条)。

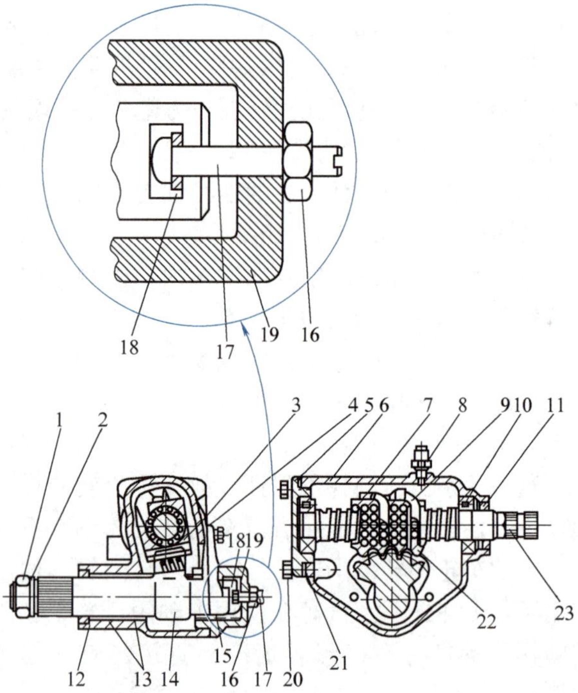

图 5-4 CA1092 型汽车的循环球-齿条齿扇式转向器

1—螺母 2—弹簧垫圈 3—转向螺母 4—转向器壳体垫片 5—转向器壳体底盖 6—转向器壳体 7—导管卡子 8—加油螺塞 9—钢球导管 10—球轴承 11、12—油封 13—滚针轴承 14—摇臂轴 15—滚针轴承 16—锁紧螺母 17—调整螺钉 18、21—调整垫片 19—侧盖 20—螺栓 22—钢球 23—转向螺杆

转向螺母 3 的内径大于转向螺杆 23 的外径，故能松套在螺杆上，二者螺纹不直接接触，它们间装有 96 个钢球，以实现滚动摩擦。转向螺杆和螺母都加工成断面轮廓，即由两段或三段不同心圆弧组成的近似半圆的螺旋槽，二者的螺旋槽能配合形成近似圆形断面的螺旋管状通道，螺母侧面有两对通孔，可将钢球从此孔塞入螺旋形通道内。转向螺母外有两根钢球导管 9，每根导管的两端分别插入螺母侧面的一对通孔中，导管内也装满了钢球。这样，两根导管和螺

母内的螺旋管状通道组成两条各自独立的封闭的钢球“流道”，如图 5-5 所示。

通过转动转向盘和转向轴，使转向螺杆通过钢球将力传给转向螺母，螺母即沿轴向移动，并驱动齿扇轴转动。在螺杆、螺母与钢球之间摩擦力偶的作用下，所有钢球都沿螺旋管状通道滚动，形成“球流”。钢球在管状通道内绕行两周后，流出螺母而进入导管的另一端，再由另一端流回螺旋管道。所以，在转向器工作时，两列钢球只在各自的封闭流道内循环，而不会脱出。

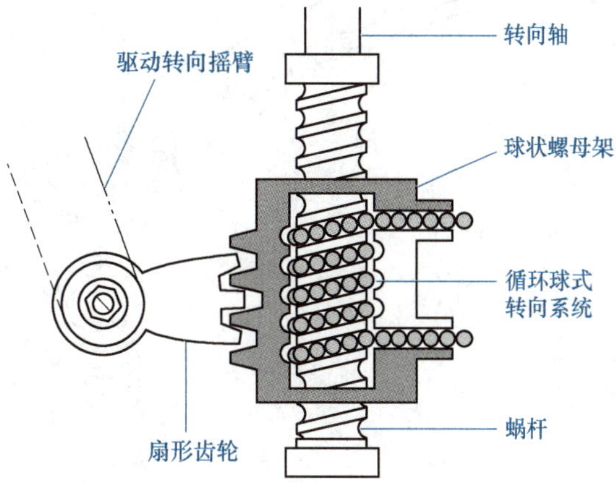

图 5-5 循环球式转向器的构造

转向螺母上的齿条是倾斜的、等齿厚的，与之相啮合的是变齿厚的齿扇。当调整摇臂轴 14 相对于齿条做轴向移动时，即可调整二者的啮合间隙。调整螺钉 17 旋装在侧盖 19 上，其圆柱形端头嵌入齿扇轴内端部的切槽中，将螺钉 17 旋入，啮合间隙减小；反之，则啮合间隙增大，调整好后将锁紧螺母 16 锁紧。转向器第一级(螺杆螺母)传动副因结构所限，其啮合间隙不能调整，零件磨损严重时，只能更换。

循环球式转向器的正传动效率高达 90%~95%，故操纵轻便，自动回正能力强，使用寿命长；但因逆效率高，故容易将路面冲击力传到转向盘而产生“打手”现象。但随着道路条件的改善，这一缺点并不明显，因此，循环球式转向器广泛应用于各类汽车。

2. 循环球式转向器的特点

1）传动效率高，操纵轻便，有一条平滑的操纵力特性曲线。

2）布置方便。特别适合大、中型车辆和动力转向系统配合使用，易于传递驾驶人操纵信号，逆效率高、回位好，与液压助力装置的动作配合得好。

3）可以实现变传动比的特性，满足了操纵轻便性的要求。中间位置转向力小且经常使用，要求转向灵敏，因此希望中间位置附近传动比小，以提高灵敏性。大角度转向位置转向阻力大，但使用次数少，因此希望大角度位置传动比大一些，以减小转向力。由于循环球式转向器可实现变传动比，应用正日益广泛。

二、齿轮齿条式转向器

这种转向器结构简单，传动效率高，操纵轻便，重量轻。由于不需要转向摇臂和转向直拉杆，简化了转向传动机构，故广泛地用于前轮为独立悬架的中级以下轿车和轻、微型货车上。齿轮齿条式转向器如图 5-6 所示。齿轮齿条式转向器按其动力输出方式的不同，分为两端输出式和中间输出式两种。

图 5-6a 所示的中间输出齿轮齿条式转向器主要由转向器壳体 8、转向齿轮 9 和转向齿条 5 等组成。

转向器通过转向器壳体 8 的两端用螺栓固定在车身(车架)上，齿轮轴 6 通过球轴承 7 和滚柱轴承 10 垂直安装在壳体中，其上端通过花键与转向轴上的万向节(图中未示出)相连；其下部是与轴制成一体的转向齿轮 9。转向齿轮是转向器的主动件，与之相啮合的转向齿条

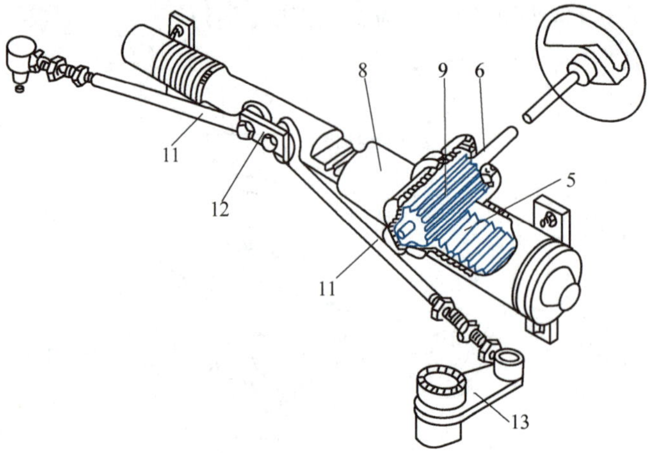

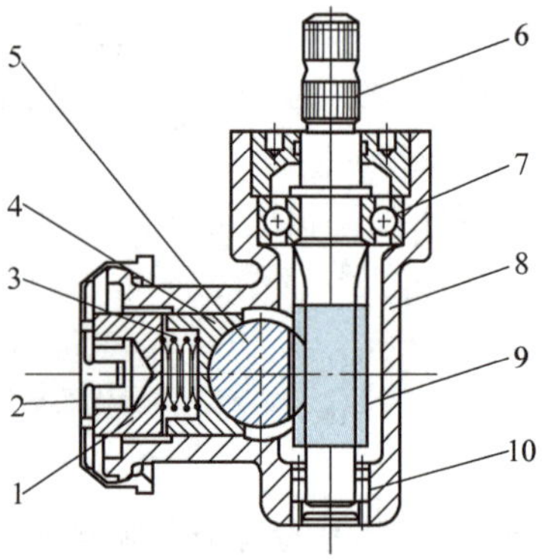

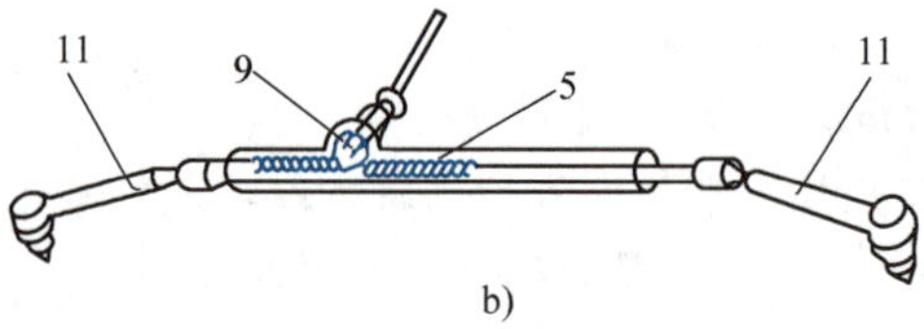

图 5-6 齿轮齿条式转向器

a）中间输出齿轮齿条式转向器 b）两端输出齿轮齿条式转向器

1—调整螺塞 2—罩盖 3—压簧 4—压簧垫块 5—转向齿条 6—齿轮轴 7—球轴承 8—转向器壳体 9—转向齿轮 10—滚柱轴承 11—转向横拉杆 12—拉杆支架 13—转向节

5 水平布置；齿条背面装有压簧垫块 4，在压簧 3 的作用下，压簧垫块 4 将转向齿条 5 压靠在转向齿轮 9 上，保证二者无间隙啮合，调整螺塞 1 用以调整压簧的预紧力。压簧 3 不仅起压紧齿条、消除间隙的作用，而且还是一个弹性支承，可以吸收部分振动能量，缓和冲击。转向齿条 5 的中部通过拉杆支架 12 与左、右转向横拉杆 11 连接，转动转向盘时，转向齿轮 9 转动，与之相啮合的转向齿条 5 沿轴向移动，从而使左、右转向横拉杆带动转向节 13 转动，使车轮偏转实现转向。

图 5-6b 所示为两端输出齿轮齿条式转向器。

资讯二 转向操纵机构的组成及工作原理

各种汽车的转向操纵机构均由转向盘、转向轴及转向管柱等元件组成，但有些（如 BJ2020 型汽车）转向系统考虑车架变形的影响，在转向操纵机构中增加了挠性万向节；还有一些（如 EQ1090E 型汽车）转向系统由于总体布置的需要，转向轴与转向器的轴线相交成一定的角度，在结构上采用了万向节和传动轴。为了保证驾驶人的安全和更加舒适可靠地操纵转向系统，现代汽车（特别是轿车）通常在转向操纵机构中增设了相应的安全调节装置，如安全转向柱、安全联轴器及能量吸收装置等。

一、EQ1092E 型汽车转向操纵机构

如图 5-7 所示，转向轴 2 中部用橡胶垫 3、转向轴支架 4 固定于驾驶室前围板上，下端插入铸铁转向轴支座 5 的孔中，支座则固定于转向操纵机构支架 6 上。穿过转向柱管的转向

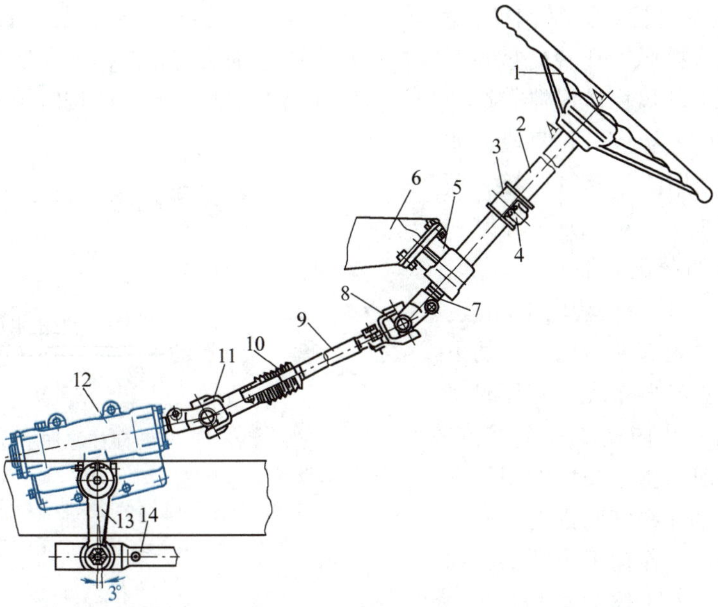

图 5-7 EQ1092E 型汽车转向操纵机构

1—转向盘 2—转向轴 3—橡胶垫 4—转向轴支架 5—转向轴支座 6—转向操纵机构支架 7—转向轴限位弹簧 8—上万向节 9—转向传动轴 10—花键防护套 11—下万向节 12—转向器 13—转向摇臂 14—转向直拉杆

轴上端用衬套支承，下端则由支座内圆锥滚子轴承支承，其轴向位置由转向轴限位弹簧 7 限制。它通过双万向节传动装置与转向器蜗杆轴相连。上万向节 8 与转向轴 2 的下端、转向传动轴 9 的上端连接，下万向节 11 下端与转向器 12 的蜗杆轴用花键螺栓连接，上端与转向传动轴用滑动花键连接。

二、一汽奥迪 100 型轿车的转向操纵机构

如图 5-8 所示，一汽奥迪 100 型轿车的转向操纵机构主要由转向盘 6、安全支架 1、安

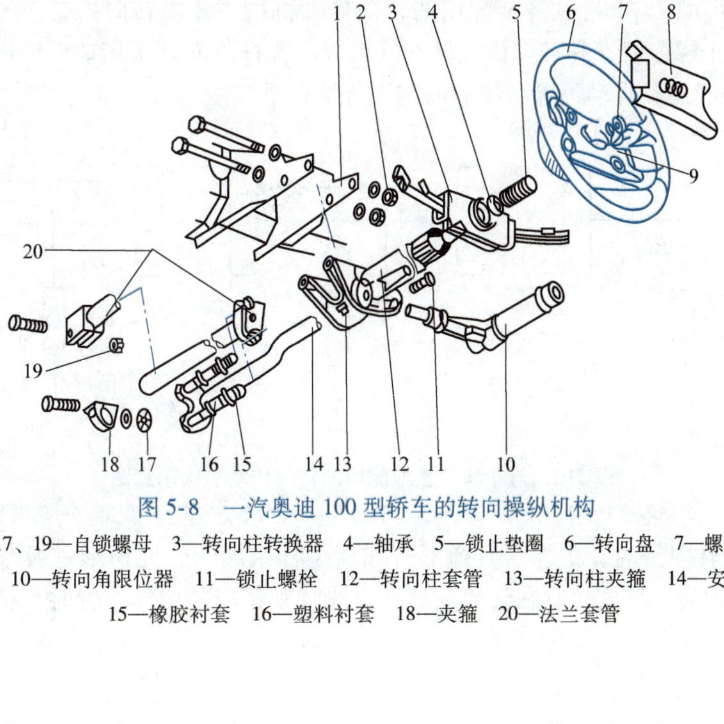

图 5-8 一汽奥迪 100 型轿车的转向操纵机构

1—安全支架 2、17、19—自锁螺母 3—转向柱转换器 4—轴承 5—锁止垫圈 6—转向盘 7—螺栓 8—喇叭按触板 9—电线 10—转向角限位器 11—锁止螺栓 12—转向柱套管 13—转向柱夹箍 14—安全转向柱 15—橡胶衬套 16—塑料衬套 18—夹箍 20—法兰套管

全转向柱14、法兰套管20、转向柱转换器3、转向角限位器10和转向柱套管12等零部件组成。为方便驾驶人操纵，在转向盘6下方左、右两侧分别装有转向信号、变光、照明、紧急信号、风窗刮水器和风窗洗涤器等拨杆开关，转向盘6中间装有喇叭按触板8。

安全转向柱分为上、下两段，如图5-9所示，中间用法兰套管连接，顶端制造成锥形并加工有细三角形花键和螺纹，与转向盘的花键孔装配在一起，并通过螺母锁紧，下端与转向器相连。上转向柱的下法兰上有两个销钉，而下转向柱的上法兰上有两个孔，装配时将法兰上的销钉装入孔内构成一个整体。当发生撞车事故时，由于惯性作用，人体向前冲，其胸部撞在转向盘上，安全转向柱的法兰在冲力作用下脱开，起到缓冲作用，减小了对人体的伤害。

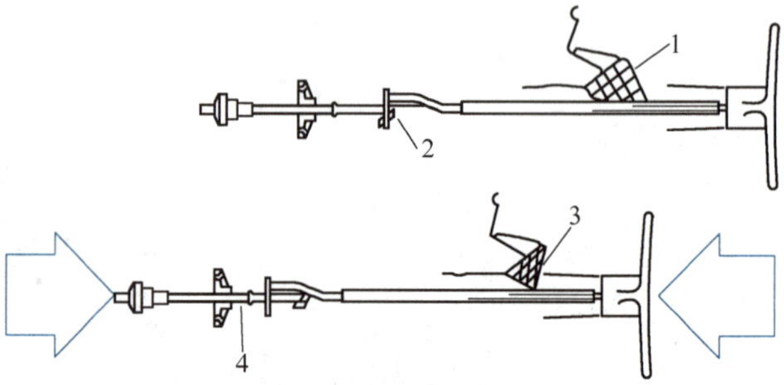

图5-9 安全转向柱原理示意图

1—仪表板下安装的折叠式安全装置 2—转向柱上、下法兰连接 3—受冲击时的安全装置折叠与压缩 4—受冲击时安全转向柱上、下法兰脱开

资讯三 转向传动机构的组成与工作原理

转向传动机构的功用是将转向器输出的力和运动传给转向轮，使左、右转向轮偏转角按一定的关系变化，以实现汽车顺利转向。有的汽车如桑塔纳、奥迪等轿车，在其转向传动机构中还装有转向减振器。转向传动机构的组成和布置因转向器的结构形式、安装位置和悬架类型的不同而异。按悬架类型的不同，转向传动机构可分为与非独立悬架配用的转向传动机构和与独立悬架配用的转向传动机构两大类。

一、与非独立悬架配用的转向传动机构

如图5-10所示，与非独立悬架配用的转向传动机构主要由转向摇臂2、转向直拉杆3、转向节臂4、两个梯形臂5和转向横拉杆6等组成。各杆件间都采用球形铰链连接，并设有防止松脱、缓冲吸振和自动消除磨损后的间隙等结构措施。

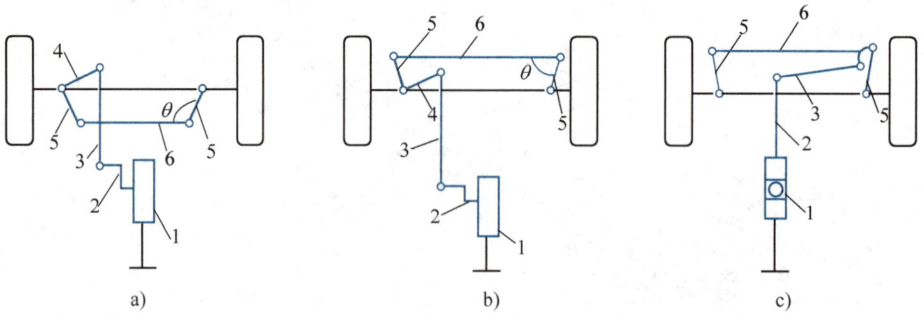

图5-10 与非独立悬架配用的转向传动机构示意图

1—转向器 2—转向摇臂 3—转向直拉杆 4—转向节臂 5—梯形臂 6—转向横拉杆

当前桥仅为转向桥时，由左、右梯形臂和横拉杆组成的转向梯形一般布置在前桥之后（见图5-10a），称为后置式。它在转向轮处于直线行驶相应的中立位置时，梯形臂5与转向

横拉杆 6 在与道路平行的水平面内的交角 θ 大于 90°；这种布置简单方便，且后置的转向横拉杆 6 有前面的车桥做保护，可避免直接与路面障碍物相碰撞而损坏。在发动机位置较低或前桥为转向驱动桥时，往往将转向梯形布置在前桥之前（见图 5-10b），称为前置式，此时上述交角 θ 小于 90°。若转向摇臂 2 不是在汽车纵向平面内前后摆动，而是与路面平行的平面内左右摆动（如北京 2020N 型汽车），则可将转向直拉杆 3 横向布置，并借助球头销直接带动转向横拉杆 6，从而使左、右梯形臂 5 转动（见图 5-10c）。

1. 转向摇臂

转向摇臂的作用是把转向器输出的力和运动传给转向直拉杆和转向横拉杆，进而推动转向轮偏转。转向摇臂的典型结构如图 5-11 所示。它多采用中碳钢经锻造和机械加工制成，大端具有锥形的三角形细内花键，与转向摇臂轴连接，并用螺母固定；小端用锥形孔与球头销柄部连接，也用螺母固定，球头再与纵拉杆用铰链连接。将转向摇臂安装在摇臂轴上后，为使转向摇臂从中间位置到两边的摆角相等，即保证向左或向右转动转向盘时两转向轮转角相等，在转向摇臂及摇臂轴上都设有安装标记，或在二者花键上设有键槽，以保证转向摇臂正确的安装位置。

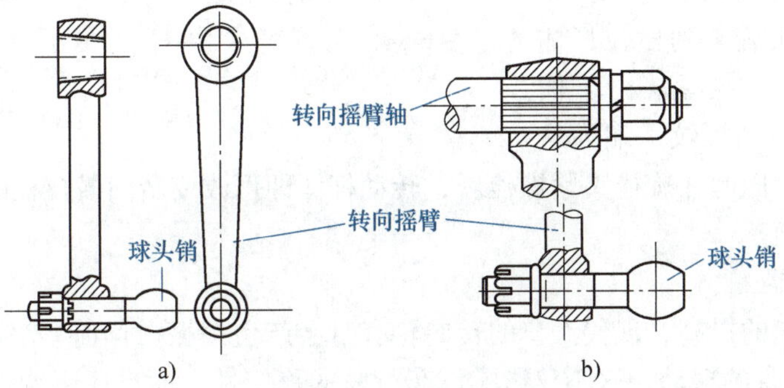

图 5-11 转向摇臂的典型结构

2. 转向直拉杆

转向直拉杆将转向摇臂传来的力和运动传给转向梯形臂或转向节臂。转向直拉杆工作时既受拉力又受压力，一般都是采用优质特种钢制造，以保证工作可靠。图 5-12 所示为 CA1092 型汽车的转向直拉杆。由于在转向轮偏转或因悬架弹性变形而相对于车架跳动时，它与转向摇臂及转向节臂的相对运动都是空间运动，为了避免运动干涉现象，三者之间都采用球头销连接。通过端部螺塞 4 可调节弹簧预紧力，同时调整了球头座 5 与弹簧座 7 之间的间隙，调好后用开口销将螺塞固定。转向直拉杆的两端扩大钢管内具有相同的结构，且两端扩大钢管内的缓冲弹簧各自装在球头销的同一侧，这样，当转向直拉杆在受到向前或向后的冲击力时，均有弹簧起缓冲作用。

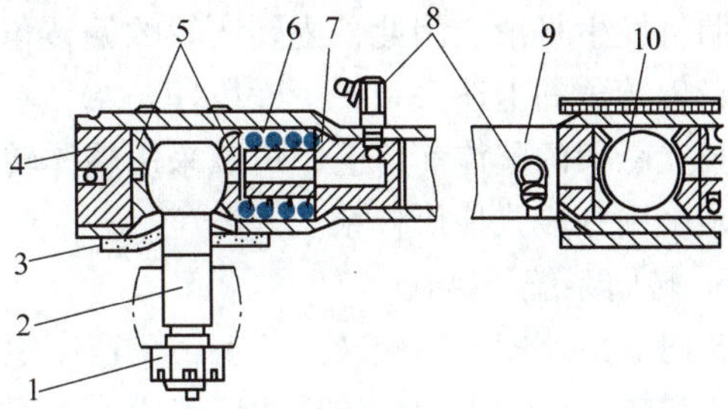

图 5-12 CA1092 型汽车的转向直拉杆

1—螺母 2—转向节球头销 3—橡胶防尘垫 4—端部螺塞 5—球头座 6—压缩弹簧 7—弹簧座 8—油嘴 9—直拉杆体 10—转向节臂球头销

3. 转向横拉杆

转向横拉杆是连接左、右梯形臂并使其协调工作的连接杆。它在汽车行驶过程中反复承受拉力和压力，因此多采用高强度冷轧钢管制造。如图 5-13a 所示，解放 CA1092 型汽车的转向横拉杆由横拉杆体 12 和旋装在两端头的横拉杆接头 13 组成。两端接头(见图 5-13b)结构相同，但螺纹的旋向相反。其中，球头销 14 的尾部与梯形臂(或转向节)相连，上、下球头座 5 用聚甲醛制成，有很好的耐磨性。装配时，两球头座的凹凸部互相嵌合，弹簧 2 保证两球头座与球头紧密接触，并起缓冲作用，预紧力由螺塞 3 调整。两接头与横拉杆体 12 连接的螺纹部分有切口，故具有弹性，接头旋装到横拉杆体后，用夹紧螺栓 11 夹紧。由于横拉杆两端及其接头的螺纹一端为右旋、一端为左旋，因此在旋松夹紧螺栓后，转动杆体即可改变转向横拉杆的总长度，从而调整转向轮的前束值。

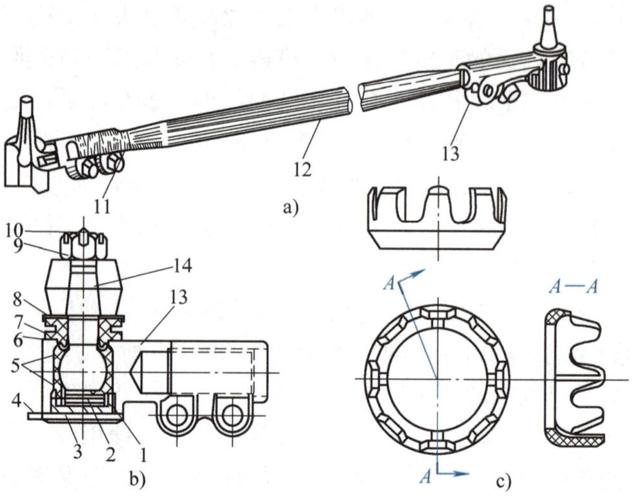

图 5-13 CA1092 型汽车的转向横拉杆

a）转向横拉杆 b）接头 c）球头座

1—弹簧座 2—弹簧 3—螺塞 4—限位销 5—球头座 6—防尘罩 7—防尘垫 8—防尘垫座 9—槽形螺母 10—开口销 11—夹紧螺栓 12—横拉杆体 13—横拉杆接头 14—球头销

4. 转向减振器

随着汽车车速的提高，现代汽车的转向轮有时会产生摆振(即转向轮绕主销轴线往复摆动)，引起整车车身的振动，这不仅影响汽车行驶的稳定性，而且还影响汽车的舒适性，加剧前轮轮胎的磨损。因此，在转向传动机构中设置转向减振器以克服弊端。转向减振器的一端与车身或前桥铰接，另一端则与转向直拉杆或转向器铰接。其结构和工作原理与悬架减振器相似，此处不再赘述。

5. 转向梯形

汽车转向时，各个车轮的轴线延长线应当相交于一点，这样才能实现车轮的纯滚动，否则轮胎将发生打滑。因此，内转向轮的偏转角应当大于外转向轮的偏转角。为了实现内、外转向轮偏转角的上述关系，由横拉杆和左、右转向梯形臂组成梯形杆系，即转向梯形机构。在非独立悬架的整体前桥上，可以采用整体转向梯形杆系；而在独立悬架的非整体前桥上，则必须采用分段式梯形杆系。

6. 转向系统传动比

转向盘角速度与同侧转向节偏转角速度之比，称为转向系统角传动比，它又由转向器角传动比和转向传动机构角传动比所组成。

（1）转向器角传动比 转向盘转动角速度与摇臂轴转动角速度之比，称为转向器角传动比。此定义适用于除齿轮齿条式之外的转向器。

（2）转向传动机构角传动比 摇臂轴转动角速度与同侧转向节偏转角速度之比，称为转向传动机构角传动比。

现代汽车中，转向传动机构角传动比一般为 0.85~1.1；而对于转向器角传动比，货车一般为 16~32，轿车为 12~20。故一般货车转向系统的角传动比为 13.6~35.2，轿车为 10.2~24.2。

二、与独立悬架配用的转向传动机构

当转向轮采用独立悬架时，由于每个转向轮都需要相对于车架（或车身）做独立运动，所以转向桥是断开式的，相应地转向传动结构中的转向梯形也必须是断开式的。图 5-14所示为几种与独立悬架配用的转向传动机构示意图。图 5-14a、b 所示为与循环球式转向器配用的转向传动机构，图 5-14c、d 所示为与齿轮齿条式转向器配用的转向传动机构。

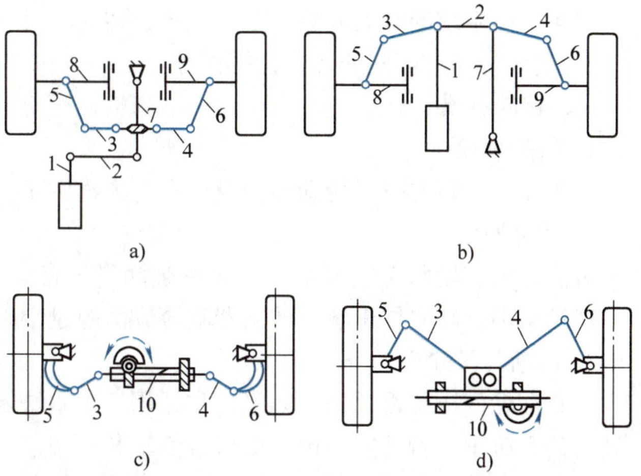

图 5-14 几种与独立悬架配用的转向传动机构示意图

1—转向摇臂 2—转向直拉杆 3—左转向横拉杆 4—右转向横拉杆 5—左梯形臂 6—右梯形臂 7—摇杆 8—悬架左摆臂 9—悬架右摆臂 10—齿轮齿条式转向器

转向器齿条本身就是转向传动机构的一部分，转向横拉杆的内端通过球头销与齿条铰接，外端通过螺纹与连接转向节的球头销总成连接。

桑塔纳、奥迪 100 型和红旗 CA7220 型轿车的转向传动机构采用如图 5-14d 所示的结构方案，为齿轮齿条式转向器中间输出形式，如图 5-15 所示。横拉杆总成 9 的内端通过内托架 2、外托架 8、螺栓 7 与转向器齿条的一端相连，外端通过球头销总成 4 与转向节铰接。由于横拉杆体 6 不能绕自身轴线转动，为调整前束，在横拉杆体 6 与球头销总成 4 之间装有调整螺栓 3。调整螺栓两端的螺纹旋向相反，并各旋装一个锁紧螺母 5。当需要调整前束时，先拧松调整螺栓两端的锁紧螺母，然后转动调节螺栓，左、右横拉杆同时调整达到合理的前束值后，再将锁紧螺母锁紧。

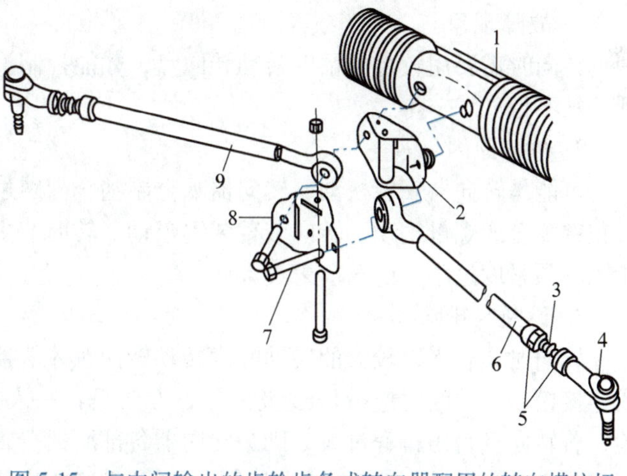

图 5-15 与中间输出的齿轮齿条式转向器配用的转向横拉杆

1—转向器壳体 2—内托架 3—调整螺栓 4—球头销总成 5—锁紧螺母 6—横拉杆体 7—螺栓 8—外托架 9—横拉杆总成

资讯四 机械式转向系统的常见故障及分析

汽车转向系统一旦发生故障，直接影响了汽车的转向操纵性和行驶稳定性。导致汽车转向系统故障的原因不仅是转向系统，还与行驶系统及底盘等其他相关部件密切相关。所以，在诊断汽车转向系统故障时，不能只局限于转向系统，还应充分注意其他部位的影响。

汽车转向系统的常见故障有转向沉重、转向不灵、操纵不稳定、单边转向不足、行驶跑偏、左/右转向轻重不同和转向盘摆振等。

一、转向沉重

1. 故障现象

汽车左、右转向时，转动转向盘沉重费力，倒车、掉头时尤为严重。

2. 故障原因

可能原因有轮胎充气不足、转向系统润滑不良、车轮定位不准、转向杆系统磨损或变形、球销磨损、转向柱歪斜、转向器啮合副间隙过小以及行驶系统故障。

3. 诊断与排除

检查前轮气压是否过低，如果正常，用三角木块塞好后轮，顶起前轴，转动转向盘，检验转向是否沉重。若转向轻便，则检查前轴和车架是否变形、前轮定位是否失准、前钢板弹簧是否良好。若顶起前轴仍感觉转向沉重，则拆下转向摇臂，再转动转向盘，若转动灵活，则检查各球头销装配是否过紧、推力轴承是否缺油或损坏，各转向拉杆是否弯曲变形、主销与衬套配合是否适当、润滑是否良好等。若仍感沉重，则检查转向器是否缺油、转向杆轴承是否过紧、转向器啮合副啮合间隙是否符合要求等。

二、转向不灵敏、操纵不稳定

1. 故障现象

转向时需要用较大的幅度转动转向盘，才能控制汽车的行驶方向，汽车在直线行驶时感到行驶不稳。

2. 故障原因

可能是转向器安装松动，转向器啮合副啮合间隙过大，各拉杆球头销磨损松旷，转向摇臂花键配合或螺母松动，转向节臂装置松动，转向节主销与衬套磨损，使配合间隙增大，车轮轴承预紧度过小，前轮前束过大。

3. 诊断与排除

转向时，若需以较大的转动幅度转动转向盘才能控制汽车转向，主要是各部位间隙过大或连接松动。诊断时应分段逐级诊断，方法是：一人抓住转向摇臂，另一人转动转向盘试验，若转向盘自由行程过大，则为转向器各部磨损严重，应予以调整或更换；同时检查转向器是否松动。若转向盘自由行程不大，则放松转向摇臂，观察各拉杆接头球销是否松旷。若球头销状况良好，则应架起前轮检查前轮轴承预紧度、主销与衬套的配合间隙。若前轮磨损异常，则应检查调整前轮前束。

三、单边转向不足

1. 故障现象

汽车左、右转向时，一边转弯半径大，一边转弯半径小。

2. 故障原因

前轮转向角限位螺钉调整不当，直拉杆弯曲变形；前钢板弹簧U形螺栓松动、中心螺栓折断或中心孔不对称的前钢板弹簧前后装反。

3. 诊断与排除

因碰撞导致左、右转向半径不相等，应着重检查直拉杆、前轴、前钢板弹簧是否变形；维修后出现转向角不相等，先检查直拉杆是否变形，检查、调整转向角限位螺钉，若转向角仍不相等，再检查转向摇臂的安装位置是否正确。

四、转向盘摆振

1. 故障现象

汽车行驶时，在低速（20km/h 以下）或高速下行驶时，出现转向盘发抖、摆振，行驶不稳。

2. 故障原因

低速摆振，除与故障“转向不灵敏、操纵不稳定”有类似原因外，还有可能是：前钢板弹簧挠度不良，承载后钢板弹簧下弯，使主销后倾变化；前轴变形，前束值过大，前轮外倾、主销后倾变小等。高速摆振，除上述原因外，还有内、外胎修补而导致轮胎平衡失准和前轮轮辋变形等原因所致。

3. 诊断与排除

按故障“转向不灵敏、操纵不稳定”的诊断方法，检查转向器、转向传动机构间隙；拆检或修补或更换轮胎后重新进行轮胎动平衡；必要时，应检查调整前轮定位或更换钢板弹簧。

单元训练一　转向盘自由行程的检查

一、训练内容

转向盘自由行程的检查与调整。

二、训练目标

1）掌握转向盘自由行程的检查方法。

2）正确进行转向盘自由行程的检查与调整。

三、工具与设备

1）专用扳手、角度仪、相应的拆装工具。

2）解放 CA1092 型汽车、桑塔纳轿车各一辆。

四、训练流程

转向盘的自由行程是转向系统各部分机件配合间隙的总反映，也是衡量转向系统技术状况好坏的主要标志之一。自由行程过大或过小都会对汽车造成危害。

当驾驶人在一定范围内转动转向盘时，转向节并不随即同步转动，而是在消除各零件之间的间隙并克服杆件的弹性变形后，才做相应的转动，造成这种空转所转过的角行程，称为转向盘自由行程。它是转向系统各部件配合间隙在转向盘上的综合反映，也是衡量汽车转向特性的主要参数，具有适当的自由行程有利于缓和路面冲击、避免驾驶人过度紧张；但自由行程过大，转向灵敏性下降。一般规定，转向盘从相应于汽车直线行驶的中间位置向左、右任一方向的自由行程不大于 15°，当零件磨损严重到使转向盘的自由行程超过 30°时，必须进行调整，否则将影响汽车行驶的安全性。

转向盘自由行程检查与调整的具体步骤：首先检查前轮轮毂轴承预紧度并调整正常，再使前轮处于直线行驶状态，如图 5-16 所示，装上转向盘自由行程检查仪，左、右转动转向盘到刚有阻力为止，检查仪指针在刻度盘上所划过的角度即转向盘的自由行程，若超过允许值(如 EQ1090、CA1092 型载货汽车为不大于 30°，BJ2020 型汽车为不大于 20°)时，应予以调整。

由于转向盘的自由行程是转向系统各部件配合间隙在转向盘上的综合反映，因此应进行转向系统各部件配合间隙的检查调整，即各球形连接处的调整和转向器的检查与调整。

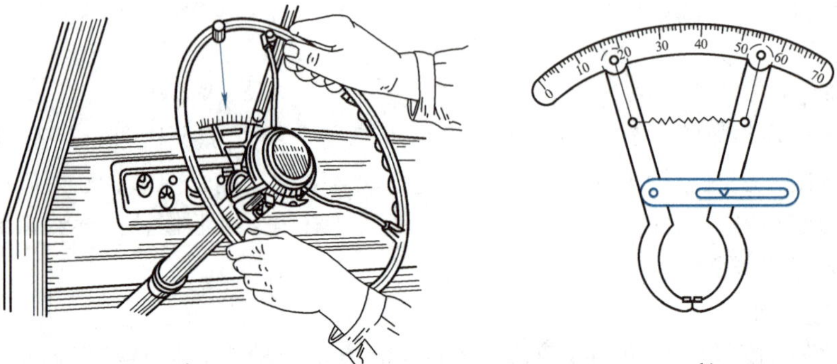

图 5-16 转向盘自由行程的检查

单元训练二 机械式转向器的拆装、检查与调整

一、训练内容

机械式转向器的拆装及检查与调整。

二、训练目标

1）熟悉机械转向系统的结构。

2）掌握机械式转向器拆装及检查与调整的方法。

3）能正确进行机械式转向器的检查与调整。

三、工具与设备

1）塞尺、游标卡尺、磁性表座、百分表、台虎钳、顶拔器。

2）通用拆装工具、锤子、冲头等。

3）解放 CA1092 型汽车、桑塔纳轿车各一辆。

四、训练流程

转向器的检查与调整步骤

（一）解放 CA1091 型汽车循环球式转向器的拆装

循环球式转向器总成除因故障、发卡或零件有损坏等原因需解体检查外，一般不需要解体。

1. 转向器总成的解体

1）从车上拆下转向器总成，先拧下通气塞(放油螺塞)，放出转向器内的润滑油。

2）将转向臂轴转到中间位置(直线行驶位置，即将转向螺杆拧到底后，再返回 3~5 圈)，取出侧盖的转向臂总成，不要划伤油封，如图 5-17 所示。

3）取下底盖和螺杆螺母总成，如图 5-18 所示。

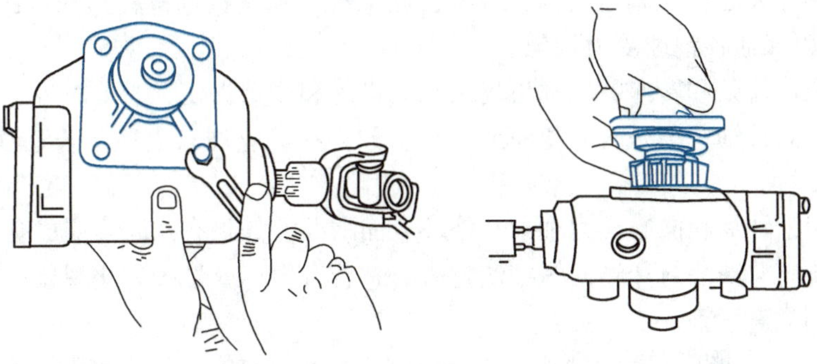

图 5-17 拆下侧盖和转向臂轴

a）拧下侧盖螺栓 b）拆下转向臂轴

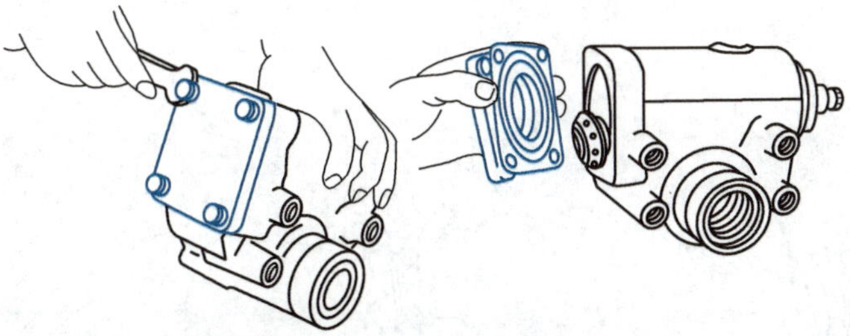

图 5-18 拆下转向器底盖

4）螺杆螺母总成如果无异常现象，尽量不要解体。如果有卡滞等故障，必须解体时，取出导管，同时握住螺母，缓慢转动螺杆排出全部钢球，如图 5-19 和图 5-20 所示。两组循环钢球最好不要混在一起(因为两组钢球与原滚道间已磨合好,如果混合,将影响其滚动效果)，更不要丢失。每组有 48 个循环钢球，两组共有 96 个钢球。

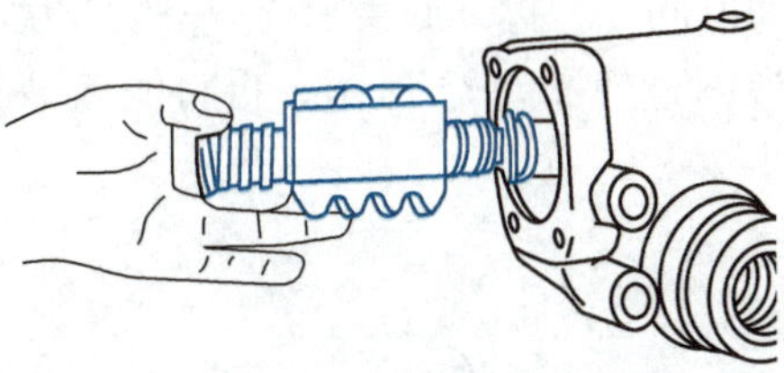

图 5-19 从壳体中取出转向螺杆及转向螺母

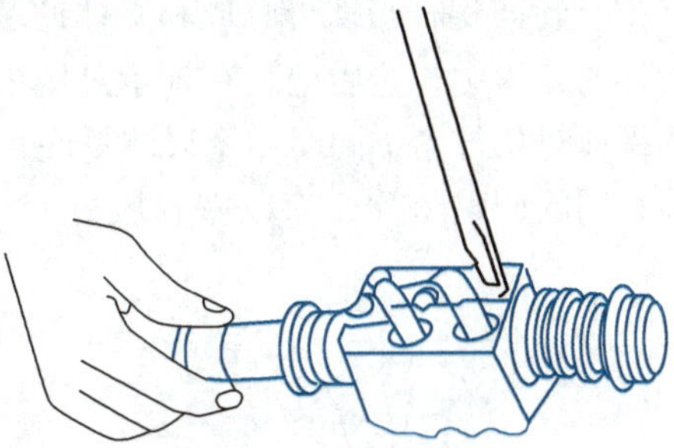

图 5-20 导管夹的拆卸

2. 清洗和检查

所有拆下的转向器零件用干净的汽油进行清洗，并用压缩空气吹干。

检查项目如下：

1）检查壳体有无裂纹和损坏，如果有损坏，则应更换。

2）对螺杆、螺母应进行无损检测，若发现有裂纹或滚道表面有严重磨损、剥落及损坏时，应更换。如果需要更换，则必须将螺杆和螺母同时更换。

3）检查钢球表面有无剥落及损坏现象，如果有，则应根据螺杆与螺母的滚道尺寸成组地进行更换，以保证各钢球受力均匀。

4）检查螺母齿条和转向臂轴扇齿齿面有无剥落和严重损伤，必要时进行更换。

5）检查转向臂轴花键是否有扭曲或损坏，如果有，应加以更换，若继续使用，应进行无损检测。

6）检查滚针轴承和向心推力轴承及外环表面情况，如果有缺陷，应成套更换。

7）检查转向臂轴油封和转向螺杆油封刃口，若有损坏或橡胶老化现象，应及时更换。

3. 装配与调整

（1）转向螺杆与螺母总成的装配　螺母放在螺杆滚道的一端并使螺母滚道孔对准滚道，再将钢球从螺母滚道孔中放入，如图 5-21 所示，边转动螺杆边放入钢球。每个滚道内放 36 个钢球，其余 24 个钢球分装于两个导管内。装配后的螺杆与螺母总成轴向间隙和径向间隙应不大于 0.06mm，如果超过规定值，应成组更换钢球。

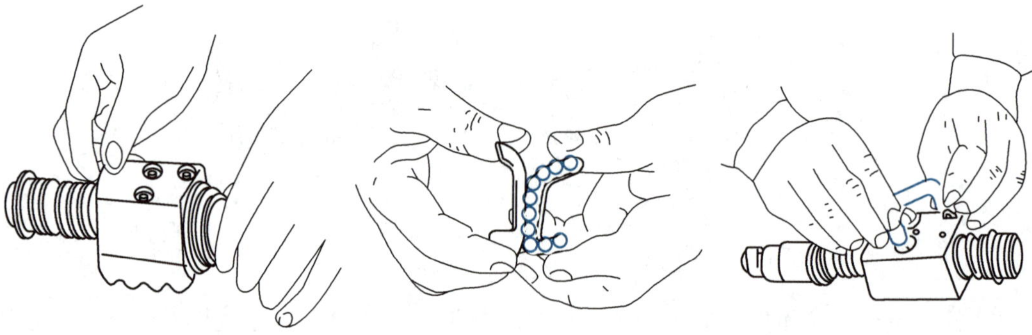

a)　　b)　　c)

图 5-21　转向螺杆与螺母装配

a）钢球的装入　b）钢球在导管内的排列图　c）装满钢球导管的装入

（2）转向螺杆与螺母总成和壳体的装配　将有轴承内圈的螺杆与螺母总成放入装有轴承外环的壳体中，然后把装有轴承外圈的底盖装到壳体上并用手压紧，如图 5-22 所示，或用两螺栓对角拧紧，同时用塞尺测量底盖与壳体之间的间隙，拆下底盖，选择一组厚度与此间隙相同的调整垫片，涂以密封胶并套上橡胶 O 形圈，如图 5-23 所示，再将底盖装到壳体上。

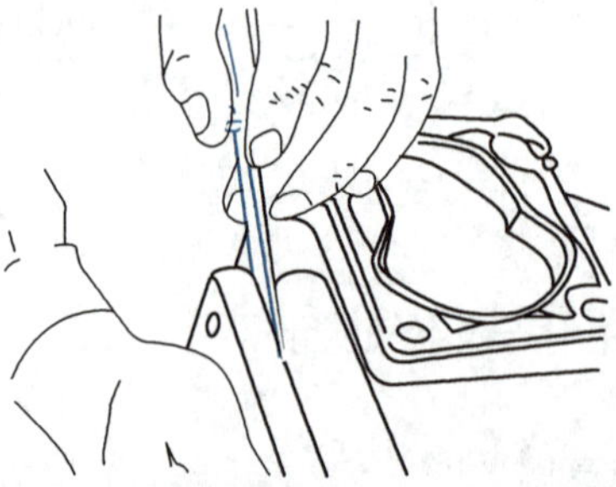

图 5-22　底盖与壳体之间间隙的测量

图 5-23　底盖、垫片及 O 形圈的装配

装配后，螺杆应转动自如，并无轴向间隙的感觉，用弹簧秤检查时，转向螺杆的转动力矩(不带螺杆油封)应为0.7~1.2N·m，否则应采取增减垫片的方法予以调整。

(3) 转向臂轴的装配 转向臂轴装配前，应先将调整扇齿与齿条啮合间隙的调整螺栓装入，如图5-26所示之后，将转向臂轴装入壳体，转向臂轴扇齿的中间齿对准转向螺母齿条的中间齿沟，转向臂轴推进装有滚针轴承的壳体中，然后用螺栓将侧盖固定在壳体上。

(4) 安装转向螺杆油封和转向臂轴油封 用专用工具装入转向螺杆油封和转向臂轴油封，安装前应在花键处用钢套或塑料套保护，以防划伤油封刃口而造成漏油，并在油封刃口及螺杆轴处涂以润滑油。

(5) 转向臂轴扇齿与转向螺母齿条啮合间隙的检查 将转向臂装到转向臂轴花键上，将转向臂轴处在中间位置(保持直线行驶)，使之摆动，用百分表检查摆动量，其摆动量由转向臂端锥孔中心距转向臂轴中心197mm处，不大于0.15mm，这时转向螺杆转动力矩(带螺杆油封和转向臂轴油封)应为1.9~2.3N·m。否则，通过调整螺栓来调整扇齿与齿条的啮合间隙，如图5-24所示。

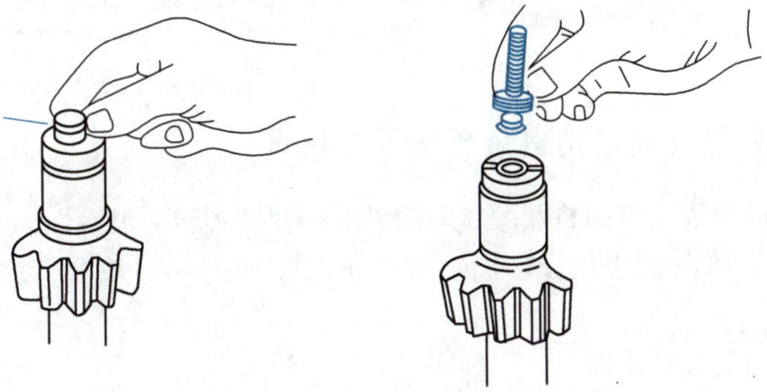

图5-24 装入平垫圈、调整螺栓固定于转向臂轴上

(6) 合成齿轮油的加注 从加油孔加入GL-3或26号合成齿轮油，拧上通气塞。

(二) 循环球式转向器的检查与调整

1) 用百分表检查转向摇臂轴(或齿扇轴)与转向器壳体中滚针轴承的间隙。如图5-25所示，该间隙超过0.12mm时，应更换转向摇臂轴及滚针轴承。

2) 用百分表检查转向螺杆与转向螺母(或钢球螺母)的间隙。如图5-26所示，用台虎钳夹住转向螺母，上下、左右推动花键端，其垂直、水平方向跳动量不大于0.10mm，否则应更换转向螺母总成。

3) 转向螺杆轴承间隙的检查与调整。用弹簧秤切向拉转向盘，拉力符合原厂规定，如果拉力不符合标准，用加、减螺杆轴承盖处垫片的方法进行调整。

4) 齿扇与转向螺母啮合间隙的检查与调整。如图5-27所示，使扇形齿轮处于中间位置，来回扳动转向摇臂，同时将调整螺钉旋进或旋出，到转向摇臂活动自如且无旷量为止。

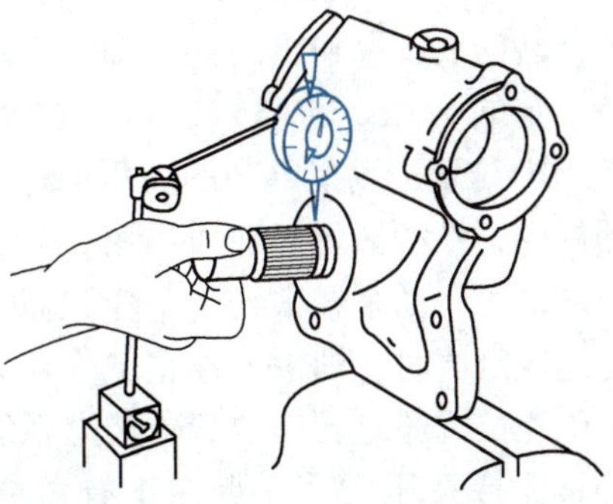

图5-25 摇臂轴与滚针轴承间隙的检查

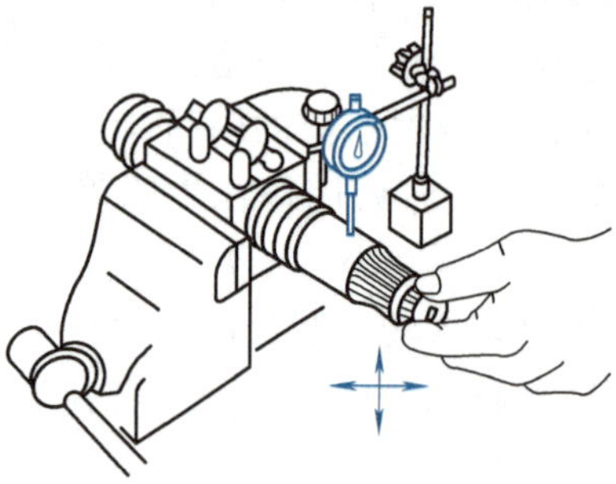

图 5-26 转向螺杆与转向螺母间隙的检查

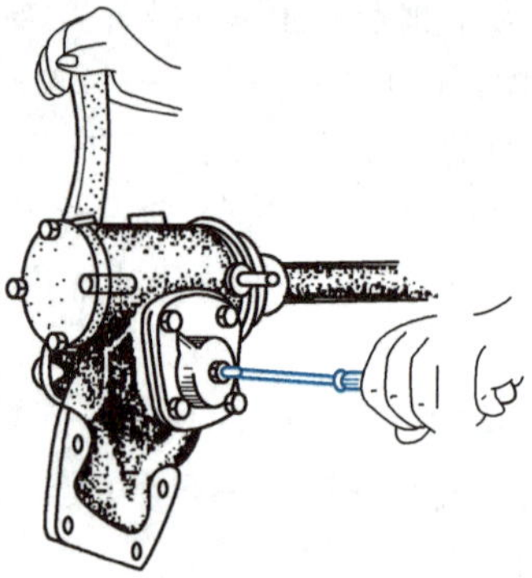

图 5-27 齿扇与转向螺母啮合间隙的检查与调整

单元三 动力转向系统构造与维修

液压助力转向系统组成

资讯一 液压助力转向系统的组成与工作原理

普通机械转向系统很难同时兼顾转向操纵的轻便性和转向灵敏性，因此中型以上客、货汽车特别是轿车，都在普通机械转向系统中加装了转向加力装置，该装置称为动力转向系统。

一、转向加力装置的类型

1）按传能介质的不同，分为液力式和气压式两种。液力系统工作压力高（≥10MPa），部件尺寸小，工作无噪声，工作滞后时间短，且能吸收来自不平路面的冲击。因此，目前各类各级汽车上使用的动力转向系统大多是液力式动力转向系统。资讯中介绍的动力转向系统也仅限于液力式。

液力转向加力装置按液流形式的不同，又可分为常压式和常流式两种。

图 5-28 所示为常压式动力转向加力装置。在汽车直线行驶时，转向控制阀处于关闭状态，转向液压泵输出的液压油充入蓄能器，并保持一定的高压。转向时，转向控制阀转入开启（工作）位置，蓄能器中的高压油进入转向动力缸的内腔，推动活塞起加力作用。为了提高蓄能器中的油压，油泵经常处于工作状态，只有当油压超过规定值时，油泵才停止工作。无论转向盘处于中立位置还是转向位置，液力系统工作管路中总是保持高压。其优点在于有蓄能器积蓄液力能，可以使用流量较小的转向液压泵，而且还可以在液压泵不运转的情况下保持一定的转向加力

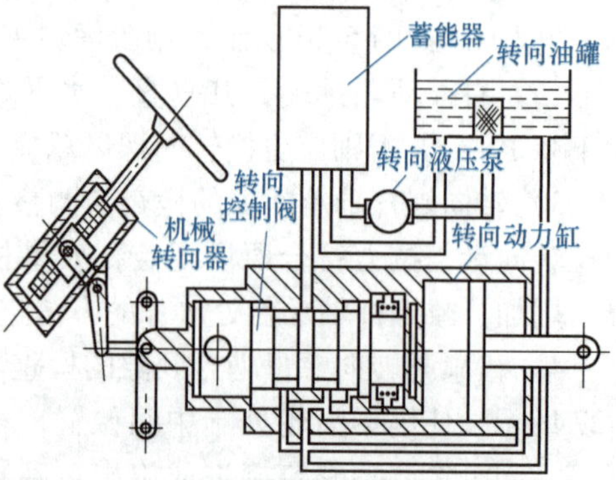

图 5-28 常压式转向加力装置

能，使汽车有可能继续行驶一段距离，所以常压式转向加力装置主要用于少数重型汽车。

常流式转向加力装置的特点是，汽车无论转向与否，转向控制阀均处于开启状态，油液常流，液压缸无压力差，结构简单，液压泵使用寿命较长，泄漏较少，消耗功率较小。常流式转向加力装置是目前应用得最为广泛的一种。

2）转向加力装置按转向器、控制阀和动力缸的布置方式又可分为整体式、分置式和半整体式，如图 5-29 所示。转向器、控制阀和动力缸合为一体的称为整体式，如图 5-29a 所示，否则称为分置式，如图 5-29c 所示；其中将控制阀与转向器组合为一体，动力缸作为一个独立部件的称为半整体式，如图 5-29b 所示，也可以将控制阀与动力缸组合成一体，而转向器作为一个独立部件。整体式动力转向装置结构紧凑，管路少，重量轻。分置式布置较灵活。无论整体式还是分置式，其具体结构和布置方案因车而异。

3）转向加力装置按控制阀阀芯的运动方式又有转阀式和滑阀式之分。

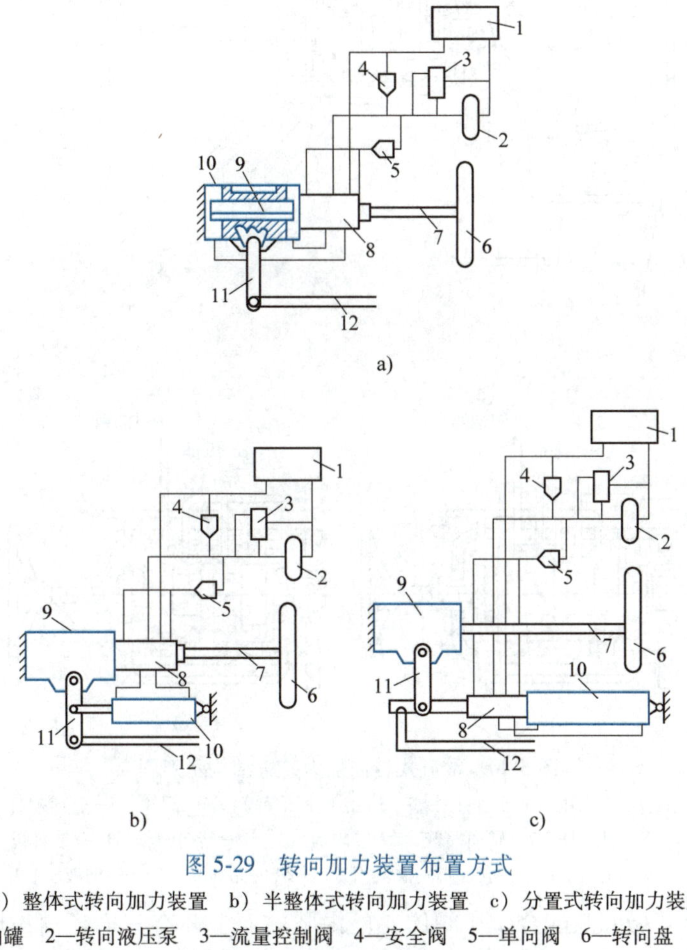

图 5-29　转向加力装置布置方式

a）整体式转向加力装置　b）半整体式转向加力装置　c）分置式转向加力装置

1—转向油罐　2—转向液压泵　3—流量控制阀　4—安全阀　5—单向阀　6—转向盘　7—转向轴

8—转向控制阀　9—机械转向器　10—转向动力缸　11—转向摇臂　12—转向横拉杆

二、液压常流滑阀式动力转向装置的结构与工作原理

如图 5-30 所示，该装置中转向油罐 14 用来储存、滤清转向动力缸 8 所用的油液。由发动机驱动的转向液压泵 15 将油罐 14 内的油吸出，压送入转向控制阀，其作用是将发动机输出的部分机械能转化为油液的压力能。固装在车架（或车身）上的转向动力缸 8 主要由缸筒

和活塞组成。活塞将动力缸分为L和R两腔，活塞杆的伸出端与转向摇臂7中部铰接。动力缸的作用是将油液的压力能转化成机械能，实现转向加力。由阀体4、转向控制阀1、反作用柱塞2和滑阀回位弹簧3等组成的转向控制阀是动力缸的控制部分，用来控制液压泵输出油液的流向，使转向器与动力缸协同动作。转向控制阀用油管分别与转向液压泵15、油罐14和动力缸8连通。

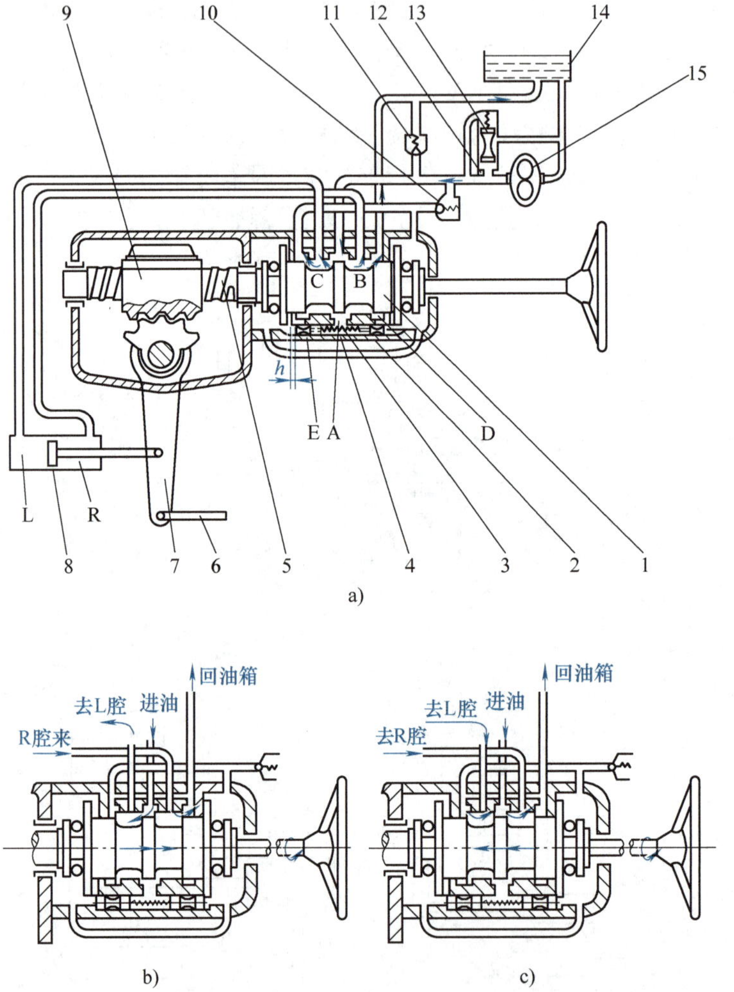

图5-30 常流式转向加力装置结构示意图

1—转向控制阀 2—反作用柱塞 3—滑阀回位弹簧 4—阀体 5—转向螺杆
6—转向直拉杆 7—转向摇臂 8—转向动力缸 9—转向螺母 10—单向阀
11—安全阀 12—量孔 13—溢流阀 14—转向储油罐 15—转向液压泵

滑阀1与阀体4做间隙配合。在阀体4的内圆柱面上开有三道环槽；环槽A是总进油道，与油泵15连通；环槽D、E是回油道，与油罐14连通。在滑阀1上开有两道环槽；B是动力缸R腔进、排油环槽；C是动力缸L腔的进、排油环槽。阀体内装有反作用柱塞2，两个柱塞之间装有滑阀回位弹簧3。滑阀通过两个轴承支承在转向轴上，它与转向螺杆5的轴向相对位置固定不变。但滑阀处于中间位置（相当于汽车直线行驶的位置）时，滑阀两端与阀体4的端面各保持h的间隙，转向时滑阀随同转向螺杆5可以相对阀体4自中间位置向

两端做 h 的微量轴向移动，使动力缸一腔与转向液压泵相通，另一腔与油罐相通，动力缸两腔间产生压力差，通过活塞推动转向摇臂摆动，实现转向助力。

三、液压常流转阀式转向加力装置的结构与工作原理

图 5-31 所示为液压整体式动力转向器，主要由循环球式机械式转向器、动力缸及转阀式转向控制阀等部分组成。

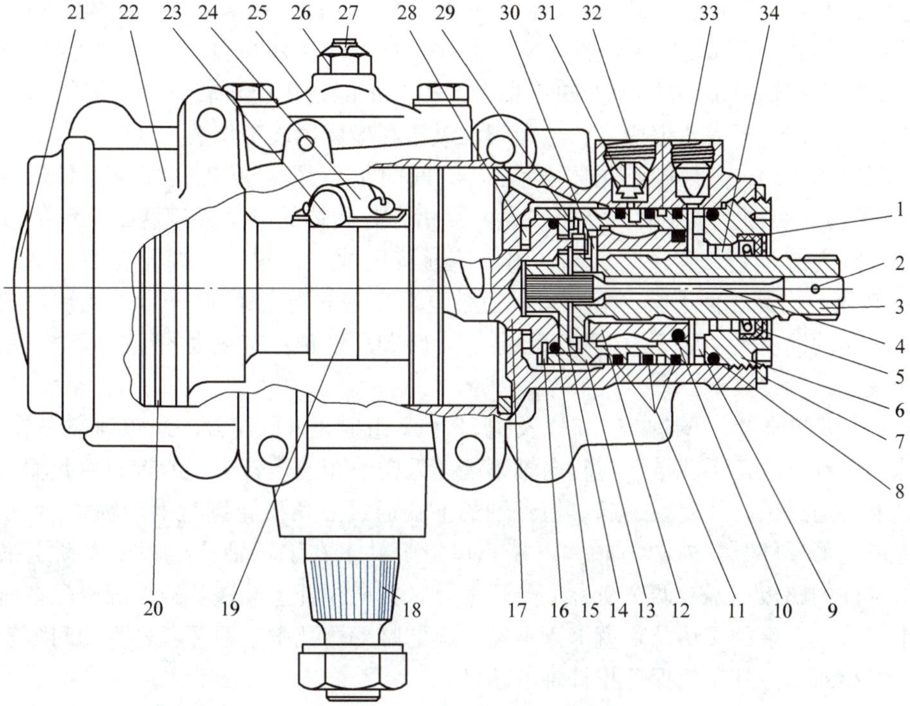

图 5-31 液压整体式动力转向器

1—卡环 2—短轴扭杆的锁定销 3—短轴 4—扭杆轴 5—骨架油封 6—调整螺塞 7—锁母 8、10、15—O 形圈 9、28—推力轴承 11—聚四氟乙烯环和 O 形圈组件 12—转阀 13—阀体 14—下端轴盖 16—转向螺杆与阀体的锁定销 17—转向螺杆 18—转向摇臂轴 19—齿条-活塞 20—聚四氟乙烯环和 O 形圈 21—转向器端盖 22—壳体 23—循环球导管 24—导管压紧板 25—侧盖 26—锁紧螺母 27—调整螺钉 29—下端轴盖与阀体的定位销 30—转阀与短轴的锁定销 31—进油孔座及单向阀 32—进油孔 33—出油孔 34—滚针轴承

转向螺母被制成圆柱形，称为齿条-活塞 19，它既是转向器中的转向螺母和齿条，又是动力缸中的活塞。齿条-活塞内制有断面为半圆形的螺旋槽，与其配合的转向螺杆 17 外表面也制成半圆形的螺旋槽，二者配合能形成截面为圆形的螺旋管状通道，在转向螺杆与齿条-活塞间装有钢球，利用循环球导管 23 让其构成回路。扇齿与转向摇臂轴 18 制成一体，利用调整螺钉 27 调整扇齿与齿条-活塞间的啮合间隙。

齿条-活塞的下圆柱表面上(即图中的左圆柱表面上)有一环形槽，在槽上装有聚四氟乙烯环和 O 形圈 20，以保证活塞装入动力缸后密封和耐磨。这样将动力缸分成上、下两个密封腔，即图中的右腔和左腔。上、下两密封腔又分别通过设在转向器壳体上的油道与转向控制阀相通。上腔为左转向动力腔，下腔为右转向动力腔。

转向控制阀位于动力转向器的上部，它主要由阀体 13、转阀 12 及扭杆轴组件等组成。

控制阀阀体滑装在壳体 22 上部孔中，制成圆桶形。在其外圆柱形表面上，制有三道较宽而深的槽和三道较窄而浅的槽。宽而深的槽是环形的油槽(也称为油环槽)，其底部开有与内壁相通的油孔。中间油环槽的 4 个油孔直径较大，是进油通道，与转向液压泵相通，两侧油环槽各有四个直径较小的油孔，与动力缸相连。窄而浅的环槽用于安装密封圈组件。阀体的下边缘开有矩形缺口，此缺口与转向器螺杆用锁定销 16 相卡，形成阀体驱动螺杆的传力连接。在阀体的中部固定有锁定销 29。此销的外端埋在外圆表面之下，内端伸出少许，与扭杆轴组件下端轴盖 14 外圆上的缺口相卡，相互不能发生相对转动。阀体的内表面制有八条不贯通的纵槽，形成八道槽肩，与转阀的纵槽和槽肩形成工作液流动的间隙。

转阀制成圆桶形，其外圆与阀体滑动配合(间隙很小,配合精度很高,与阀体组成偶件，不可单独更换)，表面上也制有八条不贯通的纵槽，与阀体的纵槽和槽肩配合形成液体流动间隙。在转阀的槽肩上开有径向通孔，用以流通液压油。转阀的上端开有槽，用来安装 O 形圈 10，转阀的内圆柱面下端开有缺口，短轴下端安装的锁定销 30 即卡入此缺口中，以保证短轴和转阀的同步转动而不发生相对角位移。转阀和短轴留有很大的径向间隙，用以流通回流的油液。

短轴 3、扭杆轴 4、下端轴盖 14 以及销 30 和 2 组成扭杆轴组件。短轴为空心管状轴件，其上端外表面制有三角形花键，与转向轴下端的万向节相连，转向盘的转矩由此输入。短轴与扭杆轴上端通过销钉固定在一起。扭杆轴的下端通过三角形花键与下端轴盖 14 固定；下端轴盖为圆盘形零件，其外圆与阀体下端止口滑配并卡在下端轴盖与阀体的锁定销 29 上。此圆盘形零件的辐板上开有两个对称的腰形槽孔，转向螺杆上端法兰的外圆滑配在阀体的下端止口中，法兰上端的叉形凸块就卡入下端轴盖的腰形槽孔中，但两者之间的间隙较大，允许有一定的相对角位移，以保证扭杆轴的扭转。

调整螺塞 6 拧在转向器壳体上端的螺纹孔中，内部装有滚针轴承 34 支承着短轴，下端装有滚针轴承 9 使阀体可旋转，并且使阀体锁定销 29 和 16 与下端轴盖和转向螺杆法兰轴向靠紧。调整螺塞下部装有弹簧，以压紧转阀，阻止转阀轴向移动并使之与短轴下端的锁定销 30 轴向靠紧。在转向螺杆法兰下面还装有推力轴承 28，以保证螺杆和转阀组件转动灵活和轴向定位。

在动力转向器上部还设有进油口 32 和出油口 33，通过油管分别与转向液压泵和转向油罐相接。在进油口处设有进油口座和单向阀，进油口与阀体的中油环槽相通，出油口和短轴与转阀形成的回油腔相通。在转向器壳体上开有两条贯通的油道：一条上端与阀体的下油环槽相通，下端与动力缸上腔室(即左转向动力腔)相通；另一条上端与阀体的上油环槽相通，下端与动力缸的下腔室(即右转向动力腔室)相通。

当汽车直线行驶时，转阀处于中间位置。如图 5-32a 所示，来自转向液压泵的工作液从转向器壳体的进油口流到阀体的中油环槽中。参见 5-32b，经过其槽底的通孔进入阀体和转阀之间，此时因转阀处于中间位置，所以进入的油液分别通过阀体和转阀纵槽槽肩形成的两边相等的间隙，再通过转阀的纵槽和阀体的纵槽以及阀体的径向孔流向阀体外圆上、下油环槽，然后通过壳体中的两条油道分别流到动力缸的上、下腔中去，即左转向动力腔 L 和右转向动力腔 R，但上、下腔油压相等且很小。此时，齿条-活塞既没有受到转向螺杆所造成的轴向推力，也没有受到上、下腔因压力差造成的轴向推力，所以齿条-活塞处于中间位置，

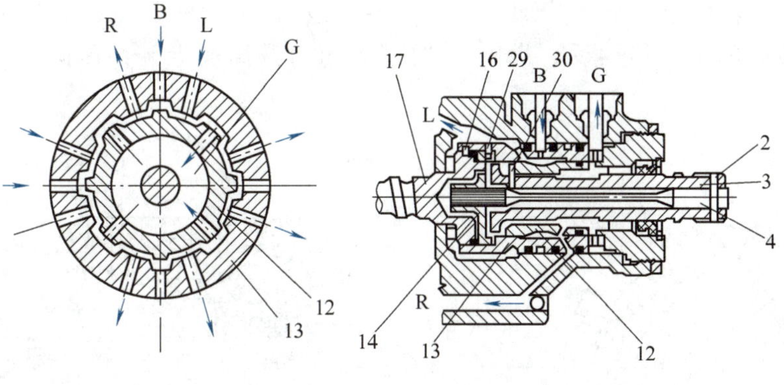

a) b)

图 5-32 汽车直线行驶时转阀的工作情况

a）转阀与阀体的相对位置 b）转阀中的油流情况

图注同图 5-31

动力转向器不工作。流入阀体内腔的油液在通过转阀纵槽流向阀体上、下油环槽的同时，通过转阀槽肩上的径向油孔流到转阀与扭杆轴组件之间的空隙中，经阀体组件和调整螺塞之间的空隙流到回油口，经油管回到油罐中去，形成了常流式油液循环。

当汽车需要转向时，如左转弯，如图 5-33 所示，转动转向盘，使短轴逆时针转动，通过其下端轴销子带动转阀同步转动，这个转矩也通过具有弹性的扭杆轴传给下端轴盖，下端轴盖边缘上的缺口通过固定在阀体上的销子带动阀体转动，阀体通过其下端缺口和销子把转向力矩传给螺杆。由于转向阻力的存在，要有足够的转向力矩才能使转向螺杆转动。这个转矩促使扭杆轴发生弹性扭转，造成阀体的转动角度小于转阀的转动角度，两者产生的相对角位移(参见图 5-33a)通下动力腔的进油缝隙减小(或封闭)，回油缝隙增大，油压降低；通上动力腔的进油缝隙增大回油缝隙减小(或关闭)，油压升高，上、下动力腔产生油压差。齿条-活塞便在上、下腔油压差的作用下移动，产生助力作用。此时，来自转向液压泵的液压油通过槽隙流向动力缸上腔，动力缸下腔的油则通过阀体径向孔、槽隙、转阀径向孔和回油口流向储油罐，参见图 5-33b。

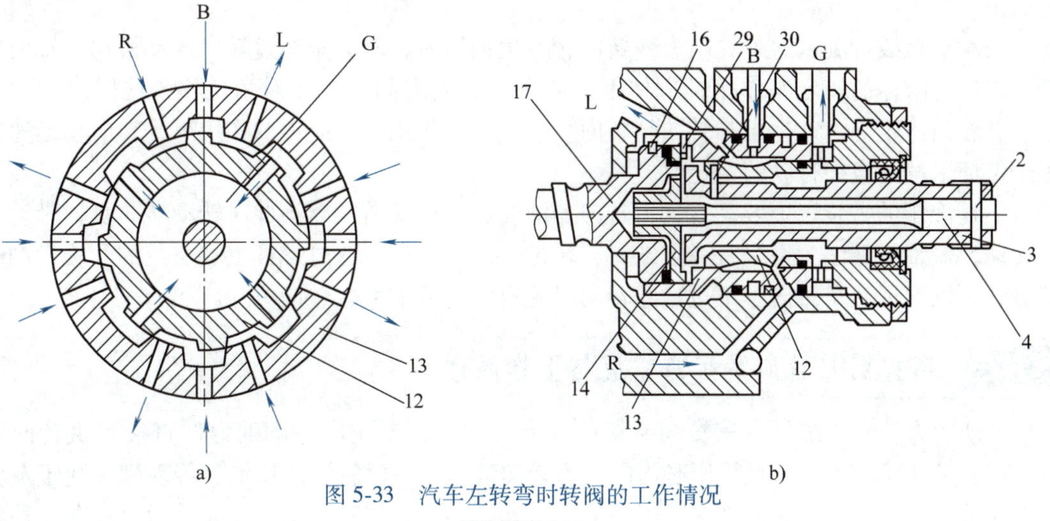

a) b)

图 5-33 汽车左转弯时转阀的工作情况

图注同图 5-31

右转弯与左转弯原理基本相似，如图5-34所示，不同的是由于转向方向相反，造成的阀体和转阀的角位移相反，齿条-活塞下腔压力升高而上腔油压降低，产生右转向助力。

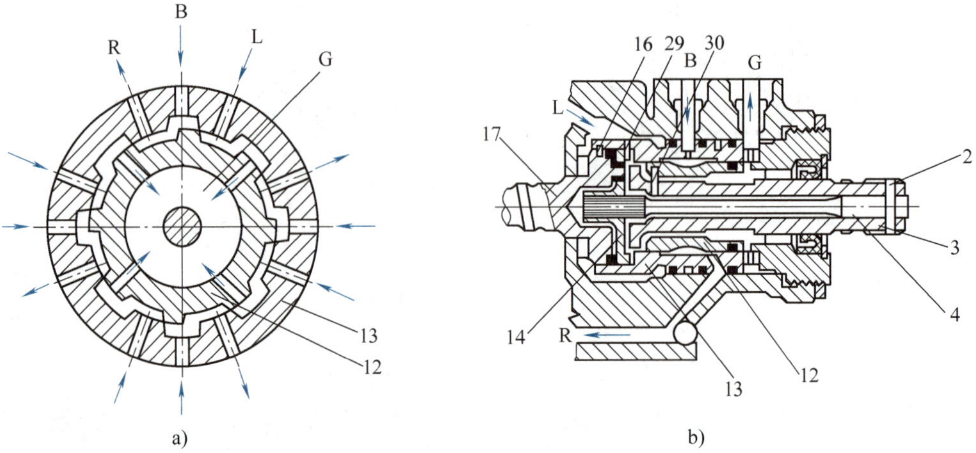

图5-34 汽车右转弯时转阀的工作情况

图注同图5-31

当转向盘停在某一位置不再继续转动时，此时阀体随螺杆在液力和扭杆弹簧的作用下，沿转向盘转动方向旋转一个角度，使之与转阀的相对角位移量减小，上、下动力腔油压差减小，但仍有一定的助力作用，此时的助力转矩与车轮的回正力矩相平衡，使车轮维持在某一转向位置上。

在转向过程中，若转向盘转动的速度快，阀体与转阀相对的角位移量也大，上、下动力腔的油压差也相应地增大，前轮偏转的速度也加快，如果转向盘转动得慢，前轮偏转得也慢；若转向盘转在某一位置不变，对应前轮也转到某一位置不动。此即“渐进随动原理”，也就是“快转快助，大转大助，不转不助”原理。

转向后需回正时，如果驾驶人放松转向盘，转阀回到中间位置，失去了助力作用，此时转向轮在回正力矩的作用下自动回位；若驾驶人同时回转转向盘时，转向助力器助力帮助车轮回正。

当汽车直线行驶偶遇外界阻力使转向轮发生偏转时，阻力矩通过转向传动机构、转向螺杆、螺杆与阀体的锁定销作用在阀体上，使之与转阀之间产生相对角位移，这样使动力缸上、下腔油压不等，产生了与转向轮转向相反的助力作用。在此力的作用下，转向轮迅速回正，保证了汽车直线行驶的稳定性。

一旦液压助力装置失效，该动力转向器即变成机械式转向器，此时转动转向盘，带动短轴转动，短轴下端法兰边缘有弧形缺口，转过一定角度后，通过螺杆上端法兰的凸块带动螺杆旋转，以保证汽车转向。不过这时转向盘的自由行程加大，转向沉重。

资讯二 电控助力转向系统的组成与工作原理

电动助力转向系统是汽车转向系统的发展方向。该系统由电动助力器直接提供转向助力，省去了液压动力转向系统所必需的动力转向液压泵、软管、液压油、传动带和装于发动机上的带轮，既节省能量，又保护了环境。另外，还具有调整简单、装配灵活以及在多种状况下都能提供转向助力的特点。

一、电控助力转向系统的组成

电控助力转向系统主要由转矩传感器、车速传感器、电动机、减速机构和电子控制单元（ECU）等组成，如图5-35所示。

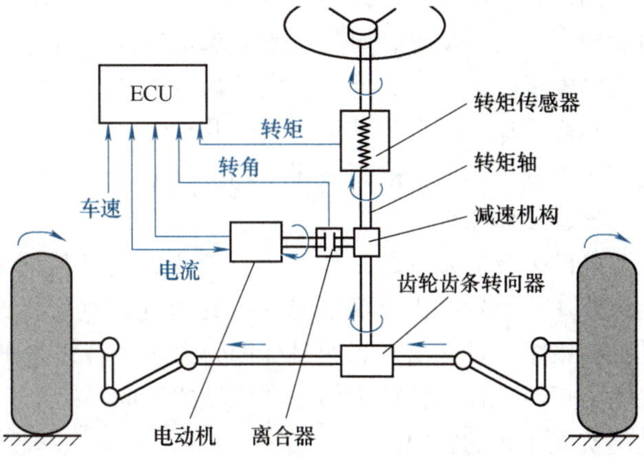

图 5-35　电控助力转向系统的组成

二、电控助力转向系统的类型

因助力部位的不同电控助力转向系统分为转向轴助力式、齿轮助力式和齿条助力式三种，参见图 5-36。

1. 转向轴助力式

助力位置在转向管柱上。该方案的助力转矩经过了转向器放大，因此要求电动机的减速机构传动比较小；电动机布置在驾驶室内，工作环境较好，对电动机的密封要求低。但是，因电动机安装位置距驾驶人近，所以要求电动机的噪声一定要小；由于电动机距离转向盘较近，电动机的力矩波动容易直接传到转向盘上，导致转向盘振动，使驾驶人手感变坏；由于助力转矩通过转向管柱传递，因此要求转向管柱有较大的刚度和强度。这种助力方式比较适用于前轴负荷较小的微型轿车。

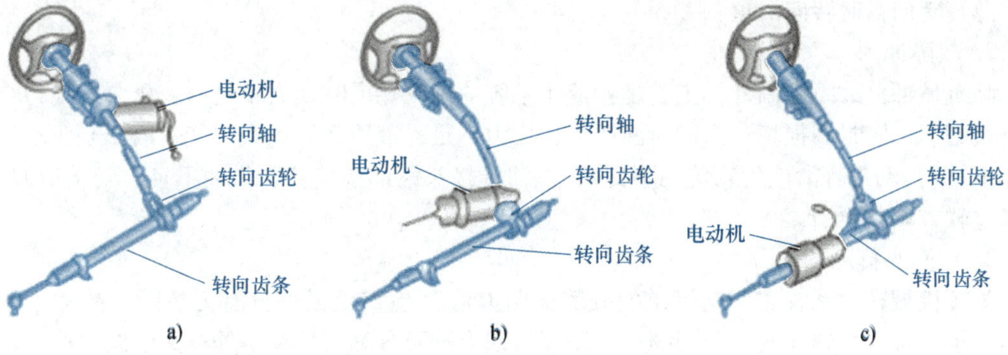

图 5-36　电控助力转向系统的类型

a）转向轴助力式　b）齿轮助力式　c）齿条助力式

2. 齿轮助力式

助力位置在转向器小齿轮处。该方案的助力转矩也经过了转向器放大，因此要求电动机的减速机构传动比也相对较小；电动机安装在发动机舱内，工作环境较差，对电动机的密封要求较高；由于电动机的安装位置距离驾驶人有一定距离，对电动机的噪声要求不是太高；同时，电动机的力矩波动不太容易传到转向盘上，驾驶人手感适中；助力转矩不通过转向管柱传递，因此对转向管柱的刚度和强度要求较低。这种助力方式比较适用于前轴负荷中等的轻型轿车。

3. 齿条助力式

助力位置在齿条上。该方案的助力转矩作用在齿条上，助力转矩没有经过转向器的放大，因此要求电动机的减速机构具有较大的传动比，减速机构相对较大；电动机布置在发动机舱内，工作环境差，对其密封要求也较高；由于电动机的安装位置距离驾驶人较远，对电动机的噪声要求不高；同时，电动机力矩波动不易传到转向盘上，驾驶人具有良好的手感；助力转矩不通过转向管柱传递，因此对转向管柱的刚度和强度要求较低。这种助力方式比较适用于前轴负荷较大的高级轿车和货车上。

三、工作原理

电助力转向系统的工作原理：首先，转矩传感器测出驾驶人施加在转向盘上的操纵力矩，车速传感器测出车辆当前的行驶速度，然后将这两个信号传递给 ECU；ECU 根据内置的控制策略，计算出理想的目标助力力矩，转化为电流指令给电动机；然后，电动机产生的助力力矩经减速机构放大作用在机械式转向系统上，和驾驶人的操纵力矩一起克服转向阻力矩，实现车辆的转向。

资讯三 动力转向系统的常见故障及分析

对动力转向系统进行故障分析与诊断时，先按机械转向系统同类故障诊断方法予以分析，当故障不能消除时，再重点检查动力转向加力装置。

一、转向沉重

1. 故障现象

汽车左右转向时，转动转向盘沉重费力，倒车、掉头时尤为严重。慢转转向盘时情况良好，急转转向盘时转向沉重。

2. 故障原因

除机械部分故障原因外，主要是：液压系统缺油，转向时加力不足；液压泵、动力缸或控制阀磨损，密封圈损坏，内部泄漏严重，压力不足；液压系统内有空气；液压泵驱动装置工作不良(传动带打滑或齿轮传动不良)；供油管接头漏油或堵塞，供油不良；安全阀漏油，弹簧过软或调整不当。

3. 诊断与排除

先按机械转向系统“转向沉重的故障诊断方法”检查机械部分有无故障，故障不能消除时，再检查动力转向器、分配阀、液压泵、动力缸及各油管接头等处有无泄漏，检查油罐油平面是否过低、油中是否有泡沫、油液黏度是否符合要求；检查动力转向液压泵的工作压力是否正常。

二、转向盘自动回正性能差

1. 故障现象

转向结束松开转向盘时，转向盘和转向轮不能快速自动回复到直线行驶状态；汽车在直线行驶时，又需要不停地转动转向盘，才能维持汽车行驶方向。

2. 故障原因

包括机械与动力转向两部分故障，动力部分主要是转向控制阀卡滞或堵塞、回油管扭曲阻塞以及扭力杆疲劳、扭转弹性不足等原因所致。

3. 诊断与排除

检查与调整排除机械部分故障后，再检查回油管、转向控制阀和扭力杆的技术状况，必要时予以更换。

单元训练一 液压助力油的更换与管路排气

一、训练内容

液压助力油的更换与排气。

二、训练目标

1）掌握动力转向液压油的更换方法。

2）正确进行液压助力油的排气。

三、工具与设备

1）举升机、集油桶和塑料管等。

2）呆扳手、梅花扳手和套筒扳手等。

3）桑塔纳轿车一辆。

四、训练流程

动力转向液压油的更换及排气操作步骤：

1）将车辆前轮置于直线行驶状态，用举升机将车辆举起，使前轮可自由转动。

2）拆下动力转向器上的动力转向进、出油管，将油管接头与垫片放入装有干净的动力转向液压油的容器中进行清洗；打开动力转向液压油储油箱盖，使液压油自然向外流出。

3）在拆下油管的状态下，将转向盘向左、右极限位置反复转动几次，以排除动力缸内的旧液压油，并用集油桶接好，以免液压油飞溅到其他部件上。

4）放净液压油后，应重新安装好油管。

5）向储油箱内注满新的液压油后，起动发动机并使其怠速运转。这时油位会立即降低，因此要连续补充液压油。当储油箱内的液位稳定下来时，就应将液压油补充到储液罐上限(或“MAX”)的刻线位置。

6）使发动机转速升到中速后，将转向盘左右各转动几次；使液压系统内的空气流回到储油箱后向外排出，因此应将排气过程一直进行到储油箱内的气泡完全消失为止，并且随时补充液压油到量油尺的上限刻度位置。

7）在结束排气工作后，应擦净油污，将转向盘向左右转动几次，检查各部位有无漏油现象。将前轮置于直行位置后，停止发动机转动，降下车辆并再次检查液压油量是否达到储液罐的上限刻度。

单元训练二 动力转向器的拆装与调整

一、训练内容

1）动力转向系统的组成及结构特点。

2）液动力转向系统的工作原理。

3）动力转向器的拆装步骤。

二、训练目标

1）了解动力转向系统的结构和工作原理。

2）掌握动力转向器的拆装步骤。

三、工具与设备

1）V形块1对、平台1个、塞尺、游标卡尺、内径量缸表、百分表、扭力表、弹簧秤、台虎钳、拉杆球头专用扳手和顶拔器。

2）呆扳手、梅花扳手、套筒扳手、一字旋具、锤子、木块和铜冲头等。

3）桑塔纳轿车一辆。

4）清洗剂、润滑油和润滑脂等。

四、训练流程

液压动力转向系统实际上是在机械式转向器的基础上加装了液压加力装置。机械转向系统的检查与调整此前已述，因此，动力转向系统的检查与调整主要是针对液压传动部分。

（一）动力转向器的拆装与检查

1. 动力转向器的拆卸

1）用手推出转向盘中间的盖板，拧下转向盘紧固螺母，拆下转向盘及组合开关总成。

2）拆下阻风门手柄、仪表板下饰板、密封衬套及转向柱等。

3）完整地拆下柔性万向节及凸缘管。

4）用夹钳夹住储油罐与控制阀间的回油管，拆下高压油管。

5）拆下套管，并将夹子夹向中间，旋下回油管。

6）拆下转向器齿条与转向支架连接螺栓及转向器固定螺栓，拆下转向器总成。

7）拆下左、右横拉杆，拆下液压泵总成。

2. 动力转向机构零件的检查

1）动力转向器解体后的各零件如图5-37所示。解体后，各密封圈及自锁螺栓、螺母必须更换新件。不可对转向机构进行焊接和校正修复。动力缸活塞及缸筒磨损严重，皮碗损坏等，均应更换。

2）转向柱直线度误差应不大于1.00mm，横拉杆直线度误差应不大于1.50mm，否则应予以更换。

3）接触环弹簧及横拉杆球头销弹簧失效，各橡胶、塑料衬套及防尘

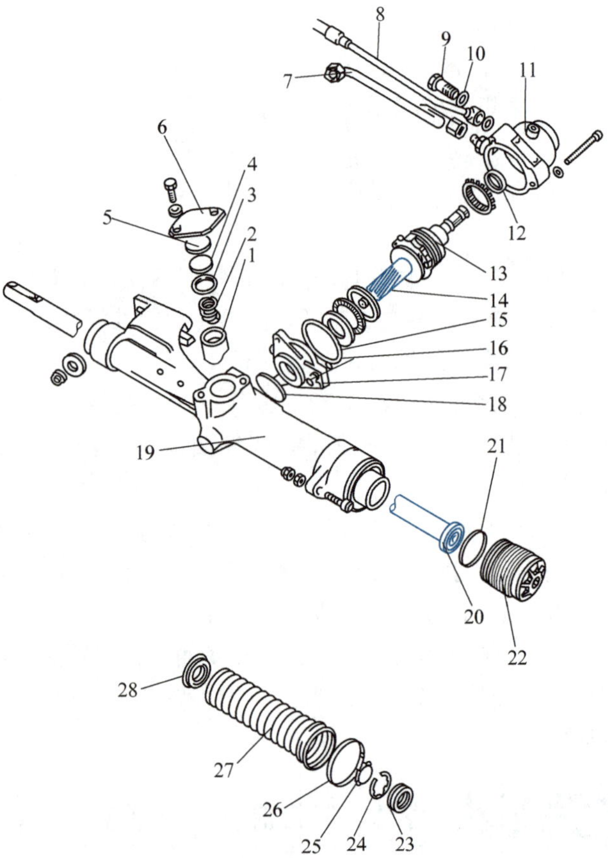

图5-37 动力转向器的结构

1—压块 2—压簧 3—补偿垫片 4—密封圈 5—密封压座 6—压盖 7—回油管 8—高压油管 9—管接头螺栓 10—密封垫 11—控制阀壳 12—油封 13—轴承 14—主动齿轮 15、16、18、21—O形圈 17—中间盖 19—转向器壳体 20—齿条 22—螺母盖 23—齿条密封罩 24—挡圈 25—齿形环 26—夹箍 27—防尘罩 28—挡圈

套老化、破裂或磨损严重，横拉杆螺纹损伤超过 2 牙、球头销磨损严重或出现裂纹等，均应更换。

4）转向支架变形或出现裂纹，转向器壳体破裂，主动齿轮及齿条齿面磨损严重或出现疲劳剥落，支承衬套、轴承及轴颈表面磨损严重，齿条发生弯曲变形或出现裂纹，均应更换。

5）动力转向装置液压泵的检修主要是检测其泵油压力。

3. 转向机构的装配与调整

转向机构的装配可按拆卸的逆顺序进行，应注意以下问题：

1）动力转向器安装时，齿条表面应涂专用润滑脂，安装其啮合间隙补偿装置时，应使压块的槽孔对准中间顶盖，并使密封压座的厚面朝上；转向螺杆轴承预紧力矩为 1.0~1.8N·m。

2）安装好转向器后，应调整齿轮齿条啮合间隙，确保无间隙啮合。调整时，车轮直行且与平整地面良好接触，先松开补偿装置调整螺钉的锁紧螺母，然后向里拧动调整螺钉，直到齿轮与齿条的啮合间隙完全消除且转动转向盘不费力为止。最后稳定住调整螺钉，将锁紧螺母锁紧。

3）检查动力转向机构的系统密封性，如果有渗漏，应换相应的密封件。

（二）动力转向系统的调整

1. 转向液压泵传动带张力的检查

用手以 100N 的力按压传动带中部，一般轿车转向液压泵的传动带挠度为：旧带 7~10mm，新带 5~8mm。传动带挠度过大或过小均应调整，传动带磨损严重时应更换。

2. 转向加力装置油压的检查

如图 5-38 所示，拆下转向液压泵压力管，将压力表与转向液压泵串接，并在液压泵与燃油压力表间串接一开关。起动发动机，来回转动转向盘 2~3 次进行放气，待油温正常后转向盘回至中间位置，打开开关检查燃油压力表读数应大于或等于 1.03MPa，若超过规定值，应检查油路是否堵塞。

将发动机转速由 1000r/min 加速至 3000r/min，检查两者压力差应小于或等于 0.53MPa，压力差过大，则应修理或更换转向液压泵。关闭燃油压力表开关(关闭时间小于或等于 5s)，记录燃油压力表最低压力，连续测定 3 次，读数差应小于或等于 0.3MPa，最低压力为 5~7MPa，压力过低，也应更换或修理转向液压泵。燃油压力表开关处于全开位置，将转向盘转至左、右极限位置，并在极限位置停顿数秒(小于 5s)，记录最低压力，此压力应与燃油压力表开关关闭时一致，否则应拆检转向控制阀。

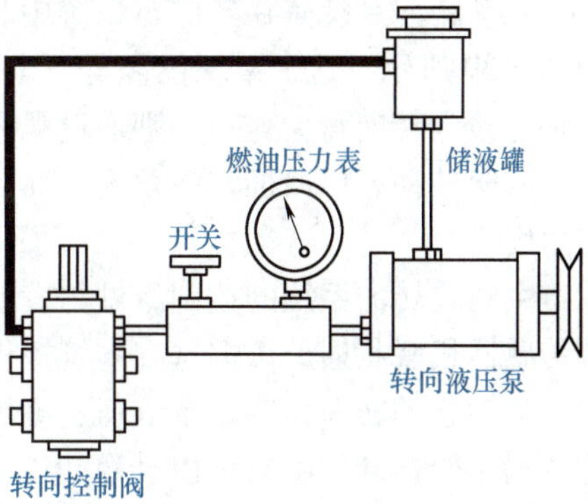

图 5-38　动力转向系统油压的检查

3. 转向盘自由行程的检查

将车轮及转向器转至直线行驶(居中)位置，并做好标记。发动机怠速运转，测出动力转向油液在无负荷时的循环压力是否符合规定。轻轻地向一侧转动转向盘直至油压升高 0.1MPa 时，检查转向盘的转动量是否大于自由行程规定值的 1/2，两侧相加不得大于转向盘的自由行程。若转向盘自由行程过大，应先检查转向杆系统是否松旷，然后检查与调整转向器啮合副的啮合间隙。

4. 转向控制阀限位阀的调整

在转向限位螺钉与前桥限位块之间垫一块3mm左右的垫片，发动机怠速运转，将转向盘转至极限位置，并对转向盘施以200N的力，此时压力必须降至3~4MPa。若压力不下降，则限位阀不起作用；若不到极限位置压力已经下降，则限位阀提前起作用，两种情况均要调整。各种转向控制阀限位阀的调整方法及部位各有不同，需参考有关资料。

5. 转向控制阀密封性的检查

应在转向控制阀限位阀调整好后进行。检查时，用15~20mm的垫块垫于转向限位螺钉与前桥限位块之间，将转向盘转至极限位置，并在转向盘上施以规定的操纵力，观察燃油压力表是否达到规定的压力值(如北京切诺基汽车为5MPa)，如果达不到规定值，则转向控制阀内部有泄漏，必须拆检转向控制阀。

拓展知识

拓展知识一　宝马AFS主动转向系统

一、主动转向系统的研制背景

自从汽车发明以来，驾驶转向的传动装置通常都是固定的。换句话说，不论是在市区窄小的街道缓行或是高速公路上奔驰，转向盘与前轮的转向角度比始终一成不变。因而这也是工程师们面临的一个比较困难的选择：如果采用直接转向，驾驶人在过急弯时就不需要大幅转动转向盘，但是在高速行驶时，转向盘细微的动作都会影响到行驶稳定性；反过来说，转向系统越是间接，车辆在高速公路上的行驶稳定性就越高，但是必须牺牲过弯时的操控性。所以，传统的转向系统都必须在安全性与舒适性之间做出权衡。

二、主动式转向系统的结构

主动转向系统是在转向盘系统中装置了一套根据车速调整转向传动的“变速器”。结构如图5-39所示，这个系统包含了一个拳头般大小的行星轮，以及两根输入轴。其中一根输入轴连接到转向盘，另一根则通过弧齿锥齿轮，由电动机进行控制。控制电动机与转向管柱呈同方向转动，以增加转向角度；而当高速行驶时，控制电动机呈反方向转动，从而减少转向角度。

主动式转向系统的控制组件与发动机的电子零件、动态稳定控制系统(DSC)和两只偏航率传感器相联相通。依据这些系统提供的信息，它以平均每秒100次的运算速度，提供最实时、最理想的转向角度。系统通过测量转向角度，可以掌握驾驶人的意图。动态稳定控制系统依据车轮转动的圈数可以计算出车速，而偏航率传感器则可随时监控车辆垂直轴的稳定性。对于新5系是否行驶在理想线路上或是有偏离路线的趋势，主动式转向系统始终都能明察秋毫。

三、主动转向系统的原理

当驾驶人将转向盘转过一个角度时，那么转向轮必然就会偏转一个固定的角度。驾驶人在转弯过程中，需要根据路面弯度变化和车速变化等因素，不断通过转动转向盘来调整转向轮的角度，维持驾驶人希望达到的转向轨迹。主动转向系统最大的特点，就是依据驾驶条

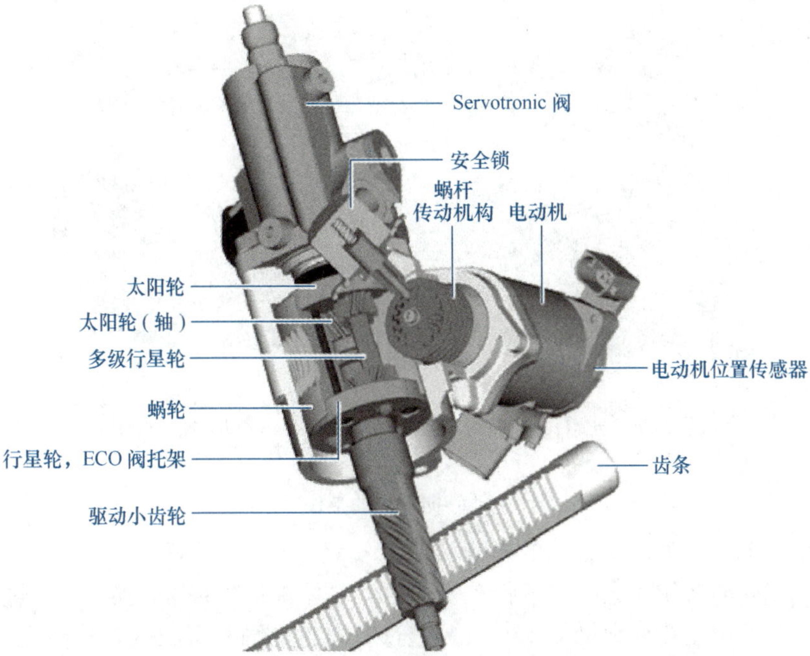

图 5-39 主动转向系统的结构

件，自动调节车辆转向传动比，从而增加或减小前轮的转向角度。在低速时，电动机的作用与驾驶人转动转向盘的方向相反，转向传动比减小，可以减少驾驶人对转向力的需求。在高速时，电动机的运转方向与驾驶人转动转向盘方向相同，这增大了前轮的转向角度，转向传动比增大，转向稳定性提高，如图 5-40 和图 5-41 所示。

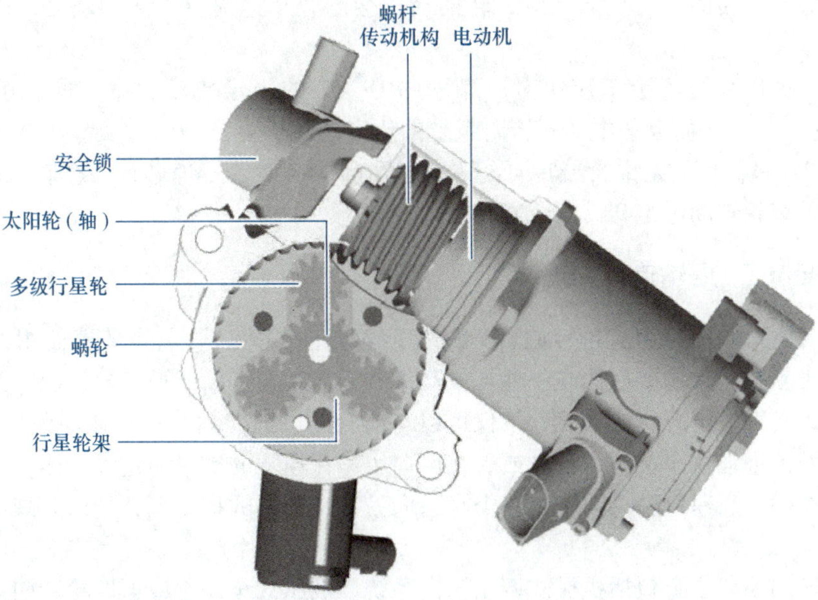

图 5-40 主动转向系统的工作原理（一）

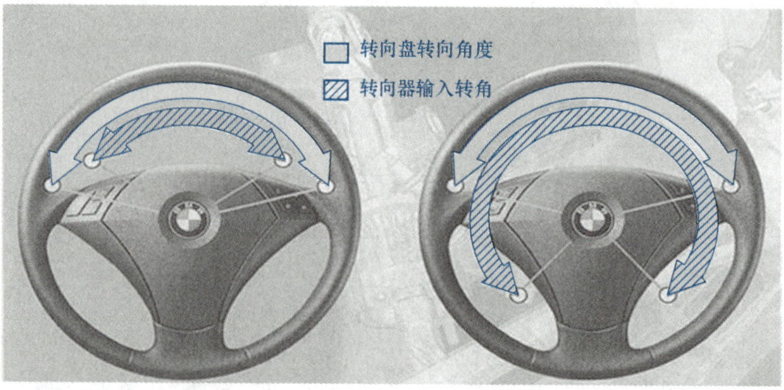

高速行驶时，转向盘角度比转向轮角度要小，提高行车稳定性

低速行驶时，转向盘角度比转向轮角度要大，提高转向盘的灵活性

图 5-41 主动转向系统的工作原理(二)

四、主动转向系统对汽车性能的影响

宝马主动式转向系统大大加强了行车安全性。宝马新 5 系的驾驶人在连续过弯时仍能保持理想坐姿，且几乎不需要移动双手，只要透过转向盘上触手可及的多功能开关及 SMG 换档手柄即可完成操控。这项设计同时还提供了停车的方便性，只要轻转两圈，转向盘就可以将车辆轻松地停进停车位里。

主动式转向系统使宝马新 5 系在高速公路上的行驶也更加轻松。这是因为该系统能够降低高速下的转向灵敏度，而由外在因素所造成的转向盘振动，如行驶在崎岖路面上，对方向稳定性的影响也更轻微。孔恩博士更指出：“在高速转弯时，转向变得更简单、更平顺。”即使面对突发的转向动作，如躲避前方突然出现的障碍物，系统动作依然很平顺自然。此外，搭配原有的转向动力伺服系统，转向转矩会配合车速提供更多的动力，以避免转向盘失控。

传统的转向系统不论车速快慢，都采用 18∶1 的固定传动比率，这表示转向盘转向 18°，车轮转动 1°。而宝马主动式转向系统的比率则在一定范围内，从静止状态的 10∶1 到高速时的 20∶1。也就是说，当转向盘转动半圈(180°)时，车速若低，车轮就转动 18°，车速若高，则车轮转动不足 9°。

拓展知识二 四轮转向系统

目前的轿车转向分为前轮转向(2WS)和四轮转向(4WS)，前者普遍使用，后者是近年出现的一种新技术，主要应用在一些比较高级和新型轿车上。所谓四轮转向，是指后轮也和前轮相似，具有一定的转向功能，不仅可以与前轮同方向转向，也可以与前轮反方向转向。其主要目的是增强轿车在高速行驶或者在侧向风力作用下的操纵稳定性，改善低速时的操纵轻便性，在轿车高速行驶时便于由一个车道向另一个车道的移动调整，以及减小掉头时的转弯半径。

四轮转向系统主要包括机械式四轮转向系统、液压式车速感应型四轮转向系统、电控液压式四轮转向系统和电控四轮转向系统四种类型。

在四种类型中，前面介绍的三种四轮转向系统中，前轮转向器和后轮转向执行器之间必然有着机械或液压的联系，这就必然出现机械磨损或液压泄漏问题。随着电子技术的发展，一种更先进的四轮转向系统出现了，这就是电控四轮转向系统。如图 5-42 所示，这个后轮转向执行器是由安装在左后座椅后部的行李箱上的四轮转向控制单元控制。四轮转向控制单元(ECU)利用转向盘转向速度、车辆行驶速度和前轮转向角的信号来计算并控制后轮转向角。

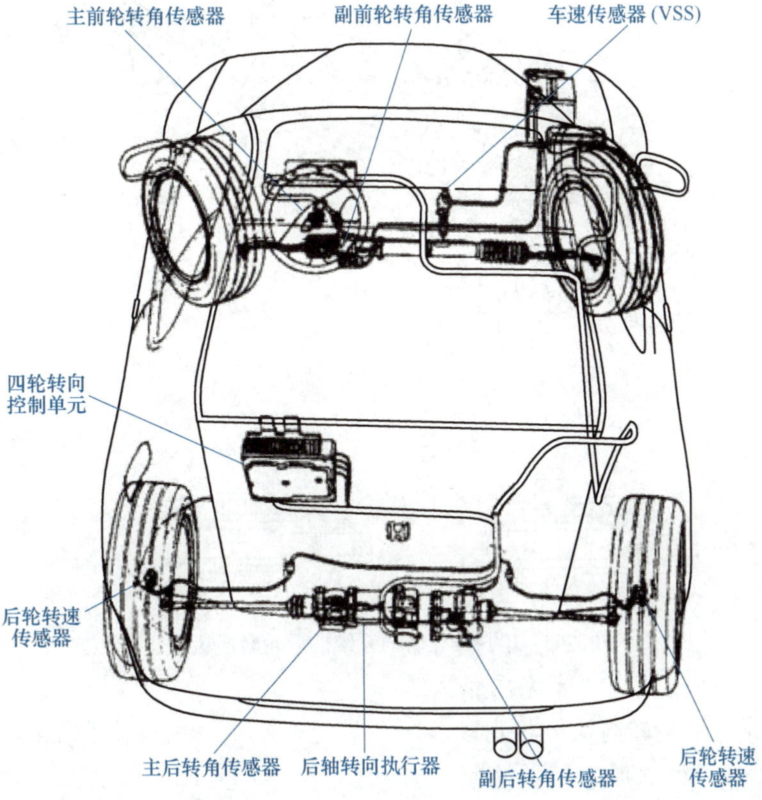

图 5-42　控制单元安装在行李箱的电控四轮转向系统

一、电控四轮转向系统的组成

电控四轮转向系统主要由后轮转向执行器、输入传感器和电子控制单元组成。这里主要介绍后轮转向执行器和输入传感器。

1. 后轮转向执行器

如图 5-43 所示，后轮转向执行器包含一个通过球螺杆驱动转向齿条的电动机。常规的转向横拉杆从转向执行器连接到后轮转向臂和转向节处。执行器内的回位弹簧在点火开关关闭或四轮转向系统失效时，将后轮推向直线行驶位置。一个后轮转角传感器和一个副后轮转角传感器安装在后轮转向执行器的顶端。

2. 输入传感器

(1) 主后轮转角传感器　主后轮转角传感器位于后轮转向执行器的左侧，如图 5-44 所示。这只传感器包含一个随循环球螺杆旋转的脉冲环，一个电子传感器直接安装在脉冲环上部。当循环球螺杆旋转时，这个传感器向控制单元发出数字信号，指示后轮转角。

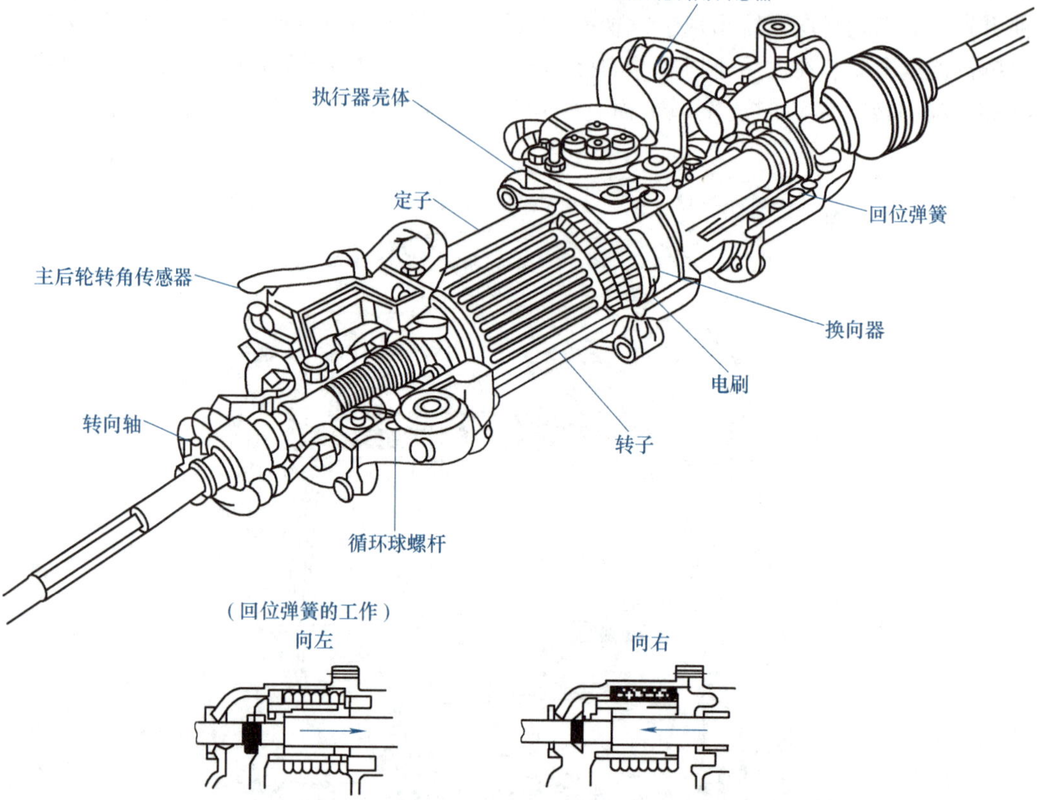

图 5-43 电控四轮转向系统的后轮转向执行器

（2）副后轮转角传感器 副后轮转角传感器安装在后轮转向执行器上与主后轮转角传感器相反的一端，如图5-45所示。副后轮转角传感器含有一根连接在齿条上的锥形轴，锥形轴与齿条一同水平移动。一根在副后轮转角传感器上的插棒与锥形轴锥面接触。当锥形轴水平移动时，锥面使传感器插棒移动。插棒的移动使传感器产生模拟电压信号，将后轮转角信号传送到控制单元。

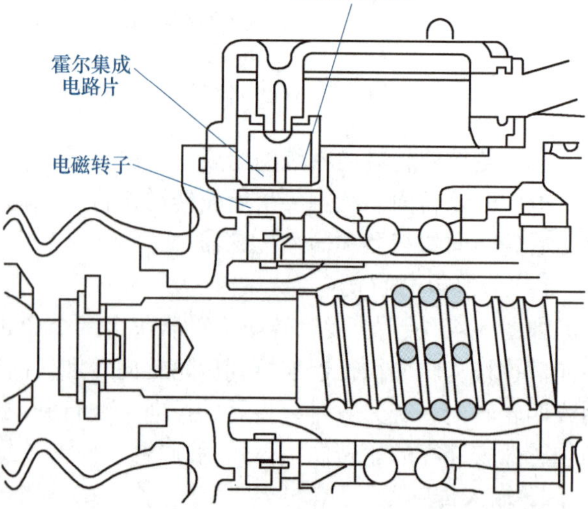

图 5-44 主后轮转角传感器

（3）主前轮转角传感器 主前轮转角传感器也称为转向盘转角传感器，其安装在组合开关下方的转向柱上，如图 5-46 所示。转动速度传感器和转向盘方向传感器安装在主前轮转角传感器内。转动速度传感器包含一排在传感器下方转动的、变换磁性的磁铁。当转向盘转动时，转动速度传感器向控制单元发送与转向盘转速和前轮转角相关的信号。转动方向传感器包含一个绕转向柱的环形磁铁。这个磁铁有一个 N 极和一个 S 级。控制单元利用转向盘方向传感器传来的信号确定转向盘的转动方向。

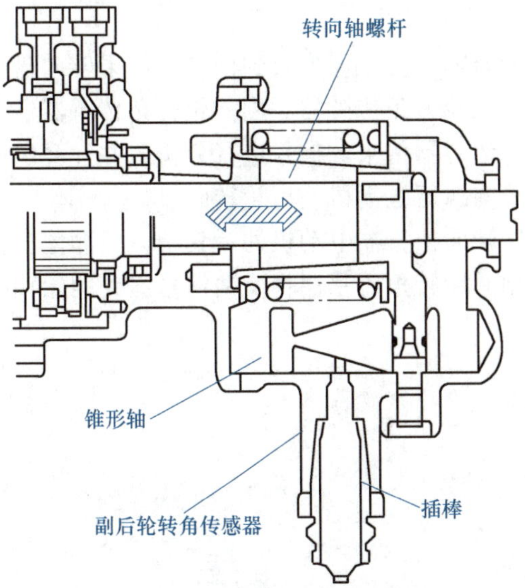

图 5-45　副后轮转角传感器

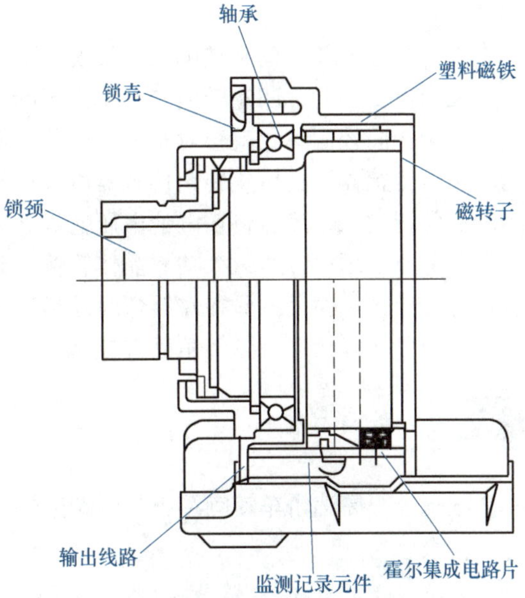

图 5-46　含有转动速度传感器和方向传感器的主前轮转角传感器

提示：这个传感器的原理可参考霍尔原理加深理解。

（4）副前轮转角传感器　副前轮转角传感器安装在前齿轮-齿条转向器内。这个传感器的原理与副后轮转角传感器一致，用于向控制单元发送与前轮转向角相关的信号。

（5）后轮转速传感器　如图 5-47 所示，后轮转速传感器安装在每个后轮上，它是与防

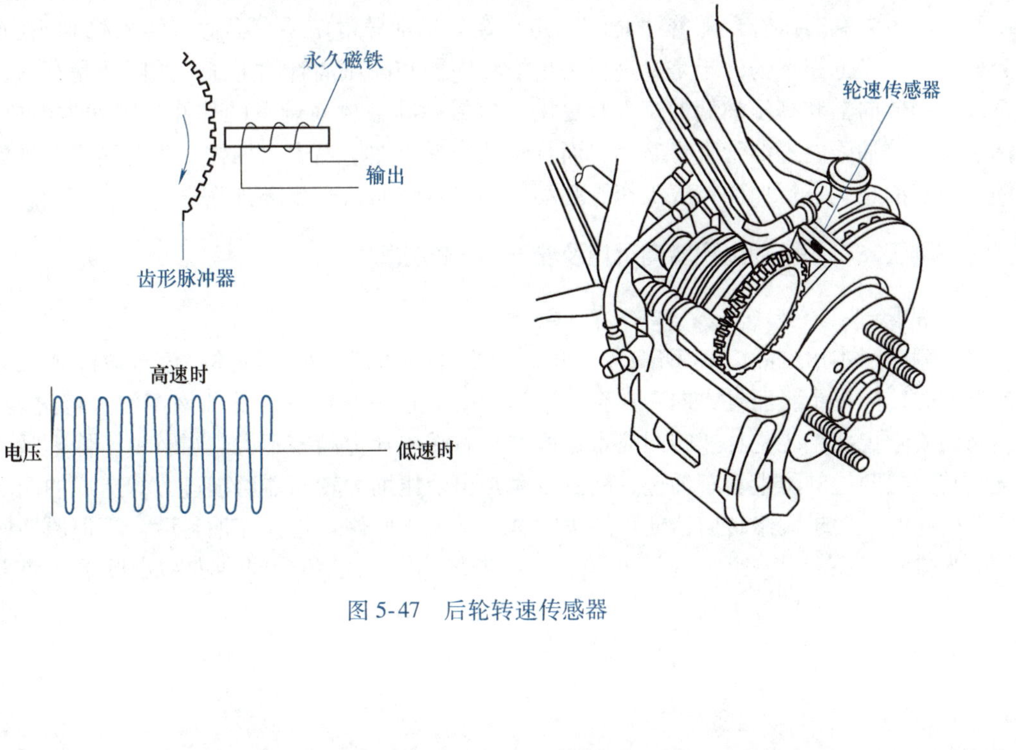

图 5-47　后轮转速传感器

抱死制动系统(ABS)共用的传感器。其结构和工作原理参考防抱死制动系统(ABS)。

(6) 车辆速度传感器 车辆速度传感器将与车辆速度相关的电压信号送到四轮转向系统控制单元。这个信号也被送到自动变速器控制单元。其结构和工作原理参考自动变速器部分。

二、电控四轮转向系统的工作情况

发动机工作时，四轮转向控制单元不断地从所有输入传感器处收到信号。如果转向盘转动，四轮转向控制单元就会对车辆速度传感器、主前轮转角传感器、副前轮转角传感器、主后轮转角传感器、副后轮转角传感器以及后轮转速传感器传来的信号进行分析，并计算出适当的后轮转向角，然后将蓄电池电压输入到后轮转向执行电动机使后轮转向。

蓄电池电压通过两只大功率晶体管输送到后轮转向执行器电动机处。其中一只晶体管在右转弯时导通，而另一只在左转弯时导通。主、副后轮转角传感器将反馈信号送到四轮转向驱动控制单元以指示后轮转角已被执行。

案例分析

案例一 捷达轿车转向系统有异响故障

1. 故障现象

一辆捷达轿车装备1.6L发动机，带转向助力装置，转动转向盘时有“吱吱”异响。

2. 故障分析与排除

该车由于转向助力系统元件少，组成简单(一般由转向助力泵、高/低压油管、助力转向器和储油壶组成)，而且不宜对部件进行维修，所以一般采用换件修理法进行故障诊断及维修。

转向助力泵是助力转向系统中的易损件，而且助力泵出现故障，一般都会在打转过程中出现异响，所以先将转向助力泵更换，故障依然存在。认真观察故障现象，打转向过程中，用手摸助力泵和高压管，随着“吱吱”声手摸处感到异常振手，类似于转向打到头的现象，分析原因还是油路不畅，于是又进行了更换转向器和高压油管的工作，故障还是存在，整个系统只剩转向器和高压油储油壶没有更换了。最后准备更换剩下的部件，把助力油放掉后，偶然发现储油壶的进油管直径略小，而且油孔中有一注塑毛边，挡住1/3的油道，更换转向助力油储油壶，进行加油排气工作，起动发动机打转向盘，故障排除。

案例二 本田雅阁出现转向沉重及左右不一的故障

1. 故障现象

一辆广州本田雅阁(ACCORD)2；3L、1999年款轿车，车主陈述：该车故障现象为怠速或低速时转向沉重，而且方向转右至一定角度时会进一步沉重。此前该车曾大修过转向器，当时的故障现象主要是怠速转向略重，但左、右转向耗力相差不大。当时由于修理师傅曾检查到转向器两边的防尘套有油迹，断定故障是由液压助力转向器磨损过大，造成的两端油封漏油引起的，要求大修转向器便可解决问题。结果买回修理包换完油封后，不但原转向沉重故障未排除，还多出一个“怪”故障——方向转右至一定角度时会进一步沉重，而方向转左时却并没有转向更沉重的现象。

2. 故障分析与排除

经对本车转向系统各机械部件的检查，同时考虑本车曾为转向故障做了部分部件的更换，根据现状和实际检查，排除了油质、油量、悬架系统、拉杆球头、泄油、轮胎、传动带张紧度和怠速工况等因素，确认外部机械部件没有明显故障。但怠速时转向沉重，当开大节气门时向左转基本正常，向右转至一定角度后，在任何情况下都重过左侧。这都说明排除故障重点应当是对转向助力泵和转向器等进行细致的检测和诊断。

拆下油泵出油口处的接口，将燃油压力表专用连接头 P/S 装到液压泵出口上，再把燃油压力表连接在 P/S 接口与软管之间，完全打开燃油压力表上的截流阀和压力控制阀，起动发动机并怠速运转，连续转动转向盘从一个止点到另一个止点，将油温升至正常工作温度，此时测得的静态油压为 1400kPa，稍低于标准值，开大一定的节气门后观察燃油压力表，指针有所回升，基本接近标准值，转向助力也基本恢复。同时关闭截流阀，然后使燃油压力表指针稳定后读得截流压力为 7500kPa，又低于标准值(注:同时关断两阀门的时间不得超过 5s,否则液压泵会因过热而损坏)。以上油压测试数值表明，助力泵内部有泄压或磨损。最后，在两阀门打开的怠速工况下转动转向盘，观察燃油压力表的数值变化，当右转至一定角度后指针明显降低，且助动力减少，方向变得沉重，这表明转向器内部有泄压。针对本车转向器的检测结果表明，更换转向器总成，故障现象消失，排除故障。

项目知识要点

1）正确设计转向梯形机构，可以保证汽车转弯行驶时，全部车轮应绕瞬时转向中心旋转。

2）转向轮的自动回正能力决定于转向轮的定位参数和转向器逆效率的大小。合理确定转向轮的定位参数，正确选择转向器的形式，可以保证汽车具有良好的自动回正能力。

3）转向系统中设置有转向减振器时，能够防止转向轮产生自振，同时又能使传到转向盘上的反冲力明显降低。

4）为了使汽车具有良好的机动性能，必须使转向轮有尽可能大的转角，其最小转弯半径能达到汽车轴距的 2~2.5 倍。

5）转向操纵的轻便性通常用转向时驾驶人作用在转向盘上的切向力大小和转向盘转动圈数多少两项指标来评价。

同步测试

一、名词解释

1. 转弯半径
2. 转向盘自由行程
3. 转向梯形
4. 转向系统角传动比

二、选择题(将正确选项填在括号内)

1. 汽车在行驶过程中，路面作用车轮的力经过转向系统可大部分传递给转向盘，这种转向称为(　　)。

A. 可逆式　　B. 不可逆式　　C. 极限可逆式　　D. 双向式

2. 主销内倾角使转向轮自动回正的原因是(　　)。

A. 汽车牵引力　　B. 稳定力矩　　C. 汽车轴载质量　　D. 汽车总质量

3. 检查循环球式转向器的齿扇和钢球螺母的啮合间隙时，使齿扇处于(　　)位置，来回摆动转向摇臂，同时将调整螺钉旋转。

A. 最左边　　B. 最右边　　C. 中间　　D. 有标记位置

4. 前轮定位中，转向操纵轻便主要是靠(　　)。

A. 主销后倾　　B. 主销内倾　　C. 前轮外倾　　D. 前轮前束

5. 循环球式转向器中，固定摇臂轴，蜗杆轴左、右自由转角不超过左、右方向各(　　)。

A. 5°　　B. 10°　　C. 15°　　D. 20°

6. 汽车转向时，以下说法正确的是(　　)。

A. 技师甲说，内侧车轮的偏转角度大于外侧车轮

B. 技师乙说，内侧车轮的偏转角度小于外侧车轮

C. 技师丙说，内侧车轮的偏转角度等于外侧车轮

D. 技师丁说，以上说法都有可能

7. 转向轮在转向时是绕着(　　)摆动。

A. 转向轴　　B. 转向节　　C. 转向柱　　D. 主销

8. 在汽车循环球式转向器的转向螺杆和转向螺母之间装有钢球的作用是(　　)。

A. 减少磨损　　B. 增大传动比　　C. 减少传动比

D. 减小传动副间隙　　E. 减小摩擦阻力

9. 齿轮齿条式转向器的啮合间隙，是通过(　　)调整的。

A. 调整垫片　　B. 调整螺钉　　C. 调整压块　　D. 调整弹簧

10. 汽车转向盘自由行程一般不超过左、右(　　)。

A. 10°~15°　　B. 15°~25°　　C. 25°~30°　　D. 30°~35°

三、问答题

1. 写出转向梯形理论特性关系式。

2. 简述循环球式转向器的工作过程。

3. 什么称为常流式动力转向？

4. 现代汽车在转向操纵机构中增设了哪些装置？

项目六　汽车制动系统构造与维修

学习目标

知识目标

- 了解汽车制动系统的基本作用、组成、类型及使用要求。
- 理解并掌握车轮制动器的结构与工作原理、液压及气压制动传动装置的结构与工作原理、制动增压装置的结构与工作原理。
- 学会制动系统常见故障的诊断与分析，学会查询和使用相关的行业技术规范等技术文献。

能力目标

- 能熟练地选用检修工具、设备和仪器。
- 能熟练地拆装汽车制动系统各工作部件。
- 能正确检测汽车制动系统各零部件的技术状态。
- 能准确诊断和排除汽车制动系统的典型故障。
- 能根据岗位任务变化自主学习有关汽车制动系统的新知识和新技术。
- 具有从事汽车检修岗位的良好职业素养。

单元一　汽车制动系统概述

资讯一　制动系统的功用和组成

汽车制动系统是汽车上用以使外界（主要是路面）在汽车某些部分（主要是车轮）施加一定的力，从而对其进行一定程度强制制动的一系列专门装置。

一、制动系统的功用

制动系统的作用是使行驶中的汽车按照驾驶人的要求进行强制减速甚至停车；使已停驶的汽车在各种道路条件下（包括在坡道上）稳定驻车；使下坡行驶的汽车速度保持稳定。

二、制动系统的组成

对汽车起制动作用的只能是作用在汽车上且方向与汽车行驶方向相反的外力，而这些外力的大小都是随机的、不可控制的，因此汽车上必须装设一系列专门装置以实现上述功能。主要包括：

1. 行车制动装置

行车制动装置是驾驶人用脚操纵的制动装置，便于在行进的过程中减速停车。制动器安装在汽车的全部车轮上。

2. 驻车制动装置

驻车制动装置是驾驶人用手或脚操纵的制动装置，主要用于停车后防止汽车滑溜。它的制动器可装在变速器或分动器之后的传动轴上，称为中央制动装置。也可利用后桥车轮制动器兼作驻车制动器，称为复合式制动器。在行车制动装置失效时或在坡道上起步时，临时可用驻车制动装置。

3. 应急制动、安全制动和辅助制动装置

重型或矿山用重型汽车，为了提高行车安全性、减轻行车制动器的磨损及性能的衰退，增设了应急制动、安全制动和辅助制动装置。应急制动是用独立的管路控制车轮制动器，作为备用系统。安全制动是当制动气压不足时起制动作用，使车辆无法行驶。辅助制动是为了下长坡时减轻行车制动器的磨损而设的，其中利用发动机排气制动应用最广。

较完善的制动系统还具有制动力调节装置、警报装置、压力保护装置或防抱死装置等附加机构。

每套制动装置都由产生制动作用的制动器和操纵制动器的传动机构组成。

三、制动系统的类型

1. 按照制动系统的作用分类

可分为行车制动系统、驻车制动系统、应急制动系统及辅助制动系统等。

2. 按照制动操纵能源分类

可分为人力制动系统、动力制动系统和伺服制动系统等。以驾驶人的肌体作为唯一制动能源的制动系统，称为人力制动系统；完全靠由发动机的动力转化而成的气压或液压形式的势能进行制动的系统，称为动力制动系统；兼用人力和发动机动力进行制动的制动系统，称为伺服制动系统或助力制动系统。

3. 按照制动能量的传输方式分类

可分为机械式、液压式、气压式和电磁式等。同时采用两种以上传能方式的制动系统，称为组合式制动系统。

四、对制动系统的要求

为了保证汽车行驶安全，发挥高速行驶的能力，制动系统必须满足下列要求：

1）制动效能好。评价汽车制动效能的指标有制动距离、制动减速度和制动时间。

2）操纵轻便，制动时的方向稳定性好。制动时，前、后车轮制动力分配合理，左、右车轮上的制动力应基本相等，以免汽车制动时发生跑偏和侧滑。

3）制动平顺性好。制动时，应柔和、平稳；解除时，应迅速、彻底。

4）散热性好，调整方便。这要求制动蹄摩擦片抗高温能力强，潮湿后恢复能力快，磨损后间隙能够调整，并能够防尘、防油。

5）带挂车时，能使挂车先于主车产生制动，后于主车解除制动；挂车脱挂时，能自行进行制动。

资讯二 制动系统的基本结构和工作原理

一、制动系统的基本结构

制动系统主要由车轮制动器和液压传动或气压传动机构组成。

车轮制动器主要由旋转部分、固定部分和调整机构组成：旋转部分是制动鼓；固定部分包括制动蹄和制动底板；调整机构由偏心支承销和调整凸轮组成，用于调整蹄鼓间隙。

液压制动传动机构主要由制动踏板、推杆、制动主缸、制动轮缸和管路组成。

气压制动传动机构主要由制动踏板、推杆、制动总阀、空气干燥器、四回路保护阀、制动气室和管路等组成。

二、制动系统的工作原理

制动系统的一般工作原理是，利用与车身（或车架）相连的非旋转元件和与车轮（或传动轴）相连的旋转元件之间的相互摩擦来阻止车轮的转动或转动的趋势。

如图 6-1 所示，以内圆面为工作表面的铸钢金属制动鼓 8 固定在车轮轮毂上，车辆行驶时随车轮一同旋转。在固定不动的制动底板 11 上，装有两个支承销 12，支承着两个弧形制动蹄 10 的下端，制动蹄的外圆面上铆（或粘）有非金属的摩擦片 9。在制动底板上还装有液压制动轮缸 6，通过油管 5 与车架上的液压制动主缸 4 相连接。主缸中的活塞 3 可由驾驶人通过制动踏板 1 来操纵。

（1）制动系统不工作时　蹄鼓间有间隙，车轮和制动鼓可自由旋转。

（2）制动时　要汽车减速，脚踩下制动踏板 1 通过推杆 2 和主缸活塞 3，使主缸油液在一定压力下流入轮缸，并通过两轮缸活塞 7 使制动蹄绕支承销转动，上端向两边分开而以其摩擦片压紧在制动鼓的内圆面上。不转的制动蹄对旋转制动鼓 8 产生摩擦力矩 M_K，制动鼓将该力矩 M_K 传到车轮后，由于车轮与路面间有附着作用，车轮对路面作用一个向前的圆周力 F_A，同时地面也对车轮作用着一个向后的反作用力，即制动力 F_B。制动力 F_B 由车轮经车桥悬架传给车架及车身，迫使整个汽车产生一定的减速度，甚至停车，从而产生制动力。

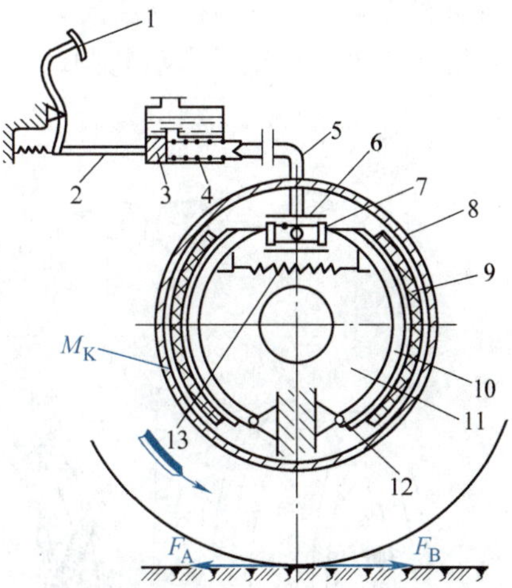

图 6-1　制动系统的工作原理示意图

1—制动踏板　2—推杆　3—主缸活塞　4—制动主缸　5—油管　6—制动轮缸　7—轮缸活塞　8—制动鼓　9—摩擦片　10—制动蹄　11—制动底板　12—支承销　13—制动蹄回位弹簧

（3）解除制动　当松开制动踏板时，回位弹簧 13 将制动蹄拉回原位，制动蹄的摩擦片外表面与制动鼓的内工作表面出现间隙，摩擦力矩 M_K 和制动力 F_B 消失，制动作用终止。

汽车制动系统制动力 F_B 的大小不仅取决于制动力矩 M_K，还取决于轮胎与路面间的附着系数。

单元二　车轮制动器构造与维修

资讯一　鼓式车轮制动器的结构与工作原理

制动器是制动系统中用以产生阻碍汽车运动或运动趋势的重要部分。利用固定元件与旋转元件工作表面的摩擦而产生制动力矩的制动器，均称为摩擦制动器。目前汽车制动系统所用的制动器几乎都属于摩擦制动器。摩擦制动器可分为鼓式和盘式两大类。鼓式摩擦副中的旋转元件为制动鼓，工作表面为圆柱面；盘式的旋转元件则为圆盘状的制动盘，以端面为工作表面。

鼓式车轮制动器有内张型和外束型两种。内张型的制动鼓以内圆柱面为工作表面，在汽车上应用广泛；外束型制动鼓的工作表面则是外圆柱面，目前只有部分汽车用作驻车制动器。

一般内张型鼓式车轮制动器均采用带摩擦片的制动蹄作为固定元件。位于制动鼓内部的制动蹄在一端承受促动力，可绕其另一端的支点向外旋转，压靠到制动鼓内圆表面上，产生摩擦力矩进行制动。凡对制动蹄加力使制动蹄转动的装置统称为制动蹄促动装置。常用的有制动轮缸、凸轮促动装置及楔形促动装置等，相应的鼓式制动器称为轮缸式制动器、凸轮式制动器和楔式制动器等。

一、简单非平衡式制动器

制动鼓所受来自于两蹄的法向力不能互相平衡的制动器均属于非平衡式制动器。图6-2所示的北京BJ2020N型汽车后轮制动器即简单非平衡式制动器。图6-3所示为制动器的受力情况。

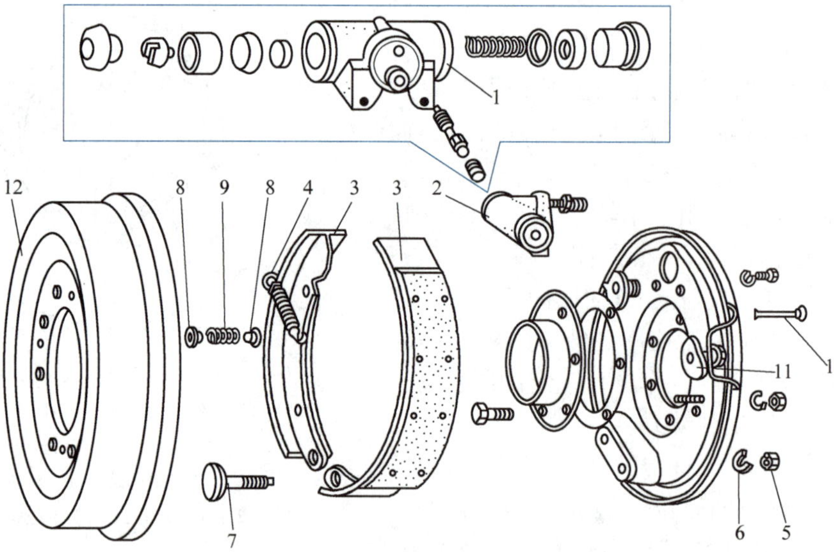

图6-2 北京BJ2020N型汽车后轮制动器

1、2—轮缸 3—制动蹄 4—回位弹簧 5—螺母 6—垫圈 7—支承销 8—弹簧座 9—制动蹄限位弹簧 10—限位杆 11—调整凸轮 12—制动鼓

轮缸中的两活塞都可以在轮缸内沿轮缸轴向浮动，且二者直径相同。制动时，两活塞对两个制动蹄所施加的促动力是相等的。制动时，蹄1和蹄2在相等的促动力 F_S 的作用下，分别绕各自的支承点3和4旋转到紧压在制动鼓5上。旋转着的制动鼓即对两制动蹄分别作用着法向反力 F_{N1} 和 F_{N2} 以及相应的切向反力 F_{T1} 和 F_{T2}（这里法向反力 F_N 和切向反力 F_T 均为分布力的合力）。为解释方便起见，姑且假定这些力的作用点和方向如图所示。两蹄受到的这些力分别被各自的支点3和4的支承反力 F_{S1} 和 F_{S2} 所平衡。由图6-3可见，蹄1上的切向合力 T_1 的作用结果是使蹄1在制动鼓上压得更紧，即力 F_{N1} 变大，从而使 F_{T1} 增大。蹄1具

有“助势”作用。与此相反，切向合力 F_{T2}则使蹄 2 有松放制动鼓的趋势，即有使 F_{N2}和 F_{T2}本身减小的趋势。蹄 2 具有“减势”作用。通常将有“助势”作用的蹄称为领蹄，将具有“减势”作用的蹄称为从蹄。

虽然领、从蹄在制动过程中所受促动力相等，但所受制动鼓的法向反力 F_{N1}和 F_{N2}不相等，且 $F_{N1}>F_{N2}$，即 $F_{T1}>F_{T2}$。故两制动蹄对制动鼓所施加的制动力矩不相等。一般说来，领蹄制动力矩约为从蹄制动力矩的 2~2.5 倍。倒车制动时，虽然蹄 2 变成领蹄，蹄 1 变成从蹄，但整个制动器的制动效能还是同前进时一样。

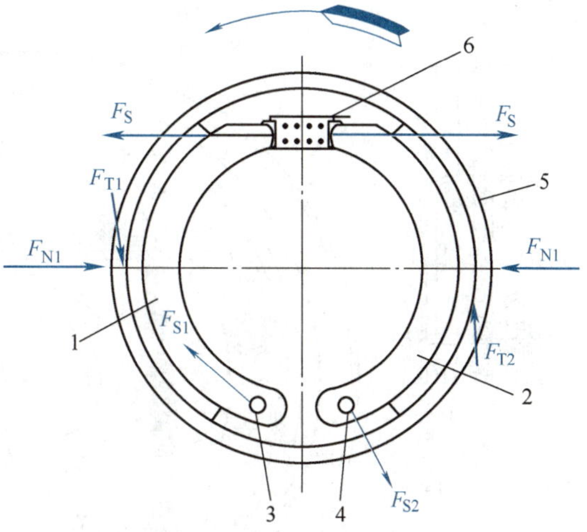

图 6-3 等促动力领从蹄式制动器的制动蹄受力示意图

1—领蹄 2—从蹄 3、4—支点 5—制动鼓

显然，由于领蹄与从蹄所受法向反力不等，在两蹄摩擦片工作面积相等的情况下，领蹄摩擦片上的单位压力较大，因而磨损较严重。为了使领蹄和从蹄的摩擦片使用寿命相近，有些领、从蹄制动器的领蹄摩擦片的周向尺寸设计得较大。这将使领、从蹄没有互换性，导致了零件数目的增加，装配时要特别注意领、从蹄的安装位置。此外，领从蹄式制动器的制动鼓所受到的来自两蹄的法向力不相平衡，则两法向力之和只能由车轮的轮毂轴承的反力来平衡。这就对轮毂轴承造成了附加径向载荷，使其使用寿命缩短。

不制动时，其摩擦片与制动鼓间应确保合适的间隙，间隙值一般设定在 0.25~0.5mm 之间。此间隙如果过小，则将不能彻底解除制动，造成摩擦副的拖摩；间隙如果过大，则又将使制动踏板行程过长，驾驶人操作不便。在汽车使用过程中，摩擦片的不断磨损将导致制动器间隙的增大。严重时，即使将制动踏板踩到极限位置，也产生不了足够的制动力矩。因此，要求制动器在结构上必须保证有检查调整其间隙的功能，确保汽车的安全行驶。

为便于检查调整，一般在制动鼓外边缘处开有一个检查孔。当间隙增大到对制动器的工作产生明显影响时，可转动调整凸轮 11(见图 6-2)进行局部调整。当摩擦片磨损到铆钉头将要露出或磨损到已不足以调整到规定间隙值时，就必须对摩擦片进行更换。当制动鼓磨损到一定程度时，需要对制动鼓进行内圆表面镗修或更换。重新装配和安装制动器时，为确保摩擦副的接触面积和规定的间隙值，均应进行装配后的全面调整。全面调整中，除靠转动调整凸轮外，还要转动支承销 7。支承销支承制动蹄的轴径是偏心的。支承销的尾端伸出制动底板外，并制有矩形断面，以便用扳手使之转动。支承销尾端面上打有标记，指明偏心轴颈轴线偏移方向。转动偏心销，蹄鼓间隙即发生变化。

桑塔纳轿车的后轮制动器也是简单非平衡式，如图 6-4 所示。

制动蹄采用浮式支承。即制动蹄的上、下支承面均加工成弧面，制动时蹄与鼓能自动定心，有利于蹄鼓贴合、增大摩擦面积。制动蹄 17 上固定有斜楔支承 19，它用来支承调节间隙用的楔形块 20，称为带斜楔装置的制动蹄总成。制动蹄 7 上铆有可以绕销轴 2 自由转动的制动杆 6。制动杆 6 下端做成钩形，与驻车制动钢索相连。制动蹄 7 称为带杠杆装置的制动蹄总成。

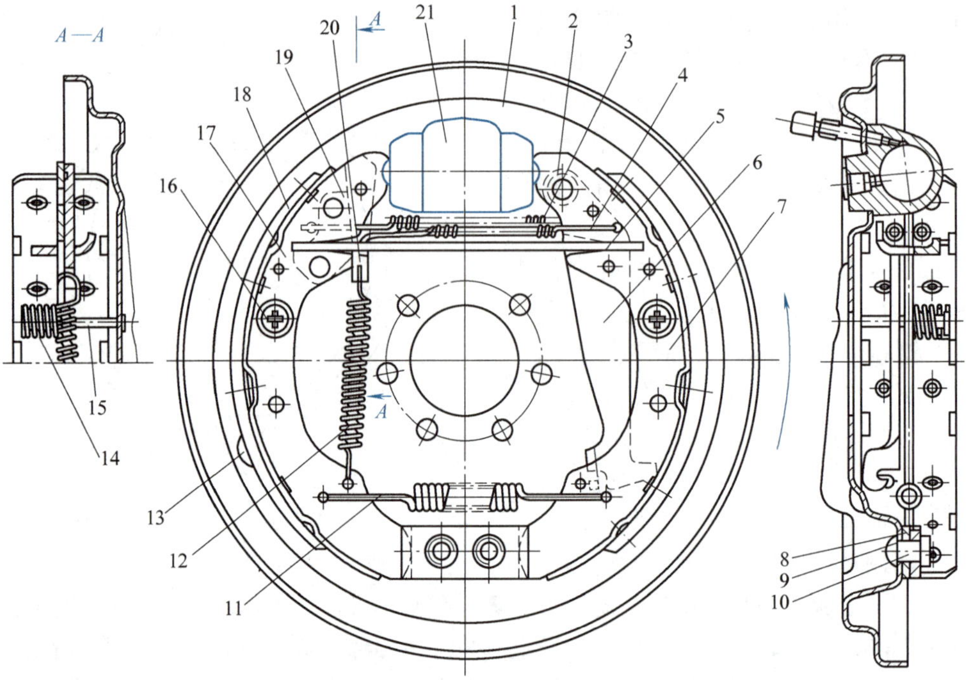

图 6-4 桑塔纳轿车后轮浮式支承制动器

1—制动底板 2—销轴 3、4、11、12—拉簧 5—压杆 6—制动杆 7—带杠杆装置的制动蹄总成 8—支架 9—止挡板 10—铆钉 13—检测孔 14—压簧 15—夹紧销 16—弹簧座 17—带斜楔装置的制动蹄总成 18—摩擦衬片 19—斜楔支承 20—楔形块 21—制动轮缸

该行车制动器兼作驻车制动器，在制动器中装有驻车制动器的机械促动装置。制动杆 6 插在压杆 5 的右端槽中，它们的接触点就成为中间支点。制动蹄 7、17 的腹板卡在制动压杆两端的槽中。拉簧 4 的左端钩在制动压杆的孔内，右端与带杠杆装置的制动蹄腹板相连。拉簧 3 的右端卡在制动压杆右端的钩槽内，左端与斜楔支承的制动蹄腹板相连。

制动器间隙是自动调整的。如图 6-5 所示，在制动蹄 7 和制动蹄 17 之间有一制动压杆 5 相连，制动压杆两端开有缺口，其左端缺口端面压在楔形块 20 的齿形面上，楔形块另一侧齿形面压在斜楔支承 19 上。制动压杆右端缺口端面顶住驻车制动杆 6。右端缺口头部有一个设计间隙 S，拉簧 3 的一头钩住制动蹄 17 的腹板，另一头钩在压杆 5 右端的钩槽内，使压杆紧紧压住楔形块 20 和斜楔支承。斜楔支承是用铆钉紧固在制动蹄 17 上的，因此拉簧 3 也就将压杆紧压在楔形块 20 和制动蹄 17 上了，拉簧 4 的一头钩在压杆左端的孔内，另一头钩在制动蹄 7 的腹板上部，使压杆与制动杆紧贴在一起。

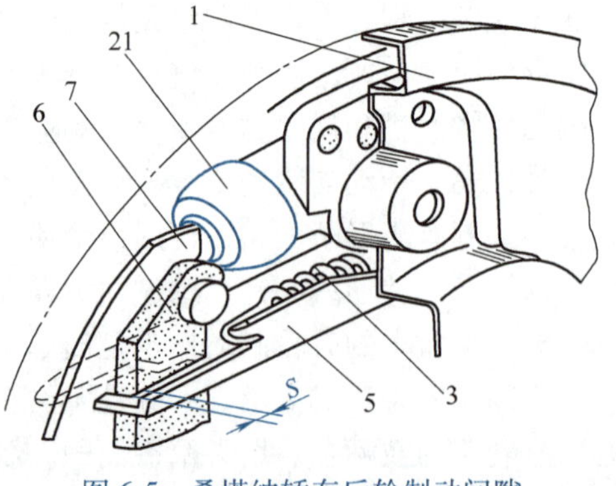

图 6-5 桑塔纳轿车后轮制动间隙自动调整原理示意图

图注同图 6-4

制动时，轮缸活塞推动制动蹄 7 和制动蹄 17 各自绕自己与止挡板接触的支点转动，由于拉簧 3 的刚度设计得比拉簧 4 大，所以压杆始终压住楔形块与制动蹄 17 一起向左运动，制动杆用销轴 2 压铆在制动蹄 7 的腹板上，可以绕销轴自由摆

动。在制动蹄 7 转动时，随着磨损而引起的制动间隙增加，制动杆与压杆原接触处逐渐分开，与压杆凸耳的距离则越来越小，只要制动间隙不超过 *S* 值，制动杆就不会与压杆凸耳接触，在这种情况下不会发生间隙调整。这是通常制动蹄摩擦片磨损很小的制动情况下。

当制动间隙增加 *S* 值时，若行车制动活塞推动制动蹄 17 往向左方向转动，这时在拉簧 3 作用下带动楔形块和制动压杆向左移动。而制动蹄 7 向右方向转动时制动杆移动 *S* 距离后将与压杆凸耳接触，并克服拉簧 3 和拉簧 4 的拉力将压杆向右移动。这时，压杆与楔形块之间便产生了间隙。在拉力弹簧 12 的作用下，将楔形块往下拉，直到压杆和楔形块重新接触，即楔形块填补了摩擦片磨损导致的这一间隙。

解除制动时，在拉簧 3、4、11 的作用下，虽然制动蹄要复位，但由于楔形块已下行填补了间隙 *S* 值，因此制动蹄 7 和制动蹄 17 已不可能恢复到制动前的位置。于是原来由于磨损变大的制动间隙便得到了补偿，恢复到初始的设置间隙值。制动时，这个过程反复进行，实现了制动器间隙的自动调整。

二、平衡式车轮制动器

1. 双领蹄式制动器

在制动鼓正向旋转时，两蹄均为领蹄的制动器称为双领蹄式制动器，如图 6-6 所示的北京 BJ2020N 型汽车前轮制动器。两制动蹄各用一个单活塞式轮缸 2，且两套制动蹄、轮缸、支承销和调整凸轮等在制动底板上的布置是中心对称的，替代领从蹄式制动器中的轴对称布置。两个轮缸借连接油管 13 相通，使其中油压相等。在前进制动时，两蹄都是领蹄，制动器的效能因而得到提高。但在倒车制动时，两蹄都将变成从蹄。

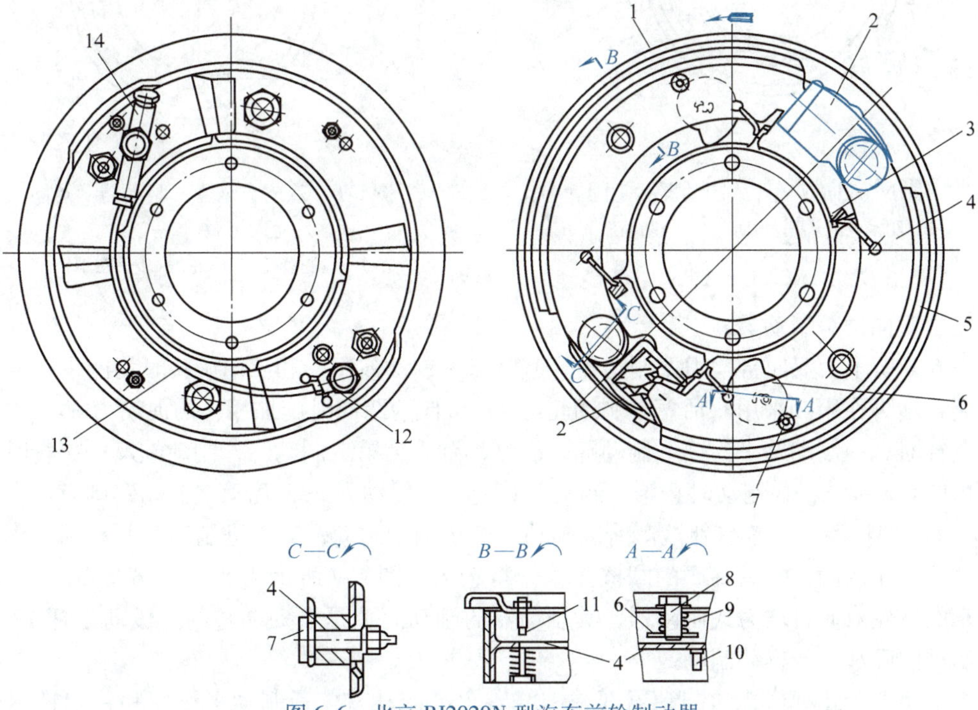

图 6-6　北京 BJ2020N 型汽车前轮制动器

1—制动底板　2—制动轮缸　3—制动蹄回位弹簧　4—制动蹄　5—摩擦片　6—调整凸轮　7—支承销　8—调整凸轮轴　9—弹簧　10—调整凸轮锁销　11—制动蹄限位杆　12、14—油管接头　13—轮缸连接油管

2. 双向双领蹄式制动器

在倒车制动时，如果能使上述制动器的两个制动蹄的支承点和传动力点互换位置，就可以得到与前进制动时相同的制动效能。无论是前进制动还是倒车制动，两制动蹄都是领蹄的制动器称为双向双领蹄式制动器，图 6-7 所示为双向双领蹄式制动器示意图，与领从蹄式制动器相比，双向双领蹄式制动器在结构上有三个特点：一是采用两个双活塞式制动轮缸；二是两制动蹄的两端都采用浮式支承，支点的周向位置也是浮动的；三是制动底板上的所有固定元件，如制动蹄、制动轮缸和复位弹簧等都是成对的，既按轴对称，又按中心对称布置。

红旗 CA7560 型汽车前、后轮制动器就是根据上述设想而制成的一种双向双领蹄式制动器，使车辆前进制动时的效能与倒车制动时的效能完全一样。

双领蹄、双向双领蹄、双从蹄式制动器的固定元件布置都是中心对称的。如果间隙调整正确，则其制动鼓所受两蹄施加的两个法向合力能互相平衡，不会对轮毂轴承造成附加径向载荷。这三种制动器都属于平衡式制动器。

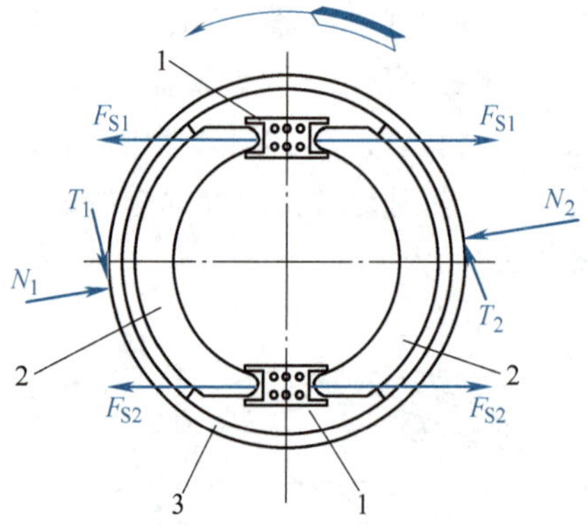

图 6-7 双向双领蹄式制动器示意图

1—制动轮缸 2—制动蹄 3—制动鼓

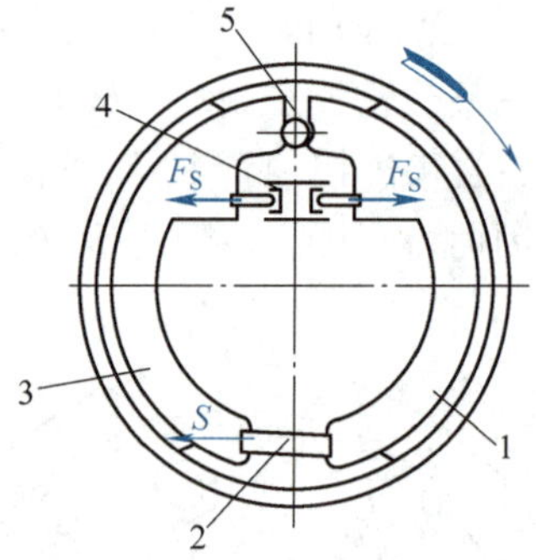

图 6-8 双向自增力式制动器示意图

1—前制动蹄 2—顶杆

3—后制动蹄 4—轮缸 5—支承销

三、双向助势制动器

图 6-8 所示为双向自增力式制动器。其特点是制动鼓正向和反向旋转时均能借蹄鼓间的摩擦起自增力作用。采用双活塞式制动轮缸 4，可向两蹄同时施加相等的促动力 F_S。制动鼓正向旋转时，前制动蹄 1 为第一制动蹄，后制动蹄 3 为第二制动蹄，制动鼓反向旋转时则相反。由图 6-8 可见，在制动时，第一制动蹄只受一个促动力 F_S，而第二制动蹄则有两个促动力 F_S 和 S，且 $S>F_S$。考虑到汽车前进制动远多于倒车制动，且前进制动时制动蹄工作负荷也远大于倒车制动，故后蹄 3 的摩擦面积做得较大。图 6-9 所示为北京切诺基 BJ2021 轻型越野车的后轮双向自增力式制动器，其制动器的制动间隙是自动调整的。拨动顶杆 12 可以改变制动间隙和方便拆装制动鼓。

综上所述，几种形式的制动器都是围绕着提高制动效能、制动平顺性和稳定性以及简单、调整、维修方便等几个方面来考虑。单就制动效能而言，自增力式制动器的制动力矩最大，其次是平衡式制动器，再次是简单非平衡式。

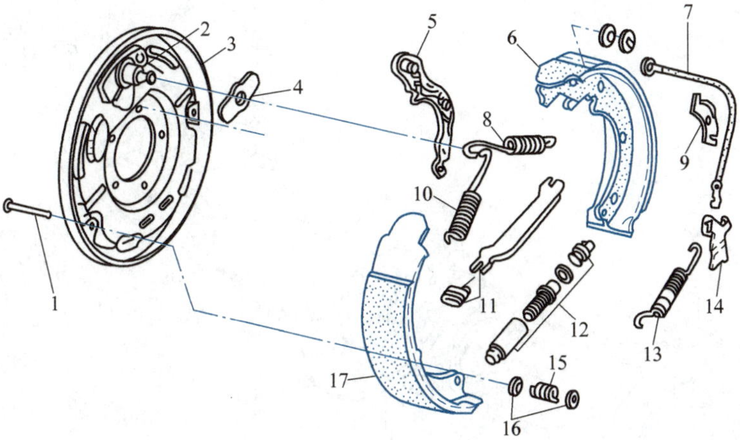

图 6-9 北京切诺基 BJ2021 轻型越野车的后轮双向自增力式制动器

1—定位弹簧销钉 2—支承销 3—制动底板 4—制动蹄导向板 5—驻车制动摇臂 6—从蹄 7—间隙调整拉绳 8—从蹄复位弹簧 9—拉绳导向板 10—领蹄复位弹簧 11—驻车制动推板及弹簧 12—调整顶杆总成 13—拉簧 14—间隙调整棘片 15—制动蹄定位弹簧 16—弹簧座 17—领蹄

四、凸轮式制动器

目前，所有国产中、大型汽车和部分国外汽车的气压制动系统中，多采用凸轮制动的车轮制动器，凸轮制动的双向自增力式制动器只宜用作中央制动器。

解放 CA1091 型汽车的凸轮式前轮制动器如图 6-10（图 6-11 为分解图）所示。制动蹄 1 是可锻铸铁的，不制动时由回位弹簧 11 拉靠在制动凸轮轴 5 的凸轮上。制动凸轮轴通过支座 4 固定在制动底板 3 上，其尾部花键轴插入制动调整臂 8 的花键孔中。

制动时，制动调整臂在制动气室 10 的推动下带动制动凸轮轴转动，凸轮迫使两制动蹄压靠制动鼓 15。制动鼓对蹄的摩擦使得蹄 1 端部离开制动凸轮，同时又使蹄 12 端部更加靠紧制动凸轮。正是这一差别造成了制动效能高的蹄 1 的促动力小于制动效能低的蹄 12 的促动力，从而使得两蹄的制动力矩相等。然而应当指出，由于结构上不是中心对称，两蹄作用于制动鼓的法向力的等效合力虽然大小相等，但却不在一直线上，不可能相互平衡。故这种制动器仍然是非平衡式的。

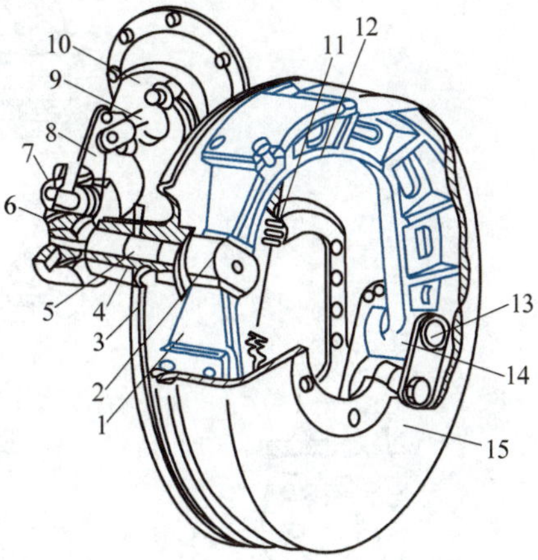

图 6-10 解放 CA1091 型汽车的凸轮式前轮制动器

1、12—制动蹄 2—制动凸轮 3—制动底板 4—支架 5—制动凸轮轴 6—涡轮 7—蜗杆 8—制动调整臂 9—连接叉 10—制动气室 11—回位弹簧 13—支撑销 14—制动蹄轴 15—制动鼓

汽车的凸轮式车轮制动器的间隙可以根据需要进行局部或全面调整。局部调整只是利用制动调整臂来改变制动凸轮轴的原始角位置。凸轮式制动器的制动调整臂如图 6-12 所示。

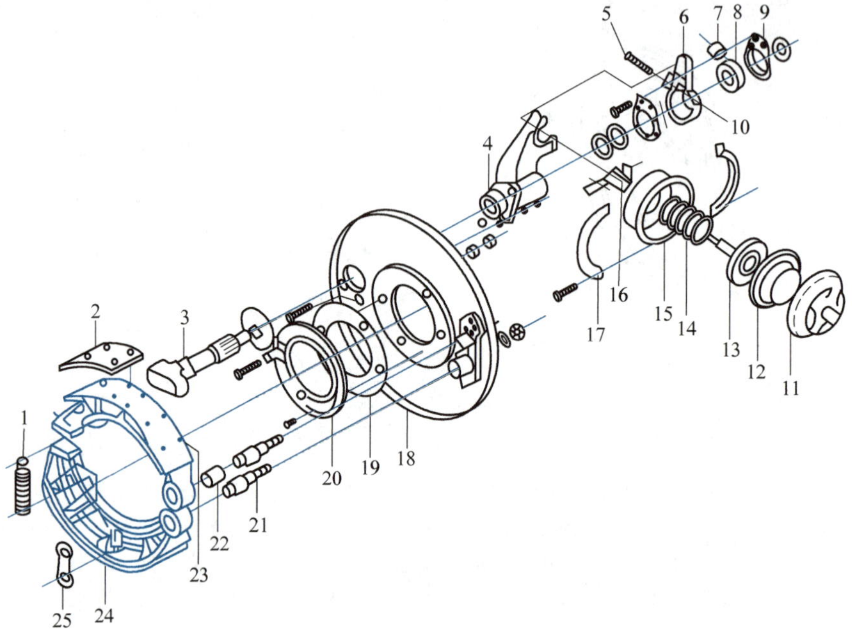

图6-11 鼓式制动器分解图

1—回位弹簧 2—摩擦片 3—制动凸轮 4—支架 5—蜗杆轴 6、15—外壳 7—蜗杆 8—蜗轮 9、11—外壳盖 10—油脂嘴 12—皮膜 13—推杆 14—回位弹簧 16—连接叉 17—卡箍 18—制动底板 19—衬垫 20—挡尘盘 21—支撑销 22—衬套 23—制动蹄 24—蹄片总成 25—垫板

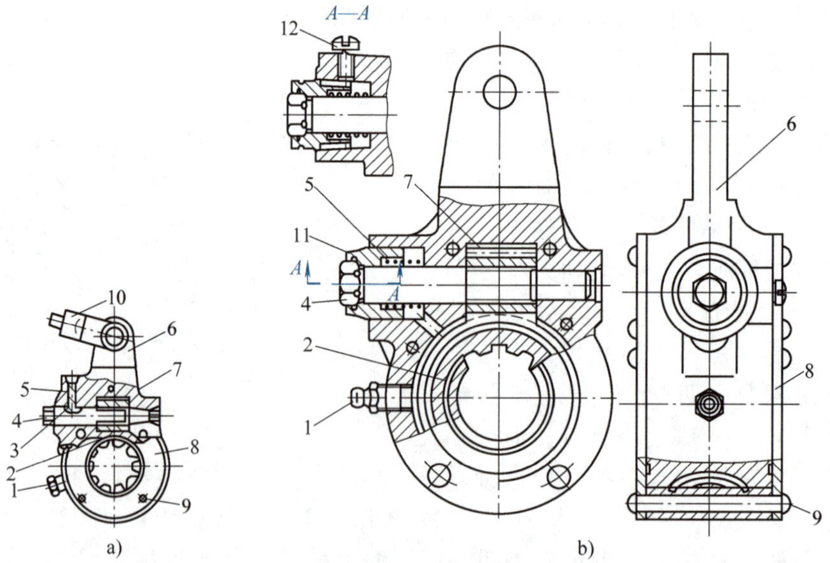

图6-12 凸轮式制动器的制动调整臂

1—油嘴 2—调整蜗轮 3—锁止球 4—蜗杆轴 5—弹簧 6—制动调整臂体 7—调整蜗杆 8—盖 9—铆钉 10—制动气室推杆 11—锁止套 12—锁止螺钉

在制动调整臂体 6 和两侧盖 8 所包围的空腔内装有调整蜗轮 2 和调整蜗杆 7。调整蜗杆通过细花键套装在蜗杆轴 4 上，调整蜗轮以内花键与制动凸轮轴的外花键相啮合。转动蜗杆，即可在制动调整臂与制动气室推杆 10 的相对位置不变的情况下，通过蜗轮使制动凸轮轴转过一定角度，从而改变制动凸轮的原始角位置。图中蜗杆轴与制动调整臂的相对位置是靠锁止套 11 和锁止螺钉 12 来固定的。拧松锁止螺钉 12，将具有六角孔的锁止套按入制动调整臂体的孔中，即可转动调整蜗杆。当调整蜗杆锁母与锁止套的六角重合时，弹簧 5 即将锁止套推回与蜗杆六角头接合的锁止极限位置。

全面调整时，用调整调节臂和支撑销协调完成。

五、鼓式制动器的间隙自调装置

汽车高速化后，为提高制动性能，确保行车安全和减少维护作业内容，间隙自调装置应运而生。自调装置的功能是及时地、自动地补偿过量的蹄鼓间隙，并能保持规定的蹄鼓间隙。如果蹄鼓间隙“自调过度”，尚需有人工破坏过度量的结构措施，并有利于制动鼓的顺利拆装。

自调过度的产生是连续地全制动时，热胀和磨损所造成的。活塞为消除蹄鼓间隙的全行程应包括以下内容：规定的蹄鼓间隙、蹄片磨薄量、制动鼓热膨胀量、蹄鼓弹性变形量等。因为自调装置只能将间隙调小，不能调大，所以冷态后制动器会出现“拖摩”或“抱死”，即谓“自调过度”。

自调装置多安装在轮缸中、制动蹄上、两蹄间的推力板上。其形式有：前进和倒车都能自调的；只能在倒车时自调的；使用驻车制动时自调的；一次性调准的；多次调准的等。

1. 在推力板上装楔杆的自调装置

轿车的后轮多装有复合式制动器，自调装置可装在推力板上，通过改变推力板的长度达到自调的目的。有楔杆式、拨板式和棘轮式。

2. 在推杆上装棘轮，在蹄上装拨板自调装置

如图 6-13 所示，复合式制动器的推力杆 5 上装有使推力杆长度可变的棘轮，拨板通过定位钩 2 装在制动蹄上，拉簧 9 可使其顺时针转动一定角度。拨板 1 的左爪顶靠在推力杆的左端，右爪贴靠在棘轮的切线边沿，因而被定位制动，它只有在推力杆不被挤压时才能转动。

工作情况：制动时，两蹄在轮缸促动力的作用下张开，对推力杆的挤压力即撤销，推力杆处于自由状态。如果蹄鼓间隙正常，两蹄间隙之和小于棘轮一个齿距（$\Delta\Sigma<L$），则自调拨板顺时针转动一定角度，棘轮不转动。如果间隙过量 $\Delta\Sigma>L$，那么拨板就拨动棘轮旋转一定角度，使推力杆加长，过量的间隙得到补偿。

放松制动，蹄片回位后又将推力杆挤紧，在新的位置将蹄定位保持正常间隙。

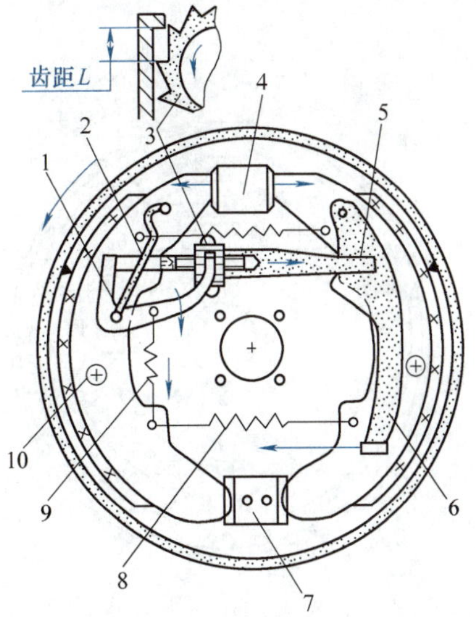

图 6-13 在推力杆上装棘轮、在蹄上装拨板的自调装置

1—自调拨板 2—定位钩 3—棘轮 4—轮缸 5—推力杆 6—驻车制动杠杆 7—支承座 8—回位弹簧 9—自调拉簧 10—定位件

棘轮背面底板上有拨孔，用以破坏自调过度和

便于拆装制动鼓。使拨板脱开棘轮，再使棘轮反转，推力杆即缩短。

它是属于多次性调整的结构，在前进和倒车制动时都能自调。其蹄片最佳的装配位置是略小于鼓的内圆，通过几次全制动即可达到正常位置。

3. 在推力杆上装棘轮、在驻车制动杠杆上装拨板的自调装置

考虑到行车制动使用频繁，制动鼓易过热胀大产生自调过度，将自调拨杆装于驻车制动杠杆上可避免上述危害。

如图 6-14 所示，它的自调拨板 4 通过销孔及拉簧和驻车制动杠杆铰接而定位，两蹄的间隙之和等于棘轮齿距($\Delta\Sigma=L$)，驻车制动杠杆初始定位是靠下端 a 点位置。

工作情况：当使用驻车制动时，驻车制动杠杆顺时针转动，通过自调拨板的销孔也使拨板随动。推力杆先将前蹄压紧制动鼓，以此杆为支点又将后蹄压紧制动鼓而驻车制动。此时，自调拨板的拉簧也被拉长，一旦间隙过量，放松驻车制动时，自调拨板即拨动棘轮使推力杆加长，以补偿其过量间隙。蹄片在回位后，推力杆用 a 点在新的长度位置保持其正常间隙。

此结构属于一次性调准的方式，在制动底板上也制有拨孔。

4. 倒车制动的自调装置

倒车制动时，制动鼓处于常温状态，不会发生自调过度问题，只限于用在自增力式制动器中。

如图 6-15 所示，自调件装在后制动蹄上，自调拉索 3 的中部绕过可摆动的导向板的弧面，一端挂在支承销上，另一端和自调拨板 6 相连，其间有一拉簧(图中未示出)。自调拨板支承在蹄的销钉上，扭簧 5(或拉簧)使自动拨板始终处于最下面的位置，其左端与棘轮的切线方向靠接，并保持其规定的距离，此距离与规定的蹄鼓间隙相对应。

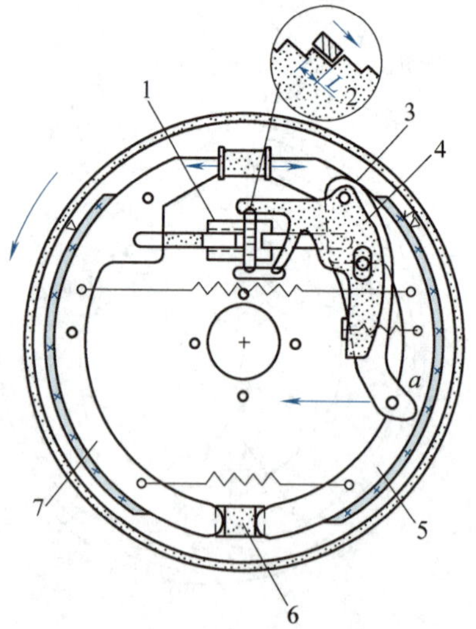

图 6-14 在推力杆上装棘轮、在驻车制动杠杆上装拨板的自调装置

1—推力杆 2—棘轮 3—驻车制动杠杆 4—自调拨板 5、7—制动蹄 6—支承座

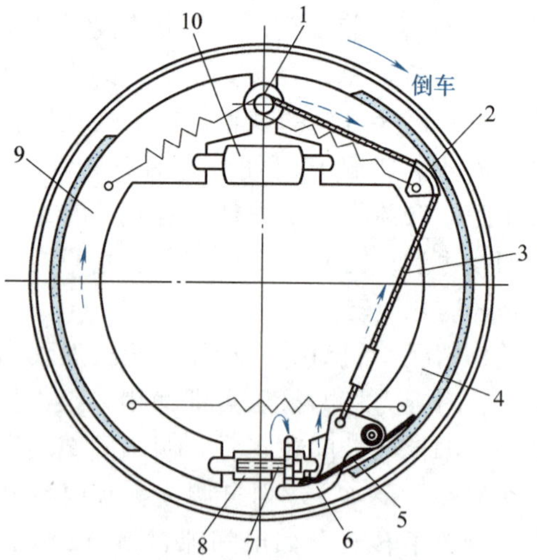

图 6-15 倒车制动的自调装置

1—支承销 2—拉索导向板 3—自调拉索 4—后制动蹄 5—自调拨板回位扭簧 6—自调拨板 7—带机轮的调整螺杆 8—推杆体 9—前制动蹄 10—轮缸

工作情况：倒车制动时，后蹄离开支承销，整个制动蹄以前蹄 9 的上端顶靠在支承销上，拉索 3 就拉动自调齿板的自由端向上摆动。当蹄鼓间隙正常时，拨板的摆动量不足以拨触棘轮，因而保持规定的间隙不变。当蹄鼓间隙超过规定值时，拨板与棘轮爪接触，拉索中的拉簧也被压缩(图中未示出)，为自调做好准备。

放松踏板后，后蹄在回位弹簧的作用下逆时针回位，拨板即将棘轮拨动一个齿距，推杆被加长，随即拉索放松，拨板又回到初始位置，正常间隙在新的推杆长度下恢复。

此类结构是多次性调准的方式，装配时蹄鼓间隙应略大于规定值(0.30~0.40mm)，以便几次倒车制动，即恢复正常间隙。

此外，还有在轮缸内装摩擦环的自调装置、在蹄上装摩擦弹簧的自调装置等，在此不做详述。应该说明，维护作业中应注意该车的制动器是属于何种自调方式，以便采用正确的手段来恢复正常间隙。

资讯二　盘式车轮制动器

盘式车轮制动器摩擦副中的旋转元件是以端面工作的金属圆盘，被称为制动盘。其固定元件则有各种结构形式，一般可分为两大类：一类是工作面积不大的摩擦块与其金属背板组成的制动块，每个制动器中为 2~4 个制动块。这些制动块及其促动装置都装在横跨制动盘两侧的夹钳形支架中，总称为制动钳。这种由制动盘和制动钳组成的制动器称为钳盘式制动器。另一类固定元件的金属背板和摩擦片也呈圆盘形，其制动盘的全部工作面可同时与摩擦片接触，故称为全盘式制动器。钳盘式制动器又可分为定钳盘式和浮钳盘式。浮钳盘式制动器具有热稳定性好、浸水后效能降低、制动盘沿厚度方向热膨胀量小不影响制动间隙、容易实现间隙自动调整、维护维修方便等优点，被越来越多的汽车所采用。

图 6-16 所示为桑塔纳轿车前轮浮钳盘式前轮制动器。

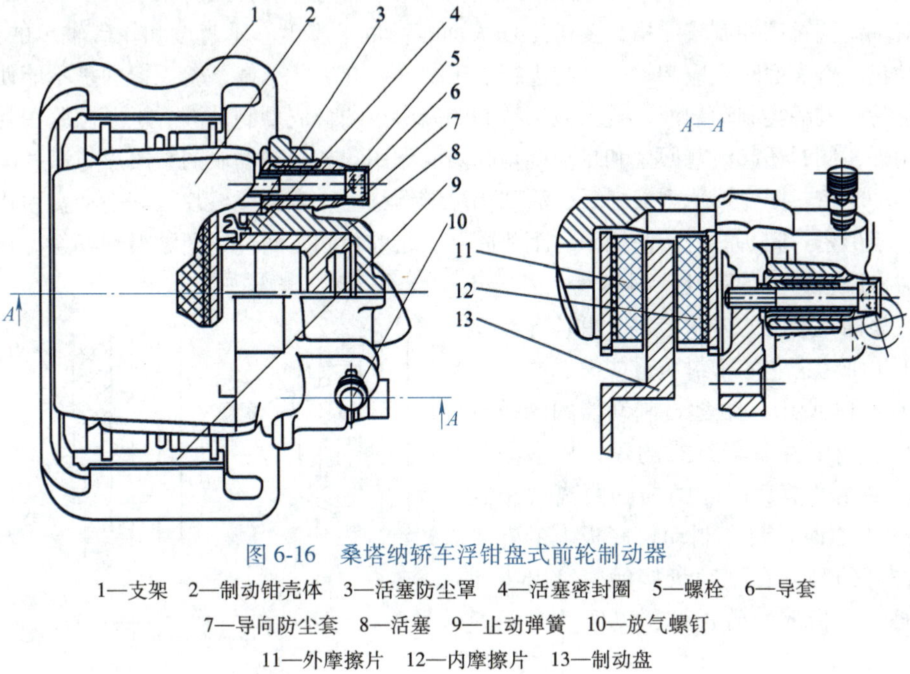

图 6-16　桑塔纳轿车浮钳盘式前轮制动器

1—支架　2—制动钳壳体　3—活塞防尘罩　4—活塞密封圈　5—螺栓　6—导套
7—导向防尘套　8—活塞　9—止动弹簧　10—放气螺钉
11—外摩擦片　12—内摩擦片　13—制动盘

制动钳壳体 2 用螺栓 5 与支架 1 相连，螺栓兼作导向销。支架固定在前悬架焊接总成的轴承座凸缘上。壳体可沿导向销与支架做轴向相对移动。内、外摩擦块 11 和 12 装在支架 1 上，用摩擦块止动弹簧卡住，使内、外摩擦块可以在支架上做轴向移动，不会上下窜动。制动盘 13 装在内、外摩擦块之间，并通过轮胎螺栓固定在前轮毂上。制动时，活塞 8 在制动液压力作用下推动内摩擦块压向制动盘内侧面上，制动钳上的反力则将摩擦块压向制动盘外侧面上。于是内、外摩擦块将制动盘夹住，实施制动。图 6-17 所示为其示意图。

此时，轮缸槽中的矩形橡胶密封圈的刃边在活塞摩擦力的作用下产生微量的弹性变形（见图 6-18a）。

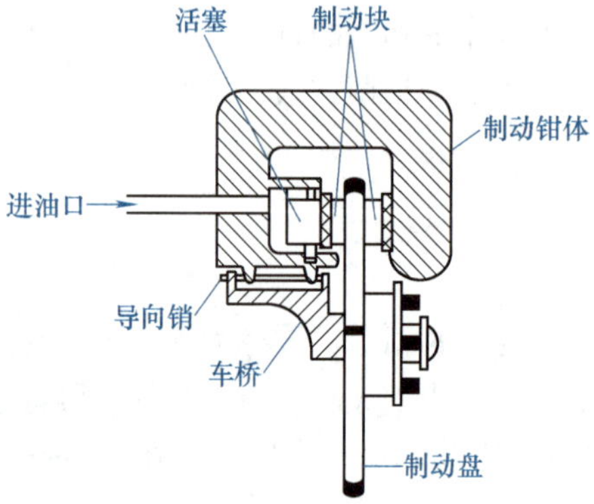

图 6-17　浮钳盘式制动器示意图

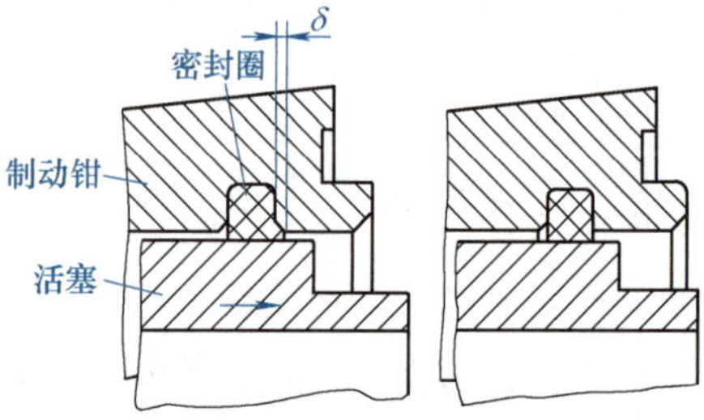

a)　　b)

图 6-18　桑塔纳轿车前轮盘式制动器的制动间隙的自动调整原理

a）制动状态　b）不制动状态

解除制动时，密封圈恢复原状，于是将活塞拉回原位（见图 6-18b）。由于矩形密封圈刃边的变形量很微小，在不制动时，摩擦片与盘之间的间隙每边只有 0.1mm 左右，它足以保证制动的解除。制动盘受热膨胀时，厚度方向只有微量的变化，不会发生“拖滞”现象。但是，制动盘对轴向圆跳动控制较严格，要求工作表面有高的平整度、垂直度和轮毂轴承的松紧度。修平制动盘工作表面时，应和轮毂一起进行加工，并一起进行平衡试验。特别是不能使用受热后易汽化膨胀的醇类制动油液，要求使用特制的高沸点的合成型制动液。矩形橡胶密封圈除起密封作用外，同时还起活塞回位和自动调整间隙的作用。如果制动块的摩擦片与盘的间隙磨损加大，制动时密封圈变形达到极限后，活塞仍可继续移动，直到摩擦片压紧制动盘为止。解除制动后，矩形密封圈所能将活塞拉回的距离同磨损之前相同，而过量间隙得到补偿。显然，这种结构对橡胶密封圈的弹性、耐热性、刃边几何精度及表面粗糙度的要求较高，并应定期更换，而不单纯考虑它的密封质量如何。

如图 6-19 所示，钳盘式制动器的摩擦片面积较小，使用寿命较鼓式的短，故多附报警装置。多在摩擦片厚度磨损到距离底板或铆钉 1mm 左右时，装在制动块底板上的警告片或警告灯的触点和制动盘接触，发出尖叫声或接通仪表板上的警告灯，以便及时更换摩擦片。

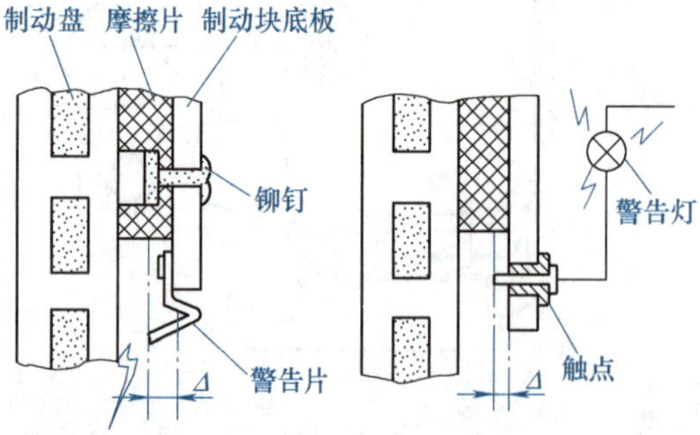

a)　　b)

图 6-19　钳盘式制动器上的报警装置

a）警告片式　b）警告灯式

单元训练一 鼓式车轮制动器的拆装与调整

一、训练内容

桑塔纳后轮轿车制动器的拆装。

二、训练目标

1）了解制动系统的组成、主要零部件的构造与原理。

2）掌握车轮制动器的拆装过程。

3）掌握车轮制动器间隙自调原理。

三、工具与设备

桑塔纳轿车一部，常用工、量具一套，千斤顶1个，制动液1瓶。

四、训练流程

桑塔纳轿车制动装置采用液压、串联式主缸，带真空助力器，液压系统为对角布置的X形双回路，后轮为鼓式制动器（见图6-20）。

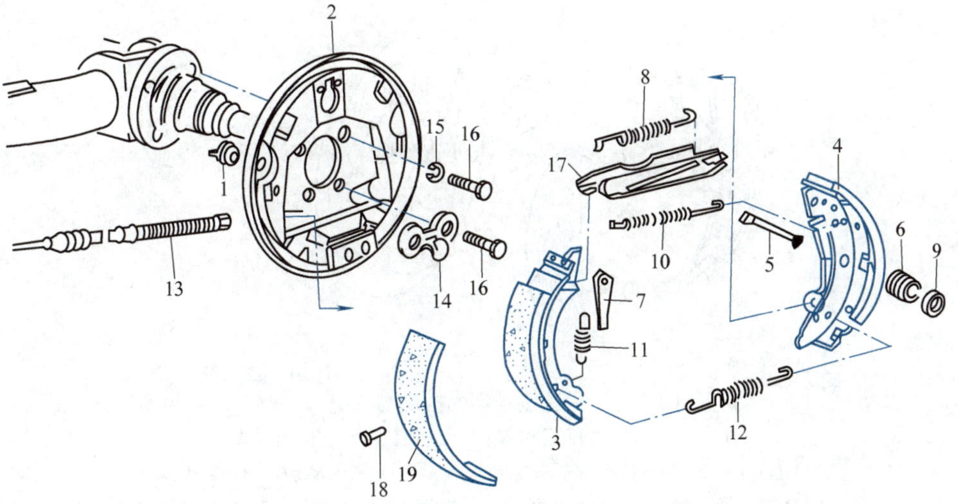

图6-20 鼓式制动器

1—观察孔橡胶塞 2—制动底板 3—后轮前制动蹄 4—后轮后制动蹄 5—制动蹄定位销 6—定位销弹簧 7—制动蹄调整楔形件 8—前制动蹄回位弹簧 9—定位销压簧垫圈 10—前制动蹄回位弹簧 11—楔形件回位弹簧 12—前制动蹄下回位弹簧 13—驻车制动拉索 14—制动拉索导引件 15—垫圈 16—螺栓 17—制动推杆 18—铆钉 19—制动摩擦片

1. 后轮制动器的分解

当需要更换摩擦片时，应按下述步骤进行拆卸与分解：

1）松开车轮紧固螺母，用千斤顶支起后轮，拆下车轮（也可与轮毂一起拆下）。

2）如图6-21所示，用专用工具撬下轮毂盖，取下开口销和开槽垫圈，旋下六角螺母，取出止动垫圈。

3）如图6-22所示，通过车轮螺栓孔向上拨动调整楔形块，使制动蹄摩擦片与制动鼓放松。

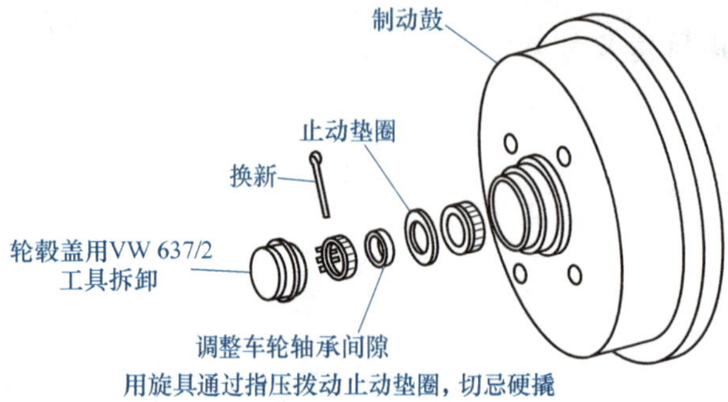

图 6-21 后轮制动器的拆卸与分解(一)

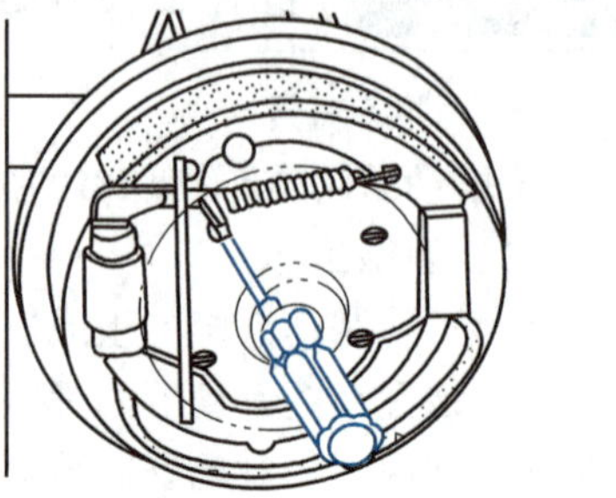

图 6-22 后轮制动器的拆卸与分解(二)

4）拉出制动鼓，用尖嘴钳拆下制动蹄保持弹簧及弹簧座圈。

5）借助旋具、撬杆或用手从下面的支架上提起制动蹄，取出下回位弹簧。

6）用钳子拆下制动杆上的驻车制动拉索。

7）用钳子取下楔形调整块弹簧和上回位弹簧。如图 6-23 所示，拆下制动蹄。

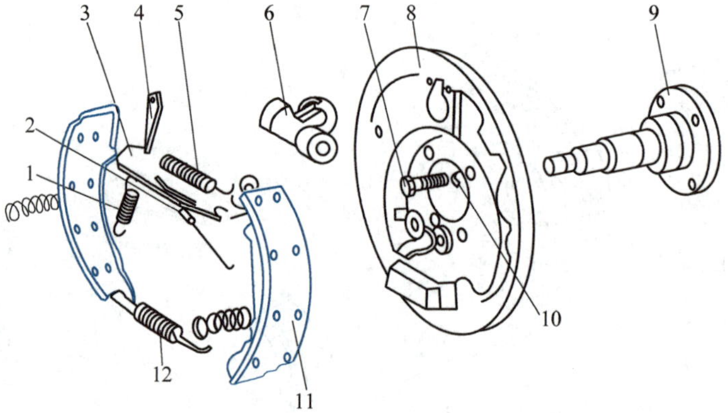

图 6-23 后轮制动器的拆卸与分解(三)

1—用于楔形件的回位弹簧 2—上回位弹簧 3—压力杆
4—楔形件 5—回位弹簧 6—车轮制动轮缸 7—底板固定螺栓 8—制动底板
9—车轮支承短销 10—弹簧垫圈 11—带摩擦片的制动蹄 12—下回位弹簧

8）将带推杆的制动蹄夹紧在台虎钳上，拆下定位弹簧，取下制动蹄。

9）如果有必要，则拆下制动轮缸并解体，如图 6-24 所示。

2. 后轮制动器的装配

装配顺序应按照拆卸的逆顺序进行。

（1）制动蹄的装配

1）先组装制动轮缸，组装时，应注意清洁，活塞和皮圈安装时应涂以制动轮缸润滑剂，皮碗不得有损坏及膨胀现象。装配时，应在后制动轮缸体内表面、密封圈涂上制动液，将组装好的后制动轮缸装到

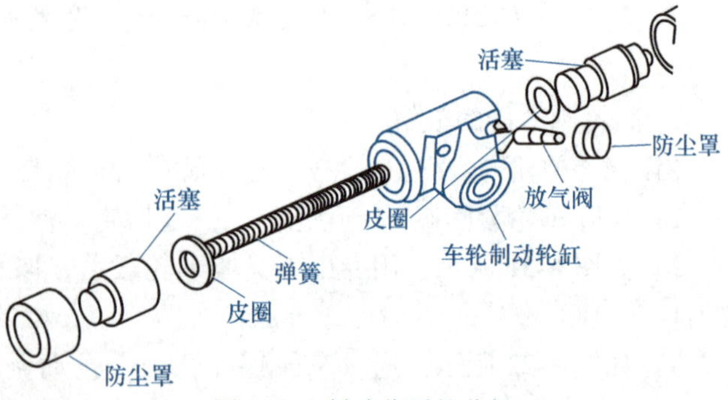

图 6-24 制动分泵的分解

后制动底板上，旋上螺栓 3，力矩为 20N·m。

2）装配后应检查其密封性，并将制动轮缸按照规定力矩紧固于制动底板上。

3）装上回位弹簧，并将制动蹄与推杆连接好。

4）将另一带有传动臂的制动蹄装到推杆上。

5）装入回位弹簧，将驻车制动拉索在传动臂上装好。

6）装上楔形调整块，凸出一边朝向制动底板。

7）将制动蹄装入到制动底板上，靠住制动轮缸。装入下回位弹簧，提起制动蹄，装到下面的支架中。

8）装楔形件的拉力弹簧，制动蹄压紧弹簧和座圈。

（2）制动鼓的装配

1）使制动蹄回位。

2）装入制动鼓以及后轮轴承和螺母。

3）用力踩制动踏板若干次，使制动蹄能正确就位。制动间隙为 0.2~0.3mm。

单元训练二　盘式车轮制动器的拆装与调整

一、训练内容

1）桑塔纳轿车前轮制动器的拆装。

2）制动盘厚度的检查。

3）制动盘轴向圆跳动的检查及制动衬片厚度的检查。

二、训练目标

1）掌握制动系统的组成、主要零部件的构造与原理。

2）掌握车轮制动器的拆装过程。

3）掌握车轮制动器间隙自调原理。

三、工具与设备

桑塔纳轿车一部，常用工、量具一套，千斤顶 1 个，制动液 1 瓶。

四、训练流程

桑塔纳轿车前轮为浮钳盘式制动器（见图 6-25）。

1. 前轮制动器的分解

当需要更换摩擦片或制动盘时，应按照下述步骤进行拆卸与分解。

1）拆下前轮，支起车桥，再拆卸上、下定位弹簧。

2）用内六角扳手拧松并拆卸制动钳上、下固定螺栓。

3）取下制动钳壳体。

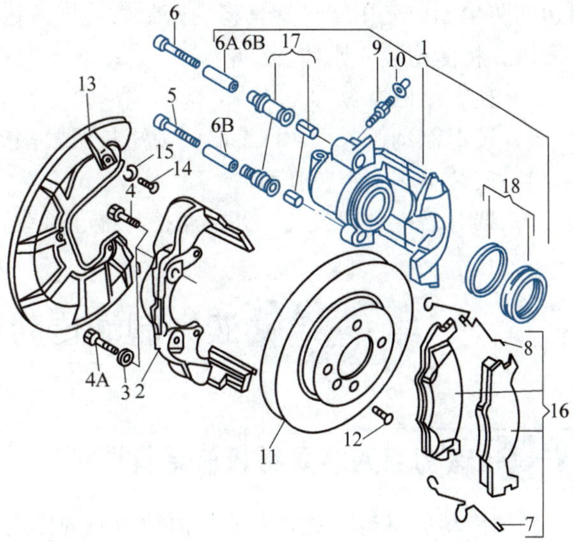

图 6-25　浮钳盘式制动器

1—制动钳总成　2—制动钳支架　3—垫圈　4、4A、5、6—螺栓　6A、6B—导向销　7、8—减振弹簧　9—放气螺钉　10—防尘罩　11—制动盘　12—制动盘固定螺钉　13—防溅盘　14—防溅盘固定螺栓　15—弹簧垫圈　16—制动蹄　17—导向销塑料套　18—活塞密封圈和防尘罩

4）从支架上拆下制动摩擦片。

5）把制动钳活塞压回到制动钳壳体内。在压回活塞之前，应先从制动液储液罐抽出一部分制动液，以免活塞压回时引起制动液外溢，损坏油漆。制动液具有毒性和较强的腐蚀性，因此，排放时必须用专门的塑料瓶或其他容器存放。

6）当需要检修活塞时还必须继续分解。即从放气螺钉处用压缩空气把活塞从轮缸中压出，同时用旋具小心地从轮缸中取出密封圈。

2. 前轮制动器的检查

（1）制动盘厚度的检查　制动盘使用磨损会使其厚度减小，厚度过小会引起制动踏板振动、制动噪声及颤动。

检查制动盘厚度时，可用外径千分尺直接测量，桑塔纳轿车前制动盘标准厚度为10mm，使用极限为8mm，超过极限尺寸时应予以更换。

（2）制动盘轴向圆跳动的检查　制动盘过度的轴向圆跳动使制动踏板抖动或使制动衬片磨损不均匀。

可用百分表检查制动盘的轴向圆跳动，轴向圆跳动应不大于0.06mm。不符合要求可进行机加工修复(加工后的厚度不得小于8mm)或更换。

（3）制动衬片厚度的检查　若制动衬片已拆下，可直接用游标卡尺测量。制动衬片摩擦片的厚度为14mm(不包括底板)，使用极限为7mm。若车轮并未拆下，对外侧的摩擦片，可通过轮辐上的检视孔，用手电筒目测检查内侧摩擦片，利用反光镜进行目测。

3. 前轮制动器的装配

1）装配应按照分解与拆卸的逆顺序进行。安装密封圈和防尘套时，应注意：带外密封唇边的防尘套应先用螺钉旋具将内密封唇边嵌入钳体的槽口内，然后用专用工具将活塞压入缸套内，将活塞装入钳体。

2）换上新的摩擦片。

3）装上制动钳，用40N·m的力矩拧紧紧固螺栓。

4）安装上、下定位弹簧。

5）装好后应进行放气，并使摩擦片能正确就位。

单元三 液力制动传动机构的构造与维修

资讯一 液力制动传动机构的结构形式

制动传动装置是将驾驶人或其他动力源的作用力传到制动器，同时控制制动器工作，从而获得所需要的制动力矩。制动传动装置按照传力介质的不同可分为液压式、气压式和气-液综合式。

目前，轿车的行车制动系统都采用了液压传动装置，主要由制动主缸、液压管路、后轮鼓式制动器中的制动轮缸和前轮钳盘式制动器中的液压缸等组成。主缸与轮缸间的连接油管除用金属管(铜管)外，还采用特制的橡胶制动软管。各液压元件之间及各段油管之间还有各种管接头。制动前，液压系统中充满制动液。

液压式制动传动机构是利用制动液作为传力介质，将驾驶人施于踏板上的力放大后传到制动器，产生制动作用，它结构简单、制动滞后时间短、没有摩擦件的影响、制动稳定性好，能适应多种制动器，故多在中小型汽车上广泛使用。

现代汽车行车制动系统采用的双管路制动传动装置利用彼此独立的双腔制动主缸，通过两套独立管路，分别控制两桥或三桥的车轮制动器。其特点是若其中一套管路发生故障而失效时，另一套管路仍能继续起制动作用，从而提高了汽车制动的可靠性和行车安全性。

双回路的布置应力求当一套管路发生故障时只引起制动效能的降低，但其前、后桥制动力分配比值不变，以确保汽车行驶的操纵性和稳定性。双回路的布置方案在各型车上使用各不相同，可分为如图 6-26 所示的五种。

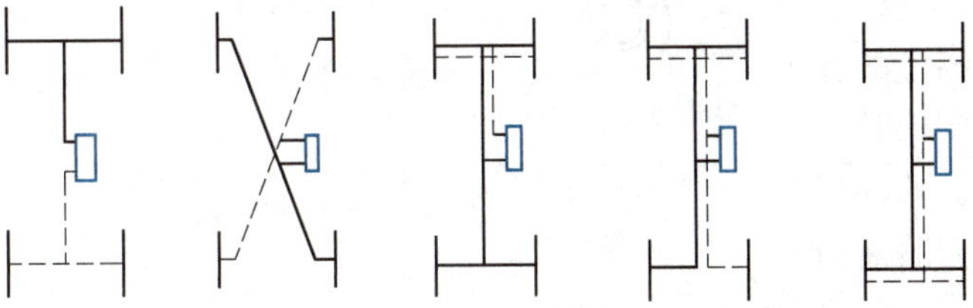

图 6-26　双回路液力制动传动装置布置形式

a）一轴对一轴（Ⅱ）型　b）交叉（X）型　c）一轴半对半轴（HI）型

d）半轴一轮对半轴一轮（LL）型　e）双半轴对双半轴（HH）型

如图 6-27 所示，属于一轴对一轴Ⅱ形布置，由制动踏板、储液室、串联式双腔制动主缸、轮缸及油管和接头等组成。由于车轮是通过弹性悬架与车架连接的，主缸与轮缸的相对位置经常变化，故主缸与轮缸连接油管除用钢管外，部分有相对运动的区段还用高强度的橡胶软管连接。制动前，整个系统充满了制动油液。另外，串联式双腔制动主缸利用一个缸体，装入两个活塞，形成两个彼此独立的工作腔，分别和各自的管路连接，两前轮与串联式主缸的一腔连接，两后轮与串联式主缸的另一腔相接。

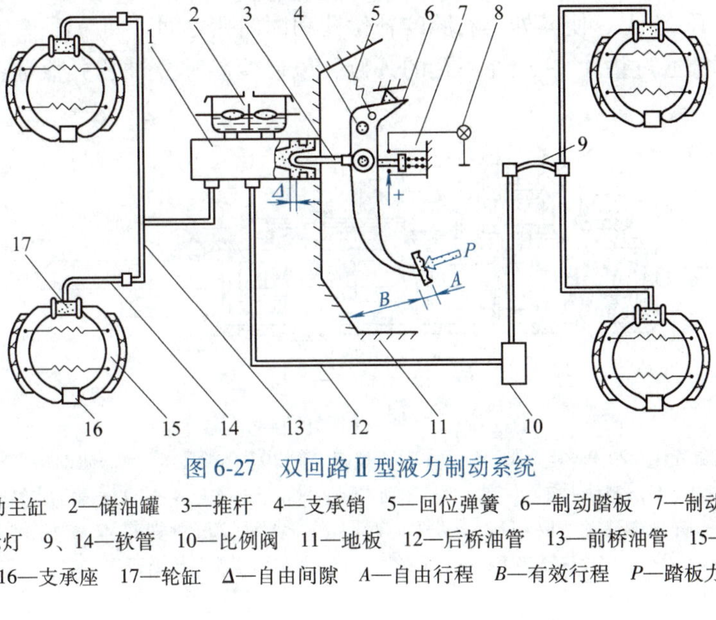

图 6-27　双回路Ⅱ型液力制动系统

1—制动主缸　2—储油罐　3—推杆　4—支承销　5—回位弹簧　6—制动踏板　7—制动灯开关
8—指示灯　9、14—软管　10—比例阀　11—地板　12—后桥油管　13—前桥油管　15—制动蹄
16—支承座　17—轮缸　Δ—自由间隙　A—自由行程　B—有效行程　P—踏板力

制动踏板与推杆铰接，推杆与主缸活塞间应有一定的间隙(1mm~2mm)，以保证主缸活塞彻底回位。为保持和调整这一间隙，推杆长度可用螺纹调节或将其连接销制成偏心销。间隙反映到踏板上有一小段自由行程，即制动踏板自由行程。

轮缸活塞直径大于主缸活塞直径，并与前、后轮上的实际载荷分配成比例。这样，作用在前、后桥制动蹄上的促动力，应是踏板力和制动踏板的杠杆比及活塞直径比的乘积。

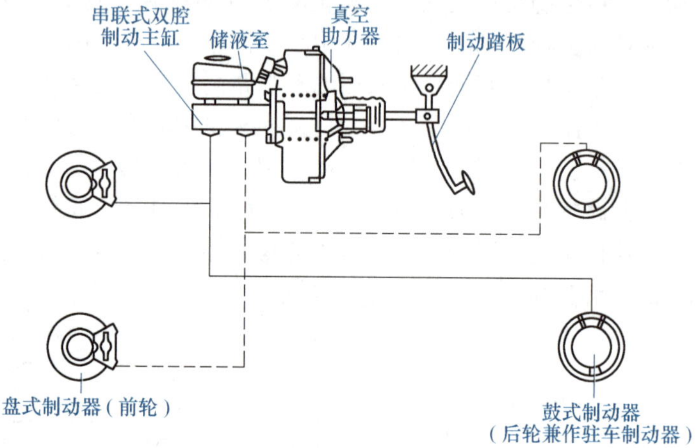

图 6-28 桑塔纳轿车双回路液力制动传动机构

桑塔纳轿车双回路液力制动传动机构如图 6-28 所示，属于交叉 X 形布置形式，此种方案广泛应用在单轮缸轿车上。但存在一套管路失效制动跑偏问题，故多采用加大主销内倾角，以保持制动时方向的稳定性。

资讯二 制动主缸的结构与工作原理

图 6-29 所示为桑塔纳、捷达、奥迪等轿车采用的串列双腔等径制动主缸。缸体 1 呈筒形，内有两个活塞 13 和 21。第二活塞位于缸筒 1 的中间位置，将主缸分成前后两个工作腔。两个工作腔内产生的液压经各自的管路分别传至前、后制动器。每个工作腔分别通过补偿孔 2、9 和回油口 4、10 与储液室相通。第二活塞两端都承受弹簧力，当主缸不工作时，第二活塞处在中间位置，使两缸的补偿孔和回油孔都与缸内相通。第一活塞在弹簧 17 的作用下压靠在限位环 11 上，使其处于右腔的补偿孔和回油孔之间。两个活塞上都有轴向小孔，皮碗 3、16 的端部通过垫片 19 压在小孔的一侧，以便两腔建立油压并保证密封。当踩下制

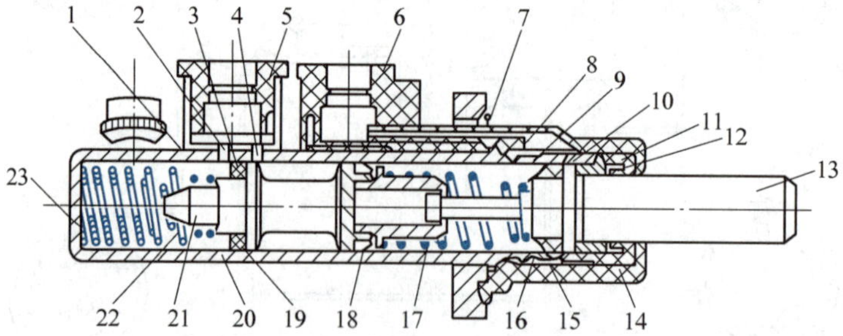

图 6-29 串列双腔等径制动主缸

1—制动主缸壳体 2、9—补偿孔 3、16、18—皮碗 4、10—回油孔 5、6—进油孔 7—密封环 8—密封圈 11—制动主缸限位环 12—制动主缸油封 13—第一活塞 14—制动主缸密封套 15—单向弹簧卡片 17—第一活塞复位弹簧 19—垫片 20—弹簧座 21—第二活塞 22—第二活塞主复位弹簧 23—第二活塞副复位弹簧

动踏板时，真空助力器推动第一活塞左移，直到皮碗 16 盖住补偿孔 9 后，右工作腔中液压升高，油液一方面通过腔内的出油口进入右前和左后制动管路，另一方面又推动第二活塞左移。在右腔液压和弹簧 17 的作用下，第二活塞向左移动，左腔压力也随之提高，油液通过腔内的出油口进入右后和左前制动管路。当继续踩下制动踏板时，左、右腔的液压力继续升高，使前、后管路制动器制动。解除制动时，活塞在弹簧作用下复位，油液自制动管路流回制动主缸，活塞复位过快，工作腔容积迅速增大，油压迅速降低，制动管路中的油液由于管路阻力的影响，来不及充分流回工作腔，使工作腔中形成一定的真空度，于是储液室中的油液便经进油口和活塞上的轴向小孔推开垫片及皮碗进入工作腔(某些车形中,油液通过皮碗的唇边进入工作腔)。当活塞完全复位时，补偿孔开放，制动管路中流回工作腔的多余油液经补偿孔流回储液室。若与左腔连接的制动管路损坏漏油，则在踩下制动踏板时只有右腔中能建立液压，左腔中无压力。此时，在压差作用下，第二活塞迅速移到其前端顶到主缸缸体上。此后，右工作腔中的液压方能升高到制动所需的压力值。若与右腔连接的制动管路损坏漏油，则在踩下制动踏板时，先是第一活塞前移，而不能推动第二活塞，因而右工作腔中不能建立液压。但在第一活塞直接顶触第二活塞时，第二活塞便前移，使左工作腔中的液压方能升高到制动所需的压力值。可见，双回路液压制动系统中任一回路失效时，制动主缸仍能工作，只是所需踏板行程加大，将导致汽车的制动距离增加，制动效能下降。

资讯三　制动轮缸的结构与工作原理

制动轮缸的作用是把油液压力能转变为轮缸活塞的推力，推动制动蹄压靠在制动鼓上，产生制动力矩。制动轮缸有双活塞式和单活塞式两类。图 6-30 所示为双活塞式制动轮缸，上海桑塔纳、捷达形轿车和奥迪 100 型轿车的后制动器轮缸均为双活塞式制动轮缸。缸体 1 用螺栓固定在制动底板上。缸内装有两个活塞 2。二者之间的内腔由两个皮碗 3 密封。制动时，制动液自油管接头和进油孔 7 进入，活塞在液压作用下外移，通过顶块 5 推动制动蹄。弹簧 4 保证皮碗、活塞和制动蹄的紧密接触，并保持两活塞之间的进油间隙。防护罩 6 除防尘外，还可防止水分进入，以免活塞和轮缸生锈而卡住。

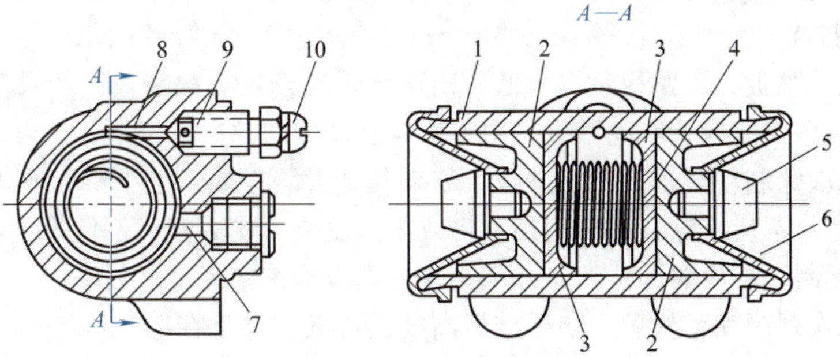

图 6-30　双活塞式制动轮缸

1—缸体　2—活塞　3—皮碗　4—弹簧　5—顶块　6—防护罩

7—进油孔　8—放气孔　9—放气阀　10—放气阀防护螺钉

北京 BJ2020N 型汽车双领蹄式前轮制动器配用的制动轮缸为单活塞式(见图 6-31)。为缩小轴向尺寸，液腔密封件不用抵靠活塞端面的皮碗，而采用装在活塞导向面上切槽内的皮圈，进油间隙借活塞端面的凸台保持。

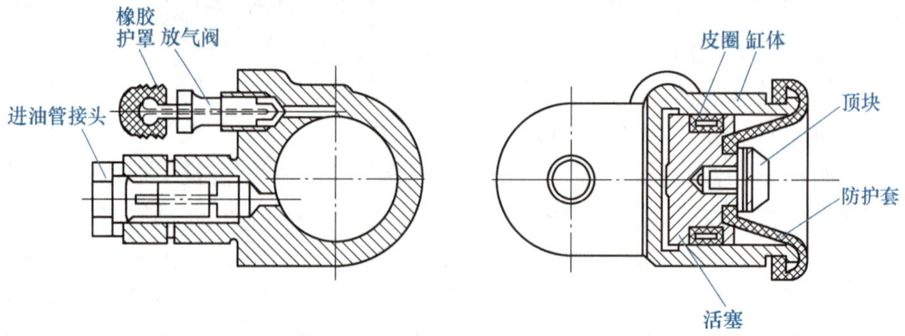

图 6-31 单活塞式制动轮缸

放气阀的中部有螺纹，尾部有密封锥面，平时应旋紧压靠在阀座上。与密封锥面相连的圆柱面两侧有径向孔，与阀中心的轴向孔道相通。需要放气时，先取下橡胶护罩，再连踩几下制动踏板，对缸内空气加压，然后踩住踏板，将放气阀旋松少许，排出空气。空气排净后再将放气阀旋紧。

资讯四 液压制动系统常见故障分析

汽车液压制动系统的常见故障有制动不灵、制动失效、制动跑偏和制动拖滞等。

一、制动不灵

1. 故障现象

汽车制动时，驾驶人感到减速度不足；汽车紧急制动时，制动距离太长。

2. 故障原因

制动主缸、轮缸、管路或管接头漏油；储液罐存油不足或无油；制动液变质或管路堵塞；制动系统内有空气；主缸、轮缸皮碗、活塞或缸筒磨损过度；主缸进油孔、补偿孔或储液罐通气孔堵塞；增压器或助力器效能不佳或失效；制动踏板自由行程太大；制动蹄摩擦片与制动鼓(盘)贴合面不佳或制动间隙调整不当；制动蹄摩擦片表面硬化、烧焦、油污及铆钉头露出；制动鼓磨损过甚或制动时变形。

3. 诊断与排除

1）踩下制动踏板，若踏板位置太低，则连续两次或几次踩踏板；如果其高度随之增高且制功效能好转，则应检查制动踏板自由行程及制动器间隙。

2）连续几次踩制动后松开制动踏板，如果其高度缓慢或迅速下降，则说明制动管路某处破裂、接头密封不良、轮缸皮碗密封不良或主缸皮碗、皮圈密封不良等，可首先踩下制动踏板，观察有无制动液渗漏部位。若外部正常，则应检查修理主缸故障。

3）连续几次踩制动踏板后，如果踏板高度仍过低，并且在第一次制动踏板后，感到主缸活塞未回位，踩下制动踏板有主缸推杆与活塞碰击响声，则说明主缸皮碗破裂或回位弹簧太软。

4）连续几次制动后踏板高度稍有增高，并有回弹感，说明制动管路中有空气。

5）连续几次制动后制动踏板均被踩到底，并感到踏板毫无反力，说明主缸储液室内制动液严重亏缺。

6）连续几次制动后踏板高度低而软，说明主缸进油孔或储液罐螺塞通气孔堵塞。

7）一次或几次踩制动踏板，踏板高度适当，但太硬且制动效能不良。应检查真空助力器的工作性能，其次检查油管是否有老化、凹瘪以及制动液是否太黏，最后检查制动鼓与摩擦片表面状况。

二、制动失效

1. 故障现象

踩下制动踏板，车辆不减速，即使连续几次踩制动踏板，也无明显减速作用。

2. 故障原因

主缸储液罐内无制动液；主缸皮碗严重破裂或制动系统严重泄漏；制动软管或金属管断裂；制动踏板至主缸的机械连接脱开。

3. 诊断与排除

1）检查主缸储液罐内制动液是否充足，若不足，则应查明泄漏之处，修复后重新加足制动液。

2）检查主缸推杆防尘套处有无制动液泄漏，如果有，则说明主缸皮碗踩翻或严重损坏，应修复或更换。

3）检查车轮制动鼓边缘有无泄漏制动液，如果有，则说明轮缸皮碗压翻或严重破损，应修复或更换。

4）上述检查均正常，应检查各机械连接部位有无脱开，如果有，则应修复。

三、制动跑偏

1. 故障现象

汽车制动时，车辆行驶方向发生偏斜。

2. 故障原因

左、右车轮制动蹄摩擦片的材料不同或新旧程度不同；左、右车轮制动蹄摩擦片与制动鼓(盘)的接触面积、位置不同或制动器间隙不等；左、右车轮轮缸的技术状况不同，造成起作用时间或张开力大小不等；左、右车轮制动蹄回位弹簧的弹力不同；左、右车轮轮胎的气压、直径、花纹或花纹深度不同；左、右车轮制动鼓的厚度、直径、工作中的变形程度和工作面的粗糙度不同；单边制动管凹瘪、阻塞或漏油；单边制动管路或轮缸内有气阻；单边制动蹄与支承销配合过紧或锈蚀；车架车桥在水平平面内弯曲，车架两边的轴距不等或前钢板弹簧刚度不等。

3. 诊断与排除

1）汽车行驶中使用制动，汽车向左偏斜，说明右轮制动性能差；反之，说明左轮制动性能差。制动停车后，查看轮胎在路面上的拖印，拖印短或没有拖印的车轮即有故障的车轮。

2）检查有故障车轮的制动管路是否漏油、轮胎气压是否充足，若正常，则检查制动蹄与制动鼓的间隙是否符合规定，否则予以调整。如果仍无效，可检查轮缸内是否渗入空气，若无渗入空气，则应拆下制动鼓，按原因逐一检查各部件，特别是制动鼓的尺寸和精度等。

3）如果各车轮制动拖印基本符合要求但制动仍跑偏，则说明故障不在制动系统，应检查车架和前轴的技术状况。如果出现忽左忽右的跑偏现象，则应检查前轮前束或直、横拉杆球头销是否磨损松旷。

四、制动拖滞

1. 故障现象

抬起制动踏板后，全部或个别车轮的制动作用不能立即完全解除，以致影响了车辆重新起步、加速行驶或滑行。汽车行驶阻力增大，制动鼓发热。

2. 故障原因

制动踏板无自由行程；制动踏板与其轴的配合缺油、锈污或踏板回位弹簧脱落、拉断及弹力太小等；主缸活塞回位弹簧折断或预紧力太小；皮碗的长度太大或皮碗发胀、发黏；补偿孔被污物堵塞；轮缸皮碗发胀、发黏或活塞犯卡；制动蹄回位弹簧脱落、折断或弹力下降；制动蹄与支承销锈污；制动蹄与制动鼓(盘)间隙调整不当，制动放松后仍局部摩擦；通往各轮缸的油管凹瘪或堵塞，导致回油不畅；不制动时，增压器辅助缸活塞中心孔打不开；轮毂轴承松旷。

3. 诊断与排除

1）行车中出现拖滞，如果所有车轮的制动鼓均过热，则表明主缸有故障；如果某个车轮的制动鼓过热，则说明该轮制动器工作不良。

2）维修作业后出现制动拖滞，可将汽车举升，变速器置于空档并放松驻车制动杆，然后转动各车轮，再踩下制动踏板，如果抬起制功踏板后各车轮均难以立即扳转，则说明故障在主缸；如果抬起制动踏板后个别车轮不能立即转动，则说明该轮制动器有故障。

3）如果制动主缸有故障，应先检查踏板自由行程。若自由行程正常，可拆下主缸储液盖，踩踏制动踏板，观察回油情况。如果不回油，则为回油孔堵塞；如果回油缓慢，可检查制动液是否太脏、黏度是否太大，如果制动液清澈，则应拆检主缸。

4）如果个别车轮制动器有故障，可将该车轮架起，拧松其轮缸放气螺钉，若制动液随之急速喷出且车轮即刻旋转自如，则说明该轮制动管路堵塞，轮缸未能回油。如果旋转车轮仍拖滞，可检查制动器间隙。如果上述均正常，则检修轮缸。

总之，汽车质量再好，技术再先进，在使用过程中总是要发生故障，即汽车零部件总要磨损。这样就需要对汽车进行必要的跟踪观察，看其在使用中所受的变化因素和变化规律，尤其是汽车零部件的使用情况和磨损情况，从而及时发现故障而进行预防性的维修，以把汽车故障消灭在萌芽状态，提高汽车的使用性能和安全性能。

单元训练一 制动液的更换与排气

一、训练内容

制动液的使用与更换、液压系统的排气。

二、训练目标

1）了解制动液的类型。

2）掌握制动液的更换频率及使用注意事项。

3）掌握制动液的更换方法。

三、工具与设备

带液压制动系统汽车1部，常用工、量具1套，制动液1瓶。

四、训练流程

1. 制动液识别

制动液又称为制动油，是制动系统可靠工作不可缺少的部分，在选购时要选择正规的厂家及合适的型号。

制动液有如下三种类型：

蓖麻油-醇型：由精制的蓖麻油45%~55%和低碳醇(乙醇或丁醇)55%~45%调配而成。

合成型：用醚、醇、酯等掺入润滑、抗氧化、防锈、抗橡胶溶胀等添加剂制成。

矿油型：用精制的轻柴油馏分加入稠化剂和其他添加剂制成。

2. 制动液的更换频率

一般每两年更换一次制动液，具体情况依据厂家要求。

3. 制动液的使用注意事项

使用制动液时，要注意以下几点：

1）不同类型和不同品牌的制动液不要混合使用。由于配方不同，混合制动液会造成制动性能指标下降。

2）制动液吸入水分或有杂质时，应及时更换，否则会造成制动压力不足，影响制动效果。

3）车辆正常行驶4万km或制动液连续使用超过2年，很容易变质，应及时更换。

4. 制动液的更换与排气

制动液的更换可利用专用的制动液更换设备完成，且不必排气。

利用制动主缸压缩的方式进行制动液排放，则需要进行制动系统排气，有真空增压器的液压系统排气时，应先对主缸进行排气，然后按先远后近的顺序依次进行各分管路排气。具体流程如下：

1）将储液罐中制动液加至最高液面指示处。

2）举升车辆，将一根透明软管的一端与制动轮缸放气螺钉连接，另一端置于透明容器内的制动液液面以下。

3）一人踩下制动踏板数次并保持在踏板处于踩下位置时，另一人将轮缸上的放气螺钉旋松，放出混有气泡的制动液后将放气螺钉旋紧。排气时，应注意：放气螺钉未拧紧，切勿放松制动踏板，以免空气回入制动系统，同时注意向储液罐内补充制动液。

4）反复进行上述操作，直到从轮缸流出的液体不再含有气泡为止。按照顺序依次完成各制动管路的排气。

5）最后装上放气螺钉的防尘帽，将制动液添加至规定位置。

单元训练二　液压制动系统的检修与调整

一、训练内容

1）液压制动系统各装置的检修。

2）液压制动踏板自由行程的检查与调整。

二、训练目标

1）掌握液压制动系统各装置的检修方法。

2）掌握液压制动踏板自由行程的检查与调整方法。

三、工具与设备

带液压制动系统汽车1辆，常用工、量具1套，制动液1瓶。

四、训练流程

1. 液压制动系统各装置的检修

（1）制动主缸　制动主缸在拆装检修时，其零件必须全部用酒精清洗干净，忌用汽油和煤油，无酒精时可采用矿物质制动液进行清洗。检修时，应注意以下几点：

1）活塞与缸筒配合间隙过大(超过0.15mm)时，更换主缸总成。

2）星形阀片松脱、损坏后，当踩下制动踏板时，主缸内腔的油压很高，使主缸橡胶皮碗在高压下被挤入活塞上的回油孔内，从而导致主缸回油不畅，使制动产生拖滞现象。因此，一旦发现星形阀片松脱、损坏，必须及时更换、重铆。

3）皮碗、皮圈发生损坏或产生膨胀，应予以更换。一般情况下，使用一年后，即应更换所有的橡胶件。

4）活塞回位弹簧必须满足规定要求，不得过硬或过软，一旦发生折断，必须及时更换。

5）主缸补偿孔和加油盖通气孔必须保持畅通。

（2）制动轮缸　制动轮缸的活塞、缸筒、皮碗及皮圈的检验要求和主缸相同。当防护套产生老化、裂纹密封不良时，极易导致活塞、缸壁的磨损和缸筒的锈蚀，发现上述情况应立即更换。

轮缸放气螺钉螺纹如果有损坏，则应更换；当轮缸壳体螺纹孔内螺纹损坏时，则应及时修补或更换轮缸总成。

2. 液压制动踏板自由行程的检查与调整

1）制动踏板自由行程的检查。可用手轻轻下压踏板，手感变重时，用金属直尺测出踏板下移的量，即踏板自由行程，过大或过小均应调整。检测踏板自由行程的同时，还应检查踏板的下踏余量。踏板余量减小，说明制动间隙过大、盘式制动器自动补偿调整不良、制动管路进气、制动液量不足等。这些均会导致制动作用滞后、制动减弱或制动失效。

2）制动踏板自由行程的调整。一是调节制动主缸推杆长度，将推杆长度缩短，自由行程增加，反之则自由行程减小；二是调节推杆与踏板连接的偏心销，转动偏心销使推杆向踏板方向移动，自由行程增大，使推杆向主缸方向移，则自由行程减小。

单元四　气压制动传动机构的构造与维修

资讯一　气压制动传动机构的基本组成及工作原理

以发动机的动力驱动空气压缩机作为制动器制动的唯一能源，而驾驶人的体力仅作为控制能源的制动系统，称为气压制动系统。其特点是：制动操纵省力、制动力大、踏板行程小；需消耗发动机的动力；制动粗暴，而且结构比较复杂。一般装载质量在8000kg以上的载货汽车和大客车都使用这种制动装置。

一、气压制动传动机构的基本组成

图6-32所示为解放CA1092型汽车的双回路气压制动系统示意图。由发动机驱动的双缸活塞式空气压缩机(以下简称空压机)1将压缩空气经单向阀3输入湿储气筒5。再分别经两个单向阀8进入储气筒的前、后腔。储气筒前腔与双腔式制动控制阀16上腔串连，可以向

后制动气室充气。储气筒后腔与制动控制阀16下腔相连，可以向前制动气室充气。此外，储气筒两腔的气压都经三通管分别通向双指针空气压力表中的两个传感器腔，使两个指针分别指示储气筒两腔的气压。而且，储气筒前腔还通过气管与调压器20相连。

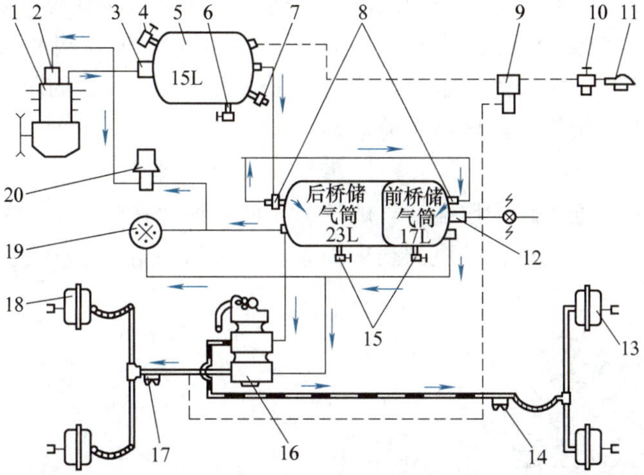

图6-32 解放CA1092型汽车的双回路气压制动系统示意图

1—空气压缩机 2—卸荷阀 3、8—单向阀 4—取气阀 5—湿储气筒 6、15—油水放出阀 7—安全阀 9—挂车制动控制阀 10—分离开关 11—连接头 12—气压过低报警开关 13—后轮制动气室 14、17—制动灯开关 16—制动控制阀 18—前轮制动气室 19—双指针空气压力表 20—调压器

二、气压制动传动机构的工作原理

驾驶人通过踏板机构操纵制动控制阀16。当踩下制动踏板时，拉杆带动制动控制阀拉臂下端左移，而上端以销轴为支点往下压，使制动控制阀上、下两腔的进气口分别与本腔的出气口相通，使储气筒前、后腔的压缩空气得以分别通过制动控制阀的上、下两腔进入后制动气室和前制动气室，从而促动制动器进入工作。当放松制动踏板时，制动控制阀16使制动气室通大气以解除制动。制动气室内建立的气压越高，则制动器所产生的制动力矩越大。故为了保证行车制动的渐进性，制动控制阀应具有随动作用，即保证制动气室压力与踏板行程成一定的递增函数关系统。

该制动传动装置的特点是：主储气筒的前、后两腔和制动控制阀的上、下两腔及前、后桥制动管路都彼此独立；储气筒内的气压低于0.45MPa时，低压报警开关触点闭合，接通电路，警告灯亮，同时蜂鸣器发出声响，应立即停车排除故障；当调压器发生故障时，气压升高到0.85~0.9MPa时，安全阀自动放气，保证了储气筒管路安全；湿储气筒能较好地进行油、水分离；两储气筒都有油水放出阀，可以防止管路系统的锈蚀、结冰、发卡和堵塞等故障；有取气阀门，可使压缩空气输出，用来进行轮胎充气等工作；制动时最大工作气压等于气筒气压(储气筒最大气压为0.8MPa)，制动效果好。

资讯二 气压制动传动装置主要总成的构造和工作原理

一、空气压缩机

空气压缩机多为空气冷却往复活塞式，由发动机通过传动带或齿轮来驱动。按其缸数可分为单缸和双缸两种。

东风 EQ1090E 型汽车单缸空气压缩机的结构如图 6-33 所示。空气压缩机固定于发动机前端的一侧支架上，由曲轴带轮通过 V 带驱动。它具有与发动机类似的曲柄连杆机构。气缸盖上的进、排气室都装有一个方向相反的弹簧压紧于阀座的片状阀，排气阀 3 经排气管接头与储气筒相通，进气阀 9 经进气道与空气滤清器 13 相通。进气阀 9 的上方装有卸荷装置（卸荷室和卸荷阀 7），当储气筒气压达到规定气压值后，由调压器的压缩空气进入卸荷室使卸荷阀下移，压开进气阀使空气压缩卸荷空转。

二、调压器

调压器用来调节供气管路中压缩空气的压力，使之保持在规定的压力范围内，同时，使空气压缩机能卸荷空转，减小发动机的功率损失。图 6-34 所示为膜片式调压器。

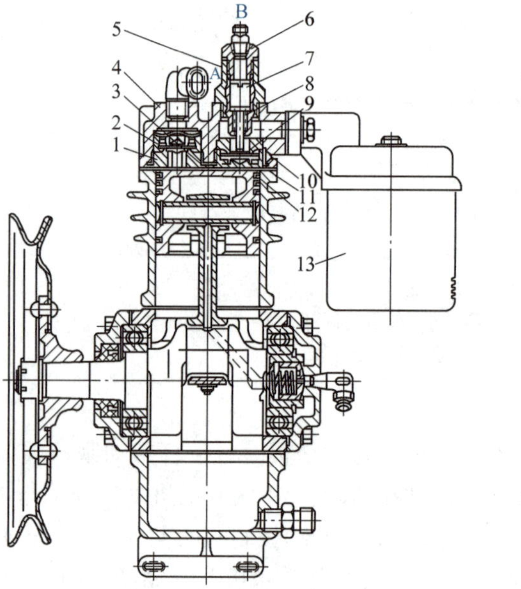

图 6-33 东风 EQ1090E 型汽车单缸空气压缩机的结构

A—排气口 B—调压阀控制压力输入口

1—出气阀座 2—出气阀门导向座 3—出气阀门 4—气缸盖 5—卸荷装置壳体 6—定位塞 7—卸荷柱塞 8—柱塞弹簧 9—进气阀门 10—进气阀座 11—进气阀弹簧 12—进气阀门导向座 13—进气滤清器

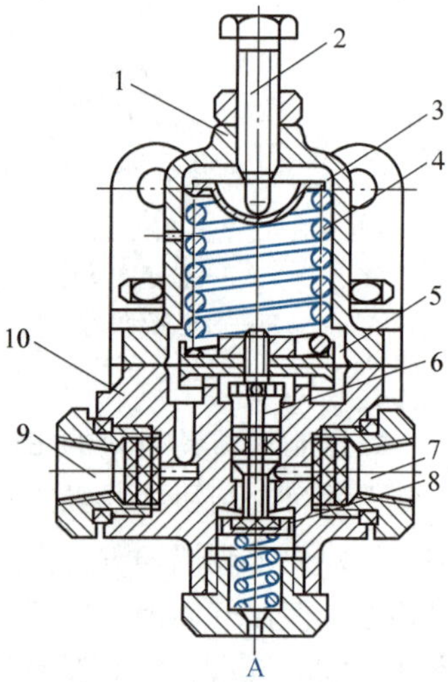

图 6-34 膜片式调压器

1—阀盖 2—调整螺钉 3—弹簧座 4—调压弹簧 5—膜片组件 6—芯管 7—连接卸荷室管接头 8—阀门 9—接储气罐管接头 10—阀体 A—通大气

调压器出厂前已调好，平时不得随意旋转调节螺钉；当发现气压不符合要求时，即应拆检膜片、阀门总成及垫圈的密封情况，排除故障后，装复并调整气压，拧进调节螺钉，最高气压升高，反之则降低；汽车二级维护时，应拆下调压器管接头，清洗滤芯罩及滤芯。

三、制动控制阀

制动控制阀的作用是控制从储气筒充入制动气室和挂车制动控制阀的压缩空气量，从而控制制动气室中的工作气压，并有逐渐变化的随动作用，保证制动气室的气压与踏板行程有一定的比例关系。

解放 CA1092 型汽车气压制动系统所用双腔串联活塞式制动控制阀的结构如图 6-35 所示。整个制动控制阀以其上盖借螺栓固定于车架上。下阀体 13 上有通储气筒的进气口 A_1、A_2 和分别通向前、后制动气室的出气口 B_1、B_2。参照图 6-36 分析制动控制阀的工作。

驾驶人将制动踏板踩下一定距离，使摇臂绕销轴转动，其上端通过滚轮 3、推杆 4 使平衡弹簧 5 及上腔活塞 8 向下移动，消除排气间隙推开上腔阀门 11，此时，从储气筒前腔来的压缩空气经阀门 11 与中阀体 10 上的进气阀座间的进气间隙进入 G 腔，并经出气口 B_1 进入后制动气室，使后轮制动。与此同时，进入 G 腔的压缩空气通过通气孔 F 进入大活塞 2 及下腔小活塞 12 的上方，使其下移推开下腔阀门 14，此时，从储气筒后腔来的压缩空气经下腔阀门 14 与下阀体 13 的阀座之间形成的进气间隙进入 H 腔，并经出气口 B_2 充入前制动气室，使前轮制动。

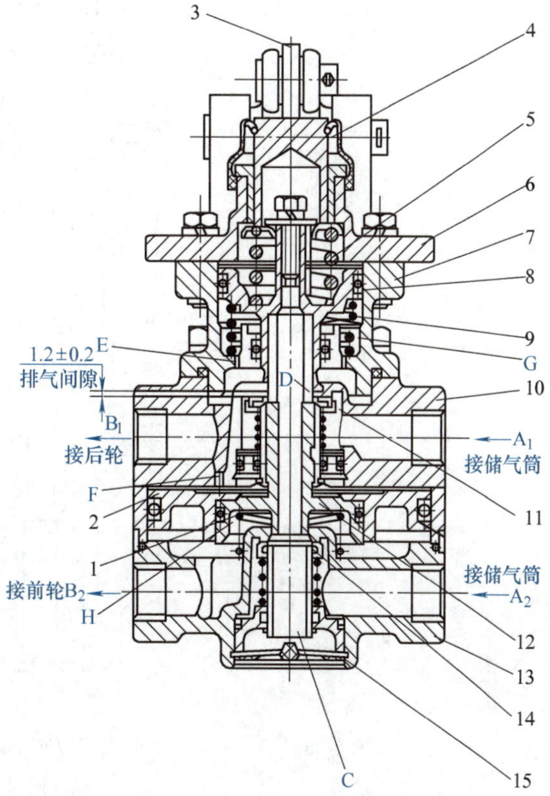

图 6-35　解放 CA1092 型汽车双腔串联活塞式制动控制阀的结构

A_1、A_2—进气口　B_1、B_2—出气口　C—排气口　D—上腔排气孔　E、F—通气孔　1—下腔小活塞回位弹簧　2—下腔大活塞　3—滚轮　4—推杆　5—平衡弹簧　6—上盖　7—上阀体　8—上腔活塞　9—上腔活塞回位弹簧　10—中阀体　11—上腔阀门　12—下腔小活塞　13—下阀体　14—下腔阀门　15—防尘片

当制动踏板保持某一位置时，压缩空气在进入 G 腔的同时由通气孔 E 进入上腔活塞 8 的下方，并推动上腔活塞上移，使 G 腔中的气压作用力与回位弹簧 9 的力之和与平衡弹簧 5 的压紧力相平衡。与此同时，H 腔中的气压作用力与回位弹簧 1 的力之和与大活塞上方的气压作用力相平衡，此时上腔阀门 11 和下腔阀门 14 均关闭，G、H 腔中的气压保持稳定状态，即制动控制阀的平衡位置。

若驾驶人感到制动强度不足，可以将制动踏板再踩下一些，上述的上腔阀门 11 和下腔阀门 14 又重新开启，使中阀体 10 的 G 腔和下阀体 13 的 H 腔以及制动气室进一步充气，直到 G 腔中气压又一次达到与平衡弹簧的压力平衡，而 H 腔中的压缩空气对大活塞向上的压力又重新与大活塞上方的压缩空气对大活塞向下作用的压力平衡时为止。在此新的平衡状态下，制动气室所保持的稳定压力比以前更高，同时，平衡弹簧的压缩量和踏板力也比以前更大。

当放开制动踏板时，操纵摇臂复位，平衡弹簧恢复到原来装配长度，上腔活塞 8 上移到使下端与上腔阀门 11 之间形成排气间隙。后制动气室的压缩空气经 G 腔和所形成的排气间隙以及通过下腔小活塞 12 上的排气孔 D 和下面的排气口 C 排入大气；与此同时，下腔大活

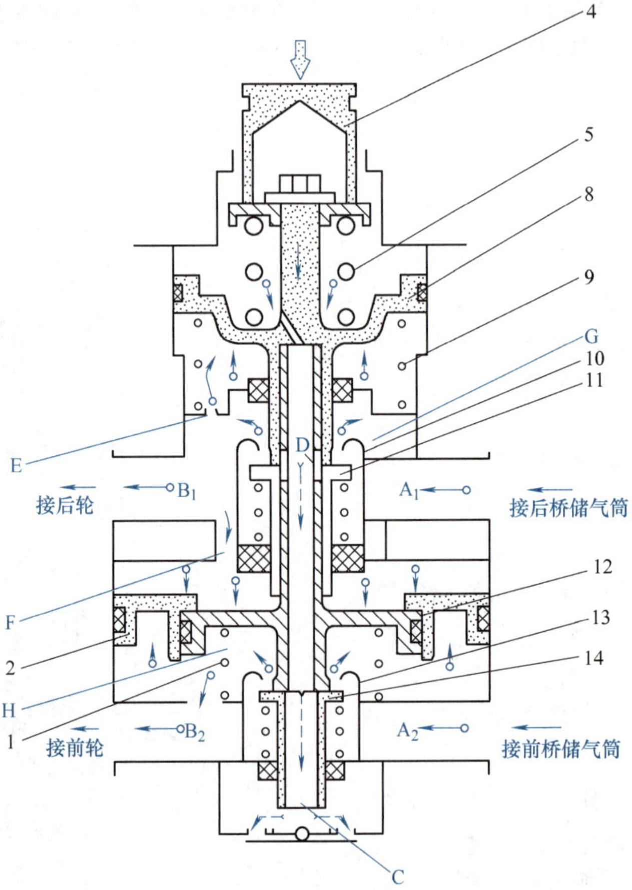

图 6-36 解放 CA1092 型汽车双腔串联活塞式制动控制阀的工作情况

图注同图 6-35

塞 2 及下腔小活塞 12 受回位弹簧 1 伸张力的作用而上升，使下腔阀门 14 与下阀体 13 的阀座接触，从而关闭储气筒与前制动气室之间的通路；另一方面，由于下腔大活塞 2 及下腔小活塞 12 的上移，使小活塞的下端与下腔阀门 14 之间形成排气间隙，前制动气室的压缩空气经 H 腔及所形成的排气间隙以及下腔阀门 14 和排气口 C 排入大气中。

当前制动管路漏气时，制动阀上腔仍能按照上述方式工作，因此后制动器仍能起作用。当后制动管路破裂时，上腔平衡弹簧及上腔活塞 8 将直接推动下腔小活塞 12，使前制动器起作用。

资讯三 气压制动系统常见故障分析

制动系统的技术状况直接影响汽车安全、可靠、高效的运行，其常见故障主要有制动失效、制动不良、制动跑偏和制动拖滞等。

1. 制动失效或制动不良

(1) 故障现象 汽车行驶中使用制动时不能迅速减速、停车，紧急制动时制动距离延长；或使用一次或几次制动后，制动装置突然不起作用。

（2）故障原因　储气筒无气或储气量不足；制动阀、制动室膜片或制动软管破裂；制动阀调整不当，使进气阀打不开或排气阀关不上，或因锈、卡滞不能关闭造成漏气；车轮制动器失效，如蹄鼓间隙过大、有油污、制动鼓失圆、制动凸轮不能工作等。

（3）诊断与排除　检查气压表，观察气压变化情况，逐段检查。

若气压小于0.3MPa，气压不上升或上升缓慢，发动机熄火后气压不断下降，则有漏气现象；若气压保持不变，起动发动机试验，发动机低速运转、气压上升快，高速运转时气压不变，则为传动带打滑。各转速下压力上升缓慢，大都为压缩机故障。

若气压大于或等于0.49MPa，则压缩机、储气筒正常。踩下制动踏板，气压表指针的摆动稳定在0.05MPa，气压下降正常；若气压下降太少，则排气阀有故障。踩住制动踏板气压一直下降，则制动控制阀至制动气室之间的通路漏气。踩下制动踏板，气压下降正常但制动效果不良，应检查制动气室或车轮制动器。

2. 制动拖滞

（1）故障现象　解除制动时，车轮不能正常转动，或汽车起步困难、行驶无力；行驶一定里程后，制动鼓过热；制动阀排气缓慢、不排气或制动灯不灭。

（2）故障原因　故障原因有制动踏板无自由行程、制动控制阀故障、制动器故障、轮毂轴承预紧度调整不当、蹄片回位弹簧故障、ABS故障。

（3）诊断与排除　制动后抬起制动踏板，制动阀不排气或排气缓慢，多属于制动控制阀故障，表现为各车轮轮毂发热；若排气慢或断续排气，个别车轮发热，则属于制动器故障。

若为制动控制阀故障，则先检查调整制动踏板自由行程；若踏板自由行程正常，则应拆检制动控制阀。

若是个别车轮拖滞，则先检查制动鼓与制动蹄摩擦片之间的间隙；若间隙正常，则应拆卸制动鼓，检查制动凸轮偏转角与制动蹄摩擦片回位弹簧是否灵敏，检查制动蹄摩擦片回位弹簧的弹力，检查支承销是否卡滞。

3. 制动跑偏

（1）故障现象　同轴上的左、右车轮不能同时制动，甚至一边车轮制动，另一边车轮滚动，致使汽车不能直线停车，在紧急制动时汽车摆头、甩尾或掉头。

（2）故障原因　主要是左、右两侧车轮制动力不平衡所致；个别车轮拖滞；左、右车轮制动鼓与制动蹄摩擦片之间的间隙不一致或制动鼓与制动蹄摩擦片的接触面积相差悬殊；左、右车轮制动蹄摩擦片材质不同；两侧车轮制动蹄回位弹簧弹力不相等；左、右两轮制动凸轮转角相差太大；两轮制动气室推杆外露长度、伸张速度不等；左、右两轮轮胎气压不一致；负前束；两钢板弹簧弹力不等；车架变形及前桥移位等。

（3）诊断与排除　发生制动跑偏时，说明车辆偏驶的外侧制动力不足。首先检查制动鼓是否过热，制动蹄摩擦片与制动鼓之间的间隙是否正常；再依次检查其他部位，直至故障排除。

单元训练　气压制动装置的检查与调整

一、训练内容

1）制动踏板自由行程的检查与调整。

2）空气压缩机传动带松紧度的调整。

3）制动气室的检查与调整及车轮制动器的调整。

二、训练目标

1）掌握气压制动系统各装置的结构与工作原理。

2）掌握气压制动装置的检查与调整方法。

三、工具与设备

带气压制动系统的汽车1辆，常用工、量具1套。

四、训练流程

1. 制动踏板自由行程的检查与调整

其检查方法与离合器踏板自由行程的检查方法相同，用金属直尺测出自由行程。不符合要求时，调整制动控制阀排气间隙调整螺钉，即可调整踏板自由行程，使之符合要求。

2. 空气压缩机传动带松紧度的调整

1）以29.4~49N的力垂直下压传动带，其挠度应为15~20mm。

2）挠度过大或过小时，松开空气压缩机固定螺栓，拧动调整螺钉，至传动带松紧度合适后，紧固空气压缩机固定螺栓。

3. 制动气室的检查与调整

1）检查制动气室在制动时有无漏气现象。

2）检查推杆是否歪斜，运动有无卡滞。

3）检查前、后制动器推杆伸出长度应合适，不得超过规定值；各制动器推杆应协调一致，不得长短不一。推杆变形时应进行校直，如果长度不合适，则应进行调整。

4. 车轮制动器的调整

（1）局部调整　经一段时间使用后，制动蹄摩擦片因磨损变薄，导致制动间隙增大，造成制动时制动气室的推杆行程增大。当推杆行程超过标准时，应局部调整，以减小制动间隙。如图6-37所示，调整时，推杆长度不变，拧动调整臂蜗杆，将凸轮转过一定角度，即可使制动间隙符合规定要求。为使两侧制动器的制动间隙一致，调整时，可通过检视孔用塞尺调至规定间隙，也可通过转动蜗杆将制动间隙调整为零（调整前轮，面向蜗杆顺时针拧动，制动间隙减小；调整后轮，面向蜗杆逆时针拧动，制动间隙减小）。然后，反方向拧动两侧蜗杆相同的角度，使两侧制动器的制动间隙一致。

（2）全面调整　经过多次局部调整后，已不能满足行车安全性的要求时，必须更换摩擦片以及镗削制动鼓，重新安装后，再对制动器进行全面的调整。调整时应逐个车轮进行，直至全部调完。其流程如下：

1）支起车桥使车轮离地。

2）将两蹄支承销调至使两制动蹄最近位置，即两支承销标记朝内相对，如图6-38所示。

3）将凸轮调至与两蹄完全平面接触，以便于制动鼓的安装。

4）安装制动鼓后，首先将轮毂轴承间隙调至规定值，否则将影响制动器间隙的调整。

5）将制动鼓检视孔旋转至制动蹄支承销端距制动蹄摩擦片端为10~20mm的位置，用塞尺测其间隙（解放CA1091型汽车制动器，为0.20~0.50mm；东风EQ1090E形汽车制动器，为0.25~0.40mm），分别调好上、下两蹄各自的间隙。

6）将制动鼓检视孔旋转至制动蹄的凸轮升程端距制动蹄片端为10~20mm的位置，由

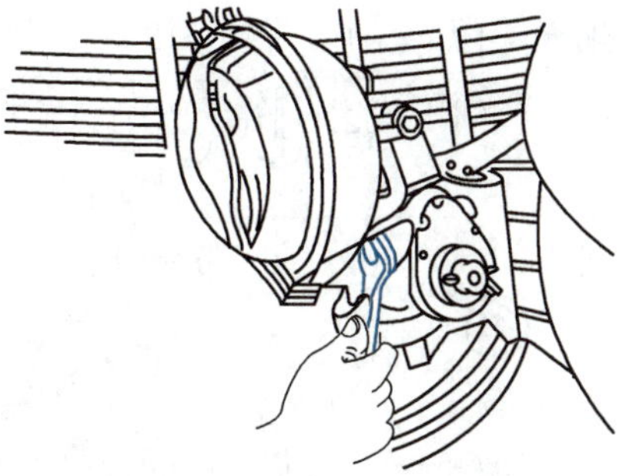

图 6-37 制动器的局部调整

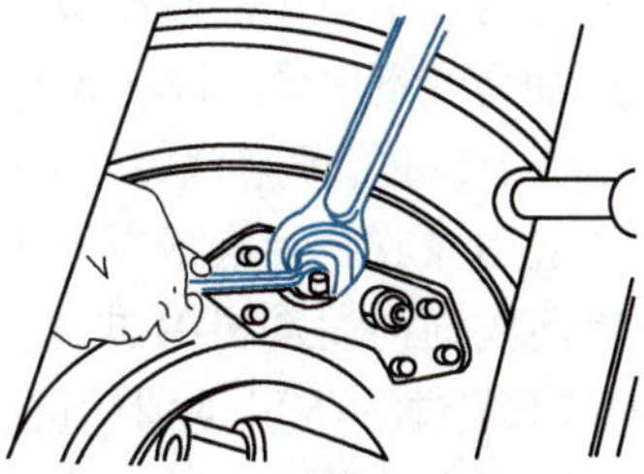

图 6-38 支承端间隙的调整

于一个凸轮同时控制两蹄，往往会出现两蹄与制动鼓间隙不相等的情况，调整前应将固定凸轮轴的支承架螺栓松开，将凸轮调至使两蹄与制动鼓完全贴合，再将凸轮轴的支承架螺栓紧固，通过用塞尺在检视孔检查并调至规定值(解放 CA1091 型汽车制动器,为 0. 40~0. 70mm；东风 EQ1090E 型汽车制动器,为 0. 40~0. 55mm)。

经过反复协调，直至蹄鼓间隙达到标准。

7）复查后，锁紧支承销螺母。

检查制动气室推杆的行程应为 25±5mm(CA1091 型汽车)，若不符合要求，则说明制动器间隙调整不准确，应重新调整至规定值。

8）锁好调整臂的锁止套，并装好调整臂的防尘罩。

(3) 制动跑偏时调整 因左、右车轮制动间隙不一致，导致汽车制动跑偏时一般是调大跑偏侧制动间隙或调小跑偏的另一侧制动间隙，使制动力趋于一致，消除制动跑偏。

5. 制动蹄厚度及制动间隙的测量

它们都是通过制动鼓上的检视孔测量的。制动间隙检测时，将车桥支起，车轮悬空，利用塞尺来测出制动蹄各处与制动鼓之间的间隙。制动蹄摩擦片随着使用时间的增长会因磨损而变薄，当厚度达不到新片厚度的 60%时，会使铆钉外露，制动力下降，厚度也应定期进行测量。过薄的制动蹄摩擦片，还会使制动间隙调整困难，尤其对于间隙自调的制动器来说，当蹄片过薄时，将不能调整出合适的制动间隙。

单元五 制动增压装置及辅助装置的构造与维修

资讯一 真空增压式液力制动传动装置

目前，轿车上广泛装用真空助力器作为制动助力器，利用发动机喉管处的真空度来帮助驾驶人操纵制动踏板。根据真空助力膜片的多少，真空助力器分为单膜片式和串联膜片式两种。

一、真空助力器的结构

其基本组成如图 6-39 所示。它由制动主缸、真空增力气室和控制阀串装在一起，统称为真空助力器。通过真空筒使真空增力气室与发动机进气管(或真空泵)相连接，真空筒容量大能保证在发动机熄火的情况下多次有效地助力制动。有些汽车不装设真空筒，靠单向阀的止回作用使真空增力气室保有一定的真空度，在发动机熄火的情况下有一次有效地助力制动。

二、真空助力器的工作原理

上海桑塔纳轿车所用的真空助力器示意图如图6-40所示。加力气室用导向螺栓5和螺栓17固定在车身的前围板上，并借调整叉13与制动踏板机构连接，加力气室用橡胶膜片隔成前后两腔，气室的前腔经真空单向阀通向发动机的进气管。外界空气经过滤杯11和毛毡过滤环14滤清后进入加力气室的后腔，两腔由通道A相通。

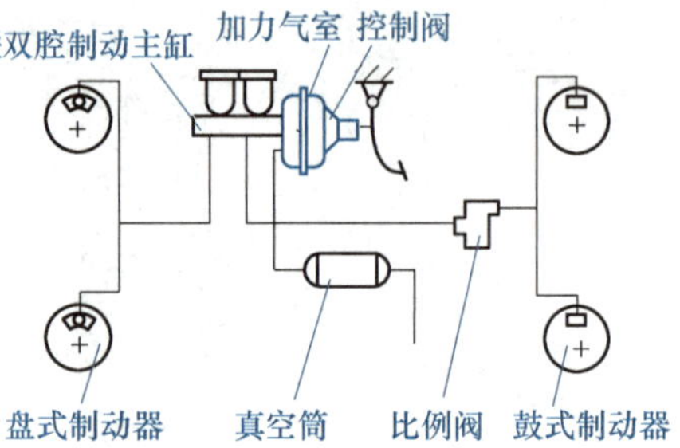

图6-39 真空助力器的液力制动传动装置的基本组成

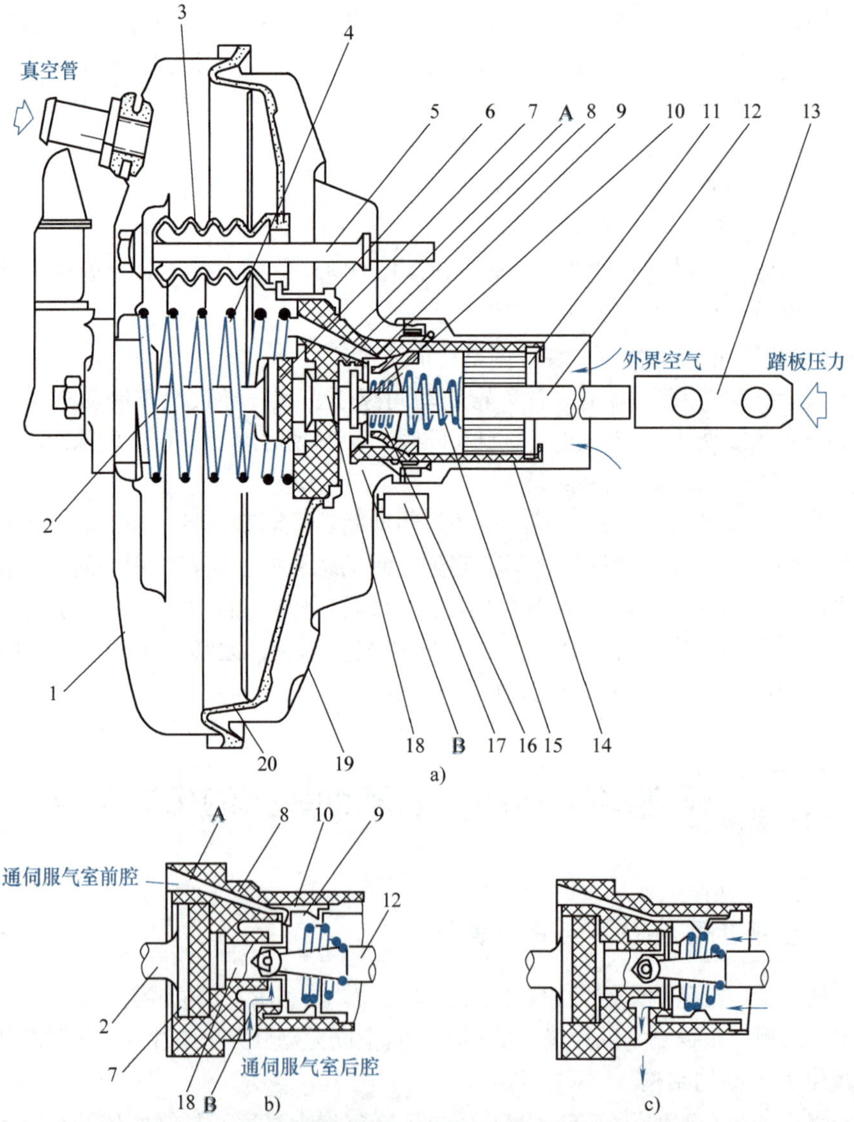

图6-40 上海桑塔纳轿车所用的真空助力器示意图

1—伺服气室前壳体 2—制动主缸推杆 3—导向螺栓密封套 4—膜片回位弹簧 5—导向螺栓 6—控制阀 7—橡胶反作用盘 8—伺服气室膜片座 9—橡胶阀门 10—大气阀座 11—过滤环 12—控制阀推杆 13—调整叉 14—毛毡过滤环 15—控制阀推杆弹簧 16—阀门弹簧 17—螺栓 18—控制阀柱塞 19—伺服气室后壳体 20—伺服气室膜片

踩下制动踏板时，推杆 12 连同空气阀座向左移，推动主缸活塞，使主缸液压上升，压力油液经管路进入各车轮制动轮缸，此作用力为驾驶人踏力。同时，在阀门弹簧 16 的作用下，真空阀关闭，真空助力器气室前、后腔隔绝，空气阀打开，外部空气经空气阀与气道 B 进入气室后腔，使气室前、后腔产生压力差，该压力差产生推力作用于膜片座 8 上，进而推动制动主缸 2 左移。这样，推杆 2 的作用力为踏板力与压力差推力之和，并且后者明显大于前者，从而使制动主缸输出油压大大增高。真空助力器失效时，制动主缸仍可产生制动油压，但踏板力必须增强。

三、真空助力器的常见故障

真空助力器有三大故障：漏气、漏油、两阀关闭不严。在使用中可以用仪器检验。也可以用人工检验真空助力器性能的好坏，即在发动机熄火时，将制动踏板踩到底，起动发动机，踏板有下降感，说明助力器良好。如果连续踩几次踏板，踏板有上升感，则说明主缸良好。

资讯二 排气制动装置

汽车在山区行驶，满载下长坡的机会多，为了减轻行车制动器的负担和磨损，保证安全行驶，避免侧滑现象和节省燃油，有些重型车辆，装有辅助制动装置。辅助制动装置有多种形式，应用最广和最成功的是排气制动辅助装置。

排气制动多用于停止供油较简单的柴油机上。发动机停止供油，由行驶的汽车通过传动系统带动反拖时，发动机便相当于一空气压缩机而给汽车以制动作用。用某种辅助装置堵塞排气管时，这种制动作用会进一步增加(提高 1.5~2 倍)，这就是排气制动原理。

排气制动的基本装置是在排气管中装有一个碟形片阀。汽车下坡时将阀关闭，并停止供油，排气管中的压力即升高(可达 0.3~0.4MPa)。压力越升高，排气制动的效果越好。

图 6-41 所示为电磁气压控制的排气制动装置。三个气动缸 2、4、14 分别控制进气消音阀 1、排气制动阀 3 和熄火操纵臂 13。储气筒 5 至各气动缸的压缩空气管路，由常闭式电磁阀 15 控制(有的车用手动阀来代替此阀)。电磁阀是串联在三个开关的控制电路中，其中任何一个开关断开，都会使电磁阀关闭而解除排气制动。各开关的作用如下：

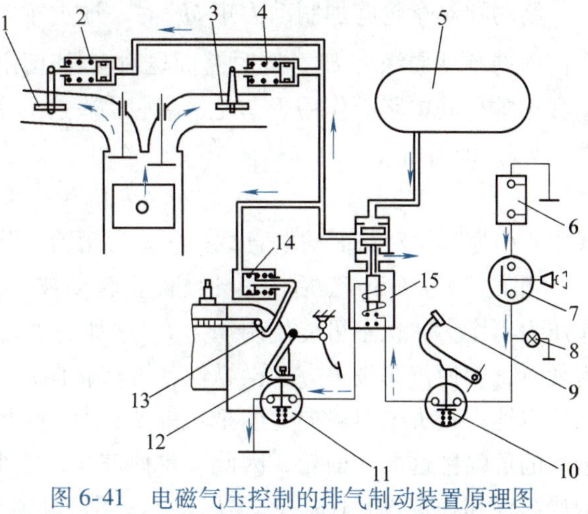

图 6-41 电磁气压控制的排气制动装置原理图

1—进气消声器 2、4、14—气动缸 3—排气制动阀 5—储气筒 6—电源 7—排气制动开关 8—信号灯 9—离合器踏板 10—离合器开关 11—加速开关 12—喷油量操纵臂 13—熄火操纵臂 15—电磁阀

排气制动开关 7 装在仪表板或转向轴管上，移至“接通”位置，仪表板上的排气制动信号灯 8 亮。电流通过离合器开关 10、电磁阀 15 及加速踏板开关 11，使电磁阀将气路沟通，排气制动起作用。移至“断开”位置时，信号灯灭，排气制动电路和气路断开，不起作用。

离合器开关 10 由离合器踏板控制，

踩下踏板时，触点断开，电流即切断；放松踏板时，触点闭合。它的作用是便于在排气制动过程中换档。只要踩下离合器踏板，发动机即恢复供油，同时使排气制动暂时解除，以保持发动机怠速运转。

电磁阀15由气管路开关和移动铁心及线圈组成。它是气路的开关，能实现气路的远距离操纵。

加速开关11装在喷油泵调速器外壳上，由加速踏板通过喷油量操纵臂上的调整螺钉来控制。当加速踏板放松时，调整螺钉将开关的推杆压下，触点闭合，电流接通；当加速踏板踩下时，开关推杆在回位弹簧作用下回位触点断开，电流切断，排气制动不起作用。使其只有在喷油量操纵臂12处于怠速位置时，控制电路才能接通，排气制动才能进行。这样，可防止产生既加速又制动的矛盾。调整螺钉的作用是调整开关接通时，发动机的转速应在怠速状态(500~600r/min)。

不制动时，断开排气制动开关7，信号灯8不亮。电磁阀15将气路关闭，各气动缸通过电磁开关通大气，两碟形阀门在气动缸活塞回位弹簧作用下开启，排气制动不起作用。喷油泵供油齿杆处于正常供油位置。

制动时，放松加速踏板，接通排气制动开关7，信号灯8亮。电流即经开关7、离合器开关10、电磁阀线圈、加速开关11形成回路。电磁阀产生吸力，吸下管路开关阀，关闭排气口，打开进气口，压缩空气充入气缸2、4、14，气动缸14使柴油机停止供油；气动缸2、4使阀门1、3关闭，实现排气制动。

可见，电磁气压式操纵机构的连锁互控作用好，简化了操纵动作，国内外汽车上应用得较多。

资讯三 制动力分配调节装置

制动器对车轮施加制动力矩 M_μ 时，通过车轮与路面间的附着作用，车轮即对路面施一个向前的制动周缘力 F_A，同时路面也对车轮作用一个向后的切向反力，即制动力 F_B。同汽车在正常行驶中路面作用于车轮的牵引力一样，制动力 F_B 也不可能超过车轮与路面间的附着力 F_A，即

$$F_B \leqslant F_A = G_\varphi$$

式中，G 为车轮对路面的垂直载荷；φ 为轮胎与路面间的附着系数。

当 F_B 一旦等于 F_A 后，车轮便停止转动被“抱死”，而在地面上滑拖。制动管路中的工作压力再增大，也不可能使制动力 F_B 增加。车轮一旦抱死便会失去抗侧滑的能力。当前轮抱死时，会使汽车失去方向操纵性，无法转向；当后轮抱死而前轮滚动时，会使汽车失去方向稳定性，丧失了对侧向力的抵抗能力而侧滑(甩尾)，造成极为严重的恶果。可见，后轮抱死的危险性远大于前轮，因此，要使汽车既能得到尽可能大的制动力，又能保持行驶方向的操纵性和稳定性(不失控、不甩尾)，即最佳制动状态，就必须使汽车前、后轮同时达到“抱死”的边缘。其同步条件是，前、后轮制动力之比等于前、后车轮对路面垂直载荷之比。

但是，随着装载量的不同和汽车制动时减速度所引起载荷的转移的不同，汽车前、后车轮的实际垂直载荷比是变化的。因此，要满足最佳制动状态的条件，汽车前、后制动力的比

例也应是变化的。

无制动力调节装置的汽车，其前、后车轮控制管路的工作压力 p_1、p_2 基本是相等的，其压力比 p_2/p_1 永远等于1（如图6-42虚线所示）。这就使得不论前、后车轮制动器的形式和尺寸如何不同，但制动力的分配比例却永远是个常数，不可能使汽车在各种条件下都能获得最佳的制动状态。

理想的前、后轮制动管路压力分配特征性曲线如图6-42中的实线所示。由于汽车满载较空载时质心 C 后移，p_2 应相应地增加，故其曲线较空载曲线上移。又因制动强度的增加（即工作压力 p 的增加），质心向前转移程度的增加，压力比 p_2/p_1 应相应地减小（小于1），故随着压力 p_1 增加，曲线变得平缓。

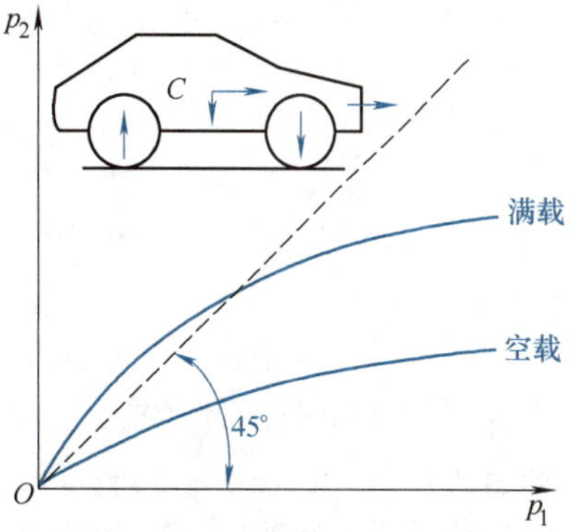

图6-42　理想的前、后轮制动管路压力分配特性曲线

p_1—前轮制动管路中的压力

p_2—后轮制动管路中的压力　C—质心

为满足上述理想特征的要求，在一些汽车上采用了各种制动力调节装置，来调节前、后车轮制动管路中的工作压力。常用的有限压阀、比例阀和感载比例阀。

1. 限压阀

限压阀是一种最简单的压力调节阀，串联在制动主缸与后制动器的管路之间。

它的作用是，当前、后制动管路压力 p_1 和 p_2 由零同步增长到一定值后，自动将后轮制动器管路中的液压限定在该值不变，防止后轮抱死。液压限压阀的构造及其静特性如图6-43所示。

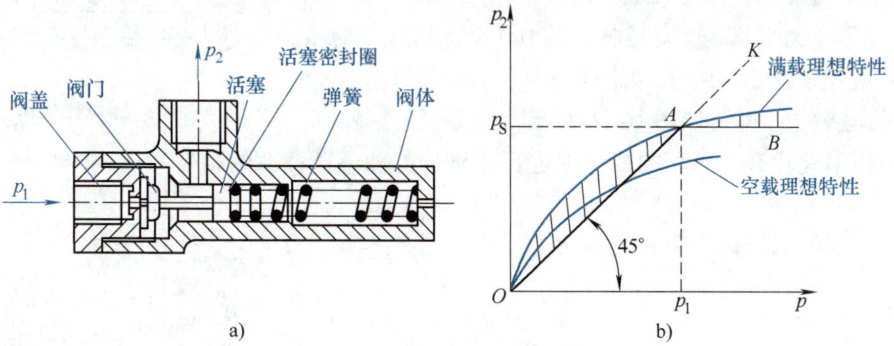

图6-43　限压阀的构造及其静特性

a）结构　b）特性曲线

2. 比例阀

比例阀（也称为P阀）也是串联于液压或气压制动回路的后促动管路中的。其作用是，当前、后促动管路压力 p_1 与 p_2 同步增长到一定值 p_S 后即自动对 p_2 的增长加以节制，即使 p_2 的增长量小于 p_1 的增量也不例外。

比例阀一般采用两端承压面积不等的差径活塞结构，图6-44为其示意图。

3. 感载比例阀

图6-45所示为液压式感载比例阀。阀体安装在车身上，其中活塞为两端承压面积不等的差径结构，其右部空腔内有阀门。

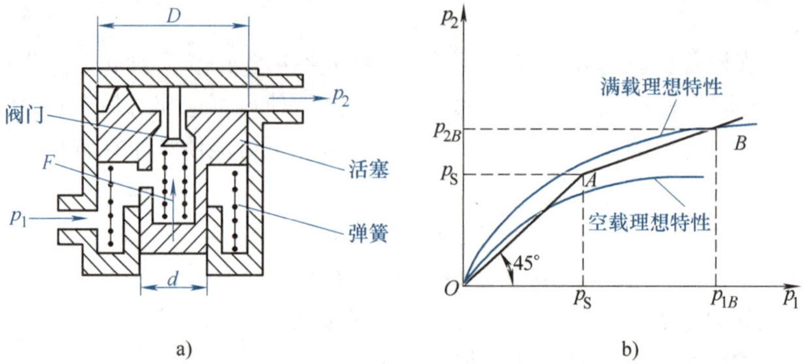

图 6-44 比例阀的结构、工作原理及静特性

a）结构 b）特性曲线

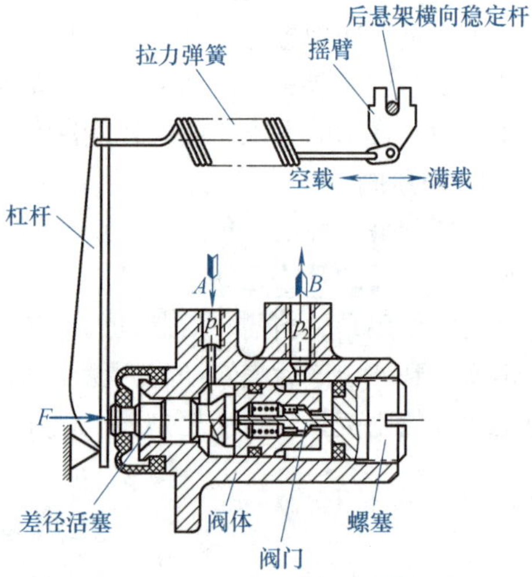

图 6-45 液压式感载比例阀

不制动时，活塞在拉力弹簧通过拉杆施加的推力 F 作用下处于右端面位置。阀门因其杆部顶触螺塞而开启，使左、右阀腔连通。

这种比例阀是靠车身和车桥间的距离发生变化来改变弹簧预紧力的。拉力弹簧的右端经吊耳与摇臂相连，而摇臂则夹紧在汽车后悬架的横向稳定杆的中部。当汽车的轴载量增加时，后桥向车身移近，后悬架的横向稳定杆便带动摇臂逆时针转过一个角度(从图上看)，将拉力弹簧进一步拉伸，作用于活塞上的推力 F 便增加；反之，轴载量减小，拉力弹簧的拉伸量和推力 F 即减小。这样，调节作用起始点液压 p_S 就随轴载量而变化，如图 6-46 所示。

气压式感载比例阀如图 6-47 所示，它是一种常见的利用膜片有效面积的变化来进行比例分配和感载调节的结构。

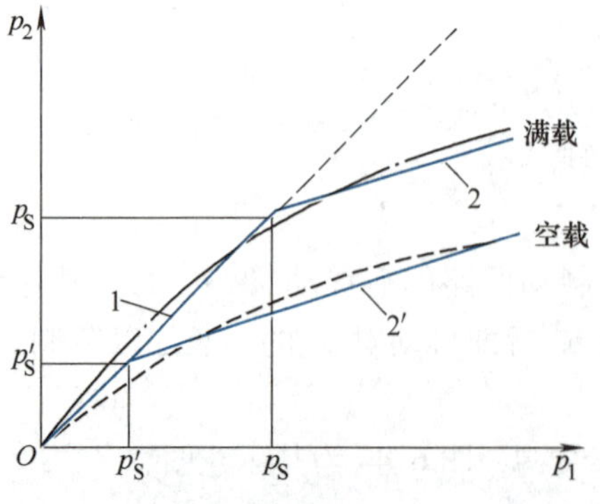

图 6-46 液压式感载比例阀的特性曲线

p_S—满载时限压点的液压

p'_S—空载时限压点的液压

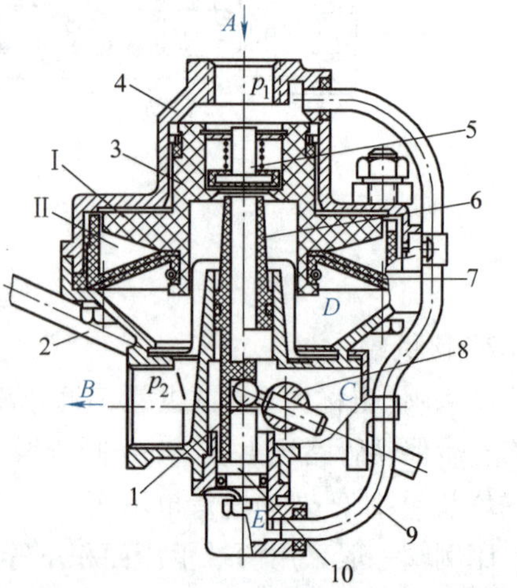

图 6-47 气压式感载比例阀

1—控制球头臂 2—调节臂 3—活塞 4—上阀体 5—两用阀门 6—芯管 7—膜片 8—调节臂轴 9—气管 10—控制球臂卸载活塞

以上几种制动力分配调节装置还不能完全满足理想特性曲线的要求，它们只反映了载荷因素，而没有反映附着力因素，即附着系数的变化，因而都不可能真正做到防止车轮抱死滑拖(如冰雪路面)。为此，电控防抱死制动装置(ABS 装置)应运而生，且广泛使用。

单元六　驻车制动器的构造与维修

资讯一　驻车制动器的结构与工作原理

驻车制动器的作用是，汽车停放时防止滑溜，坡道起步、行车制动效能失效后临时制动使用或配合行车制动器进行紧急制动。

按在汽车上安装位置的不同，驻车制动装置分为中央驻车制动装置和车轮驻车制动装置两类。前者的制动器安装在传动轴上，称为中央制动器；后者和行车制动装置共用一套制动器，结构简单紧凑，已在轿车上得到普遍应用。

图 6-48 所示为鼓式凸轮张开式中央制动器，结构与前述凸轮张开的车轮制动器相同。制动鼓通过螺杆与变速器第二轴后端的凸缘盘紧固在一起，制动底板由底板支座借螺栓固定在变速器第二轴轴承盖上，两制动蹄下端松套在固定于制动底板的偏心支承销上，制动蹄上端装有滚轮 12。制动凸轮轴 11 通过制动底板支座支承在制动底板上部，其外端与摆臂 8 的一端借细花键连接，摆臂的另一端与穿过压紧弹簧的拉杆 9 相连。

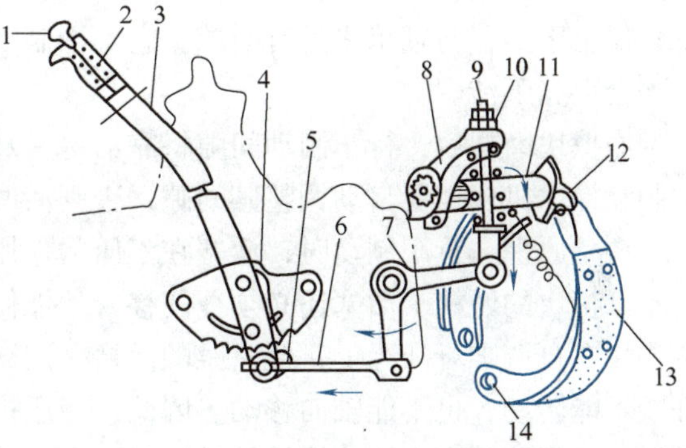

图 6-48　鼓式凸轮张开式中央制动器

1—按钮　2—拉杆弹簧　3—制动杆　4—齿扇　5—锁止棘爪　6—传动杆　7—摇臂　8—摆臂　9—拉杆　10—调整螺母　11—凸轮轴　12—滚轮　13—制动蹄　14—偏心支承销孔

调整制动间隙时，驻车制动杆 3 必须在不制动位置进行：拧进拉杆 9 上的调整螺母 10 即可改变凸轮的原始位置，使制动间隙和自由行程减小；反之，则增大。如果规定的间隙值达不到要求，可拆下摇臂 8 错开一个或数个键齿，装复后再进行微调。通常不改制动蹄的偏心支承销位置，以保证蹄鼓的良好贴合。需要进行全面调整时(更换新摩擦片后)，方可改动偏心支承销的位置。该类制动器在驻车制动时，第三响后应有制动感觉，至第五响时应能使汽车在规定的坡度上停住。

有些轿车由于底盘结构空间的限制或前轮驱动的原因，在后轮制动器中加装必要的机构，使之兼充驻车制动器，又称为复合式制动器。

1. 凸轮促动盘式驻车制动器

图 6-49 所示为带凸轮促动机构的浮钳盘式制动器。进行驻车制动时，在制动杠杆 9 的凸轮推动下，自调螺杆 12 连同其螺母 6 左移到螺母接触活塞缸体 18 的底部。螺母外套有扭簧，扭簧的一端在活塞底部受到限制，由于扭簧的阻碍，螺母 6 不可能倒转，于是轴向推力便通过螺杆、螺母、活塞传到制动块上而实现制动。而行车制动则由油压直接作用于活塞实

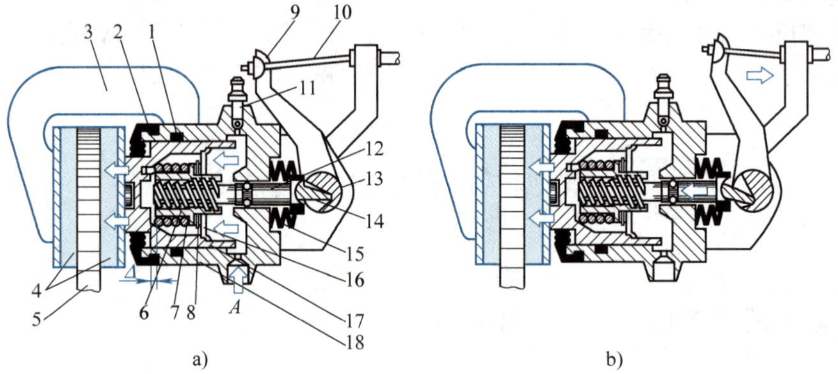

图 6-49 带凸轮促动机构的浮钳盘式制动钳

a）行车制动 b）驻车制动

1—密封圈 2—防尘罩 3—夹钳 4—制动块 5—制动盘 6—螺母 7—扭簧 8—推力轴承 9—制动杠杆 10—拉索 11—放气螺钉 12—自调螺杆 13—制动凸轮 14—短轴 15—碟形弹簧 16—止动垫圈 17—活塞 18—活塞缸体 A—进油口 Δ—轴向间隙

现，但由于挡片与轴承之间有间隙，它等于制动器间隙的设定值，故行车制动和驻车制动之间不会引起干涉。

摩擦块磨损后，行车制动间隙将靠活塞密封胶圈自动调整，活塞到达新的位置，此时驻车制动操纵机构也要自动调整其间隙，否则活塞向前移动后，驻车制动的间隙会加大。

调整原理：行车制动时，活塞在液压力作用下左移，当挡片与轴承之间的间隙消失后，由于摩擦块的磨损，活塞还必须往前移，才能使摩擦块和制动盘接触。液压力便通过推力轴承作用在自调螺母凸缘上，使它跟随活塞一同向前。由于受膜片弹簧的限制，粗牙的自调螺杆既不能转动，也不能轴向移动。因此，液压推力只能迫使自调螺母转动，随活塞左移到制动器过量间隙消失为止。螺母转动过程中，扭簧将松脱。解除制动后，活塞密封圈使活塞后退到新的位置，扭簧再次上紧螺母，使自调螺母保持轴向位置不动，从而保证了挡片与推力球轴承之间的间隙为原有设定值。

2. 偏心轴和推杆促动盘式驻车制动器

如图 6-50 所示，在制动钳体 5 的右端装有杠杆轴壳体 11，杠杆轴 13 插入杠杆轴壳体中。杠杆轴上有一偏心孔，孔的中心线与杠杆轴中心线垂直但不相交，两中心线之间存在偏置距。推杆 8 的一端插在杠杆轴 13 上的偏心孔中，另一端插在自调螺杆 7 前端的凹槽中。自调螺杆通过多头螺纹与活塞组件 4 中的螺母相连。进行驻车制动时，拉索通过驻车制动杠杆 14 带动杠杆轴 13 转动，从而通过推杆 8 推动自调螺杆 7 和活塞组件向左移动实现制动。

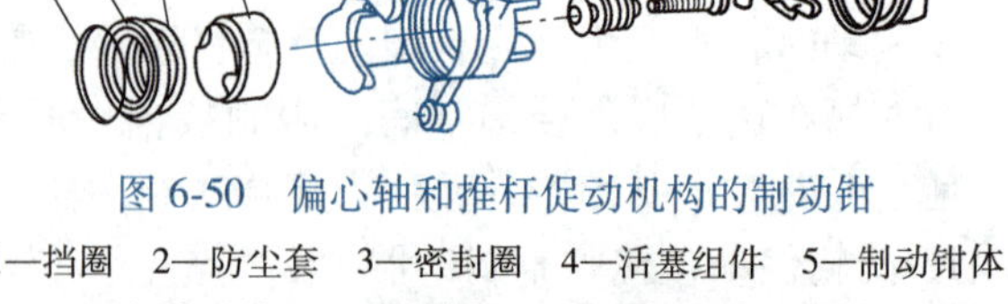

图 6-50 偏心轴和推杆促动机构的制动钳

1—挡圈 2—防尘套 3—密封圈 4—活塞组件 5—制动钳体 6—螺旋弹簧 7—自调螺杆 8—推杆 9—钢丝夹子 10—密封圈 11—杠杆轴壳体 12—密封圈 13—杠杆轴 14—驻车制动杠杆

资讯二 驻车制动装置常见故障分析

1. 驻车制动不灵

（1）故障现象　车辆停放在坡道上时，拉紧驻车制动器，因制动不良车辆自动溜滑。

（2）故障原因　驻车制动操纵机构自由行程过大，制动鼓（盘）工作面磨损、裂纹或沟槽；摩擦片与制动鼓（盘）间隙过大；摩擦片脏污、烧损、水湿或磨损过大。

（3）诊断与排除　拉紧驻车制动杆，若起步不熄火，可将变速杆拨至空档位置支起后轮，如果用手能转动传动轴或同方向转动两驱动轮，则驻车制动不良。应检查调整驻车制动杆自由行程，或检查调整驻车制动器间隙。经上述检查调整仍不能消除制动不良故障，则应拆检驻车制动器。

2. 驻车制动拖滞

（1）故障现象　起动发动机挂上低速档，放松驻车制动杆，松放离合器，汽车起步困难；或虽能起步，但放松加速踏板，汽车即急剧减速；行驶一定里程后，驻车制动鼓（盘）过热。

（2）故障原因　驻车制动杆自由行程过小，放松驻车制动杆之后，制动器不能回位；摩擦片与制动鼓（盘）间隙过小，有局部接触；制动蹄回位弹簧过软或折断，行车、驻车共用的盘式制动器，阻尼弹性元件卡滞，轮缸活塞不能回位等。

（3）诊断与排除　在离合器状态良好的情况下，起动发动机，做车辆起步、行驶试验，行驶一定里程后，检查驻车制动鼓（盘）的温度。若制动拖滞，检查调整驻车制动杆自由行程，检查调整摩擦片与制动鼓（盘）间隙，必要时应拆检驻车制动器。

单元训练 驻车制动器的调整

一、训练内容

驻车制动器自由行程的检查与调整。

二、训练目标

1）掌握驻车制动器的结构与工作原理。

2）掌握驻车制动器自由行程的检查与调整方法。

三、工具与设备

汽车 1 辆，常用工具 1 套。

四、训练流程

驻车制动器的传动机构为机械式钢丝拉索传动，驻车制动的自由行程为驻车制动杆处 2 齿。当放松驻车制动时，两个后轮都能自由转动。

1）松开驻车制动器。

2）用力踩制动踏板一次。

3）将驻车制动拉杆拉紧 2 齿。

4）拧紧调整螺母，直到用手不能旋转两个被制动的后轮为止。

5）松开驻车制动杆，两个后轮应能转动自如。

单元七 汽车防抱死制动系统（ABS）

资讯一 ABS的结构与工作原理

ABS是Anti-lock Braking System（防抱死制动系统）的缩写。汽车突然遇到情况踩制动时，大多数驾驶人往往会一脚将制动踏板踩到底，这时候汽车十分容易发生侧滑，即“甩尾”，这是一种非常容易造成车祸的现象。造成汽车侧滑的原因很多，如行驶速度、地面状况、轮胎结构等都会造成侧滑，但最根本的原因是汽车在紧急制动时车轮轮胎与地面的滚动摩擦会突然变为滑动摩擦，轮胎的抓地力几乎丧失，此时驾驶人尽管扭动转向盘也会无济于事。针对这种产生侧滑现象的根本原因，汽车专家就研制出车用ABS这样一套防滑制动装置。

随着技术的发展，目前绝大部分轿车已经将ABS作为标准配置。ABS的功能主要在物理极限的性能内，保证制动时车辆本身的操纵性及稳定性。同时，在加速时也能防止轮胎的纯滑移，提高了加速性能和操作稳定性。

一、ABS的功用、组成及形式

（一）ABS的功用

1. 附着系数与滑移率

在汽车制动过程中，随着制动强度的增加，车轮的运动状态逐渐从滚动向抱死拖滑变化，车轮滚动成分逐渐减少，而滑动成分逐渐增加。制动过程中，车轮的运动状态一般用滑移率来说明。

滑移率是指制动时，在车轮运动中滑动成分所占的比例。

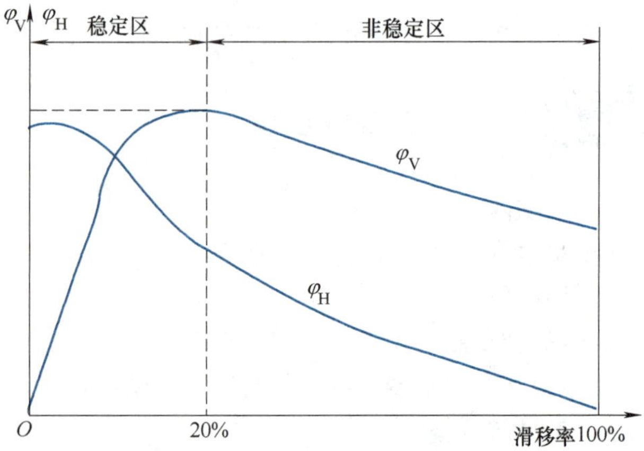

图6-51 滑移率与地面附着系数

φ_V—纵向附着系数 φ_H—横向附着系数

如图6-51所示，汽车在制动过程中，轮胎与路面间的附着系数随车轮滑移率的变化而变化。滑移率为20%左右时，纵向附着系数最大，能获得的地面制动力也最大，汽车的制动效能最高。纵向附着系数也较大。此外，随着滑移率的增加，侧向附着系数减小，当车轮抱死滑移率为100%时，侧向附着系数接近零，此时很小的侧向力即会导致侧滑，同时还会失去转向能力。

2. ABS的作用

在汽车制动过程中，ABS不断调整制动压力，使车轮滑移率保持在20%左右，以便获得最大纵向附着系数，提高汽车的制动效能；同时，也可在制动中保持较大的侧向附着系数，防止汽车侧滑或失去转向能力，提高汽车制动时的方向稳定性。

（二）ABS 的组成

无论是气压制动系统还是液压制动系统，ABS 均是在普通制动系统的基础上增加了传感器、ABS 执行机构和 ABS 控制器(ECU)三部分，如图 6-52 所示。

1. 传感器

ABS 采用的传感器包括轮速传感器、车速传感器和汽车减速度传感器。

车速传感器又称为测速雷达，用在以车轮滑移率为控制参数的 ABS 中，它用来检测车速并向 ECU 输送车速信号，此信号还同时用于速度表、里程表及自动变速器的控制等。

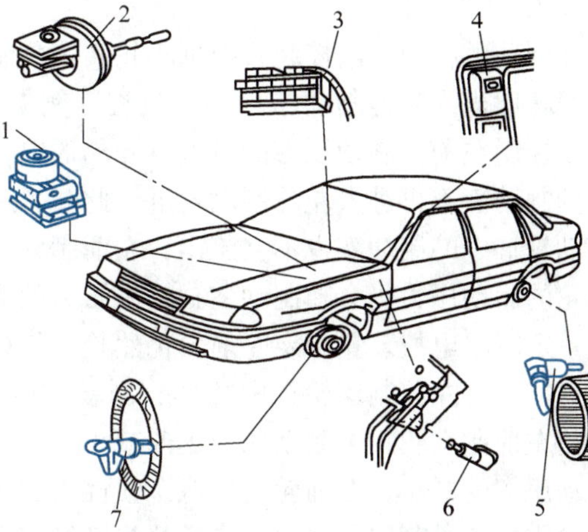

图 6-52　防抱死系统的组成

1—ABS 控制器　2—主缸及助力器　3—自诊断接口　4—ABS 警告灯　5—后轮转速器传感器　6—制动灯开关　7—前轮转速器传感器

2. 执行机构

ABS 执行机构主要由制动压力调节器和 ABS 警告灯组成。

制动压力调节器根据 ECU 指令来调节各车轮制动器的制动压力。不同制动系统的 ABS 所采用的制动压力调节器也不同，可分为液压式、气压式和空气液压加力式。目前应用广泛的液压制动系统中，制动压力调节器的主要元件是电动泵和液压控制阀。

ABS 警告灯的功用是在 ABS 出故障时，ECU 控制使其点亮，向驾驶人发出警告信号，并可由 ECU 控制闪烁显示故障码。

3. ABS 控制器(ECU)

ECU 接收传感器信号，比较各轮转速和汽车行驶速度，判断各车轮的滑移情况，向 ABS 执行机构下达指令来调节各车轮制动器的制动压力。当 ABS 出现故障时，ECU 使 ABS 警告灯点亮，同时切断通往执行机构的电源，使 ABS 停止工作。

目前 ABS 按采用的控制方式可分为两种：预测控制方式和模仿控制方式。

模仿控制方式是，在控制过程中，记录前一控制周期，即从制动减压到增压过程中的各种参数，再按这些参数规定出下一控制周期的控制条件。此种控制方式更接近理想的制动控制，它能对制动过程中各种因素(如制动时的路面条件和使用的档位等)的影响及时进行修正，在各种路面或行驶条件下紧急制动时，使车轮滑移率的变化范围更窄。

预测控制方式是预先规定控制参数和设定值等控制条件，然后在根据检测的实际参数与设定值进行比较，对制动过程进行控制。

二、ABS 的工作原理

ABS 的工作过程可分为常规制动和压力调节制动，后者分为制动压力保持制动、制动压力减小和制动压力增大等阶段。

1. 常规制动

在常规制动阶段，ABS 并不介入制动压力控制，调压电磁阀总成中的各进液电磁阀均不通电而处于开启状态，各出液电磁阀均不通电而处于关闭状态，电动泵也不通电运转，制动主缸至各制动轮缸的制动管路均处于沟通状态，而各制动轮缸至储液器的制动管路均处于封闭状态，各制动轮缸的制动压力将随制动主缸的输出压力而变化，此时的制动过程与常规制动系统的制动过程完全相同。

2. 压力调节制动

在制动过程中，电控装置根据车轮转速传感器输入的车轮转速信号判定有车轮趋于抱死时，ABS 就进入防抱制动压力调节过程。例如：电控装置判定左前轮趋于抱死时，电控装置就使控制左前轮制动压力的进液电磁阀通电，使左前进液电磁阀转入关闭状态，制动主缸输出的制动液不再进入左前制动轮缸，此时，左前出液电磁阀仍未通电而处于关闭状态，左前制动轮缸中的制动液也不会流出，左前制动轮缸的制动压力就保持一定，而其他未趋于抱死车轮的制动压力仍会随制动主缸输出压力的增大而增大；如果在左前制动轮缸的制动压力保持一定时，电控装置判定左前轮仍然趋于抱死，电控装置又使左前出液电磁阀也通电而转入开启状态，左前制动轮缸中的部分制动波就会经过处于开启状态的出液电磁阀流回储液器，使左前制动轮缸的制动压力迅速减小，右前轮的抱死趋势将开始消除，随着左前制动轮缸制动压力的减小，左前轮会在汽车惯性力的作用下逐渐加速；当电控装置根据车轮转速传感器输入的信号判定左前轮的抱死趋势已经完全消除时，电控装置就使左前进液电磁阀和出液电磁阀都断电，使进液电磁阀转入开启状态，使出液电磁阀转入关闭状态，同时也使电动泵通电运转，向制动轮缸输送制动液，由制动主缸输出的制动液经电磁阀进入左前制动轮缸，使左前制动轮缸的制动压力迅速增大，左前轮又开始减速转动。

ABS 通过使趋于抱死车轮的制动压力循环往复而将趋于防抱车轮的滑动率控制，在峰值附着系数滑动率的附近范围内，直到汽车速度减小至很低或者制动主缸的常出压力不再使车轮趋于抱死时为止。制动压力调节循环的频率可达 3~20Hz。在该 ABS 中对应于每个制动轮缸各有一对进液电磁阀和出液电磁阀，可由电控装置分别进行控制，因此，各制动轮缸的制动压力能够被独立地调节，从而使四个车轮都不发生制动抱死现象。

资讯二 ABS 的使用

一、防抱死制动系统(ABS)的某些工作现象与故障的区别

防抱死制动系统(ABS)工作时，有一些正常现象容易被误认为是故障，使用中应特别注意辨别。

（1）制动踏板有升降　某些装有可变容积式制动压力调节器的 ABS 的汽车(如日本丰田皇冠系统列)，在发动机起动时，踩下制动踏板有反弹，发动机熄火时，制动踏板下沉，属 ABS 的正常现象，并非故障。这是由于这种 ABS 的汽车，其控制液压源取自动力转向器液压系统，在发动机起动、动力转向油泵开始工作时，会使制动踏板上抬；发动机熄火、转向油泵停止工作时，制动踏板下沉。

（2）制动时转动转向盘，感觉转向盘有轻微的振动　这也是由于制动压力调节器控制油压与动力转向器共用一个液压泵引起的正常反应。

（3）制动时制动踏板轻微振动　这是 ABS 适应路面附着系数变化的正常反应，并非故障。

（4）高速行驶时急转弯，或在冰、雪路面上行驶时，有时会出现 ABS 警告灯发亮，但过后又很快熄灭　这是 ABS 在起保护作用，不是 ABS 故障。

（5）制动后期，出现车轮抱死，路面有拖滑印痕　这是因为制动后期，车速低(<7～10km/h)时，ABS 将不起作用，属于正常现象。但装有 ABS 的汽车紧急制动时留下短而淡的印痕，与普通制动器紧急制动的长拖印痕截然不同。

二、对防抱死制动系统(ABS)进行故障诊断时注意事项

装备 ABS 的汽车若出现紧急制动时车轮被抱死、制动效果不良、制动警告灯常亮等现象时，表明 ABS 存在故障，分析诊断时应注意：

1）首先用解码器读取故障码，确定故障点。

2）其次检查导线插头和插接器是否松脱，制动管路、制动主缸及制动控制阀有无漏损，蓄电池是否亏电。

3）出现制动不良故障时，应先区分是常规制动(制动器、制动总泵或分泵、制动管路)不良，还是 ABS 电控系统的故障。辨别方法是：查看 ABS 警告灯是否常亮，利用解码器进行检查，有故障码为 ABS 电控系统故障，无故障码且数据流正常，则为普通制动系统故障；拆下 ABS 继电器线束插接器或 ABS 制动压力调节器电磁阀线束插接器，使 ABS 制动不通电，然后使用普通制动器制动，若制动不良故障消失，则说明 ABS 电控系统有故障。否则，为普通制动系统故障。

4）拆检轮速传感器时，不要碰撞或敲击传感器头，也不要以传感器靶轮为撬面，以免损坏传感器。

5）有蓄能器的 ABS，在拆检制动压力调节器部件、制动轮缸、蓄能器及电动液压泵、后轮分配比例阀、制动液管路、压力警示和控制开关时，先进行泄压，以免高压油喷出。方法是：关闭点火开关，然后反复踩制动踏板，直到感觉踩制动踏板力明显增加(无液压助力)时为止。

三、ABS 的排气

ABS 中含有气体时，将破坏系统对制动压力的正常调节，导致 ABS 失去作用。在更换制动器、拆卸制动管路、更换制动系统液压部件或是制动踏板发软，制动效果变差时，都要对 ABS 进行排气。ABS 排气比普通制动系统排气要复杂，应遵循操作要领，否则既费工费时，制动系统中的空气又排不干净。对 ABS 进行排气时，应注意：

1）对于装有制动真空助力器的，排气前先将制动助力装置断开，使制动系统处于无助力状态。

2）断开 ABS ECU，避免排气时对 ABS ECU 造成影响。

3）排气时间比普通制动系统要长，制动液消耗也多，排气时注意向制动主缸储液罐补充制动液，使液面保持在 MAX 与 MIN 标记之间。

4）排气时，应缓踩制动踏板，不能过猛。

5）各车型的 ABS，其排气程序不尽相同，有些车型需要在回油泵工作条件下进行，以保证排气彻底。注意使用说明书中提示的操作要领。

拓展知识

拓展知识一　ASR 牵引力控制系统

牵引力控制系统(Traction Control System，TCS)也称为 ASR 或 TRC，属于汽车主动安全装

置。其功用是防止车辆尤其是大功率车在起步、再加速时驱动轮打滑现象，以维持车辆行驶方向的稳定性。

一、ASR 的功用

它的主要功用如图 6-53 和图 6-54 所示，防止汽车驱动轮在加速时出现打滑，特别是下雨、下雪冰雹路冻等摩擦力较小的特殊路面上，当汽车加速时，将滑动率控制在一定的范围内，从而防止驱动轮快速滑动。它的功能：一是提高牵引力；二是保持汽车的行驶稳定。行驶在易滑的路面上，没有 ASR 的汽车加速时驱动轮容易打滑；如果是后驱动的车辆，则容易甩尾，如果是前驱动的车辆，则容易方向失控。有 ASR 时，汽车在加速时就不会有或能够减轻这种现象。在转弯时，如果发生驱动轮打滑，则会导致整个车辆向一侧偏移，当有 ASR 时，就会使车辆沿着正确的路线转向；最重要的是，当车辆转弯时，一旦驱动轮打滑就会全车一侧偏移，这在山路上是极度危险的，有 ASR 的车辆一般不会发生这种现象。

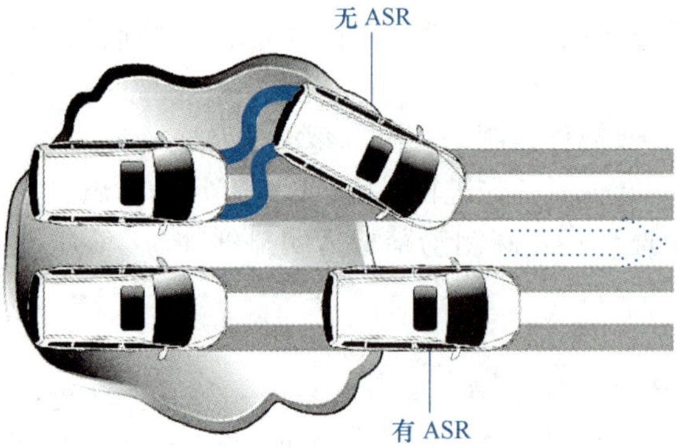

图 6-53 易滑路面的对比

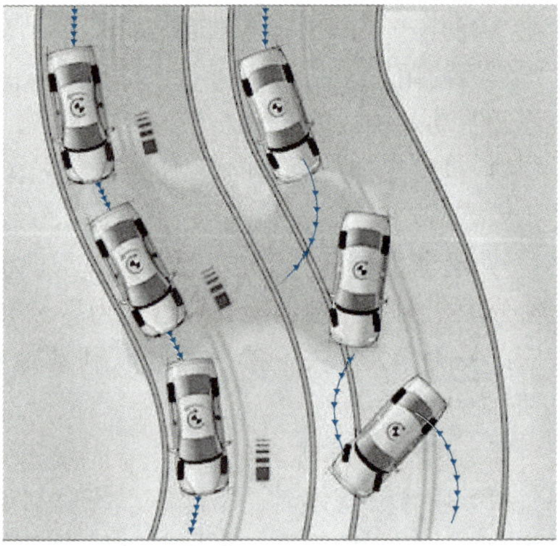
图 6-54 行驶稳定性的对比

二、防止车轮滑转的控制方式

装备 ASR 的汽车在行驶过程中，ASR 控制器(ECU)根据各车轮转速传感器的信号，计算出驱动车轮滑转率并与设定的限值比较，当判定驱动车轮滑转率超过设定的限值时，控制器输出控制指令，通过相应的执行机构抑制车轮滑转。目前 ASR 汽车防止车轮滑转的控制方式主要有：

1. 发动机输出功率控制

当汽车在起步、加速过程中踩加速踏板用力过猛时，因发动机输出功率过大(即驱动轮轮缘对地面作用力过大)，驱动轮相对于地面滑转时，ASR 控制器输出控制指令，控制发动机的燃油供给量，抑制发动机的功率输出，仅供给驱动轮与路面附着系数相适应的最佳驱动转矩，抑制驱动轮滑转。发动机输出功率的控制可通过改变节气门开度、调节喷油器喷油量或延迟点火时间等方法予以实现。延迟点火时间控制发动机输出功率简单快捷；但点火时间过迟，会导致燃烧不完全或熄火，排气污染上升或损坏三元催化转化器，应用较少。

2. 驱动轮制动的控制

这种控制方式的作用相当于差速锁。当一边车轮陷入泥坑，部分或完全失去驱动能力时，ASR 控制器根据驱动轮轮速传感器的滑转信号，通过制动压力调节器对滑转驱动轮施加制动力；而非滑转车轮仍为正常的驱动力，仍能发挥驱动能力，使汽车驶离泥坑。当两边驱动轮都滑转但滑转率不同时，ASR 控制器则对两边驱动轮施以不同的制动力，将其滑转率控制在目标范围内，从而提高了汽车在滑溜路面的起步、加速能力、行驶稳定性及转向操纵能力。

3. 发动机输出功率与驱动轮制动综合控制

采用发动机输出功率与驱动轮制动相结合的综合控制方式。如果当发动机输出功率较小时出现驱动轮滑转，则其主要原因是由于路面滑溜，这时 ASR 控制器对滑转驱动轮采取制动控制；当驱动轮在发动机输出功率较大时滑转，通过减小发动机输出功率控制驱动轮滑转；若滑转原因更为复杂，则 ASR 控制器同时通过对滑转驱动制动及减小发动机输出功率共同控制车轮滑转。

4. 防滑转差速器锁止控制

这种控制方式是在差速器上装有锁止离合器，通过 ASR 控制器对锁止离合器施以不同的液压，将差速器锁止在 0~100%（从不锁止到完全锁止）的范围内。当一边驱动轮出现滑转或两边驱动轮以不同的滑转率滑转时，ASR 控制器根据驱动轮的滑转程度，通过液压控制系统调节差速器的锁止范围，从而提高了汽车的驱动能力和行驶稳定性。

目前汽车上采用的 ASR 往往是发动机输出功率与驱动轮制动综合控制方式，防滑转差速器锁止控制则应用得较少。

三、汽车防滑转（ASR）系统的组成与工作原理

1. 防滑转（ASR）系统的组成及工作原理

如图 6-55 所示，是一种较为典型的具有制动防抱死和驱动轮防滑转功能的防滑控制系统。其中 ASR 与 ABS 共用轮速传感器和控制器（ECU），仅在通往驱动轮制动轮缸的制动管路中增设一个 ASR 制动压力调节器，在由加速踏板控制的主节气门上方增设一个由步进电动机控制的副节气门，并在主、副节气门处各设置一个节气门位置传感器。ASR 不工作时，副节气门处于全开位置。ASR 起作用时，控制器即可根据车轮信号，通过执行机构减小副节气门开度以改变发动机输出功率，对驱动轮施加制动力，达到抑制驱动轮滑转的目的。

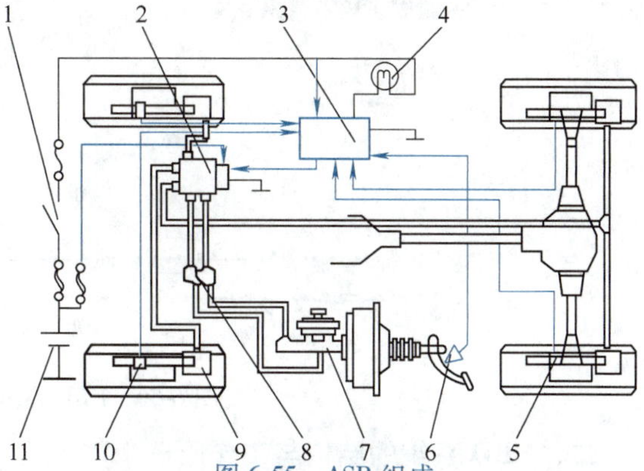

图 6-55　ASR 组成

1—点火开关　2—制动压力调节装置　3—ABS 电控单元　4—ABS 警告灯　5—后轮速度传感器　6—停车灯开关　7—制动主缸　8—比例分配阀　9—制动轮缸　10—前轮速度传感器　11—电源

2. 防滑转系统（ASR）的工作特性

各种车型上所装备的 ASR，其具体结构和工作过程不尽相同，但均具有以下几个工作特性：

1）ASR 是否进入工作状态，可由驾驶人通过 ASR 开关选择。需要对驱动轮进行防滑转控制时，将 ASR 开关置于工作位置，ASR 工作指示灯亮，ASR 即可根据驱动轮滑转情况自动进行控制。

2）ASR 处于关闭状态，副节气门处于全开位置，ASR 制动压力调节器处于停止工作状态，不影响对汽车的正常操作。

3）当 ASR 开关处于工作位置，而驱动轮不滑转，驾驶人踩下制动踏板对车辆进行制动时，ASR 自动退出防滑转控制，不影响汽车的常规制动与防抱死制动。

4）ASR 只在一定车速范围内对驱动轮进行防滑转控制，当车速大于 80km/h～120km/h 时，ASR 将退出防滑转控制。

5）ASR 在其工作车速范围内通常具有不同的优先选择。车速较低时，优先提高发动机输出功率、增大驱动轮牵引力，再通过控制器对两驱动轮施以不同的制动力，防止驱动轮滑转；车速较高时，则优先提高汽车行驶的方向稳定性，先对两驱动轮施以相同制动力以降低车速，再由控制器改变发动机输出功率。

6）ASR 均具有自诊断功能，ASR 出现故障时，ASR 自动关闭，并向驾驶人发出警示信号。

拓展知识二　电子制动力分配（EBD）系统

EBD（Electric Brake Force Dis-tribution）德文缩写为 EBV，所以很多欧洲车用 EBV 表示，如奥迪 A6、宝来、高尔夫等。在 EBD 系统发明初期，由于其成本高昂，只配备在较高档的汽车中。随着汽车技术的飞速发展，现如今 EBD 系统已在绝大部分的乘用车上得到了使用。汽车制动过程中若前轮先抱死滑移，汽车能够维持直线减速停车，处于稳定状态。

一、EBD 系统的作用

如图 6-56 所示，EBD 系统能够根据汽车制动时产生轴荷转移的不同，而自动调节前、后轴的制动力分配比例，提高制动效能，并配合 ABS 提高制动稳定性。

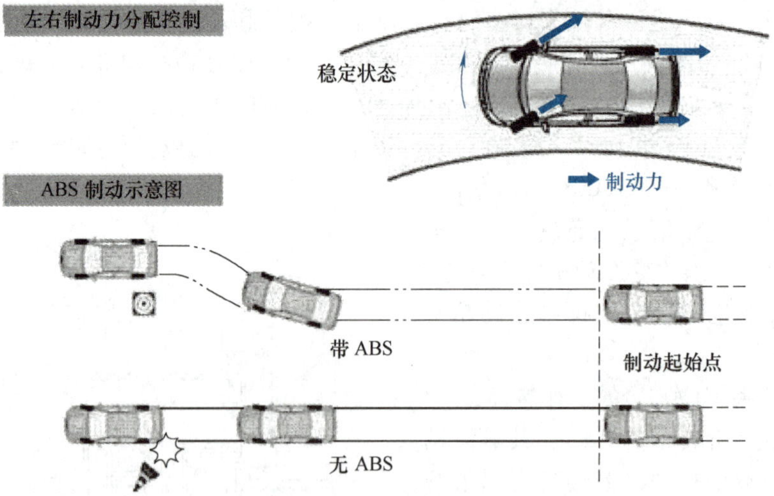

图 6-56　EBD 系统的作用示意图

二、EBD 系统的结构与工作原理

电子制动力分配系统的结构如图 6-57 所示，由于现阶段在汽车上安装 EBD 系统的成本还很高，所以现在的汽车并没有大量地装配这种配置，只是在少数中高档车上配备。但是随着经济的发展、人们安全意识的提高和其本身的重要性，不久的将来 EBD 系统一定是汽车上的一项基本配置，并得到广泛的关注。

如图6-58所示，汽车在制动时，四只轮胎附着的地面条件往往不一样。EBD系统的工作原理就是用高速计算机在汽车制动的瞬间，分别对四只轮胎附着的不同地面进行感应和计算，得出不同的摩擦力数值，使四只轮胎的制动装置根据不同的情况用不同的方式和力量制动，并在运动中不断保持调整，使制动力与摩擦力相匹配，从而保证车辆的平稳。实际调整前、后轮时，它可依据车辆的重量和路面条件来控制制动过程，自动以前轮为基准去比较后轮轮胎的滑动率（即车辆的实际车速和车轮的圆周线速度之差与车辆实际车速之比），如果发觉前、后车轮有差异，而且差异程度必须被调整时，它就会调整汽车制动液压系统，使前、后轮的液压接近理想化制动力的分布。可以说在ABS动作启动之前，EBD系统已经平衡了每个车轮的有效地面抓地力，防止出现后轮先抱死的情况，改善制动力的平衡并缩短汽车制动距离。在紧急制动车轮抱死的情况下，EBD系统在ABS动作之前就已经平衡了每个车轮的有效地面抓地力，可以防止出现甩尾和侧移，并缩短汽车制动距离。

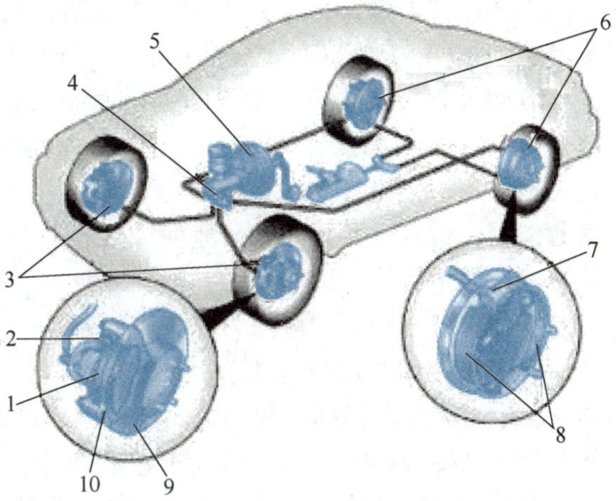

图6-57　电子制动力分配系统的结构

1—内制动衬块　2—磨损指示器　3—盘式制动器　4—主油缸　5—制动助力器　6—鼓式制动器　7—制动轮缸　8—制动蹄　9—制动盘　10—外制动衬块

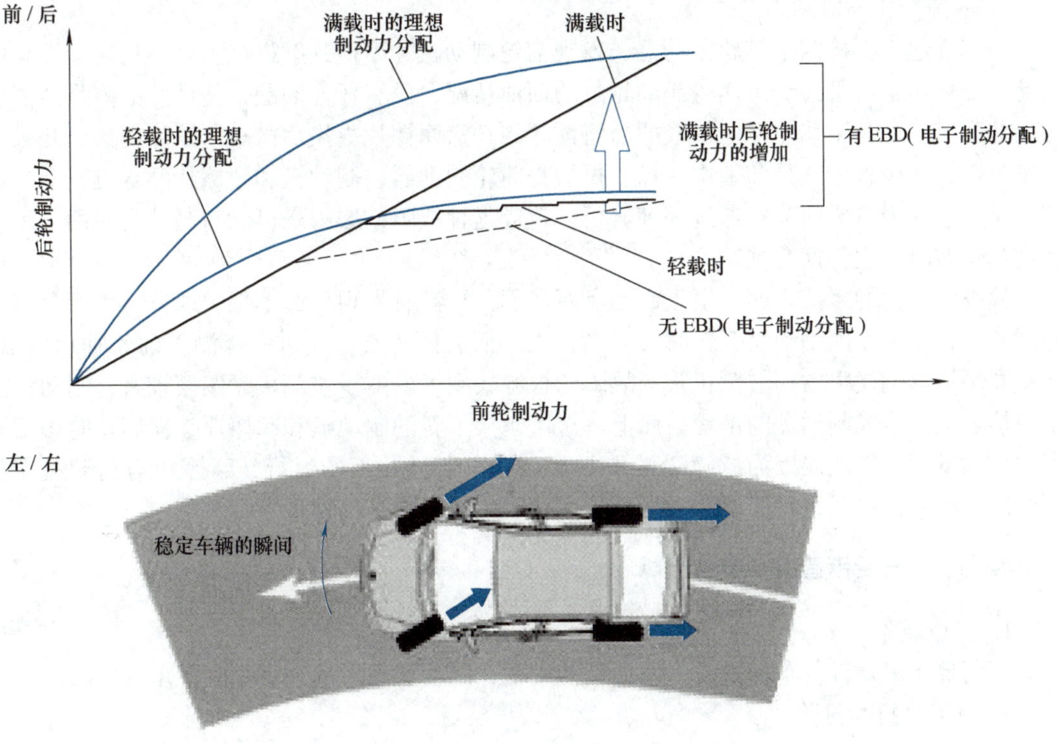

图6-58　电子制动力分配系统的工作原理

从工作原理来讲，它是 ABS 的一个附加作用系统，可以提高 ABS 的效用，共同为行车安全“添筹加码”。所以在安全指标上，汽车的性能又多了“ABS+EBD”。即使车载 ABS 失效，EBD 也能保证车辆不会出现因甩尾而导致翻车等恶性事件的发生；同时，它还能较大地减少 ABS 工作时的振动噪声，不需要增加任何硬件配置，成本比较低，不少专业人士更是直观地称之为“更安全、更舒适的 ABS”。在车轮轻微制动时，电子制动力分配(EBD)功能就起作用，转弯时尤其如此，速度传感器记录 4 个车轮的转速信息，电子控制单元计算车轮的转速。如果后轮滑移率增大，则调节制动压力，使后轮制动压力降低。电子制动力分配(EBD)功能保证了较高的侧向力和合理的制动力分配。

EBD 系统使用特殊的 ECU(中央处理器)功能来分配前轴和后轴之间的制动力。当汽车制动时，中央处理器根据接收到的轮速信号、载荷信号、踏板行程信号以及发动机信号等，经处理后向电磁阀和轴荷调节器发出控制指令，使各轴的制动力得到合理的分配。EBD 系统在汽车制动时即开始控制制动力，而 ABS 则是在车轮有抱死倾向时开始工作。EBD 系统的优点是在不同的路面上，都可以获得最佳的制动效果、缩短制动距离、提高制动灵敏度和协调性、改善制动的舒适性。

案例分析

案例一 红旗轿车制动时发抖

1. 故障现象

一辆红旗 7180 轿车，制动时踩住制动踏板，会感到踏板抖动，并有回弹的感觉。

2. 故障分析与排除

将车支起，拆检四个车轮制动器，发现前轮制动盘和摩擦片磨损严重且不均匀，后轮的制动器一切正常。又检查了四轮制动轮缸的回油情况，没有任何问题，估计此故障是由于制动盘与摩擦片之间不均匀摩擦造成的。将前轮制动盘摩擦片更换后试车，故障消失。几天后故障重现，故障现象还是和上次一样。再检查前轮制动器，制动盘和摩擦片磨合挺正常。那到底是什么原因造成的呢？通过仔细分析，造成这种故障的原因最可能与制动盘表面不平或制动盘运转时发生偏摆有关。

检查制动盘的摩擦表面，由于制动盘新换不久，没有发现什么不平的地方。用百分表检测制动盘，发现左侧制动盘旋转时的偏摆较大，而右侧正常。又进一步测量前轮轴承接盘，结果左侧接盘偏摆很大，右侧正常。故障的根源找到了。由于左侧接盘偏摆较大，制动盘固定在接盘上，造成制动盘的偏摆。而上一次由于换了新的制动盘和摩擦片，在制动时偏摆无法明显感觉到，因此误以为故障“消失”了。此车通过几天的运行，摩擦片与制动盘充分磨合后，制动盘由于接盘的偏摆而发生变形造成此故障再次出现了。

案例二 三菱吉普制动发软故障

1. 故障现象

一辆日产三菱吉普车行驶中，发现制动发软，制动踏板下沉到底才能将车刹住。

2. 故障分析与排除

制动时，制动轮缸活塞应推动右制动片压紧制动盘，还要推动制动钳通过导销、锁销向右移动，带动左制动片压紧制动盘，由于制动钳导销弯曲锈死，使得制动钳不能压紧制动盘，导致制动效果变差。

该车四轮均采用盘式制动器，检查制动主缸油液及管路接头，油液充足，并且制动液无渗漏现象。对四轮制动轮缸排放空气，故障依旧。拆下轮胎，检查四轮制动轮缸，制动液无渗漏，制动轮缸活塞活动良好。后经分析，可能是制动管路中有空气或制动液混掺失效。更换制动液后，故障现象仍存在。后经仔细观察，发现左前轮制动钳导销弯曲，并锈死在支架导向孔内，致使制动钳不能左右移动。更换制动钳导销并进行保养后，故障排除。

项目知识要点

1）制动系统主要包括行车制动装置、驻车制动装置、应急制动、安全制动和辅助制动装置。主要由车轮制动器和液压传动机构、气压传动机构组成。

2）制动系统的工作原理是利用与车身（或车架）相连的非旋转元件和与车轮（或传动轴）相连的旋转元件之间的相互摩擦来阻止车轮的转动或转动的趋势。

3）利用固定元件与旋转元件工作表面的摩擦而产生制动力矩的制动器均称为摩擦制动器。可分为鼓式和盘式两大类。

4）制动器的间隙自调装置能及时地、自动地补偿过量的蹄鼓间隙，并能保持规定的蹄鼓间隙。

5）制动系统采用的液压传动装置，主要由制动主缸、液压管路、后轮鼓式制动器中的制动轮缸、前轮钳盘式制动器中的液压缸等组成。

6）汽车液压制动系统的常见故障有制动不灵、制动失效、制动跑偏和制动拖滞等。

7）制动液要定期更换。

8）液压制动系统，排气时应先主缸，然后按先远后近、先下后上的顺序依次进行。

9）气压制动系统的特点是：制动操纵省力、制动力大、踏板行程小；需消耗发动机的动力；制动粗暴，而且结构比较复杂。

10）辅助制动装置有多种形式，应用最广和最成功的是排气制动辅助装置。

11）制动力调节装置用来调节前、后车轮制动管路中的工作压力。常用的有限压阀、比例阀和感载比例阀。

12）驻车制动装置分为中央驻车制动装置和车轮驻车制动装置两类。

13）ABS 是在普通制动系统的基础上增加了传感器、ABS 执行机构和 ABS 控制器（ECU）三部分。

同步测试

一、选择题（将正确选项填在括号内）

1. 当操纵车轮制动器减速时，制动器是把动能转化为（　　）。

A. 机械能　　B. 液压能　　C. 热能　　D. 电能

2. 液压制动系统中出现制动踏板“发软”现象，其原因是（　　）。

A. 空气进入系统　　B. 制动蹄片没调整好

C. 制动主缸盖脱落　　D. 踏板自由行程过大

3. 下列几种形式的制动传动机构当中，(　　)仅用在驻车制动上。

A. 机械式　　B. 液压式　　C. 气动式　　D. 以上均不是

4. 制动时，制动踏板的行程过大，可能的原因是(　　)。

A. 制动轮缸的活塞被卡住　　B. 制动蹄与制动鼓间的间隙过大

C. 制动蹄片磨损量过大　　D. 驻车制动器调整有误

5. 一辆装有真空助力制动器的汽车，进行制动时踏板力量不正常。可能故障原因是(　　)。

A. 制动主缸内泄漏　　B. 助力器内的真空度过大

C. 助力器真空管路堵塞　　D. 制动液液面太低

6. 不可能成为驻车制动器失效或无法保持制动的原因是(　　)。

A. 拉索调整不当　　B. 后轮制动器调整不当

C. 制动蹄磨损量过大　　D. 制动系统中的液压系统内有空气

二、判断题(对的在括号内打"√",错的在括号内打"×")

(　　)1. 简单非平衡式制动器的优点是左、右蹄片单位压力相等，缺点是制动效能低。

(　　)2. 对于桑塔纳轿车后制动器，其制动蹄采用浮动式支承，可以沿止挡板和轮缸活塞的支承平面做一定窜动。

(　　)3. 汽车制动时，后轮先抱死比前轮先抱死安全。

(　　)4. 桑塔纳轿车前轮盘式制动器的制动间隙是自动调整的。

(　　)5. 气压制动的调压器是用来控制压缩机的空转装置。

(　　)6. 制动盘径向圆跳动量过大，会造成制动时踏板跳动。

(　　)7. 连续轻制动时，制动轮缸工作不协调会造成车辆方向失控。

(　　)8. 液压系统排空时，必须坚持从前到后的原则，有增压器的先放尽增压器内的空气。

三、问答题

1. 对汽车制动系统的要求是什么?
2. 盘式制动器与鼓式制动器相比有什么优点?
3. 简述气压制动系统制动时汽车跑偏的原因及故障诊断。
4. 简述车轮制动器局部调整与全面调整的方法和步骤。
5. 简述液压制动系统的排气方法。
6. 简述盘式车轮制动器的检查与拆装步骤。

参 考 文 献

[1] 胡勇，吉武俊. 汽车概论[M]. 北京：北京理工大学出版社，2010.

[2] 焦传君，董长兴. 汽车行驶与操纵系统检修[M]. 2版. 北京：北京理工大学出版社，2014.

[3] 蔡兴旺，付晓光. 汽车构造与原理实训[M]. 2版. 北京：机械工业出版社，2012.

[4] 李春明. 现代汽车底盘技术[M]. 3版. 北京：北京理工大学出版社，2013.

[5] 蒋运劲，唐作厚. 汽车底盘构造与维修[M]. 2版. 北京：北京理工大学出版社，2013.

[6] 常同珍，陈建华. 汽车发动机底盘构造及原理[M]. 北京：北京理工大学出版社，2013.

[7] 李效春. 汽车底盘机械系统检修[M]. 北京：北京大学出版社，2011.

[8] 周林福. 汽车底盘构造与维修[M]. 3版. 北京：人民交通出版社，2014.

[9] 孔令来. 汽车底盘构造与维修[M]. 北京：机械工业出版社，2010.

[10] 多晓莉，曹乃悦. 汽车底盘构造与维修 [M]. 北京：机械工业出版社，2010.

[11] 张红伟. 汽车底盘构造及维修[M]. 2版. 北京：高等教育出版社，2007.

[12] 金加龙. 汽车底盘构造与维修[M]. 2版. 北京：电子工业出版社，2008.

[13] 陈建宏，许炳照. 汽车底盘机械系统检修[M]. 北京：人民交通出版社，2009.

[14] 高永强，颜培钦. 汽车底盘构造与检修[M]. 北京：国防工业出版社，2013.

[15] 王中亭. 汽车概论 [M]. 2版. 北京：机械工业出版社，2006.